VIOLAÇÕES BÁRBARAS
OLHARES JOVENS

Editora Appris Ltda.
1ª Edição - Copyright© 2023 dos autores
Direitos de Edição Reservados à Editora Appris Ltda.

Nenhuma parte desta obra poderá ser utilizada indevidamente, sem estar de acordo com a Lei nº 9.610/98. Se incorreções forem encontradas, serão de exclusiva responsabilidade de seus organizadores. Foi realizado o Depósito Legal na Fundação Biblioteca Nacional, de acordo com as Leis nos 10.994, de 14/12/2004, e 12.192, de 14/01/2010.

Catalogação na Fonte
Elaborado por: Josefina A. S. Guedes
Bibliotecária CRB 9/870

V795v 2023	Violações bárbaras : olhares jovens / Milton N. Campos, Rosangela de Carvalho (orgs.). – 1 ed. – Curitiba : Appris, 2023. 456 p. ; 23 cm. Título da coleção geral. Inclui referências. ISBN 978-65-250-5302-8 1. Jovens. 2. Psicologia social. 3. Violência. 4. Medo. 5. Redes sociais. I. Campos, Milton N. II. Carvalho, Rosangela de. III. Título. CDD – 305.23

Livro de acordo com a normalização técnica da ABNT

Appris editora

Editora e Livraria Appris Ltda.
Av. Manoel Ribas, 2265 – Mercês
Curitiba/PR – CEP: 80810-002
Tel. (41) 3156 - 4731
www.editoraappris.com.br

Printed in Brazil
Impresso no Brasil

Milton N. Campos
Rosangela de Carvalho
(org.)

VIOLAÇÕES BÁRBARAS

OLHARES JOVENS

FICHA TÉCNICA

EDITORIAL
Augusto Coelho
Sara C. de Andrade Coelho

COMITÊ EDITORIAL
Marli Caetano
Andréa Barbosa Gouveia - UFPR
Edmeire C. Pereira - UFPR
Iraneide da Silva - UFC
Jacques de Lima Ferreira - UP

SUPERVISOR DA PRODUÇÃO
Renata Cristina Lopes Miccelli

ASSESSORIA E PRODUÇÃO EDITORIAL
Miriam Gomes

REVISÃO
Cristiana Leal

DIAGRAMAÇÃO
Jhonny Alves dos Reis

CAPA
Tiago Reis

COMITÊ CIENTÍFICO DA COLEÇÃO PSI

DIREÇÃO CIENTÍFICA
Junia de Vilhena

CONSULTORES
Ana Cleide Guedes Moreira (UFPA)
Betty Fuks (Univ. Veiga de Almeida)
Edson Luiz Andre de Souza (UFRGS)
Henrique Figueiredo Carneiro (UFPE)
Joana de Vilhena Novaes (UVA |LIPIS/PUC)
Maria Helena Zamora (PUC-Rio)
Nadja Pinheiro (UFPR)
Paulo Endo (USP)
Sergio Gouvea Franco (FAAP)

INTERNACIONAIS
Catherine Desprats - Péquignot (Université Denis-Diderot Paris 7)
Eduardo Santos (Univ. Coimbra)
Marta Gerez Ambertín (Universidad Católica de Santiago del Estero)
Celine Masson (Université Denis Diderot-Paris 7)

AGRADECIMENTOS

A obra que o leitor tem em mãos é uma coletânea de estudos relacionados com investigações associadas, realizadas pelo Grupo de Pesquisa Inter@ctiva, registrado no Conselho Nacional de Desenvolvimento Científico e Tecnológico (CNPq) e atuando no Programa de Pós-graduação em Psicossociologia de Comunidades e Ecologia Social (EICOS), vinculado ao Instituto de Psicologia da Universidade Federal do Rio de Janeiro. Trata-se, portanto, de uma obra preparada a inúmeras mãos, datada por acontecimentos que ainda estão em curso, é importante ressaltar. Gestada em um espaço acadêmico fundado nos preceitos da colaboração e da pesquisa comunitária, o fechamento dos últimos textos ocorreu antes da posse do presidente Luiz Inácio Lula da Silva por representantes simbólicos do povo brasileiro. O último desses textos, o prólogo que abre esta obra, foi finalizado dias antes da invasão, depredação e dessacralização dos palácios executivo, legislativo e judiciário da República, em Brasília, por hordas criminosas fanáticas conduzidas ao precipício da destruição dos pilares da democracia institucional pelo iliberalismo político-militar do estado policialesco que se instaurou no Brasil no governo de 2019 a 2022.

Temos muito o que agradecer e a muitas pessoas, grupos e instituições. Primeiramente, gostaríamos de demonstrar nosso reconhecimento aos mais importantes colaboradores de nossos trabalhos: jovens fluminenses de baixa renda de várias origens, localidades e pertenças ideológicas, que se dispuseram a participar dos diversos estudos aqui relatados. Sem o envolvimento das pessoas com as quais compartilhamos anos de estrada na busca de desenhar, com elas, retratos de suas vidas em meio às turbulências sociopolíticas, econômicas, culturais e ambientais do pós-impeachment da ex-presidenta Dilma Rousseff ao auge e arrefecimento da pandemia de COVID-19 (cuja gestão, por todos sabem quem, foi tida como criminosa por uma Comissão Parlamentar de Inquérito do Senado Federal – CPI), este livro simplesmente não seria. Para além das pessoas jovens, não é possível deixar de mencionar todas as crianças, adultos e idosos da Comunidade do Horto Florestal, onde parte dos estudos foi realizada, dado que as ações que ali ocorreram contaram com o acompanhamento dos habitantes do bairro e, mais especialmente, com o intenso envolvimento de Emerson de Souza, ex-presidente da Associação de Moradores do Horto Florestal e Emília Maria de Souza (AMAHOR), líder comunitária local. Nos confrontos das dores e violências às quais todos foram submetidos, em época particularmente trágica para as populações pobres, as pessoas herdeiras da escravidão e dos povos originários, intelectuais e artistas como bastiões da cultura nacional, assim como da não tão mais luxuriante natureza de nosso país, nasceram os múltiplos testemunhos das "Violações Bárbaras", que produziram o quadro interpretativo que submetemos ao exame dos leitores.

Em segundo lugar, nossa gratidão vai aos colegas, discentes e docentes, com os quais dividimos nossas ideias ou que nos influenciaram direta ou indiretamente. No EICOS, acreditamos que uma pessoa incontornável é Ricardo Fernandes, secretário do Programa, sem cujo apoio permanente os mestrandos, doutorandos e doutores formados por nós talvez não tivessem terminado seus cursos, notadamente por causa da pandemia. Seu acompanhamento gentil e cuidadoso, ao longo dos anos nos quais os estudos foram desenvolvidos, foi muito importante para o nosso coletivo. Entre docentes, reconhecemos aqui a grande valia das recomendações das bancas de qualificação e defesa de mestrado e doutorado pelas quais nosso grupo passou e que contribuíram para dar um norte a nossas pesquisas. Particularmente, as contribuições de Monica Machado e Beatriz Takeiti, ambas pesquisadoras com trabalhos publicados sobre jovens, cujas conversas entretidas, muitas vezes informalmente, foram especialmente importantes para nossas reflexões; as ações administrativas prestativas de Cecília de Mello e Souza, ex-coordenadora do PPG EICOS, na viabilização de bolsas de estudos obtidas por membros do nosso coletivo, e de Emerson Merhy, que nos iluminou intelectualmente. Postumamente, lembramos com saudades duas professoras que facilitaram nossos percursos pelo seu permanente encorajamento: Cristina Jabinscheck Haguenauer e Marta de Araújo Pinheiro. Também essencial tem sido a convivência com os corpos docente, discente e administrativo do programa como um todo. Fora do Instituto de Psicologia, é de menção a fundamental ajuda proporcionada por Carlos Bielschowsky, do Instituto de Química da UFRJ, sem a qual os fundamentos gerais do conjunto de pesquisas descritas neste volume não poderiam ter sido semeados; e a inspiração que nos deram três docentes que trabalharam conjuntamente na construção da Escola Tia Ciata, dedicada a meninos de rua da cidade do Rio de Janeiro. Foram incansável fonte de aprendizados transferidos às nossas práticas, provindos de suas pesquisas sobre crianças e jovens, violência e negritude: a professora do

Instituto de Psiquiatria da UFRJ Ligia Costa Leite, idealizadora do projeto, Monica Rabello de Castro do Departamento de Educação da Universidade Estadual do Rio de Janeiro (UERJ) e Martha Campos Abreu do Instituto de História da Universidade Federal Fluminense (UFF). Agradecemos também, por suas participações especiais, Claudia Rabello de Castro, psicóloga social da Prefeitura Municipal de Saquarema, por sua visão crítica inspiradora que nos ajudou a pensar inúmeras questões essenciais para nossa pesquisa; Ibis Marlene Alvarez Valdivia, da Universitat Autònoma de Barcelona, coautora de um dos capítulos e supervisora de doutorado sanduíche de Leonardo Viana na Espanha, cuja defesa ocorreu em 2020; Emilio Gattico, da Università degli Studi di Bergamo, que agiu na mesma função de supervisão de doutorado sanduíche, na Itália, da hoje doutora Fabiane Proba; Maria Bakardjeva, do Departament of Communication, Media and Film da University of Calgary, Canadá, pelas suas reflexões a respeito do projeto iliberal internacional que afeta dramatica e negativamente os vividos de inúmeros povos e nações; e Angela Capozzolo, da Universidade Federal de São Paulo (UNIFESP), pelos comentários pertinentes sobre a primeira versão do livro, alterada em função de sua avaliação precisa.

Finalmente, agradecemos as instituições que nos permitiram desenvolver nossos trabalhos. Começamos, localmente, pela UFRJ, por meio dos juízos emitidos pelo Comitê de Ética em Pesquisa do Centro de Filosofia e Ciências Humanas, relacionados aos vários certificados de ética emitidos em favor de nossa equipe, que nos ajudaram a enquadrar nossos trabalhos dentro das exigências ético-científicas que adotamos em sua realização. Ressaltamos ainda a colegialidade do coletivo do Departamento de Métodos e Áreas Conexas (DMAC) da Escola de Comunicação (ECO) — onde está lotado o primeiro organizador dessa obra — pelos comentários, pelo apoio e pela aprovação unânime do projeto inicial que desembocou na produção do conjunto de pesquisas deste livro. No âmbito estadual, nosso reconhecimento vai ao financiamento, ainda que modesto e simbólico, oferecido pela Fundação de Amparo à Pesquisa do Estado do Rio de Janeiro (FAPERJ). No âmbito federal, à Coordenação de Aperfeiçoamento do Pessoal de Nível Superior (CAPES), que, como os leitores poderão verificar nos diferentes capítulos a seguir, financiou pesquisas de mestrado e doutorado de coautores desta obra a partir de dois tipos de bolsas de estudo: as de demanda social de mestrado e doutorado, além das de doutorado sanduíche no exterior. Por último, mas não menos importante, nossa gratidão à Comissão de Avaliação em Psicologia da CAPES, composta por colegas da área da Psicologia que, em função de seus juízos, compartilharam suas recomendações e orientações a respeito das demandas de excelência da agência, cuidadosamente seguidas no desenvolvimento desse trabalho durante o tempo em que o primeiro organizador deste livro dirigia o PPG EICOS, na função de coordenador.

PREFÁCIO

A obra que o leitor tem em mãos traz uma bela coleção de trabalhos de pesquisa que se propõe escutar os sentidos produzidos por jovens brasileiros ao refletir sobre diferentes aspectos de suas vidas na contemporaneidade, em especial no período que se seguiu ao impeachment da presidenta Dilma Rousseff (2016) e a pandemia da COVID-19 até 2022, acontecimentos que tanta tristeza, decepção e aflição nos trouxeram nesses anos recentes. Os depoimentos e as reflexões colhidos pela equipe de pesquisadores vinculada ao Programa EICOS, sediado no Instituto de Psicologia da UFRJ, abordam questões que despertam nossa curiosidade — desde as críticas dos jovens às políticas sociais e culturais, que no mundo e especialmente no Brasil no início dos anos de 2010, a questões relacionadas à desigualdade social e às práticas de violência que permeiam a sociedade brasileira. Tratam também da emergência e disseminação descontrolada de novas relações interpessoais mediadas por redes sociais, dos fenômenos da comunicação instantânea, da perda de privacidade, da sociedade do espetáculo e das *fake news*, do medo diante das ameaças vividas por populações de baixa renda em meios urbanos na atualidade. O livro apresenta uma síntese da produção científica de um programa de pesquisa de grande alcance, que deu origem a dissertações de mestrado e teses de doutorado, evidenciando como a pós-graduação brasileira pode contribuir para iluminar aspectos relevantes da vida dos jovens e inspirar políticas públicas adequadas para lidar com suas demandas e problemas.

Aceitei o convite de prefaciá-lo com muito gosto e vontade de conhecer melhor as vivências da juventude atual, nascida e educada em uma sociedade que tem passado por tantas transformações demográficas, transtornos sociopolíticos e dificuldades na concretização de seus projetos mais promissores e ideais mais genuínos, como a realização dos direitos humanos fundamentais à educação, saúde mental e à busca da felicidade. Sou psicóloga, com formação aprofundada na área da psicologia social, e, desde que me tornei mãe e avó, busco conhecer a literatura qualificada que trata de crianças, adolescentes e jovens de nosso tempo, tentando compreender como estão construindo percepções, sentimentos e pensamentos sobre os enormes desafios que lhes são colocados por uma sociedade cada vez mais complicada, culturalmente diversificada e desigual como a nossa. Fico sempre preocupada em saber como nossos jovens estão percebendo e avaliando as questões pessoais, sociais, políticas e éticas colocadas por essa modernidade tardia em que vivem, tão repleta de contradições, perpassada por discussões e questões provocadas pela complexidade da organização política e social em que vivemos, das questões relacionadas às relações de trabalho, à saúde mental e à sociabilidade que todos conhecemos. Penso que a pesquisa psicossociológica é especialmente adequada para nos dar a conhecer o universo dos jovens, ao trabalhar com as ferramentas da escuta sobre suas vivências e os sentidos por eles produzidos em cada situação. Como sugere nosso colega Roberto Assis Ferreira (2022), médico e psicanalista atuante na clínica de crianças, adolescentes e jovens na Universidade Federal de Minas Gerais (UFMG), é preciso abrir a "janela da escuta", promovendo essa tarefa tão instigante — tentar conhecer melhor e compreender em profundidade o pensamento, os sentimentos e as práticas da juventude atual em busca de uma visão crítica das situações de opressão, dominação e manipulação social e política que temos observado, e de uma melhor qualidade de vida para todos nós.

O cuidado teórico e metodológico da equipe do EICOS-UFRJ, baseado em uma perspectiva dialógica, atenta e respeitosa aos diferentes pontos de vista que emergem dos relatos colhidos ao longo da pesquisa, nos faz confiar nos dados coletados e nas reflexões produzidas. As pesquisas pretendem apreender como os jovens participantes, em geral de baixa renda, produzem sentidos das situações vividas em seu cotidiano e elaboram seus projetos de vida em meio à problemática desconcertante em que vivem, marcada por situações de injustiça social, opressão e violência. É interessante observar que se trata de jovens que fazem parte desse segmento da população brasileira que tem estado mais próximo de realizar o sonho de frequentar instituições de ensino superior, uma novidade no panorama educacional do país em anos recentes.

A pesquisa adota o referencial teórico denominado pelos autores de "ecologia dos sentidos". De seu ponto de vista, trata-se de uma abordagem psicossocial da comunicação interpessoal que considera a construção de significados como um processo biossimbólico que, ao mesmo tempo, constrói a consciência acerca das situações da vida e promove as articulações entre o conhecimento e a busca de soluções para os problemas que o viver apresenta.

Ao longo da obra, o leitor é convidado a conhecer os depoimentos colhidos junto aos jovens e, também, os olhares e reflexões da equipe de pesquisadores sobre os contextos em que os jovens vivem, a produção de sentidos que emerge dessas vivências e as opções ético-morais escolhidas pelos participantes ao lidar com suas condições de vida. A partir de diversas abordagens metodológicas, entre elas a que os pesquisadores denominam "pesquisa-convivência", que promove a imersão no contexto psicossocial dos participantes, o texto nos guia na aproximação com o fluxo de acontecimentos que articula a experiência vivida e a realidade histórico-cultural. Em uma perspectiva, ao mesmo tempo, crítica e esperançosa, os autores procuram evidenciar como, em meio aos desafios de um cotidiano marcado pela desigualdade, pela opressão e pela violência, os jovens teimam em buscar soluções humanizadas para os conflitos sociais nos quais estão imersos, e, supreendentemente, se dizem felizes, já que faz parte da natureza humana a busca da felicidade mesmo em condições de extrema dificuldade.

Assim, testemunhamos, por meio dos relatos, as vivências de insegurança e medo diante de ameaças de perda de moradia por habitantes de um antigo quilombo ou de comunidades marcadas pela violência urbana, pelas dificuldades de acesso ao trabalho digno, à educação, ao conhecimento científico, à tecnologia. Vemos também como esses jovens lidam com as novidades trazidas pela disseminação da comunicação e transformações da sociabilidade trazidas pelo uso crescente das redes sociais.

No dizer dos autores, esse rico caleidoscópio de vivências e reflexões nos convida a pensar sobre o tipo de experiência que a sociedade brasileira tem proporcionado aos jovens de baixa renda nos meios urbanos, essa imensa parcela da população que luta por melhores condições de vida e pelo bem-estar. Convida-nos também a agir no sentido de propor alternativas que possam minorar o sofrimento que nos é cotidianamente comunicado por meio dos telejornais e registrado nas pesquisas realizadas pelo EICOS. Trata-se de buscar favorecer uma perspectiva de vida mais adequada para nossos jovens, todos eles, pobres ou não, pois não se pode ser feliz em uma sociedade que é obrigada a conviver com todas essas dificuldades e carências. Nas palavras da educadora Helena Antipoff (1922, p. 377): "[...] não há felicidade de uns sem ter felicidade de outros. Logo, para sermos felizes, aprendamos a tornar felizes os outros".

Belo Horizonte, 8 de agosto de 2022.
Regina Helena de Freitas Campos
Professora titular
Faculdade de Educação
Universidade Federal de Minas Gerais

REFERÊNCIAS

ANTIPOFF, H. Como aprender a ser feliz. *In*: CENTRO DE DOCUMENTAÇÃO E PESQUISA HELENA ANTIPOFF (org.). *Coletânea das Obras Escritas de Helena Antipoff*. v. 2. Belo Horizonte: Imprensa Oficial, 1992. p. 377-378.

FERREIRA, R. A. O lugar da psicanálise na medicina: aberturas e interfaces possíveis. *In*: GRILLO, C. F. C.; ROCHA, B. F.; MOURÃO, M. (org.). *Janela da escuta*: o adolescente especialista de si e a tessitura de uma rede sob medida. Belo Horizonte: Editora UFMG, 2022. p. 39-48.

PRÓLOGO[1]

Este livro destaca uma escolha fundamental que as pessoas, em nosso tempo, sentem-se obrigadas a contemplar e, finalmente, a fazer, quer percebam ou não: a escolha entre gentileza e violência. Atolados em minúcias diárias — políticas e pessoais —disputas mesquinhas e sensações de curto prazo, falhamos em reconhecer que o dilema final que enfrentamos como indivíduos e cidadãos é o seguinte: odiaremos e afastaremos ou respeitaremos e tentaremos entender o Outro que pensa e vive de forma diferente e, ainda assim, habita conosco este mesmo tempo histórico e espaço social. Essa decisão é particularmente importante para as pessoas jovens cujas escolhas moldarão não apenas seu destino pessoal, mas também o destino de países e de todo o planeta. As autoras e os autores das pesquisas apresentadas neste livro nos mostram que a escolha entre amor e ódio, gentileza e violência, é particularmente crítica em uma nação grande, multicultural, econômica e politicamente polarizada como o Brasil. Enquanto, na América do Norte e na Europa, os comentaristas falam de guerras culturais, mas principalmente em sentido figurado, as guerras devastando o Brasil, além de culturais, são violentas e sangrentas. Elas fazem vítimas todos os dias, e muitas delas são jovens com vidas interrompidas pela brutalidade alimentada pelo ódio. Novas definições do que significa ser humano e merecedor da vida e da felicidade parecem ter surgido na cultura brasileira. Como nos alertam os autores, essas definições são reminiscentes das fronteiras entre colonizadores brancos e população nativa, entre senhores e escravos; todos esses tipos de relações que têm precedentes e marcas conceituais e atitudinais na memória nacional dos brasileiros. Em virtude desse turbulento embate entre grupos sociais e culturais dentro da sociedade brasileira, o país tornou-se uma das frentes de destaque onde a luta entre o amor e o ódio está ocorrendo globalmente. O Brasil é, nesse sentido, um precursor, um desbravador de sendas, e a direção para onde elas levam afetará a humanidade como um todo.

É provavelmente por isso que, intuitiva ou racionalmente, muitos de nós ficamos, na última década, absorvidos com o desenrolar dos acontecimentos políticos no Brasil. Nosso senso de justiça foi dolorosamente ofendido quando vimos o impeachment da ex-presidenta Dilma Rousseff,

---

[1] Tradução nossa. O texto original em inglês pode ser encontrado no final do livro.

fundado em premissas duvidosas, encaminhado por deputados e senadores cujos registros públicos deixavam rastros de corrupção e conivência política. Nossos espíritos foram se contorcendo à medida que acompanhávamos a tomada da sociedade brasileira pelas forças do autoritarismo militar, que esposavam descaradamente a ideologia fascista, colocando grupos e classes sociais uns contra os outros, negando humanidade àqueles que ousaram lutar por direitos humanos, equidade e respeito ou pela proteção de preciosos recursos naturais. A escolha pelo ódio e a sombra, nesses que são os tempos mais tenebrosos da história brasileira, ficaram tão chocantemente evidentes nessas políticas que o medo de uma ditadura iminente, repressão massiva e derramamento de sangue foi intensamente afetado. No entanto, esses são apenas os traços gerais captados por uma visão de fora, por contornos de um contexto global diferenciado em notícias internacionais. A obra que o leitor tem em mãos mergulha nos espaços íntimos, na vida cotidiana daqueles que vivem, em seu dia a dia, em tal atmosfera odiosa. Busca traçar seus processos de construção de sentidos, entender suas estratégias de sobrevivência e encontrar os germes da esperança; esperança que transbordou dos espaços pessoais para o cenário público brasileiro com a estreita vitória de Luiz Inácio Lula da Silva nas últimas eleições presidenciais. Escrevendo estas linhas, quando o presidente Lula estava sendo empossado, o mundo progressista estava prestes a dar um suspiro de alívio, abrindo caminho para que a esperança no futuro do Brasil e, possivelmente, do mundo todo, se ampliasse.

Além de ser politicamente pertinente, este conjunto de pesquisas é academicamente fascinante. Para os que se aventuraram no intrincado e demorado exercício de realização de entrevistas qualitativas, fica claro que os autores realizaram, na pesquisa, uma significativa proeza. Abordar e convencer pessoas decepcionadas, espezinhadas e amarguradas, a revelar seus pensamentos e sentimentos para um pesquisador acadêmico é difícil, até mesmo próximo do improvável. Deve ter sido preciso muito tato, humildade e empatia humana para que as pessoas jovens carentes das favelas do Rio de Janeiro se sentissem seguras, confortáveis e respeitadas para participar. Assim, como observam os autores, este estudo deu a essas pessoas jovens a chance de se abrir, de reivindicar seu lugar na conversa a respeito da situação social e política de seu país. Este livro leva essas vozes a sério e dá um passo adiante para amplificá-las acima do ruído das disputas institucionais e da política partidária. Ele reconhece neles uma voz geracional envolvendo questões, como educação e oportunidades de trabalho, moradia e segurança pessoal e, ao mesmo tempo, captura notas e nuances dissonantes que reverberam dentro dela. A obra faz um inventário da imagem distorcida do mundo social produzido pelas mídias de massa controladas pela elite e pela manipulação intencional realizada por meio de canais digitais. Os esforços de construção de sentidos de muitas pessoas jovens são frequentemente absorvidos e subjugados às falsas realidades criadas por essas fontes. Daí o sentimento de marginalização, anomia e impotência perante a brutalidade de suas experiências vividas e a confusão conceitual produzida por manipuladores ideológicos.

Uma das características admiráveis desse conjunto de pesquisas é que ele encara com audacidade corajosa a complexidade e a contradição. As pessoas jovens que ele retrata não são vítimas nem heróis, nem idiotas nem visionários. São seres humanos complexos que navegam diariamente inseguranças existenciais e narrativas conflitantes. É aí que a noção dos autores e autoras de "ecologias dos sentidos" oferece uma ferramenta precisa para destrinchar os processos que moldam as visões de sociedade de pessoas jovens desfavorecidas, assim como seu posicionamento e reações em relação a elas. Essas ecologias, como emerge do livro, têm dimensões cognitivas, afetivas, morais e éticas. São ecologias porque são indissociáveis do ambiente físico, social e discursivo em que as pessoas estão imersas, também porque os significados que as constituem se retroalimentam, se entrecruzam e formam cadeias complexas. O mapeamento dessas ecologias permite aos pesquisadores alcançar algo que sempre desafiou a academia: começar a mostrar como a experiência vivida imediata se mescla com as realidades produzidas pela mídia, com imagens, narrativas, propaganda e educação cívica para construir imaginários sociais e identidades pessoais.

Trazer à tona os pensamentos, os sentimentos e as aspirações das pessoas marginalizadas com compreensão e cuidado é um projeto político tão importante quanto acadêmico. A atenção especial dada aos habitantes das "favelas de concentração", como os autores se referem aos bolsões de pobreza, violência e desespero que mancham a face magnífica do Rio de Janeiro turístico, demonstra como essas pessoas são importantes. Nesse sentido, é um desafio direto ao iliberalismo e à gritante injustiça econômica que as poderosas elites do Brasil têm tentado normalizar nos últimos quatro anos, de modo especialmente insistente. Não, não é normal privar, excluir da cidadania, aterrorizar e desumanizar os que vivem à margem, insistem os autores. Não é possível haver democracia iliberal, ou moralidade iliberal, ou progresso social e econômico iliberal. O iliberalismo empurra a sociedade ladeira abaixo na direção da ditadura, da repressão violenta e de conflitos sangrentos. Enquanto, em países menos polarizados econômica e politicamente, essa tendência pode ser temporariamente distorcida e ofuscada, as favelas do Brasil revelam sua ilustração mais vívida. O medo, a miséria, o desespero e, no fim das contas, o sangue de seus jovens habitantes do asfalto sublinham poderosamente esse fato.

Finalmente, retorno à noção de ecologias dos sentidos para examinar com sua ajuda a teia de significados tecida pelos colaboradores deste conjunto de pesquisas. Ao lado da dimensão cognitiva, encontramos uma profunda compreensão dos meandros da história do Brasil e do complexo emaranhado de suas realidades sociais e políticas contemporâneas. Ao lado da dimensão afetiva, uma onda de amor, luto e raiva flui ao longo de cada capítulo. A dimensão moral e ética ancora-se no anseio de justiça, humanidade e cuidado pelos protagonistas da pesquisa com os quais os autores buscaram estabelecer um diálogo autêntico, pautado nos princípios da ética comunicativa. Nesse sentido, o livro não é apenas uma fonte esclarecedora de informações para brasileiros e estrangeiros, mas também um farol moral para que acadêmicos, políticos e todos os agentes dotados de recursos e autoridade possam se posicionar contra a violência e a barbárie.

Calgary (Canadá), 5 de janeiro de 2023.
Maria Bakardjieva
Professor
Department of Communication, Media and Film
University of Calgary, Canadá

SUMÁRIO

INTRODUÇÃO 25
Milton N. Campos, Rosangela de Carvalho

AS GUERRAS BÁRBARAS ILIBERAIS 29
Milton N. Campos

PANORAMA DAS JUVENTUDES 73
Milton N. Campos, Leonardo Gonçalves Viana, Fabiane Proba, Almir Fernandes dos Santos,

Rosangela de Carvalho, Cristiano Henrique Ribeiro dos Santos

PESCARAM LIXO NA REDE 89
Nathália Ronfini, Milton N. Campos

MORADIA, VIOLÊNCIA E CAMINHOS DE LIBERDADE............... 127
Almir Fernandes dos Santos, Milton N. Campos

21 TONS DE MEDO 169
Fabiane Proba, Milton N. Campos

DE MAL A PIOR 209
Almir Fernandes dos Santos, Milton N. Campos

PARTICIPAÇÃO E ENGAJAMENTO NAS REDES 243
Aline Andrade de Carvalho, Nathália Ronfini, Rosangela de Carvalho, Milton N. Campos

NEM-NEM OU SEM-SEM? 283
Rosangela de Carvalho, Milton N. Campos

EDUCAÇÃO, REDES E PRECONCEITO 323
Leonardo Gonçalves Viana, Ibis Marlene Alvarez Valdivia, Milton N. Campos

FOREWORD 363

SOBRE OS AUTORES 367

ÍNDICE DE ASSUNTOS 371

INTRODUÇÃO

Milton N. Campos
Rosangela de Carvalho

No livro *Violações Bárbaras: olhares jovens*, o leitor encontrará um conjunto de reflexões que convergiram em um programa de pesquisa em que vários projetos foram construídos com o objetivo de mapear os sentidos construídos por jovens fluminenses de baixa renda. Como sabemos, suas oportunidades são muito mais restritas do que as daqueles provindos de outras classes sociais. Buscamos compreender as complexas condições de emergência de diálogo e de violência em suas vidas, orientando os interesses de pesquisa em várias direções, de acordo com temas caros aos membros da equipe. Sob a orientação do Professor Doutor Milton N. Campos, os trabalhos desenvolvidos em um tempo histórico determinado, entre o pós-impeachment que depôs a ex-presidenta Dilma Rousseff e o trágico período que teceu o governo iliberal de Jair Bolsonaro e a pandemia de COVID-19, deram lugar a dissertações de mestrado e teses de doutorado já concluídas ou em vias de conclusão. Os estudos focaram questões transversais importantes para se compreender, especificamente, a produção intersubjetiva de sentidos de jovens fluminenses de baixa renda e são exemplos eloquentes de como a teoria da ecologia dos sentidos pode ser aplicada, de um ponto de vista geral, à pesquisa humana e social.

Abrimos esta obra com o ensaio "As guerras bárbaras iliberais", no qual Milton N. Campos contextualiza o processo que levou à concepção e à realização da pesquisa, apresentando uma discussão introdutória a respeito do panorama político contemporâneo de violação de direitos cidadãos de jovens. As reflexões que orientaram todos os estudos deste livro são articuladas mediante a teoria interdisciplinar da ecologia dos sentidos, em que comunicação e psicologia social se imbricam.

Após apresentar o quadro teórico, discorremos, no capítulo "Panorama das juventudes", sobre questões gerais de procedimento em que arrolamos as diversas práticas metodológicas quantitativas e qualitativas adotadas nos estudos. O objetivo do coletivo de autores que participou da elaboração metodológica, destacando Cristiano Henrique Ribeiro dos Santos, foi reduzir redundâncias, deixando para os capítulos apenas as questões metodológicas específicas.

Após os capítulos nos quais perspectivas teóricas e metodológicas são introduzidas, seguem-se os trabalhos de pesquisa sobre os olhares de pessoas jovens de baixa renda vivendo no Rio de Janeiro, a respeito de vários temas, descritos a seguir. Atentamos o leitor para o fato de que todos os estudos, apesar de terem títulos e subtítulos "fantasia", são apresentados com uma mesma estrutura: a temática e o estado da arte na literatura científica, a maneira como a ecologia dos sentidos e outras teorias foram aplicadas, a metodologia da pesquisa, os resultados da fase pós-impeachment de Dilma Rousseff e os da fase pandêmica-iliberal, a discussão e a conclusão. Trata-se de capítulos independentes, que relatam pesquisas específicas e podem ser lidos separadamente à maneira de artigos em revistas científicas (ainda que relacionados com o todo e que façam, aqui e ali, referências a outras partes do livro).

Em "Pescaram lixo na rede", Nathália Ronfini apresenta olhares de jovens sobre o meio ambiente. Os resultados da pesquisa desvelam o que pensam sobre interesses, responsabilidades e possibilidades de engajamento ambiental, fazendo emergir ambiguidades e dificuldades muitas vezes surpreendentes. Como as percepções a respeito da natureza e do meio urbano se transformaram, para essas pessoas jovens, ao longo do período estudado? O capítulo problematiza essas relações.

"Moradia, violência e caminhos da liberdade" relata processos de resistência jovem na Comunidade do Horto Florestal, bairro pobre vizinho ao Jardim Botânico do Rio de Janeiro, onde, há décadas, a população é ameaçada de despejo. Ao longo do processo de pesquisa, Almir Fernandes dos Santos documentou a passagem do presencial ao digital da resistência mobilizada em defesa do direito de moradia da juventude local.

Em "21 tons de medo", Fabiane Proba resgata a transformação ocorrida, ao longo do pós-impeachment de Dilma Rousseff até a crise da COVID-19, nos sentimentos de medo e insegurança das pessoas jovens de baixa renda do Rio de Janeiro. Os 21 tons de medo emergem, tragicamente, de manifestações de violência que submetem a juventude ao horror imediato à morte que rondou suas vidas, sobretudo durante a pandemia e o governo iliberal que a amplificou.

Se houve um campo da vida da juventude fluminense pesquisada no qual tudo passou "De mal a pior" foi o das percepções a respeito da política e dos políticos. Almir Fernandes dos Santos mapeou as impressões a respeito de vereadores, prefeitos, deputados, governadores, senadores e presidentes de 2016 a 2022 e relata, nesse capítulo, a derrocada da confiança da juventude pobre do Rio de Janeiro nas práticas e figuras políticas do município, do Estado e da Federação.

Diante de toda a complexidade do vivido contemporâneo no Rio de Janeiro, como atuam as pessoas jovens de baixa renda? O que pensam sobre processos políticos em tempos de redes sociais? Aline Andrade de Carvalho problematizou, com a colaboração de Nathália Ronfini e Rosangela de Carvalho, a "Participação e engajamento nas redes" nos tempos de hoje. Com base em rico levantamento bibliográfico cobrindo transformações desde os eventos de 2013, o estudo explora os olhares sobre as manifestações tradicionais da política, contrapondo-os às digitais em rede.

Em outro confronto, problematizamos se as pessoas jovens afetadas pela vulnerabilidade e pela falta de recursos são "Nem-nem ou sem-sem", ou seja, se nem estudam nem trabalham ou se se lhes impõem a falta de acesso à escola e a postos de trabalho. Questionando o conceito de "geração", Rosangela de Carvalho explora a situação de jovens à margem do mercado de trabalho e dos estudos de 2016 a 2022, ressaltando a importância de se dar oportunidades para a realização de seus sonhos.

Na busca de realização, a educação torna-se central. Curiosamente, durante o período coberto pelo conjunto de pesquisas desta obra, um estudo pré-planificado sobre a educação à distância acabou por se transformar em objeto do pivô das transformações sociais que afetaram toda a humanidade com a chegada da pandemia. Em "Educação, redes e preconceito", Leonardo Gonçalves Viana e Ibis Marlene Álvarez Valdivia, da Universitat Autònoma de Barcelona, mergulham nas ideias preconceituosas que jovens haviam construído sobre a educação mediada pelas tecnologias antes do evento que modificou as práticas educativas, e como evoluíram.

A obra que o leitor tem em mãos deve ser entendida como um caleidoscópio de olhares de jovens específicos em um espaço de tempo delimitado por eventos políticos e sanitários extremamente complexos e da mais alta gravidade. Esperamos que contribua para melhor compreendermos as necessidades de nossas juventudes na perspectiva de transformações sociais positivas para a população de nosso país.

AS GUERRAS BÁRBARAS ILIBERAIS

Milton N. Campos[1]

O escorrer permanente da história não trai o caráter inerentemente violento da nossa espécie. Como em todas as dicotomias que os seres humanos construíram com sua consciência e capacidade de se governar por um universo de sentidos, além das pulsões violentas, não ignoramos que trazem também, em si, a gentileza e a cooperação, porta do diálogo. Os apelos do profeta José Datrino, que se eternizaram nas redondezas das imundas sarjetas da Rodoviária Novo Rio, inscritas nas colunas dos viadutos de acesso à Ponte Rio-Niterói, Avenida Brasil e Linha Vermelha — esse Minhocão Carioca — são expressão da complexidade humana. Suas inscrições, em uma região que não é alheia ao crime, falam de amor às pessoas que ali circulam, em sua maioria jovens, em meio à poluição e ruídos de carros, caminhões e ônibus. Essa gente moça de todos os lugares do país, que chega à metrópole fluminense, estaria sendo contemplada por um existir pautado pela gentileza que gera gentileza ou pela violência que gera violência? Profeta Gentileza: quais caminhos estão traçados para as pessoas jovens deste país?

Nosso interesse em refletir sobre os sentidos que jovens do Brasil produzem — principalmente aqueles que vivem pelas beiras, pelas ruas, pelas bordas — tem várias origens. Do meu ponto de vista, tem a ver com o envelhecimento e o espanto com a permanência do momento, no escorrer do tempo. Está também relacionado com sentimentos de envolvimento em processos de participação e engajamento pela transformação social, na medida em que cresci em uma classe média branca alimentada, vestida e abrigada. Ainda que herdeiro de confluências miscigenadas ocorridas no território contaminado pelo legado da praga racista do apartheid genocida português, a cor da minha pele não revela o DNA dos negros e indígenas que configurou meu fenótipo. Nesse caldeirão tipicamente brasileiro, temos, na sopa colonizada do nosso sangue, marcas biológicas dos conquistadores armados que receberam suas capitanias do Reino de Portugal e dos Algarves, d'Aquém e d'Além-mar: hereditariamente, foram distribuindo-as entre as elites então constituídas, que foram se eternizando no comando das terras,

---

[1] Campos obteve auxílio da Fundação de Apoio à Pesquisa do Estado do Rio de Janeiro (FAPERJ). Projeto de n.º 2104842016.

dos bens e das riquezas do Brasil; criminosamente, dessacralizaram-nas mediante a dor da violação de indígenas e negras. Do ponto de vista profissional de nossa equipe, que mal se distingue do meu, com um pé na casa grande e outro na senzala, interessamo-nos por explorar os sentimentos de jovens fluminenses, em sua maioria da Região Metropolitana do Rio de Janeiro, que lutam pela sobrevivência enquanto herdeiros da desigualdade. Com seus corpos, mais ou menos conscientemente, vão produzindo sentidos de transformação ou conservação de constragimento à sua liberdade por meio das ferramentas tecnocolonizadoras do contemporâneo. Do ponto de vista do dever, enquanto funcionários, docentes e discentes de instituições públicas, empreendemos esta jornada para devolver às suas comunidades um pouco do que recebemos.

Assim, na complexidade de caleidoscópicas dimensões contextuais, a tarefa propriamente "científica" torna-se faca de dois gumes: ao segurarmos esse tema com nossas mãos, o sangue escorre a partir do encontro de ambos os fios de corte. O ideal da neutralidade objetivista, portanto, não nos serve, além de não acreditarmos que seja possível. Nesse aspecto, ciência e jornalismo têm parâmetros semelhantes. Sabemos de antemão que ambos buscam compreender eventos e determinar se são válidos ou não, e em quais circunstâncias. Nessa perspectiva, a busca de compreensão dos sentidos produzidos pelas pessoas jovens contemporâneas fluminenses de baixa renda deveria guiar-se pelas "evidências" da ciência, pelos "fatos" do jornalismo. Precisaríamos acreditar que suas realidades são efetivamente "reais" e que, enquanto compartilham conosco campos variados, em outros nos são incompreensíveis. Nossa estratégia, conforme explicaremos neste capítulo, foi construtivista-crítica, termo que busca expressar, em primeiro lugar, a ideia de que a vida ocorre num fluxo ecológico dos sentidos em que se misturam campos complexos da vida, como processos cognitivos e afetivos em ação que estão sempre emergindo, interagindo, alternando-se no que tange à sua prevalência; em segundo, a ideia de que assumimos o princípio da interpretação intersubjetiva das "evidências" e "fatos", não como verdades absolutas, mas como veridicidades relativas; em terceiro, a convicção de que uma ética, fundada no real veridicamente apreendido pelo sujeito em interação, só pode emergir no diálogo, ou seja, por meio da cooperação: as situações violentas de confronto são concebidas como não éticas. A distinção que fazemos entre "verdade" e "veridicidade" consiste em que a primeira, em nossa avaliação, só se sustenta *provisoriamente* em modelos lógico-matemáticos axiomatizáveis, como evidenciado pelo

VIOLAÇÕES BÁRBARAS: OLHARES JOVENS

matemático Kurt Gödel em seu teorema da incompletude (GRIZE, 1982). Já a segunda se desenvolve em processo retóricoargumentativo temporal, que apreende a realidade como acordo intersubjetivo borneado pelos acontecimentos que nos aparecem como "evidências" e "fatos", por serem interreconhecíveis e interaceitos pelos partícipes das interações. Para nós, portanto, o mundo objetivo não existe em si. Podemos afirmar, no entanto, que ele existe veridicamente na medida em que interactantes acordem às suas materialidades e acontecimentos, existência intersubjetivamente compartilhada (HABERMAS, 2003). Sem esse balizamento existencial fundado nas relações intersubjetivas, toda discussão sobre termos atuais relevantes para quaisquer discussões a respeito de fenômenos humanos e sociais — como é o caso do que se passa na vida das pessoas jovens com as chamadas *"fake news"* ou a "pós-verdade" que inevitavelmente serão tratadas neste livro — cairia, como cai frequentemente, em paradoxos insustentáveis; por exemplo, o de se negar a existência de "verdades" acreditando na de "falsidades", como o termo "notícias falsas" indica.

Reconhecendo, portanto, estarmos inequivocamente contaminados pelas construções que nosso cérebro, maestro do corpo, produz incessantemente no decorrer da vida, colocamos mãos à obra e, coletivamente, buscamos descobrir, apontar, compreender, sentir os sentidos produzidos pelas pessoas jovens a respeito de múltiplas dimensões de suas vidas. Nossa intenção, neste capítulo, é explorar diversas dimensões psicossociológicas, mediante um levantamento de problemáticas históricas e teóricas importantes para buscar compreender o que se passa na cabeça de pessoas jovens. Fizemos este trabalho com a colaboração de jovens fluminenses de baixa renda, em sua maioria habitantes da Região Metropolitana do Rio de Janeiro. Estamos conscientes de que, na tela cinematográfica em que se desenha a história contemporânea brasileira, apenas olhamos para certos frames e pixels e que generalizações são impossíveis. No entanto, temos razões para crer que os sentidos que produzimos, em função das emergências que os sentidos das pessoas jovens com as quais convivemos fizeram transbordar, falam para a gente brasileira e mesmo pessoas que vivem realidades semelhantes às delas em outros países. Neste trabalho, buscamos serenamente compreender o que nos agradava e enojava, o que nos causava empatia e horror, o que nos movia e nos paralisava. Preservamos as "evidências" e os "fatos", sempre que possível (um pouco à maneira dos psicólogos sociais construtivistas e dos jornalistas profissionais), como orientadores de nosso pensar. Sabemos, no entanto, que, enquanto pesquisadores com aversão ao ódio, à violência, às mentiras deslavadas, em nosso processo de equilibração interpretativa, optamos por trilhar, eticamente, o caminho da cooperação. Espinosa (1983) o chamaria da "alegria". Ainda que com o ensejo de compreender sem pré ou pós-julgar, nosso trabalho reflexivo pode ter deslizado, em certos momentos, em territórios que os olhos dos idólatras das guerras culturais, dos radicalismos radicais, da morte, odeiam. A eles, dizemos, clara e simplesmente, que este estudo buscou ser honestamente não ideológico, no seu sentido estritamente político, reconhecendo, porém, que nossa concepção filosófica possa ser compreendida (não por nós, mas pelo "outro") como uma em tantas outras ideologias. Ainda que não tivéssemos tido a ilusão de que nossos sentidos expressariam, de uma maneira ou outra, proposições fundadas em estruturas narrativas ancoradas na produção de memórias de nossas vidas, admitimos que tenham sido contaminadas pelo lado cooperativo das posições em disputa. Nosso trabalho coletivo seguiu, portanto, uma ética, em segura rejeição do relativismo absoluto. Recusamos os radicalismos extremos que demandam o extermínio do conhecimento crítico, sem ignorar a existência natural das relações políticas; corremos, como o diabo corre da cruz, dos fundamentalismos religiosos que declaram guerras e exercitam violências de todas as naturezas, reconhecendo o direito à crença no inexplicável; fugimos das soluções que não implicam a necessidade de conversar, mas também não vamos atrás de quem não nos respeita e recusa o diálogo. Este livro busca pensar as relações comunicativas como éticas plurais. Ou seja, nas relações em que haja respeito entre pares diversos e cooperação, é possível avançar, adaptando-se os juízos aos contextos. Colaboramos com jovens que têm ideias muito diferentes das nossas a respeito da vida, da sociedade, das mídias,[2] pois refletem as grandes tendências contemporâneas de um Brasil mais que plural: multifacetado, cujos cacos estilhaçados são difíceis de recolher para compor um vitral. No nosso sentido de ética, o respeito com o qual buscamos contemplar nossas relações com as pessoas jovens pode ser considerado uma espécie de guardião que produzimos a respeito dos sentidos que foram compartilhados conosco por elas. Finalmente, cabe uma palavra sobre uma decisão, que pode ser insólita para alguns. Como

---

[2] O acesso às pessoas jovens que participaram da pesquisa geral reportada neste capítulo, assim como o conjunto de procedimentos, foi autorizado pelo Comitê de Ética do Centro de Filosofia e Ciências Humanas (CFCH) da Universidade Federal do Rio de Janeiro (UFRJ), por meio do Certificado de Apresentação para Apreciação Ética (CAAE) de n.º 50100415.6.0000.5582, de 4 de novembro de 2015.

os estudos deste livro inevitavelmente trilham um caminho histórico e político, julgamos que deveríamos tomar posição clara contra a violência. Em primeiro lugar, resolvemos, por conta do momento em que desenvolvíamos as pesquisas e planejávamos seu encerramento, escolher o período entre o pós-impeachment da ex-presidenta Dilma Rousseff e a tragédia sanitária que se abateu por conta da pandemia de COVID-19, em grande parte viabilizada por agentes do governo. Por conta desse fato, ainda que o leitor encontre nomes de vários presidentes aqui, jamais terá a oportunidade de reforçar em sua memória o nome daquele que, em nossa opinião, mais desrespeitou e violou o povo brasileiro em toda a sua história colonial, imperial e republicana. Nós o trataremos, inspirados na lenda de Voldemort, da saga de Harry Potter, de "o inominável", "aquele cujo nome não deve ser pronunciado". Toda obra em ciências humanas e sociais tem seus defeitos. Exposto o nosso, podemos ir à frente.

Iniciamos este debate com a seção "Os caminhos do descontentamento", apresentando uma reflexão a respeito do processo de produção, ora do contentamento, ora do descontentamento, de pessoas jovens como geração humana e seu envolvimento histórico em processos comunicativos contemporâneos. Para tanto, apresentamos uma discussão a respeito do processo internacional que levou ao levante de grupos de jovens, em vários países do mundo, em movimentos sociais que acabaram por desencadear crises políticas. No caso do Brasil, como as pessoas jovens colocaram em questão as políticas de governo da ex-presidenta Dilma Rousseff. Exploramos, particularmente, os processos que emergiram com as convocações a partir das mídias sociais e seu mergulho no mundo da multiplicação tecnológica exponencial de "verdades", "fatos", mas também de "mentiras", *fake news*". Nessa linha, discutimos, ao final, aspectos do quadro político internacional e nacional que podem nos ajudar a compreender esses processos.

Na seção seguinte, "Escravidão, violência e desigualdade", discutimos as origens históricas dos processos violentos que marcam tão indelevelmente a sociedade brasileira. Da escravidão à neoescravidão atual, refletimos sobre como, na história recente do Brasil, projetou-se uma democracia capitalista expressa na Constituição de 1988, inscrita no quadro geral do novo liberalismo das sociais democracias europeias, que, depois de apenas três décadas, levou ao resurgimento do autoritarismo militar associado ao iliberalismo de orientação nazifascista. Após quase uma década de tentativas fracassadas de implantação do neoliberalismo — versão contemporânea privatizante do liberalismo clássico — no governo Fernando Henrique Cardoso, mascarado de projeto "social-democrata", buscou-se implantar a "esperança" no governo seguinte. Acalentado publicamente como governo popular, iniciou-se a realização, na verdade, de um projeto social-democrata dentro do quadro geral do "novo liberalismo", ou seja, um liberalismo social com políticas aparentadas às das sociais democracias europeias, mas com uma diferença: foi manchado por alianças improváveis que, na primeira oportunidade, enterraram seus punhais nas costas cor-de-rosa dos "vermelhos comunistas". Violentamente extirpado pelo impeachment da ex-presidenta Dilma Rousseff, o projeto liberal-social da Constituição de 1988 foi incendiado pelos "liberais". Sem jamais ter conhecido nem fase sociodemocrata genuína nem democrática liberal, apesar de seus arautos farsantes, o país voltou a promover a fertilização das ervas daninhas das memórias coloniais. Exatamente de acordo com a histórica inclinação traidora, totalitária e cruel da maior parte das elites e de certos setores atrasados, embrutecidos e intelectualmente prejudicados, para não dizer estúpidos e medíocres, das Forças Armadas, os punhais da recusa da cooperação e da disseminação da violência foram revigorados. Ou seja, do pós-impeachment ao auge da pandemia de COVID-19, o incêndio liberal e a política da terra arrasada criou, no Brasil, um caos de tal ordem que certamente faria inveja ao mal-afamado imperador romano Nero ou ao cônsul Cipião Emiliano que foi tido como herói após arrasar completamente Cartago em 149 a. C., na época a mais poderosa força militar do Mediterrâneo. Nessa seção, aprofundamos essa discussão introduzindo algumas noções refletindo polarizações que, a nosso ver, contribuem para buscar explicações a respeito dos vividos das pessoas jovens: "favela de concentração" versus "palácio do asfalto"; "neoescravidão" versus "neocorte imperial"; "tecnoescravos" versus "tecnosenhores".

Na seção final, "Explorações teóricas: ecologia dos sentidos", apresentamos o quadro explicativo que desenvolvemos para trabalhar a problemática dos sentidos. A partir de uma perspectiva transversal comunicativa, são exploradas diversas dimensões psisossociais da vida humana e de como essas contribuem para que possamos fazer sentido das dores e alegrias das pessoas jovens de baixa renda que colaboraram conosco. Para tanto, fazemos uma digressão a respeito das contribuições das autoras e dos autores que nos inspiraram, apresentando diversos conceitos que são retomados ao longo das pesquisas apresentadas neste livro.

OS CAMINHOS DO DESCONTENTAMENTO

Nada pode ser mais elusivo do que o objetivo de tentar identificar as fontes das produções de sentidos de jovens, essa vaga categoria indicativa de pessoas humanas que há pouco deixaram a adolescência, passando pela primeira grande fase de desenvolvimento do corpo. Mais ainda se focarmos jovens fluminenses residentes em diferentes municípios e bairros da Região Metropolitana do Rio de Janeiro que se comunicam, cada vez mais, pelas redes sociais. Nossa abordagem é mais do que "psicossocial" a respeito dessa problemática, pois indicativa de recusa da limitação disciplinar. Envolve, simultaneamente, os campos do pensar tradicionalmente abrigados na filosofia, na psicologia e na sociologia, mas perpassados pelos processos de comunicação. É na consideração do caráter discursivo que nos constitui como espécie biossimbólica que pensamos as relações entre as gerações, a problemática da distintiva capacidade de viver no fluir de produções culturais, do nosso existir no mundo. Como "cidadãos" brasileiros — nascidos ou que adotaram o território violado das nações indígenas que habitavam o que se convencionou chamar de América do Sul; ou para cá trazidos sequestrados e depois pelos ventres escravizados —, resolvemos mergulhar nos sentidos de alguns de seus descendentes mais marginalizados. Foi nesse contexto que consideramos particularmente importante jogar a rede no Rio para tentarmos pescar o que se passava com as pessoas jovens fluminenses de baixa renda por conta do que testemunhamos, no pós-impeachment da ex-presidenta Dilma Rousseff: uma dramática deterioração ético-moral espelhada na política, na economia, na sociedade e na cultura do país. Ético-moral porque, em toda sua história, esse país-invenção-capacho roubado dos indígenas dessa terra ao custo de um genocídio ainda em curso, nunca havia abrigado, como na década de 2020, governantes tão avessos à cooperação, produtores de ódio e escancaradamente cínicos, ainda que, desde os tempos coloniais, tenha sofrido agruras de maus dirigentes. O ativismo judiciário articulado a interesses econômicos de setores corruptos das elites que infectam o Legislativo e o Executivo, com apoio de setores militares associados a projetos tecnopublicitários internacionais de vulto, desmantelou, na prática, o quase natimorto projeto de democracia inscrito na Constituição de 1988. O acordão das elites do fim do século XX virou cinzas já na segunda década do século XXI. Com a degringolada moral e a ascenção de governo inominável que ignorou, virulentamente, a pandemia de COVID-19, julgamos importante documentar o vivido de jovens vulneráveis do Rio de Janeiro durante esse período histórico trágico. Os que colaboraram conosco são vozes expressando os atuais sentidos da brutalidade e submissão do povo brasileiro.

Como a maioria das pessoas sabe, as gerações infantis e jovens do início do terceiro milênio, mais ou menos fortemente de acordo com acesso a recursos informáticos, especialmente os celulares, adentraram na vida mediadas por códigos binários, na medida em que se tornaram copartícipes involuntários da aventura humana digital. Essas gerações de brasileiros cibernéticos globais — de Pátria que, na segunda década do século XX, a muitos tem envergonhado — se distinguem fortemente das de seus pais, avós e bisavós. As histórias contadas, as leituras, o convívio social — antes mormacento e seguindo rotinas determinadas pelos ciclos da natureza — foram se embrenhando em desconhecida floresta de caminhos simbólicos obscuros, cheios de tocas onde se escondem demônios e afloram oportunidades. Sem poder aprender a "ler" o digital, mas simplesmente vivê-lo, essas gerações convivem com jogos, trocas, instrumentos informativos etc., em meio à violência e às transformações contemporâneas. Suas leituras de mundo foram capturadas por redes estrangeiras ao analógico, que terminam o processo de substituí-lo completamente, virtualizando dores e alegrias. Aqui, coube-nos, como projeto, explorar a emergência das configurações de sentidos das pessoas jovens fluminenses de baixa renda que colaboraram conosco, aflorando no território simbólico e natural bem específico da história recente do Brasil, com o objetivo de fazer emergir espantos e questões.

Emergências de nosso tempo

A história deste livro — que começou a ser construída logo após o impeachment da ex-presidenta Dilma Rousseff — se inicia no Brasil de uns anos antes, mais precisamente em 2013 quando ocorreram manifestações públicas, notadamente no Rio de Janeiro, onde as mídias sociais passaram a se constituir como instrumentos de recrutamento de jovens por jovens e forças políticas interessadas em manipulá-los. Nessa época, já eram bem conhecidas as consequências dos usos de mídias, como as redes sociais, desde que os protestos iniciados com a chamada "Primavera Árabe", no norte da África, inspiraram pesquisadores a refletir sobre eles (ŠISLER, 2010). Trazendo em seu bojo novas formas organizativas, esses movimentos de protesto, levados a cabo principalmente por jovens, sacudiram diversos países do norte da África, notadamente a Tunísia (OGBONNAYA, 2013), com significativa eclosão no Egito (FAHMI, 2009; FARIS, 2010) e até nos territórios palestinos (BISHARA, 2010), transformando os cenários políticos nacionais. Paralelamente ao movimento dos indignados que começou na Espanha e se espalhou pelo mundo, como no caso do *Occupy Wall Street*, em Nova York, e da Primavera *Érable*, na província canadense do Quebec, onde milhares de estudantes durante meses fizeram manifestações diárias, as pessoas jovens foram às ruas em vários países do mundo. Esses protestos deixaram, na época, cientistas políticos e governos perplexos. Ainda que as transformações aparentemente desejadas pelas pessoas que se envolveram nesses movimentos (principalmente a democracia), vistas com olhos de hoje, não tenham alterado em absolutamente nada as relações capitalistas de opressão sociopolítica e econômica, não se pode negar que produziram uma novidade histórica propiciada pelo acesso a novas formas de comunicação digital. Isso, mesmo promovendo, para essas pessoas jovens, vivências inesquecíveis, pessoais, para suas vidas. Embora os movimentos que usaram as mídias sociais como principal espaço de comunicação levassem a transformações, seus resultados foram considerados ambíguos pelos estudiosos. Alguns manifestaram sérias reservas quanto à sua importância, na medida em que, embora tivessem como objetivo a busca de transformações sociais reais (DAVIS, 2003; COLOMBO; MURRU, 2007), acabavam, por meio das mídias sociais, descarregando conteúdos francamente negativos (COHEN, 2007) ou estereotipados (IROABUCHI-MOGHALU, 2008) que se perdiam em um oceano de informações aparentemente inocentes. Isso trouxe à luz a problemática das manipulações em rede que desembocaram, nos dias de hoje, no tsunami das *fake news*, notícias que "têm a intenção de enganar" e "erodir a confiança social, constituindo-se em ameaça, especialmente às democracias" (GREIFENEDER *et al.,* 2021, p. 2-3). Ou seja, a problemática da civilidade em rede que traria a novidade contemporânea das mentiras exponencialmente multiplicadas, que já tinham sido identificadas bem antes dos acontecimentos no norte da África (HURREL, 2005), tornou-se de grande importância para se compreender as pessoas jovens no mundo atual.

No início dos anos 2000, independentemente das dúvidas quanto à eficácia dessas novas formas de organização popular, paralelamente ao florescer das redes sociais, as pessoas jovens viam oportunidades de comunicação em discussões sobre cidadania que se faziam em blogs, micro *blogging* (Twitter) e outras plataformas em rede para a recepção, difusão, edição e publicação de informações no espaço público (LEE, 2007; MILLIKEN *et al.*, 2008; CAMMAERTS, 2008, 2009; GOODE; 2009). Algumas das primeiras experiências ressaltavam as relações históricas entre política, poder e os espaços de trocas virtuais (COLEMAN, 2004; DREZNER; FARRELL, 2008; SHIRKY, 2011), como em casos em que eram controladas por Estados menos afeitos às liberdades liberais capitalistas como a China (HEARN, 2009). Eram ainda variadas e abrangiam distintas formas de atividades de participação civil em mídias na internet (CARLSON, 2007; DOCTER, 2010), como é o caso do "jornalismo cidadão" (DEUZE, 2009; GOODE, 2009). Posteriormente, esse foi sendo gradativamente esquecido com o controle cada vez mais intenso e penetrante das *big techs*, que passaram a engolir as ações jornalísticas dos cidadãos em suas plataformas nem sempre "civis" com a amplificação das possibilidades oferecidas às grandes mídias tradicionais (geralmente grandes conglomerados internacionais formando monopólios da informação) que avançaram sobre as redes. Durante o auge do uso democrático e pouco regulado da internet, na verdade nos primórdios da Web 2.0, exemplos de atividades jornalísticas civis ocorreram nos Estados Unidos (ANTONY; THOMAS, 2010; HANSON *et al.*, 2010; PIGNETTI, 2010; SHEFFIELD, 2010), na Europa (GRILO; PELISSIER, 2006; CISMARU, 2007; JOUET, 2009), na África (MOYO, 2009), no Oriente Médio (DASHTI, 2009; BOLOGNANI, 2010), na Austrália (BAHNISCH, 2008; FLEW; WILSON, 2008) e na Ásia (WOO-YOUNG, 2005). A comunicação digital no tempo do otimismo e da ilusão da liberdade via internet emergiu não apenas em movimentos civis e populares, mas também em espaços críticos capazes de propiciar diálogo (BOHMAN, 2004; MOE, 2008), envolvendo instituições de comunicação como novos espaços públicos (CASTELLS, 2008), muitos deles dedicados à deliberação política (ALBRECHT, 2006; MAYNOR, 2009). Emergiram também, foco de nosso interesse, espaços públicos em rede ligados às pessoas jovens (JUPP, 2007; KANN *et al.*, 2008). Esses campos experimentais foram tragados, na década seguinte, pelo cada vez mais acirrado controle mercantil dos algoritmos implantados pelas grandes empresas de tecnologia, particularmente turbinados pelas mídias sociais.

Os movimentos de protesto no Brasil ocorreram enquanto o país se destacava internacionalmente por uma série de avanços sociais (EAKIN, 2013) e pela discussão do Marco Civil da Internet, aprovado no início do governo da então presidenta Dilma Rousseff, antes do processo de impeachment que se avizinhava. Os processos levados a cabo pelas pessoas jovens ganharam ímpeto em meio a vários megaeventos organizados no Rio de Janeiro (a Jornada Mundial da Juventude com a presença do Papa Francisco, a Copa das Confederações em 2013, a Copa do Mundo em 2014 e os Jogos

Olímpicos em 2016). Esses eventos todos, até por conta de seus altos custos e do uso extravagante de dinheiro público, fizeram emergir, desde 2013, críticas que foram anunciadas em manifestações de protesto, em meio a pautas diversas, sob o manto do Movimento Passe Livre (ORTELLADO, 2013). Não é de se estranhar que esses megaeventos bilionários fossem vistos como símbolos de injustiça, quando se desenhavam diversas lutas sociais no país, como a pelo transporte gratuito. Como se sabe, durante a Copa das Confederações, o Brasil presenciou protestos em quase todos os estados brasileiros, cujo maior representante foi um confronto no dia 20 de junho de 2013, nas ruas do Rio de Janeiro, entre a polícia e cerca de 300 mil pessoas, em sua maioria jovens, defendendo dezenas de pautas diferentes, convocadas pelas redes sociais (RUEDIGER *et al.*, 2014), aparentemente sem o concurso de uma liderança centralizada (MACKENZIE, 2013). Santos (2014) ressaltou que seu caráter metropolitano era indicador de uma crise de representação política, na medida em que as pessoas jovens se sentiriam desconectadas dos diversos níveis de governo, o que colocaria em evidência, coerente com um suposto sentimento de abandono coletivo pelas autoridades, uma tendência ao apartidarismo (WINTERS; WEITZ-SHAPIRO, 2014). Os movimentos dessa época surpreenderam não somente o Brasil, mas também o mundo (CONDE; JAZEEL, 2013; SAAD FILHO, 2013; SWEET, 2014). Os protestos nas grandes metrópoles do país, manifestamente indicadores de um mal-estar jovem até então invisível, inauguraram o que alguns autores chamaram de "primavera brasileira" (SAAD FILHO; MORAIS, 2013). Ocorrente em meio a processos de maquiagem ostensiva da pobreza (como os muros da Linha Vermelha, no Rio de Janeiro, erigidos para "esconder" a favela da Maré dos olhos dos viajantes que chegavam ao Aeroporto Internacional Antonio Carlos Jobim, o Galeão) e da violência policial (com a farsa prática, mas bem intencionada, das Unidades de Polícia "Pacificadora" – UPPs), as manifestações estavam inequivocamente relacionadas com os megaeventos da época (LIVINGSTONE, 2014). Ademais, assistiram à emergência de movimentos afro-brasileiros (AMAR, 2013), ainda que Jensen (2014) apresentasse a tese controversa de que as pessoas jovens negras fossem despolitizadas. Eles se utilizavam das novas mídias para a criação de conteúdos, mas sua contribuição na organização, convocação e participação em protestos era menos evidente do que as de jovens de outras classes sociais (PELLI, 2013; GOHN, 2016), distinguindo-se por outras formas de mobilização social, "menos políticas", como os rolezinhos (VARGAS, 2014). As características específicas dos movimentos (D'ANDREA,

2014; BASTOS; RECUERO; ZAGO, 2014; RECUERO *et al.*, 2015), suas narrativas (D'ANDREA; ZILLER, 2015) e lógicas de conexões propiciaram o empoderamento juvenil em torno de eventos (PISCHETOLA, 2016) que levariam à construção, se não de uma "nova", pelo menos de uma cultura multimidiática jovem com características libertárias (GOHN, 2018).

Pano de fundo contemporâneo

Os vais e vens dos movimentos populares que eclodiram, ao longo de mais de uma década, passaram, em diversos desdobramentos, a promover o avanço não somente de pautas ditas democráticas, mas também de projetos extremistas, *iliberais* (ou seja, que rompem com os preceitos fundantes da democracia liberal, notadamente a balança judicial e o princípio de igualdade).

O termo "liberalismo", que se contrapõe ao de iliberalismo, é controverso e expressa o ordenamento de sistemas políticos e econômicos em que diversas formas de defesa da "liberdade individual" e da "propriedade privada", fundantes do capitalismo, emergem. Em tal sistema, defende-se o princípio da democracia, mas, ora como o direito estrito de *liberdade* de deter propriedade e riquezas, ora agregando certa preocupação com a justiça social, na busca de equilíbrio. Courtland, Gaus e Schmidtz (2022) distinguem (1) o liberalismo clássico, que implica um sistema econômico em que propriedade privada e liberdade individual se fundem, o "mercado" torna-se sua expressão, e o Estado é visto com aversão (por contrapor-se à liberdade individual quando governos encaminham políticas de interesse coletivo) do (2) novo liberalismo, que busca o equilíbrio fundado na propriedade privada e liberdade individual, com reconhecimento de necessidade do Estado, mas com a implementação de mecanismos de justiça social (como é o caso do *welfare state* representado pelas social-democracias). Entre esses dois polos explicativos do termo "liberal", várias subformas são debatidas dependendo do papel mais ou menos próximo de medidas de distribuição de riquezas (princípio de justiça social) e da crença de autorregulação do sistema capitalista. O termo "iliberalismo" diz respeito a uma conformação particular dos sistemas políticos em que certas configurações romperiam o princípio de "liberdade" (que, como indicado anteriormente, é passível de múltiplas interpretações). Por "iliberal", Courtland e seus colegas (2022) indicam uma atitude na qual formas de restrição de liberdades individuais são defendidas e adotadas, seja despoticamente, seja por meio de pressões coercitivas. Assim, curiosamente, nesse sentido (há outros), um regime socialista fundado em princípios de distribuição de riquezas em detrimento da liberdade individual seria tão iliberal como um regime capitalista em que a regulamentação jurídica, política e econômica apresente qualquer forma de coação e se distancie do princípio de autonomia ideal capitalista, como é o caso de certos governos de democracias europeias que passaram a pressionar os sistemas jurídicos no intuito de restringir liberdades individuais, geralmente em nome de valores incompatíveis com a própria definição de democracia (defendidos por partidos de extrema direita na Polônia, Hungria, Turquia e Itália, entre outros países). Com base nessas indicações a respeito dos termos "liberal" e "iliberal", pode-se afirmar que o governo do presidente inominável do Brasil, derrotado nas urnas por um fio em 2022, é claro exemplo de "iliberalismo". Trata-se de um iliberalismo margeando o totalitarismo, pois, em suas permanentes ameaças ao "novo liberalismo" inscrito na Constituição de 1988, poderia rompê-lo e dirigir-se a um fascismo nacionalista despótico. Ainda que derrotado nas urnas em 2022, o movimento iliberal brasileiro fortaleceu-se e está longe de desaparecer.

O iliberalismo que tomaria conta dos movimentos contemporâneos teria origem no fato de que, como afirmam Courtland, Gaus e Schmidtz (2022, s/p):

> Given that liberalism fractures on so many issues — the nature of liberty, the place of property and democracy in a just society, the comprehensiveness and the reach of the liberal ideal — one might wonder whether there is any point in talking of "liberalism" at all.[3]

Essas fraturas passaram a ficar cada vez mais expostas com as movimentações guerreiras dos países gestores do capitalismo global, que se tornaram mais aparentes a partir do atentado de setembro de 2001 contra as torres gêmeas em Nova York e a guerra na Ucrânia. A construção da insegurança não passou mais a se traduzir por narrativas em si "iliberais", mas pelos meios usados para as difundirem: por meio das tecnologias e de seu uso para segurança e controle. No entanto, para além das políticas do terror e do medo, o objetivo foi tornar o desconforto um novo agente político (BIGO; TSOUKALA, 2008). Esse processo acabou desembocando em

---

[3] "Dado que o liberalismo está fraturado em tantos aspectos – a natureza da liberdade, o lugar da propriedade e da democracia em uma sociedade justa, a amplitude e extensão do ideal liberal, poder-se-ia questionar se há qualquer sentido em se falar de 'liberalismo'" (tradução nossa).

movimentos de extrema direita em vários países do mundo (PLATTNER, 2019), incluindo o Brasil, que, em sua história brutal, sempre foi berço esplêndido para tratativas sórdidas de elite. A atitude do candidato menos votado e defensor de uma pauta "liberal", de contestar em 2014, iliberalmente, o resultado das eleições presidenciais, colocando o pleito em dúvida, anunciava tempos trumpistas (como a recusa dos resultados das eleições de 2021 nos Estados Unidos), abrindo caminho para o trato da democracia como rejeito pelo governo Temer e o terrorismo do inominável, que dele se serviria, mas sem ter conseguido perpetuá-lo por conta da derrota na eleição presidencial de 2022.

Cabe notar que os estudiosos que buscavam compreender os eventos de 2013, os quais desembocaram, direta ou indiretamente, na recusa de aceitação do resultado das eleições, trouxeram uma novidade desconhecida, implícita, escondida, escamoteada. Essa novidade consistia no avanço silencioso da mobilização de grupos de direita em rede durante as manifestações que ocorreram em todo país (PENTEADO; LERNER, 2018). Um projeto de contenção da liberdade cultural das pessoas jovens foi promovido por membros de uma "direita" que não se sentia representada pelo novo liberalismo do governo social-democrata da época (que chamavam de "extrema-esquerda comunista"). Havia ficado quase duas décadas entocada, alimentando crenças contraditórias, desde o da liberdade sob o capitalismo até preconceitos variados relacionados com o exercício de liberdades identitárias de raça, sexo, e gênero e religião. Articulados em torno de uma rede autodenominada de "liberal" (mas, essencialmente, iliberal), teria sido resultado de discussões desenvolvidas por *think tanks* brasileiros, buscando reunir grupos até então desorganizados, mas compartilhando um ultranacionalismo exacerbado, exercício de ódio contra quem não esposasse sua ideologia e idolatria à ditadura militar, com estratégias típicas do novo iliberalismo digital internacional que tomou o poder em diversos países (como os Estados Unidos de Donald Trump, a Polônia, a Hungria e a Turquia), mas também emergentes em movimentos nacionais, como exemplifica Bakardjieva, em outros países europeus, como a Bulgária (2021). O objetivo do movimento iliberal brasileiro era claro: produzir discursos que desmantelassem as estatísticas de sucesso e as percepções positivas internacionais e das classes populares relativamente aos governos que investiram na diminuição da reconhecida desigualdade histórica brasileira; processo iniciado timidamente por Fernando Henrique Cardoso e aprofundado por Luiz Inácio Lula da Silva e Dilma Vana Rousseff, ainda que moderadamente.

Essas contranarrativas, que acabaram na demanda de impeachment da então presidenta, deposta em 2016 (ROCHA, 2019), não eram apenas construções para serem difundidas por meio de conglomerados midiáticos do país. Para autores como Machado e Miskolci (2019), tratava-se de uma produção intencional de polarizações, as quais chamaram, metaforicamente, de "cruzadas morais", levadas a cabo não somente por milícias digitais, mas também por múltiplos mecanismos. Incluiram ainda ações jurídico-institucionais concretas, como a chamada "Operação Lava-jato", que instituiu uma criminalidade judiciária sob o manto de um heroísmo digno dos cruzados que cortavam as gargantas dos muçulmanos depois de expropriar seus territórios, saquear suas cidades, assassinar suas mulheres e crianças e destruir sua cultura. Esse projeto — como é hoje de conhecimento público — foi meticulosamente construído com base em mecanismos processuais legais beirando a fraude, estratégias de desinformação articuladas pelas mídias tradicionais e produção de informações falsas disseminadas pelas mídias sociais. Enraizado nas entranhas de conspirações secretamente acordadas em associação com o *establishment* norte-americano de inteligência, esse plano subordinado às elites da extrema direita supremacista branca dos Estados Unidos (FISHMAN; VIANA; SALEH, 2020) faz parte, na verdade, do planejamento político de uma espécie de "Internacional Nazifascista" chamada *The Movement*. Com a participação de grupos radicalizados que se reúnem regularmente — iliberais, totalitários e terroristas, como a Ku-Klux-Klan —essa aliança de extrema direita foi fundada e coordenada por Steve Bannon. Estrategista multimidiático do ex-presidente norte-americano Donald Trump, Bannon foi condenado, em meados de 2022, pelo Congresso dos Estados Unidos por desafiar uma convocação para depor a uma Comissão Parlamentar de Inquérito sobre a invasão do Capitólio em janeiro de 2021 (diferentemente do que ocorreu com a malfadada CPI da Pandemia no Brasil, na qual absolutamente ninguém foi punido por atos tão ou muito mais graves). Steve Bannon, responsável por projetos de vigilância e controle político de massas por meio de *fake news*, participou não somente da campanha eleitoral norte-americana, mas também da brasileira, por meio da empresa Cambridge Analytica. É forçoso notar que a família presidencial que se instalou no Planalto, até o final de 2022, age como representante sul-americana da organização de extrema direita *The Movement* (FISHMAN; MARTINS, 2019). Prova adicional da proximidade entre esses agentes políticos foi denunciada pelo jornal americano *The Washington Post*, em novembro de 2022, quando informou que Steve Bannon e o deputado federal Eduardo (o número 2 do inominável) se encontraram com Donald Trump e seus assessores para discutir estratégias para contestar os resultados das eleições que Luiz Inácio Lula da Silva levou (DWOSKIN; PESSOA, 2022).

O processo, em curso nos anos 2020, de destruição das fundações de uma possível democracia brasileira, paradoxalmente "liberal" (como já explorado neste texto, os fundamentos da Constituição de 1988 podem ser vistos como ideário associado a um novo liberalismo, objetivando a construção de um Estado de *welfare* no Brasil), fortemente ancorado em ideologia iliberal. Orientando-se na direção do assalto às instituições democráticas, o iliberalismo destrambelhou o Brasil. As trombetas do Apocalipse alimentaram uma quimera e levaram um discípulo do nazifascismo, com uma política *red neck* armamentista inspirada em cruzadas medievais, ao mais alto posto público do país. No auge da pandemia de COVID-19 que se seguiu ao acordão golpista dos "liberais" representantes de grandes parcelas das classes médias (que a eminente filósofa brasileira, professora da Universidade de São Paulo, Marilena Chauí, odeia, não sem razão), parte de classes pobres fanatizadas por influência de setores de igrejas evangélica e elites, ao se dar conta de que havia levado ao poder do Brasil um projeto iliberal (e não liberal, como foi insistentemente anunciado pelas mídias dominadas pelos interesses dos "mercados"), capaz de atrocidades para destruir a democracia, perdeu-se em narrativas contraditórias. O elogio da tortura, a devastação ambiental, a gestão assassina de uma pandemia (CEPEDISA, 2021; SENADO FEDERAL, 2021), os insultos aos diferentes, entre outros comportamentos chocantes, haviam se tornado elementos essenciais pela defesa da "liberdade" (de torturar, de devastar, de assassinar, de insultar...).

As pessoas jovens de baixa renda que colaboraram com nossa pesquisa, testemunhas desse período de turbulências, não tiveram outra escolha senão a de serem tragadas pelo furor de um redemoinho em rede, ora se revoltando contra, ora não estando "nem aí", ora exaltando os valores ultraconservadores da extrema direita nacional. Na série turca de elogio ao islamismo, *Diriliş Ertugrul*, o herói histórico destinado a construir as fundações do Império Otomano no século XIII, em suas lutas contra as tramoias ardilosas e assassinas dos cristãos, diz, a um dado momento, após prometer extirpar o mal do mundo em nome de Alah, que o problema não era saber onde estavam as tocas, mas descobrir em qual delas estava o diabo. No Brasil do século XXI, não há dúvidas: todos sabem em qual toca a maioria das elites hereditárias brancas, cristãs e escravocratas colocou o arauto tupiniquim do *The Movement*. O fato de o messias satânico ter sido destronado nas eleições de outubro de 2022, infelizmente, não significa seu desaparecimento.

ESCRAVIDÃO, VIOLÊNCIA E DESIGUALDADE

Desentocado, o povo brasileiro lida com a lida. O complexo processo que constituiu o Brasil e sua gente, seus sofrimentos e desamparo, segue seu rumo. Nas origens, o histórico genocídio dos povos indígenas ainda em curso, as tatuagens indeléveis da escravidão. Ambos processos, agregados aos desterrados de todas as tezes, não somente marcaram a história colonial e neocolonial do país, como também a configurou e constituiu. Dos estimados de 2 a 3 milhões de indígenas que, em harmonia com a natureza, ocupavam o território quando da chegada dos colonizadores portugueses, sobrou menos de 1 milhão. Os milhões de africanos sequestrados, torturados e mortos nos navios negreiros, para depois serem condenados ao trabalho forçado, açoitados nos pelourinhos das fazendas, foram a carne mais usada no mais violento, doloroso e cruel comércio humano da história recente da humanidade (RIBEIRO, 2000). Elza Soares eternizou essa dor quando gravou, em 2007, a música de autoria de Jorge Mario da Silva, o "Seu Jorge", Marcelo Yuka e Ulisses Cappelletti, "A Carne", "a carne mais barata do mercado é minha carne negra".[4] A mostruosidade do projeto econômico impingido a múltiplos grupos étnico-religiosos estabelecidos em diversos territórios africanos e os consequentes horrores cometidos com o refinamento de formas de tortura, durante séculos de escravidão, neoescravidão e guetização por *apartheid* sociorracial dissimulado, não se extinguiram: perduram até os dias de hoje nas Américas. Como se sabe, os que sobreviveram aos navios negreiros continuaram, somente no Brasil, a ser "legalmente" torturados até 1888, data em que a escravidão foi abolida, no papel. Independentemente dos processos e das disputas socioeconômicas, de um lado, e humanitárias, de outro, que levaram à abolição formal da escravatura no país, o *day after* foi devastador para a maioria da população negra, mulata e cabocla (designada pelo termo "pardo" nas estatísticas do Instituto Brasileiro de Geografia e Estatística (IBGE). Os recém-libertos não tinham acolhimento legal pelo Estado, seus direitos à cidadania brasileira

---

[4] Disponível em: https://www.facebook.com/clubedamusicaautoral/videos/331287941664371/?redirect=false. Acesso em: 15 jul. 2023.

eram opacos, o acesso à educação, à moradia e à saúde era dificultado pela legislação brasileira, acomodada a códigos escravistas. O direito ao trabalho tornou-se ficção neocolonial. Em vez de, ao menos, proteger e acolher humanitariamente os libertos, os governos federal e dos estados — notadamente o do Rio de Janeiro, que abrigava a capital e alimentava a bufoneria da corte imperial nacional que desembocou historicamente no *high society*, zona sul que Rita Lee e Elis Regina eternizaram — promulgaram leis destinadas a "sanear" o país de "mendigos e vagabundos", sujeitando jovens desempregados negros e mestiços à prisão ou ao confinamento. Durante mais de um século de "liberdade", muitos foram enviados para prisões juvenis ou asilos psiquiátricos (ALTOÉ, 1993, 1990a, 1990b). Os que passaram à margem do pente fino do estado do Rio de Janeiro, por exemplo, construíram seus lares nos fundos de quintal dos senhorios e nos morros da cidade (como em Santa Teresa), dando origem às favelas. Foi somente com a Constituição de 1988 que se buscou mudar a estrutura legal para eliminar desigualdades com a proteção de diversos direitos. No entanto, as ações do Estado que se seguiram foram, em grande medida, incapazes de promover uma integração efetiva dessa população na sociedade, principalmente no que tange às pessoas jovens. Depois do impeachment da ex-presidenta Dilma Rousseff, que encerrou a primeira fase do "liberalismo social" no Brasil (que talvez retorne com o terceiro governo de Luiz Inácio Lula da Silva a partir de 2023), as ações do Estado, apesar de mudar completamente de rumo, não foram capazes de alterar de maneira significativa os dados assustadores da violência. Entre os 333.330 jovens de 15 a 29 anos que perderam a vida, entre os anos 2009 e 2019, a violência foi a principal causa (CERQUEIRA *et al.*, 2021). Ainda que a taxa de homicídios dolosos tenha diminuído um pouco, de 2015 a 2021, de 1.707 para 1.245 jovens de 15 a 29 anos, segundo dados do Governo do Estado do Rio de Janeiro ([2022?]), possivelmente por conta da pandemia de COVID-19 e do recrudescimento da repressão policial civil e militar, esses números deixam os especialistas perplexos. O espanto se amplia se considerarmos que as mortes de jovens nessa faixa etária, por conta da intervenção de agentes do Estado, mais que duplicou: de 280 assassinatos pelas polícias em 2014, quando a ex-presidenta Dilma Rousseff assumiu seu segundo mandato, a 578, em 2021, sob a batuta do governo iliberal do presidente inominável (GOVERNO DO ESTADO DO RIO DE JANEIRO, [2022?]. Para se ter um termo de comparação, a agência de notícias alemã *Deutsche Welle*, após cinco meses de guerra na Ucrânia, reportou que "centenas" de jovens teriam sido mortos, incluindo crianças

(A JUVENTUDE..., 2022). Somente para termos de comparação, de 24 de fevereiro até 6 de novembro de 2022, seriam 403 (201 jovens homens, 168 jovens mulheres e 34 crianças), segundo o Escritório do Alto Comissariado das Nações Unidas Para os Direitos Humanos (2022). Ou seja, levando-se em conta que as crianças de até 15 anos não entram na faixa de juventude do Estatuto da Criança e do Adolescente utilizada nas estatísticas do Instituto de Segurança Pública do Governo do Estado do Rio de Janeiro e o fato de as faixas etárias da ONU sobre os dados da guerra da Ucrânia serem diferentes, não é inexato, comparativamente, falar de guerra brasileira contra as pessoas jovens, pois sua proteção cabe, legalmente, ao Estado.

A violência geral, portanto, se exprime por meio de uma multiplicidade de violências que, por vezes, são tão complexas como as que encontramos em países conflagrados pela guerra, como a Ucrânia. O Brasil é um dos países mais violentos do mundo, e essa afirmação, que poderia ser tomada como figura de estilo, não é um exagero. Apareceu, em 2018, nos primeiros lugares da violência internacional, ao lado de nações destruídas por guerras, como a Somália, o Iêmen, a Síria e o Afeganistão, além do México, da Venezuela, da Colômbia e da África do Sul (GENEVA DECLARATION SECRETARIAT, 2015). Em 2021, o país se tornou o décimo segundo mais violento do mundo, com uma média de 29,53 homicícios por 100 mil habitantes, 13 vezes e meia maior que a da Síria (WORLD POPULATION REVIEW, 2021)! O estado do Rio de Janeiro também exibe estatísticas chocantes, que se referem, majoritariamente, a ocorrências no Grande Rio. Em 2021, no Rio de Janeiro, dos 3.253 homicídios dolosos, 110 latrocínios e 43 lesões corporais seguidas de morte, jovens de 15 a 29 anos respondiam por, respectivamente, 1.245, 20 e 15; a maioria de pessoas negras (GOVERNO DO ESTADO DO RIO DE JANEIRO, [2022?]. A letalidade jovem — única no mundo — é assustadora não só no Rio de Janeiro, mas também no país inteiro. Das 154.837 vidas perdidas de 15 a 29 anos de 2015 a 2021, no país, o homicídio foi a *causa mortis* principal, alcançando 55,6% de jovens entre 15 e 19 anos, de 52,2% entre 20 e 24 anos e 43,7% entre 25 e 29 anos (CERQUEIRA *et al.*, 2020]. Nos Estados Unidos, o mais violento dos países desenvolvidos, as taxas são muito mais baixas e empalidecem diante da guerra civil escamoteada pela farsa que a maioria das elites do Brasil esconde sistematicamente nas instituições e mídias que controlam e que parte significativa da população (que inclui setores totalitários e neofascistas das classes médias) finge não ver. Em 2017, 1.835 jovens de 15 a 19 anos foram assassinados nos Estados Unidos (CURTIN; HERON, 2019). Nesse mesmo ano, 20,1 por 100.000

habitantes desapareceram como resultado de homicídios, o que dá entre seis e 7 mil jovens de 15 a 24 anos (STATISTA, 2021) contra 35.783 no Brasil (CERQUEIRA *et al.*, 2021). Ou seja, com base nessas informações desencontradas relacionadas às faixas etárias e ao tipo de morte violenta, poderíamos inferir, sem risco de errar, que as taxas norte-americanas são pelo menos cinco vezes menores que as do Brasil, ainda que as estatísticas de ambos países sejam díspares e que não haja termos exatos de comparação.

Esses números revelam que, até hoje, a escravidão e as técnicas de tortura desenvolvidas pelos colonizadores, depois apropriadas pelas elites brasileiras em sua associação com as polícias militares, as milícias e o tráfico internacional de drogas e de armas que chegaram ao poder do Estado inominável (por sua associação a governos, representações parlamentares e de membros da justiça), fundam as abismais desigualdades sociais e injustiças raciais do Brasil. Fortemente presentes no capitalismo "selvagem" brasileiro que emergiu do colonialismo (FRANK, 1980), elas não se alteraram significativamente depois do advento da Constituição de 1988 e mais de 30 anos de governos civis. Pior, têm se reproduzido virulentamente a partir de um sistema político de representação poroso, de uma administração burocrática neocolonial insensível, do controle das mídias, de uma corrupção endêmica e, agora, de mecanismos digitais sofisticados de manipulação coletiva de cognições e emoções. Os discursos associados a esses instrumentos do capitalismo refletem uma ideologia violenta e autoritária que tem sido alimentada durante séculos (MARILENA..., 2014). Essa violência, que tem consequências econômicas devastadoras para parcelas significativas da população, apesar de importantes melhorias alcançadas nas décadas de 2000 e 2010, incide no estômago. Em 2018, na Região Norte, 57% dos domicílios apresentavam insegurança alimentar, sendo 25,2% de moderada a grave. No Nordeste eram 50,3%, 20,5% de moderada a grave. Na Região Sudeste, a mais rica do Brasil, 31,2%, com 8,7% de moderada a grave. No Centro-Oeste, 35,2% dos domicílios, 12% de moderada a grave. Somente a Região Sul apresentava, em 2018, índices menos preocupantes, mas ainda assim sérios, com um quinto de sua população sofrendo de insegurança alimentar (20,7%), 5,4% de moderada a grave (INSTITUTO BRASILEIRO DE GEOGRAFIA E ESTATÍSTICA – IBGE, [2019?]. Não estando disponíveis dados da pandemia de COVID-19 até a data de fechamento deste livro, só podemos supor que os índices de 2017-2018 tenham piorado ainda mais a insegurança alimentar no país, propulsionada pelo caos institucional promovido pelo iliberalismo violento do governo eleito em 2018, que parte em 2022 deixando para trás territórios sociais arrasados. A fome está todos os dias nos telejornais. Como ter orgulho de tal nação?

Particularmente no Grande Rio, as diferenças entre os mundos das favelas e do "asfalto", que se opõem por formas de violência e acessos muito diferentes à sobrevivência, são frequentemente estonteantes, geralmente inacreditáveis, muitas vezes surreais. O cinismo de maior parte das elites que funda essas oposições — só comparável ao que encontramos nas telenovelas — é evidenciado nas "comunidades" por meio do desmantelamento de todas as formas de segurança, da normalização da injustiça, do desemprego, da fome, da falta de moradias adequadas e da dificuldade em se acessar o sistema de saúde. Como as elites multimidiáticas gostam de glamourizar as estrelas de novelas da Rede Globo e escondem-se sob o manto hipócrita da "cordialidade" do colonizador que estuprava as escravas e açoitava até a morte os trabalhadores negros, reproduzem nas mídias o destino de um povo que, nas palavras de Holanda (2015), é desterrado em sua própria terra. Muitas representações telenovelísticas globais pasteurizaram e glorificaram a "nova classe média" e os cariocas de baixa renda (como em Salve Jorge, Babilônia, A Regra do Jogo, A Força do Querer) que passaram a fazer parte do sistema de proteção social do Estado durante os governos socialdemocratas das décadas de 2000 e de 2010. No entanto, no auge da pandemia de COVID-19, as classes sociais de menor poder aquisitivo desapareceram dos teledramas e passaram a ser grotescamente menosprezadas por nada menos que o Ministro de Estado da Economia (CARAM, 2021).

A problemática das oposições, evidenciada pelas classes sociais, está, na verdade, embutida em campos ecológicos, notadamente os dos sentidos. Nas interações humanas, em seus permanentes processos de equilibração, de lutas, os campos dialógicos que vão da razoabilidade cooperativa à violência coativa, são frequentemente capturados por divergências de pontos de vista (ideologias), posicionamentos ético-morais (atitudes) e modos de existir (comportamentos). Ao longo deste livro, até por conta do período histórico que cobre (de aprofundamento de polarizações radicais e divisivas produzido por comunicações exponencialmente disseminadas por redes sociais), problemáticas diversas envolvendo oposições balizarão discussões a respeito dos temas tratados nas pesquisas que comunicamos ao público leitor. Nossa maneira de estudar os diferentes contextos sempre parte do entendimento de que as relações humanas são processos de adaptação biossimbólica, fluidos e ininterruptos, de assimilação e acomodação, envolvendo polaridades (que nunca são "puras"), notadamente no que diz respeito à história brasileira que construiu as bases sociais violentas das vidas das pessoas jovens que colaboraram com nossas pesquisas. Trataremos de algumas polaridades aqui — ainda que saibamos que muitas outras emergem de nossas discussões — de modo a enquadrar previamente certos aspectos que julgamos fundamentais.

Em primeiro lugar, temos as tensões relativas à emergência histórica da democracia como fundamento do Estado e, esperava-se, dos regimes de governo do Brasil. Como já pontuamos, a Constituição Brasileira de 1988 pode, no máximo, ser considerada um documento ordenador de um Estado democrático de direito com base em liberdades amplas, fundamentado em uma visão do "novo liberalismo", podendo abrir espaço ao liberalismo dito "social" das sociais-democracias europeias, que encontrou uma expressão adaptada durante os governos de Luiz Inácio Lula da Silva e Dilma Rousseff, construídos sobre bases deixadas por Fernando Henrique Cardoso. Na medida em que foi construída a partir de um acordo político, pode-se até considerá-la etapa adequada para o momento histórico em que foi gerada, sem negar seu papel de agente do pacto pacificador covarde que representou a Lei da Anistia. Conveniente às elites, a lei não produziu justiça nem cortou pela raiz os males da violência totalitária de extrema direita, representada pelo regime militar. Visto que buscou um equilíbrio entre as forças liberais clássicas capitalistas, que produziram mais tarde o neoliberalismo globalizante, e forças socialistas variadas, que, no caso do Brasil, eram representadas pela nova esquerda democrática ou por partidos aliados ideologicamente à União Soviética e Cuba, à China ou à Albânia, o novo regime emergiu como vitória de Pirro. Lembremos, por exemplo, que os partidos de esquerda apoiaram o movimento católico polonês *Solidarnosc*, que rapidamente degringolou para um projeto pró-capitalista financiado pela Central Intelligence Agency (CIA). Como o socialismo, enquanto regime econômico, não tem como subsistir ao lado do capitalismo, o acordo de 1988 sacramentou, na verdade, a vitória das forças pró-capitalistas sobre valores socialistas de distribuição de renda, mantendo intactos os privilégios seculares das elites e a burocracia de Estado herdeira do período colonial. Em um projeto dessa natureza, não há espanto algum em se constatar a reemergência da extrema direita, até porque seu processo desmantelador é fácil de ser executado visto que os governos socialdemocratas capitaneados primeiro pelo Partido da Social Democracia Brasileira (PSDB) e depois pelo Partido doa Trabalhadores (PT) —que se seguiram à renúncia de Fernando Collor de Mello na tentativa inútil de evitar o impeachment — nunca mexeram na

VIOLAÇÕES BÁRBARAS: OLHARES JOVENS

estrutura profunda do Estado quando buscaram distribuir, até certo ponto, parte das riquezas nacionais sem empobrecer o capital.

Em segundo lugar, e como consequência do que foi exposto, podemos afirmar que a democracia no Brasil ainda é somente desejo de iludidos ingênuos. Por conta das tensões intracapitalistas e da história brasileira de brutalidade colonial escravocrata, não podemos sequer dizer que a ecologia dos sentidos do político tenha sido simbolicamente polarizada entre projetos econômicos capitalistas e socialistas, ou seja, que se contrapõem. Seria mais apropriado dizer que, ao campo ecológico e político da "democracia" brasileira, opõem-se forças pendulares entre projetos de campos liberais sociais representados pelas "esquerdas" (que não passam de organizações socialdemocratas, com a exceção de poucos agrupamentos políticos efetivamente comunistas sem qualquer representação significativa nos partidos mais estabelecidos como o PT), campos liberais clássicos (que unem desde totalitários de conveniência a serviçais lambe-botas do capitalismo internacional de quem são marionetes) e os recalcitrantes iliberais, que buscam submeter a Constituição de 1988 a um Estado totalitário conforme à história e à "tradição, família e propriedade" militarizada. Ou seja: não se trata, no Brasil, de oposições capitalismo-socialismo, mas de liberalismo social versus iliberalismo (com os liberais clássicos, por conveniência, se associando às forças iliberais). Atualmente, o desequilíbro da balança que tendeu fortemente para setores iliberais, o ambiente fascista e ações dignas do nazismo (como a estratégia de contaminação coletiva do povo brasileiro pelo coronavírus para se produzir uma "imunidade de rebanho" durante a pandemia de COVID-19 capaz de criar uma nação de "atletas") sinalizam a produção concreta de novos sentidos coletivos perturbadores. A eleição de 2022 não os apagou.

Em terceiro lugar, vale mencionar quão ridículas são as ameaças de que o país se vê às voltas com o "perigo comunista". Essa manipulação midiática que amplos setores das classes médias abraçam cegamente tem, obviamente, o objetivo de impedir que o capital seja servido ao custo de ampliar a massa de brasileiros elevada da miséria à pobreza e ao direito de obter cartão de crédito (a chamada classe C que mudou de patamar de consumo durante os governos precedentes). As estratégias de polarização e de divisão para fins de governo, tão velha quanto as tramoias dos impérios da antiguidade, produziram, a nosso ver, no jogo biossimbólico de disputas especificamente relacionadas com o vivido existencial de pessoas jovens fluminenses que participaram de nossa pesquisa, algumas oposições que gostaríamos de explorar com mais atenção, mencionadas em capítulos deste livro. A primeira delas consiste da polarização entre a "favela de concentração" e o "palácio do asfalto". É muito usual o emprego da oposição "favela-asfalto" para se tratar das diferenças sociais da cidade do Rio de Janeiro que espelham, na verdade, mais que a problemática da desigualdade, mas visceralmente trazem também — e principalmente — à tona o apartheid étnico-racial. Trata-se de uma oposição entre a "neoescravidão" quase inescapável de milhões de pessoas que vivem ao abandono nas favelas e uma "neocorte imperial", açoites simbólicos multimidiáticos à mão. Nas disputas entre os variados grupos, comunidades e organizações de toda ordem que encontramos na sociedade brasileira, trava-se uma verdadeira guerra pela sobrevivência, apoiada em valores essencialmente opostos. A segunda das oposições que julgamos importante ressaltar, tem sido, na verdade, trazida à tona por inúmeros brasileiros ilustres, de Milton Santos, passando por Darcy Ribeiro e chegando a Ailton Krenak; também por intelectuais estrangeiros, como Achille Mbembe, que cunhou o termo "necropoder" (MBEMBE, 2003, p. 25). Trata-se da problemática do extermínio cujos polos, no Brasil, se confundem com favelas de concentração, e seus neoescravos, e com palácios do asfalto e suas neocortes imperiais. As primeiras abrigam populações acuadas, lutando pela sobrevivência, com suas dezenas de pavores (como veremos no capítulo "21 tons de medo"), em sua maior parte, de situações de atentado à vida, de extermínio. As segundas produzem armadilhas em que massacres, genocídios, silenciamentos, por meio do uso do aparato burocrático do Estado e dos meios de produção de ideologias (mídias, redes sociais etc.), engordam a maioria das elites insaciáveis do país. Em terceiro lugar, encaixotada nas anteriores à maneira de Matryoshkas russas, temos o fenômeno da "tecnoescravidão". De um lado, os escravos digitais mergulhados na ilusão de liberdade nas redes. De outro, as estruturas biotecnológicas de produção de aprisionamento pelos "tecnosenhores", de "tecnocolonização interior", apropriando-nos do conceito de "colonizacão interior" do filósofo alemão Jürgen Habermas (1987a, 1987b). Para além das escamoteadoras mídias tradicionais, as mídias sociais passaram a propiciar a produção, a partir de micronarrativas isoladas, de mundos onde as fronteiras derivadas da luta de classes são permanentemente embaçadas, tornadas indistinguíveis. Ainda que se possa afirmar dificuldades de acesso ao mundo digital por conta do *digital divide*, o abismo entre jovens de classes sociais diferentes, tecnoescravos e tecnosenhores, não é significativo por conta do acesso fácil a smartphones. Embora os celulares possam ser encontrados a preços acessíveis, a "democratização" do acesso às redes (em termos de tempo e de banda larga) ainda é um problema concreto, como a pandemia de COVID-19 desnudou tão claramente no sistema educacional do Brasil. O custo das tecnologias é proibitivo para jovens fluminenses de baixa renda que mal têm recursos para se alimentar. Além do problema de acesso às tecnologias, temos a maneira pela qual os códigos digitais podem ser usados para, cognitivamente, manipular coletividades. As disputas polarizadas entre os "tecnoescravos" das favelas de concentração e os "tecnosenhores" que gerenciam os palácios do asfalto embutem, em suas entranhas, outras violências em rede que incidem sobre o cotidiano de muitas pessoas jovens.

Nas nossas pesquisas, as tensões em disputa movimentando os fluxos temporais permanentes das ecologias de sentidos de jovens fluminenses de baixa renda que trabalharam conosco, ora tendem para um lado, ora para o outro, mas raramente se equilibram. Na seção seguinte, buscaremos esclarecer o leitor a respeito do que entendemos por esses processos, de modo a orientá-lo na compreensão de fundamentos teóricos pertinentes para as pesquisas que serão apresentadas nos capítulos seguintes.

EXPLORAÇÕES TEÓRICAS: ECOLOGIA DOS SENTIDOS

A progressão do conhecimento e da comunicação

O pano de fundo teórico que nos inspira a buscar explicações sobre os processos de existir, coexistindo no fluxo da vida, vem da "ecologia dos sentidos" (CAMPOS, 2015, 2017). No caso deste livro, está especificamente relacionado com momentos progressivos do viver, que costumam ser definidos como tempos da "juventude". Cabem algumas considerações a respeito desses momentos. A vida dos seres é um processo único, socialmente conectado, que ocorre em um fluxo que se inicia com o nascimento e termina com a morte. Esses dois acontecimentos, marcando começo e fim da existência, celebrados com festas de aniversário e enterros, não nos falam do "caminho". Biologicamente, como mostrou o epistemólogo e biólogo Jean Piaget em suas obras, os seres humanos se desenvolvem, sociocognitiva, afetiva e ético-moralmente, na direção de um estado de autoconsciência de si e do mundo. Os indivíduos passam por um processo progressivo de maturação dos processos orgânico-simbólicos do corpo até a possibilidade de pensar abstratamente, resolver problemas da vida, ser capaz de se colocar no lugar do outro e emitir juízos. É por volta dos 12 anos de idade que se atinge esse desabrochar. Ainda que as possibilidades genéticas do corpo não tenham se desenvolvido completamente, é a partir dessa época que a pessoa jovem que entra na adolescência tem a possibilidade de, caso as condições socioambientais sejam favoráveis, ampliar a consciência de si compreendendo que essa só existe na relação com o outro. Essa fase, do ponto de vista da biologia humana, marcaria a transição entre uma infância que se esvai e uma adolescência que se inaugura, aprofundando e especializando capacidades cognitivas, afetivas e éticomorais que vão se desenvolvendo e se consolidando na personalidade. Nesse sentido, o adolescente já seria um quase adulto. É a partir dessa época também que, em geral, a capacidade de procriar se desenvolve. Ao longo dos tempos, antes mesmo do advento da pesquisa de Piaget, já se falava de "infância", "adolescência", "era adulta", "juventude". Alguns dicionários identificam a "juventude" (ou o estado de ser jovem) com a "puberdade", época que se confundiria com o fim da adolescência e o início da fase adulta. O "jovem" seria, portanto, aquele entre os 12 e os 18 anos.[5] Outros apontam que se é jovem na época em que se tem idade "pouco avançada"[6], enquanto há os que tratam apenas do sentido de "ser jovem".[7] Mais surpreendentemente, alguns consideram que essa época da vida — "idade da juventude" — iria dos 20 aos 40 anos[8]. Fala-se hoje de "juventudes" para exilar a ideia de universalidade, já que a palavra "juventude" é polissêmica e refere-se a múltiplos entendimentos que a tornam inprecisa e "[...] *no logra contener el complejo entramado social del cual desea dar cuenta*"[9]. No entanto, ainda que o debate seja pertinente culturalmente; do ponto de vista biológico, é apenas parcial, visto que a fase de maturação orgânico-simbólica é ocorrente em todos os seres sentientes, embora, ao buscarmos compreender os sentidos que emergem de jovens, tenhamos necessariamente de pensar nas suas particularidades. Jovens de múltiplas origens se desenvolvem em meios e contextos, emergindo em existências diferentes e produzindo, de fato, histórias únicas. Compreender ecologias de sentidos de pessoas jovens implica capturar, ao mesmo tempo,

---

[5] Dicionário Definiciona da língua espanhola. Disponível em: https://definiciona.com/joven/. Acesso em: 15 jul. 2023.

[6] Dicionário Larousse da língua francesa. Disponível em: https://www.larousse.fr/dictionnaires/francais/jeune/44891. Acesso em: 15 jul. 2023.

[7] Dicionário Priberam da língua portuguesa. Disponível em: https://dicionario.priberam.org/juventude. Acesso em: 15 jul. 2023.

[8] LEWIS, C. T.; SHORT, C. *A Latin Dictionary*. Baseado no dicionário de mesmo nome de Freund; revisado, ampliado e reescrito. Oxford: Clarendon Press. 1879. Disponível em: https://www.perseus.tufts.edu/hopper/text?doc=Perseus:text:1999.04.0059:entry=juventus. Acesso em: 15 jul. 2023.

[9] "[...] não consegue conter a complexa trama social a respeito da qual se quer dar conta" (tradução nossa).

VIOLAÇÕES BÁRBARAS: OLHARES JOVENS

a universalidade do processo biológico-temporal e as múltiplas particularidades de seus contextos específicos.

Como poderíamos então compreender as ecologias dos sentidos de pessoas que passam por essa fase da vida, considerando tanto a dimensão orgânico-simbólica quanto a histórico-cultural? Coerente com uma perspectiva transdisciplinar, integramos, em nossas pesquisas, empiricamente, os campos da psicologia social e comunitária, da filosofia e da sociologia, compreendendo-as como territórios cujas fronteiras fluidas são perpasadas por processos de comunicação. Como se trata de territórios encaixotados pela história da ciência, mas essencialmente vagos, admitiríamos ainda múltiplas outras "disciplinas", mesmo que os caixotes anteriormente mencionados sejam os que percorremos e por que passamos com mais frequência. Compreendemos a comunicação como processo biossimbólico que permite não somente a consciência da vida, mas também a articulação das intenções de conhecimento dos seres humanos na busca de resolver os problemas que o viver lhes apresenta. Constitui-se, portanto, em substrato epistemológico por excelência, na medida em que, articulando a possibilidade do estabelecimento de relações entre os sujeitos e o meio ambiente, e dos sujeitos entre si em seus grupos, comunidades e sociedades, permite a compreensão dos processos de produção dos sentidos.

Muitos autores, às vezes com orientações aparentemente opostas, como os filósofos Gottlob Frege (1993) e Gilles Deleuze (1974), subsumem as produções de sentidos às proposições, ainda que retirem conclusões diferentes com relação a como compreendem sua lógica. No sentido de evitar querelas, reconhecendo as múltiplas contribuições a respeito da produção dos sentidos na literatura acadêmica, gostaríamos de ressaltar como vemos esse processo. Entendemos as proposições para além da linguagem (que chamamos de "linguística" para a distinguirmos de outras formas de linguagem, como a imagética, a sonora, a táctil, a digital etc.). Pensamos o desenvolvimento da lógica funcional dos organismos na produção de sentidos de natureza multi e hipermidiática — chamando-a de semiótica construtivista-crítica — que pode ser aplicada em estudos acadêmicos mas que, filosoficamente, pode ser compreendida como o aflorar da vida em um *continuum* que integra a tagarelice do corpo ao universo calado da alma, lembrando a ideia do corpo sem órgãos de que fala Deleuze (1974). Sim, a voz do silêncio interior também se constitui como produto em si de seu sentido. Existem sentidos dos vividos na abstração pura do nada como nas experiâncias do cotidiano. Essa perspectiva da "naturezultura", que se vê integrativa da natureza e da cultura para além das capacidades simbólicas de coconstrução de linguagens (mas as contendo), se expressa pelas relações progressivas entre sujeitos e objetos do mundo e entre seres diversos no fluir da existência. Ela fundamenta, relativamente à possibilidade de conhecer, uma abordagem epistemológica que chamamos arbitrariamente de "construtivista-crítica" (CAMPOS, 2007, 2015, 2017), pois emerge nos afloramentos progressivos que ecologias dos sentidos expressam criticamente. Falamos aqui, na verdade, de entendimentos que são paralelos, semelhantes ou até intersectados com os de vários filósofos e cientistas, estruturados em outros edifícios conceituais, tendo como foco convergente a vida em territórios biossimbólicos, seu fluir, o tempo presente e a atitude cética relativamente à possibilidade do divino. Em nosso caso, não nos rendemos nem ao materialismo nem ao idealismo teológico. Trabalhamos nossa teoria agnosticamente porque julgamos que não temos como saber se há sentido na crença ou descrença em Deus, Alá, Vishnu ou qualquer forma de energia ou poder onipotente que permitisse explicar o ser e o não-ser que a materialidade essencial da vida nos leva a pressentir.

Processos de equilibração biossimbólica

A teoria comunicativa transversal da ecologia dos sentidos foi inspirada nas teses psicossociais do desenvolvimento humano fundadas na epistemologia genético-histórica de Jean Piaget (1977b, 1976a, 1976b, 2000), nos estudos de linguagem sobre a produção de sentidos de Jean--Blaise Grize (1997, 1996, 1982) e na teoria social crítica que orienta a ética do discurso subjacente à teoria do agir comunicativo de Habermas (2003, 1987a, 1987b), repensada na era das complexas interações presenciais e virtuais propiciadas pela internet (BAKARDIJEVA, 2005). A integração dessas teses, articuladas em nossa perspectiva transversal, buscou a produção de um quadro teórico que descrevesse e fizesse emergir explicações possiveis sobre os processos particulares e contingentes de comunicação em contextos grupais, comunitários e sociais, envolvendo a novidade da intermediação penetrante das tecnologias da informação e da comunicação que constitui a contemporaneidade (CAMPOS, 2015, 2017).

A teoria da ecologia dos sentidos é baseada no entendimento segundo o qual a comunicação é constituinte de (a) um processo de equilibração biossimbólico (b) tríplice. No que diz respeito a (a), é vista como um processo de equilibração psicossocial envolvendo o *continuum* cooperação versus coação discutido por Piaget (1977a), análogo ao da razão comunicativa versus razão instrumental teorizado por Habermas (1987a; 1987b). Com relação a (b), as possibilidades comunicativas que podem ser identificadas nesse *continuum* têm um caráter intrinsecamente tríplice porque integram as dimensões psicossociais cognitivas, afetivas e ético-morais, também exploradas por Freitag (1992) e Freitas (2003). A complexidade dos processos de equilibração próprios ao fluxo do viver expõe a inseparabilidade das habilidades cognitivas e afetivas e dos agires ético-morais de indivíduos, grupos e comunidades. Os processos comunicativos não podem ser reduzidos a "procedimentos cognitivos" nem a "discursos afetivos" porque essas complexidades intrínsecas do fluxo comunicativo da vida são, na maior parte das vezes, governadas por intenções que levam a escolhas morais (ou seja, de atribuição de valores aos processos com os quais lidamos) sujeitas a normas socioculturais e/ou leis e estruturas jurídicas. Das trocas, tanto em contextos presenciais quanto multi e hipermídiaticos, podem emergir agires situados, no *continuum*, mais próximos das atitudes cooperativo-dialógicas ou das coativo-violentas. Ações mais fortemente cooperativas ocorrem em situações autônomas nas quais as pessoas, ou são supostamente iguais, ou são consideradas tal. Ações mais fortemente coativas emergem em contextos heterônomos nos quais as pessoas não são supostamente iguais ou são consideradas desiguais, ou seja, subordinadas e/ou manipuladas por pessoas em posição de autoridade. Com sugere Piaget (1976b), desde a mais tenra infância, os seres humanos apresentam tanto complexas volições cooperativas como coativas, indicando a problemática da escolha, do arbítrio, que os levará a resolver problemas de suas existências, dirigindo-se mais fortemente para o diálogo ou para as coações e rupturas violentas. Na fase da vida em que seres humanos jovens florescem, essas características (que podem ser, hipoteticamente, supostas com base na evolução filogenética da espécie) permanecem. Mais: emergem com mais força, perpetuando-se até o final de suas existências.

A questão que se coloca, portanto, é de fundo ético: os complexos processos de ambiguidade cooperativo-coativa dos seres humanos tanto podem fluir na direção de tentativas de diálogo, como podem se enraizar em desconfortos e degenerar em confrontos violentos. Escolhemos, neste livro, olhar para os contextos em que as pessoas jovens vivem, em sua maioria embebidos de violências, no fluxo de suas realidades particulares, com o objetivo de buscar compreender como as configurações de sentidos que emergem dos movimentos pendulares das trocas, de acordo com as informações e as narrativas que compartilharam conosco, são produzidas e que sentidos produzem em nós, pesquisadores. Problematizamos contextos biossimbólicos para buscar os sentidos que em nós emergem em função da produção de sentidos das pessoas jovens com os quais convivemos em processos de equilibração, envolvendo diversos fatores psicossociais, políticos, econômicos e ambientais complexos. Tentamos, mais especificamente, compreender as funções e consequências dos moldes multi e hiperdigitais que esculpem exponenciamente as interações, criando novas possibilidades culturais, e que cercam jovens em emboscadas em rede. Como veremos na sequência de estudos deste volume, as produções de sentidos de jovens refletem ambiguidades, dúvidas, incertezas.

Como expusemos anteriormente, na seção "Do contentamento ao descontentamento", jovens do mundo inteiro passaram a viver em rede e, em todos casos, tomam decisões sobre como se comportar e o que fazer nelas. Bauman (2007), com muita propriedade, lançou o conceito de "liquidez" das relações humanas atuais, fundamentado na ideia de que haveria um desmoronamento da segurança social, antes garantida pelo Estado nacional, que teria gerado um mundo globalizado de incertezas (2011). Esse desmantelamento humano transtornaria comunidades, criando dúvidas sobre a possibilidade de se ter esperança em um futuro melhor (BAUMAN, 2006). Perplexas, as pessoas jovens são particularmente afetadas por terem nascido em um mundo mediatizado pelos códigos digitais. As maneiras pelas quais suas vidas experienciam as trocas em rede, como estabelecem convívios e recebem e interpretam informações são coconfiguradas por aparatos capitalistas variados que fazem uso das novas tecnologias com o objetivo não somente de reproduzir o capital nas mãos de elites internacionais, mas, em muitos casos, cada vez mais numerosos, também de servir Estados e instituições, tanto públicas como privadas para a vigilância, o controle e o exercício de subordinação das populações a projetos suspeitos e sem qualquer transparência que acabam por legitimar verdadeiro totalitarismo digital planetário que Harari (2018) acredita quase não ter mais volta.

No caso do Brasil, que possui um Estado frágil, ao mesmo tempo que se reproduzem estruturas neoescravocratas do passado que sabotam persistentemente a instituição plena de projetos de maior democratização política, econômica e social de direitos, agrega-se manipulação digital em massa produzida por grupos iliberais nacionais associados a movimentos internacionais espúrios. Corroído por práticas de corrupção, extrema violência civil e um sistema político e jurídico elitista e engessado, o Brasil das facções criminosas (políticas, milícias e traficantes de drogas e armas) não conseguiu estabilizar séculos de violência com o acordo constitucional de 1988, na medida em que ele mesmo nutriu o aparecimento do germe de seu potencial desmantelamento, fundado que estava na Lei da Anistia de 1979. Exemplo cabal de que os responsáveis e seguidores dos horrores das câmaras de tortura poderiam voltar ao poder da República, os fantasmas do passado liberados pela Lei da Anistia pavimentaram a constituição de um Estado fraco e poroso. Qualquer leigo pôde observar o fracasso político da pálida democracia brasileira com o suspeito processo de impeachment da ex-presidenta Dilma Rousseff, que desmantelou a integridade do processo eleitoral e levou o país, progressivamente, a sucumbir a discursos e práticas ideológicas totalitárias que aprofundaram as intenções e ações históricas de grupos civilizatoriamente atrasados, de instituições armadas e elites ultraconservadoras, antidemocráticas e violentas que passaram a liquidar, sem o menor constrangimento, o Estado constitucional socioliberal. A negação da existência da pandemia COVID-19 e a estratégia de morte por meio da "imunidade de rebanho" é somente a ponta visível do iceberg da dor coletiva, de mães, pais e filhos, de idosos, adultos e jovens.

Em vista desse cenário político, optamos por investigar a produção de sentidos dos filhos mais vilipendiados do Brasil. Os estudos, inspirados na perspectiva teórico-metodológica que adotamos e que se iniciaram no pós-impeachment da ex-presidenta Dilma Rousseff, buscaram, a partir de um processo de colaboração com jovens de baixa renda vivendo nas bordas da neocorte do Rio de Janeiro, registrar suas percepções ao longo do tempo. A maioria das pessoas jovens fluminenses que participou da pesquisa vive longe dos palácios do asfalto, nos territórios periféricos violados do Grande Rio, em favelas de concentração, convivendo com os paradoxos digitais das redes sociais em tempos de tecnoescravidão.

BARBARIDADES E TERRITÓRIOS DA ESPERANÇA

Propusemo-nos, pois, no conjunto de pesquisas que se seguem neste livro, a estabelecer contatos e convivências com jovens fluminenses de baixa renda com o objetivo de explorar suas vivências em tempos nos quais as elites capitalistas internacionais, amparadas por vassalos nacionais, buscaram preservar a herança histórica de violação racista e de classe no Brasil, assumindo o encargo de "modernizar" suas estratégias de dominação mediante a promoção de uma guerra bárbara iliberal digital contra eles, que se manifestou sob diversas formas. Descrevemos, assim, a partir dos estudos apresentados em cada capítulo, algumas manifestações das guerras bárbaras do contemporâneo que o capital empreende contra aqueles que chamam de bárbaro, mas cuja barbaridade reside no ódio e desprezo que as elites têm com o povo: de violação do meio ambiente em territórios abandonados pelo Estado, de impedimento ao acesso à moradia ameaçada por remoções, de violação permanente em função da produção de violências de toda sorte, de controle político das instituições para colocar no poder representantes treinados em trair seu eleitorado para servir seus interesses privados e os de poderosos, da manipulação digital com o objetivo de desorientar jovens em seus anseios de participação e engajamento cidadãos, de reprodução de valores neoescravocratas mascarados de acesso ao trabalho e de mercantilização da educação em rede em tempos de pandemia de COVID-19.

É importante frisar que, principalmente depois dos atentados de 11 de setembro de 2001, independentemente do 31 de agosto de 2021, quando, derrotados, os Estados Unidos fizeram as malas e abandonaram o território do Afeganistão para entregá-lo ao Taleban, e diante do conflito entre a Rússia e a Ucrânia, a humanidade passou a ser cada vez mais confrontada com violências que se sobrepõem, no mundo digital, àquelas historicamente construídas no mundo presencial. Um dos problemas para se entender a produção dos sentidos das pessoas jovens de hoje é que passa, necessariamente, por novas formas argumentativas. Aqui não falamos exclusivamente dos meios da propagação de histórias, como as mídias sociais, mas de outras formas de constituição de identidades e de emergências de vividos, como a tecnocolonização interior produzindo o uso patológico de redes digitais, atentados terroristas das polícias militares nas favelas cariocas, os discursos mentirosos exponencialmente transmitidos e convencionalmente nomeados de *fake news* e as correspondentes "pós-verdades", que consolidam ideologias políticas e religiosas. É significativo buscar compreender como se constituem as cada vez mais raras conversas e debates argumentativos civis entre jovens, que levem a impasses ou acordos. No entanto, é mais significativo ainda buscar identificar e compreender os novos mecanismos coletivos juvenis em um mundo onde a comunicação digital é largamente utilizada com o objetivo de trocar impressões, seja na tentativa de mudar o mundo em que vivemos, seja na configuração de sentidos coletivos que possam libertar ou aprisionar. A liquidez contemporânea constituinte dos vividos das pessoas jovens de hoje, tanto no que diz respeito aos movimentos sociais em que eventualmente agem quanto no tocante às solidões encerradas nos quartos de despejo da pobreza acirrada pela pandemia de COVID-19 e o advento do iliberalismo totalitário, ora promovem, ora roubam-lhes a cidadania. Os trabalhos que apresentamos neste livro exploram os territórios de esperança e dor dos processos de resistência ou subjugação às violências das guerras bárbaras que as elites empreendem contra as pessoas jovens, no contexto jurídico dos valores positivos e negativos de uma democracia capitalista instável e pervertida. Esperamos que tenhamos contribuído, ainda que modestamente, a lançar sementes de reflexões que possam brotar nos espíritos de leitores e leitoras e, ao vê-las florescer, construir caminhos de acolhimento para jovens de baixa renda na epopeia de um povo supostamente heroico cujo brado poucas vezes foi ouvido.

REFERÊNCIAS

A JUVENTUDE da Ucrânia luta e morre. *DW*, 19 jul. 2022. 1 vídeo (2 min.). Disponível em: https://www.dw.com/en/ukraines-youth-fights-and-dies-for-the-countrys-future/av-62523194. Acesso em: 15 jul. 2023.

ALBRECHT, S. Whose voice is heard in online deliberation? A study of participation and representation in political debates on the Internet. Information. *Communication & Society*, [s. l.], v. 9, n. 1, p. 62-82, 2006. DOI: https://doi.org/10.1080/13691180500519548.

ALTOÉ, S. *De menor a presidiário*. Rio de Janeiro: Xenon, 1990b. 122 p.

ALTOÉ, S. *Infâncias perdidas*: o cotidiano nos internatos-prisão. Rio de Janeiro: Xenon, 1990a. 271 p.

ALTOÉ, S. *Menores em tempo de* maioridade: do internato-prisão à vida social. Rio de Janeiro: Editora Universidade Santa Úrsula, 1993. 122 p.

AMAR, P. Black-blocking Rio: Dislocating police and remapping race for Brazil's megaevents: Aa conversation with Vargas "Taking back the land: Police operations and sports megaevents in Rio de Janeiro". *Souls*: a Critical Journal of Black Politics, Culture, and Society, [s. l.], v. 15, n. 4, p. 304-311, 2013. DOI: https://doi.org/10.1080/10999949.2013.884447.

ANTONY, M. G.; THOMAS, R. J. 'This is citizen journalism at its finest': YouTube and the public sphere in the Oscar Grant shooting incident. *New Media & Society*, [s. l.], v. 12, n. 8, p. 1280-1296, 2010. DOI: https://doi.org/10.1177/1461444810362492

BAHNISCH, M. Political blogging in the 2007 Australian federal election: Beyond citizen journalism and towards civic creativity. Editorial. *Pacific Journalism*

Review, [*s. l.*], p. 8-14, 2008. DOI: https://search.informit.org/doi/epdf/10.3316/informit.488475695528002.

BAKARDIJEVA, M. *Internet* society: the Internet in everyday life. Londres: Sage, 2005. 232 p.

BAKARDIJEVA, M. The other civil society: Digital media and grassroots illiberalism in Bulgaria. *European Societies*, [*s. l.*], 2021. DOI: https://doi.org/10.1080/14616696.2021.1966072.

BASTOS, M. T.; RECUERO, R. C.; ZAGO, G. S. Taking tweets to the streets: A spatial analysis of the Vinegar Protests in Brazil. *First Monday*, [*s. l.*], v. 19, n. 3, 2014. DOI: http://dx.doi.org/10.5210/fm.v19i3.5227.

BAUMAN, Z. *Collateral damage*: social inequalities in a global age. Cambridge: Polity, 2011. 182 p.

BAUMAN, Z. *Community*: seeking safety in an insecure world. Cambridge: Polity, 2006. 159 p.

BAUMAN, Z. *Liquid times*: living in an age of uncertainty. Cambridge: Polity, 2007. 115 p.

BIGO, D.; TSOUKALA, A. Understanding (in)security. *In*: BIGO, D.; TSOUKALA, A. (ed.). *Terror, insecurity and liberty*: illiberal practices of liberal regimes after 9/11. Londres: Routledge, 2008. p. 208.

BISHARA, A. New media and political change in the occupied Palestinian territories: Assembling media worlds and cultivating networks of care. *Middle East Journal of Culture & Communication*, [*s. l.*], v. 3, n. 1, p. 63-81, 2010.

BOHMAN, J. Expanding dialogue: The Internet, the public sphere and prospects for transnational democracy. *In*: CROSSLEY, N. (ed.). *After Habermas*: new perspectives on the public sphere. Oxford: Blackwell Publ., 2004. p. 131-155.

BOLOGNANI, M. Virtual protest with tangible effects? Some observations on the media strategies of the 2007 Pakistani anti-emergency movement. *Contemporary South Asia*, [*s. l.*], v. 18, n. 4, 401-412, 2010. DOI: https://doi.org/10.1080/09584935.2010.526198.

CAMMAERTS, B. Critiques on the participatory potentials of Web 2.0. *Communication, Culture & Critique*, [*s. l.*], v. 1, n. 4, p. 358-377, 2008. DOI: https://doi.org/10.1111/j.1753-9137.2008.00028.x.

CAMMAERTS, B. Radical pluralism and free speech in online public spaces: the case of North Belgian extreme right discourses. *International Journal of Cultural Studies*, [s. l.], v. 12, n. 6, p. 555-575, 2009. DOI: https://doi.org/10.1177/1367877909342479.

CAMPOS, M. N. Ecology of meanings: A critical constructivist communication model. *Communication Theory*, [s. l.], v. 17, n. 4, p. 386-410, 2007. DOI: https://doi.org/10.1111/j.1468-2885.2007.00304.x.

CAMPOS, M. N. *Navegar é preciso. Comunicar é impreciso.* São Paulo: Edusp, 2017. p. 504.

CAMPOS, M. N. *Traversée*: essai sur la communication. Berna: Peter Lang, 2015. 390 p.

CARAM, B. Guedes diz que a classe média exagera no prato e que sobras poderiam alimentar pobres. *Folha de São Paulo*, São Paulo, 17. jun. 2021. Disponível em: https://www1.folha.uol.com.br/mercado/2021/06/guedes-diz-que-classe-media-exagera-no-prato-e-que-sobras-poderiam-alimentar-pobres.shtml. Acesso em: 15 jul. 2023.

CARLSON, M. Blogs and journalistic authority. *Journalism Studies*, [s. l.], v. 8, n. 2, p. 264-279, 2007.

CASTELLS, M. The new public sphere: Global civil society, communication networks, and global governance. *The Annals of the American Academy of Political and Social Science*, [s. l.], v. 616, p. 78-93, 2008. DOI: https://doi.org/10.1177/0002716207311877.

CEPEDISA. Direito e pandemia: ordem jurídica e sistema judiciário não foram suficientes para evitar graves violações. *In: Direitos na pandemia*: mapeamento e análise das normas jurídicas de resposta à COVID-19 no Brasil. São Paulo: [s. n], 2021. n. 10, p. 2-3. Disponível em: https://www.cartacapital.com.br/wp-content/uploads/2021/01/Boletim_Direitos-na-Pandemia_ed_10.pdf. Acesso em: 15 jul. 2023.

CERQUEIRA, D.; BUENO, S.; ALVES, P. P.; LIMA, R. S.; SILVA, E. R. A.; FERREIRA, H.; PIMENTEL, A.; BARROS, B.; MARQUES, D.; PACHECO, D.; LINS, G. O. A.; LINO, I. R.; SOBRAL, I.; FIGUEIREDO, I.; MARTINS, J.; ARMSTRONG, K. C.; FIGUEIREDO, T. S. *Atlas da violência* 2020. Brasília: Ministério da Economia: Instituto de Pesquisa Econômica Aplicada, Brasília, 2020. 91 p. Disponível em: https://www.ipea.gov.br/atlasviolencia/download/24/atlas-da-violencia-2020. Acesso em: 15 jul. 2023.

CERQUEIRA, D.; FERREIRA, H.; BUENO, S.; ALVES, P. P.; LIMA, R. S.; MARQUES, D.; SILVA, E. R. A.; LUNELLI, I. C.; RODRIGUES, R. I.; LINS, G. O. A.; ARMSTRONG, K. C.; LIRA, P.; COELHO, D.; BARROS, B.; SOBRAL, I.; PACHECO, D.; PIMENTEL, A. *Atlas da violência* 2021. Brasília: Ministério da Economia: Instituto de Pesquisa Econômica Aplicada, Brasília, 2021. 104 p. Disponível em: https://www.ipea.gov.br/atlasviolencia/arquivos/artigos/5141-atlasdaviolencia2021completo.pdf. Acesso em: 15 jul. 2023.

CISMARU, D.-M. The role of weblogs in the development of the Romanian public space. *Revista Romana de Comunicare si relatii publice*, [s. l.], v. 11, p. 215-221, 2007.

COHEN, S. Downloading evil. *Index on Censorship*, [s. l.], v. 36, n. 4, p. 111-115, 2007. DOI: https://doi.org/10.1080/03064220701738610.

COLEMAN, S. Connecting parliament to the public via the Internet: Two case studies of online consultations. *Information, Communication & Society*, [s. l.], v. 7, n. 1, p. 1-22, 2004. DOI: https://doi.org/10.1080/1369118042000208870.

COLOMBO, F.; MURRU, M. F. Weblogs between counterinformation and power: an Italian case history. *Observatorio*, [s. l.], v. 1, n. 2, p. 1-13, 2007.

CONDE, M.; JAZEEL, T. Kicking off in Brazil: Manifesting democracy. *Journal of Latin American Cultural Studies*, [s. l.], v. 222, n. 4, p. 437-450, 2013. DOI: https://doi.org/10.1080/13569325.2013.840278.

COURTLAND, S. D.; GAUS, G.; SCHMIDTZ, D. Liberalism. *The Stanford Encyclopedia of Philosophy*, 2022. Disponível em: https://plato.stanford.edu/entries/liberalism. Acesso em: 15 jul. 2023.

CURTIN, S. C.; HERON, M. Death rates due to suicide and homicide among persons aged 10–24: United States, 2000–2017. *NCHS Data Brief*, no 352. Hyattsville: National Center for Health Statistics, 2019. Disponível em: https://www.cdc.gov/nchs/data/databriefs/db352-h.pdf. Acesso em: 15 jul. 2023.

D'ANDREA, A. 2013 Protests in Brazil: The kite and the byte in new forms of popular mobilization. *Anthropological Quarterly*, [s. l.], v. 87, n. 3, p. 935-942, 2014. Disponível em: https://www.jstor.org/stable/43653038. Acesso em: 15 jul. 2023.

D'ANDRÉA, C.; ZILLER, J. Violent scenes in Brazil's 2013 protests. The diversity of ordinary people's narratives. *Television & New Media*, [s. l.], 2015. DOI: https://doi.org/10.1177/1527476415597769.

DASHTI, A. A. The role of online journalism in political disputes in Kuwait. *Journal of Arab & Muslim Media Research*, [s. l.], v. 2, n. 1-2, p. 91-112, 2009. DOI: https://doi.org/10.1386/jammr.2.1and2.91/1.

DAVIS, A. Whither mass media and power? Evidence for a critical elite theory alternative. *Media, Culture & Society*, [s. l.], v. 25, n. 5, p. 669-690, 2003. DOI: https://doi.org/10.1177/01634437030255006.

DELEUZE, G. [1969]. *Lógica do sentido.* São Paulo: Perspectiva, 1974. 360 p.

DEUZE, M. Journalism, citizenship, and digital culture. *In*: PAPACHARISSI, Z. (ed.). *Journalism and citizenship*: new agendas for communication. Nova York: Taylor & Francis, 2009. p. 15-28.

DOCTER, S. Blogging and journalism: Extending shield law protection to new media forms. *Journal of Broadcasting & Electronic Media*, [s. l.], v. 54, n. 4, p. 588-602, 2010. DOI: https://doi.org/10.1080/08838151.2010.519809.

DREZNER, D. W.; FARRELL, H. Introduction: Blogs, politics and power: A special issue of Public Choice. *Public Choice*, [s. l.], v. 134, n. 1-2, p. 1-13, 2008. Disponível em: https://www.jstor.org/stable/27698207. Acesso em 15 jul. 2023.

DWOSKIN, E.; PESSOA, G. S. Trump aides Bannon, Miller advising the Bolsonaros on next steps. *The Washington Post*, 23. nov. 2022. Disponível em: https://www.washingtonpost.com/world/2022/11/23/brazil-bolsonaro-bannon/. Acesso em: 15 jul. 2023.

EAKIN, M. C. The emergence of Brazil on the world stage. *Latin American Research Review*, [s. l.], v. 48, n. 3, p. 221-230, 2013. The emergence of Brazil on the world stage. Disponível em: https://www.jstor.org/stable/43670104. Acesso em: 15 jul. 2023.

ESCRITÓRIO DO ALTO COMISSARIADO DAS NAÇÕES UNIDAS PARA OS DIREITOS HUMANOS. *Ukraine*: civilian casualty update 7 November 2022. Genebra: Escritório do Alto Comissariado das Nações Unidas para os Direitos Humanos, 2022. Disponível em: https://www.ohchr.org/en/news/2022/11/ukraine-civilian-casualty-update-7-november-2022. Acesso em: 15 jul. 2023.

ESPINOSA, B. Ética. Demonstrada à Maneira dos Geômetras. *In*: CHAUI, M. S. *Espinosa*: Pensamentos Metafísicos, Tratado da Correção do Intelecto, Tratado Político, Correspondência. 3. ed. São Paulo: Abril Cultural, 1983. p. 69-299.

FAHMI, W. S. Bloggers' street movement and the right to the city: (re)claiming Cairo's real and virtual "spaces of freedom". *Environment & Urbanization*, [*s. l.*], v. 21, n. 1, p. 89-107, 2009. DOI: https://doi.org/10.1177/0956247809103006.

FARIS, D. *Revolutions without revolutionaries?* Social media networks and regime response in Egypt. 2010. Tesis (Doctoral) – University of Pennsylvania, Philadelphia, 2010.

FISHMAN, A.; VIANA, N.; SALEH, M. "Keep it confidential". The secret history of U.S. involvement in Brazil's scandal-wracked Operation Car Wash. *The Intercept*, 2020. Disponível em: https://theintercept.com/2020/03/12/united-states-justice-department-brazil-car-wash-lava-jato-international-treaty/. Acesso em: 15 jul. 2023.

FISHMAN, A.; MARTINS, R. M. Brazil's Jair Bolsonaro meets with Donald Trump to consolidate their far-right alliance. *The Intercept*, 2019. Disponível em: https://theintercept.com/2019/03/18/bolsonaro-trump-meeting/. Acesso em: 18 nov. 2021.

FLEW, T.; WILSON, J. Citizen journalism and political participation: The You-decide 2007 project and the 2007 Australian Federal Election. *Australian Journal of Communication*, [*s. l.*], v. 35, n. 2, p. 17-37, 2008.

FRANK, A. G. *Reflections on the world economic crisis.* Nova York: Monthly Review Press, 1980. 192 p.

FREGE, G. On sense and reference. *In*: MOORE, A. W. *Meaning and reference.* Oxford: Oxford University Press, 1993. p. 23-42.

FREITAG, B.-R. *Itinerários de Antígona*: a questão da moralidade. Campinas: Papirus, 1992. 308 p.

FREITAS, L. B. L. *A moral na obra de Jean Piaget*: um projeto inacabado. São Paulo: Cortez, 2003. 126 p.

GENEVA DECLARATION SECRETARIAT. *Global burden of armed violence.* Cambrige: Cambrige University Press, 2015. 196 p.

GOHN, M. G. Jovens na política na atualidade: Uma nova cultura de participação. *Cadernos Centro de Recursos Humanos*, [*s. l.*], v. 31. n. 82, 2018. DOI: https://doi.org/10.1590/S0103-49792018000100008.

GOHN, M. G. Manifestações de protesto nas ruas no Brasil a partir de junho de 2013: novíssimos sujeitos em cena. *Revista Diálogo Educacional*, [*s. l.*], v. 16, n. 47, p. 125-146, 2016. DOI: https://doi.org/10.7213/dialogo.educ.16.047.DS06.

GOODE, L. Social news, citizen journalism and democracy. *New Media & Society*, [*s. l.*],v. 11, n. 8, 1287-1305, 2009. DOI: https://doi.org/10.1177/1461444809341393.

GOVERNO DO ESTADO DO RIO DE JANEIRO. *ISP Dados Visualização*. Rio de Janeiro: Instituto de Segurança Pública, [2021?]. Disponível em: http://www.ispvisualizacao.rj.gov.br/. Acesso em: 15 jul. 2023.

GREIFENEDER, R.; JAFFÉ, M. E.; NEWMAN, E. J.; SCHWARTZ, N. What is new and true about fake news? *In*: GREIFENEDER, R.; JAFFÉ, M. E.; NEWMAN, E. J.; SCHWARTZ, N. (ed.). *The psychology of fake news*. Abingdon: Routledge, 2021. p. 1-4.

GRILO, M.; PELISSIER, N. La blogosphère, un cinquième pouvoir? Critique du journalisme et reconfiguration de l'espace public au Portugal. *Réseaux*, [*s. l.*], v. 4, n. 138, p. 159-184, 2006.

GRIZE, J.-B. *De la logique à l'argumentation*. Genebra: Droz, 1982. 264 p.

GRIZE, J.-B. *Logique et langage*. Paris: Ophrys, 1997. 153 p.

GRIZE, J.-B. *Logique naturelle & communications*. Paris: Presses Universitaires de France, 1996. 161 p.

HABERMAS, J. *Théorie de l'agir* communicationnel: pour une critique de la raison fonctionnaliste. v. 2. Paris: Fayard, 1987b. 480 p.

HABERMAS, J. *Théorie de l'agir communicationnel*: rationalité de l'agir et rationalisation de la société. v. 1. Paris: Fayard, 1987a. 448 p.

HABERMAS, J. *Truth and justification*. Cambridge: The MIT Press, 2003. 327 p.

HANSON, G.; HARIDAKIS, P. M.; CUNNINGHAM, A. W.; SHARMA, R.; PONDER, J. D. The 2008 presidential campaign: Political cynicism in the age of Facebook, MySpace, and YouTube. *Mass Communication & Society*, [*s. l.*], v. 13, n. 5, p. 584-607, 2010. DOI: https://doi.org/10.1080/15205436.2010.513470.

HARARI, Y. N. *21 lições para o século XXI*. São Paulo: Companhia das Letras, 2018, 432 p.

HEARN, K. The management of China's blogosphere (sic) boke (blog). Continuum-*Journal of Media & Cultural Studies*, [*s. l.*], v. 23, n. 6, p. 887-901, 2009. DOI: https://doi.org/10.1080/10304310903294770.

HOLANDA, S. B. *Raízes do Brasil*. São Paulo: Companhia das Letras, 2015. 256 p.

HURRELL, A. C. Civility in online discussion: The case of the foreign policy dialogue. *Canadian Journal of Communication*, [s. l.], v. 30, n. 4, p. 633-648, 2005. DOI: https://doi.org/10.22230/cjc.2005v30n4a1585.

INSTITUTO BRASILEIRO DE GEOGRAFIA E ESTATÍSTICA. *POF - Pesquisa de orçamentos familiares.* Distribuição dos domicílios particulares permanentes, por situação de segurança alimentar existente no domicílio, segundo as Grandes Regiões e as Unidades da Federação – período 2017-2018. Rio de Janeiro: Ministério de Economia, [2019?]. Disponível em: https://www.ibge. gov.br/estatisticas/multidominio/condicoes-de-vida-desigualdade-e-pobreza/ 24786-pesquisa-de-orcamentos-familiares-2.html?edicao=28708&t=resultados. Acesso em: 15 jul. 2023.

IROABUCHI-MOGHALU, N. E. Orientalist stereotypes of Muslims in web logs (blogs). *Masters Abstracts International*, [s. l.], v. 46, n. 6, p. 2922, 2008.

JENSEN, K. Black Brazil never slept. *Contexts*, [s. l.], v. 13, n. 2, p. 44-49, 2014. DOI: https://doi.org/10.1177/1536504214533499.

JOUET, J. The Internet as a new civic form the hybridization of popular and civic web uses in France. *Javnost-the Public*, [s. l.], v. 16, n. 1, p. 59-72, 2009. DOI: https:// doi.org/10.1080/13183222.2009.11008998.

JUPP, E. Participation, local knowledge and empowerment: Researching public space with young people. *Environment and Planning A*: economy and space, [s. l.], v. 39, n. 12, p. 2832-2844, 2007. DOI: https://doi.org/10.1068/a38204.

KANN, M. E.; BERRY, J.; GRANT, C.; ZAGER, P. The Internet and youth political participation. *First Monday*, [s. l.], v. 12, n. 8, p. 1-1, 2008. DOI: https://doi. org/10.5210/fm.v12i8.1977.

LEE, J. K. The effect of the Internet on homogeneity of the media agenda: A test of the fragmentation thesis. *Journalism & Mass Communication Quarterly*, [s. l.], v. 84, n. 4, p. 745-760, 2007. DOI: https://doi.org/10.1177/107769900708400406.

LIVINGSTONE, C. Armed peace: Militarization of Rio de Janeiro's favelas for the World Cup. *Anthropology Today*, [s. l.], v. 30, n. 4, p. 19-23, 2014. DOI: https:// doi.org/10.1111/1467-8322.12122.

MACHADO, J.; MISKOLCI, R. Das jornadas de junho à cruzada moral: O papel das redes sociais na polarização política brasileira. Sociologia & Antropologia, [s. l.], v. 9, n. 3, 945 – 970, 2019. DOI: https://doi.org/10.1590/2238-38752019v9310.

MACKENZIE, D. Brazil's uprising points to rise of leaderless networks. *New Scientist*, [*s. l.*], v. 218, n. 2923, 2013. DOI: https://doi.org/10.1016/S0262-4079(13)61586-9.

MARILENA Chaui – Eu odeio a classe média (fala completa). [*S. l.: s. n.*], 2014. 1 vídeo (20 min). Publicado pelo canal Fayvit. Disponível em: http://www.youtube.com/watch?v=fdDCBC4DwDgc. Acesso em: 15 jul. 2023.

MAYNOR, J. W. Blogging for democracy: deliberation, autonomy, and reasonableness in the blogosphere. *Critical Review of International Social and Political Philosophy* (CRISPP), [*s. l.*], v. 12, n. 3, p. 443-468, 2009. DOI: https://doi.org/10.1080/13698230903127937.

MBEMBE, Achille. Necropolitics. *Public Culture*, [*s. l.*], v. 15, n. 1, p. 11-40, 2003. DOI: https://doi.org/10.1215/08992363-15-1-11.

MILLIKEN, M.; GIBSON, K.; O'DONNELL, S. User-generated video and the online public sphere: Will YouTube facilitate digital freedom of expression in Atlantic Canada? *American Communication Journal*, [*s. l.*], v. 10, n. 3, p. 5-5, 2008.

MOE, H. Dissemination and dialogue in the public sphere: a case for public service media online. *Media, Culture & Society*, [*s. l.*], v. 30, n. 3, p. 319-336, 2008. DOI: https://doi.org/10.1177/0163443708088790.

MOYO, D. Citizen journalism and the parallel market of information in Zimbabwe's 2008 election. *Journalism Studies*, [*s. l.*], v. 10, n. 4, p. 551-567, 2009. DOI: https://doi.org/10.1080/14616700902797291.

OGBONNAYA, U. M. Arab Spring in Tunisia, Egypt and Libya: a comparative analysis of causes and determinants. *Alternatives*: Turkish Journal of International Relations, [*s. l.*], v. 12, n. 3, 4-16, 2013. Disponível em: https://dergipark.org.tr/en/pub/alternatives/issue/1691/20875. Acesso em: 15 jul. 2023.

ORTELLADO, P. Reflexões sobre o Movimento Passe Livre e outros "novos movimentos sociais". *Mediações* - Revista de Ciências Sociais, [*s. l.*], v. 18, n. 2, 2013. DOI: http://dx.doi.org/10.5433/2176-6665.2013v18n2p110.

PELLI, R. Protesters and poorest create own news media. *Index on Censorship*, [*s. l.*], v. 42, n. 3, p. 33-36, 2013. DOI: https://doi.org/10.1177/0306422013501769.

PENTEADO, C. L. C.; LERNER. C. A direita na rede: Mobilização online no impeachment de Dilma Rousseff. *Em Debate*, [*s. l.*], v. 10, n. 1, p. 12-24, 2018. Disponível em: https://bibliotecadigital.tse.jus.br/xmlui/bitstream/handle/bdtse/4823/2018_

penteado_direita_rede_mobilizacao.pdf?sequence=1&isAllowed=y. Acesso em: 15 jul. 2023.

PIAGET, J. *Études sociologiques.* Paris: Droz, 1977a. 204 p.

PIAGET, J. *La formation du symbole chez l'enfant*: imitation, jeu et rêve, image et représentation. Neuchâtel-Paris: Delachaux et Niestlé, 1976a. 310 p.

PIAGET, J. *Le jugement moral chez l'enfant.* Paris: Presses Universitaires de France, 2000. 344 p.

PIAGET, J. *La naissance de l'intelligence chez l'enfant.* Neuchâtel-Paris: Delachaux et Niestlé, 1977b. 370p.

PIAGET, J. *Le langage et la pensée chez l'enfant.* Neuchâtel-Paris: Delachaux et Niestlé, 1976b. 208 p.

PIGNETTI, D. *Writing to (re)New Orleans*: the post-hurricane Katrina blogosphere and its ability to inspire recovery. 2010. Tese (Doutorado em Língua Inglesa) – University of South Florida, Tampa, 2010.

PISCHETOLA, M. O que resta dos protestos? Movimentos sociais e empoderamento da juventude no Brasil. *Revista Debates*, [s. l.], v. 10, n. 2, 31-46, 2016. DOI: https://doi.org/10.22456/1982-5269.64547.

PLATTNER, M. F. Illiberal democracy and the struggle on the right. *Journal of Democracy*, [s. l.], v. 30, n. 1, p. 5-19, 2019. DOI: https://doi.org/10.1353/jod.2019.0000.

QUAPPER, K. D. ¿Juventud o juventudes? Acerca de como mirar y remirar a las juventudes de nuestro continente. *Última Década*, [s. l.], v. 8, n. 13, p. 59-77, 2000. Disponível em: https://ultimadecada.uchile.cl/index.php/UD/article/view/56498/59821. Acesso em: 15 jul. 2023.

RECUERO, R.; ZAGO, G.; BASTOS, M. T.; ARAÚJO, R. Hashtags functions in the protests across Brazil. *Sage Open*, [s. l.], 2015. DOI: https://doi.org/10.1177/2158244015586000.

RIBEIRO, D. *The Brazilian* people: the formation and meaning of Brazil. Gainesville: University of Florida, 2000. 352 p.

ROCHA, C. "Imposto é roubo!" A formação de um contrapúblico ultraliberal e os protestos pró-impeachment de Dilma Rousseff. Dados Revista Ciências Sociais, [s. l.], v. 62, n. 3, 2019. DOI: https://doi.org/10.1590/001152582019189.

RUEDIGER, M. A.; DE SOUZA, R. M.; GRASSI, A.; VENTURA, T. A.; RUEDIGER, T. June journeys in Brazil: From the networks to the streets. *Social Science Research Network*, [s. l.], 2014. DOI: http://dx.doi.org/10.2139/ssrn.2475983.

SAAD-FILHO, A. Mass protests under 'left neoliberalism': Brazil, June-July 2013. *Critical Sociology*, [s. l.], v. 39, n. 5, p. 657-669, 2013. DOI: https://doi.org/10.1177/0896920513501906.

SAAD-FILHO, A.; MORAIS, L. Mass protests: Brazilian spring or Brazilian malaise? *Socialist Register*, [s. l.], v. 50, p. 227-246, 2013. Disponível em: https://socialistregister.com/index.php/srv/article/view/20199. Acesso em: 15 jul. 2023.

SANTOS, E. H. J. Crise de representação política no Brasil e os protestos de junho de 2013. *Liinc em Revista*, [s. l.], v. 10, n. 1, p. 86-95, 2014. Disponível em: https://www.brapci.inf.br/_repositorio/2017/02/pdf_aa79da5d6b_0000022858.pdf. Acesso em: 15 jul. 2023.

SENADO FEDERAL. *CPI da pandemia.* Relatório final. Aprovado pela Comissão em 26 de outubro de 2021. Brasília: Senado Federal, 2021. Disponível em: https://legis.senado.leg.br/comissoes/mnas?codcol=2441&tp=4. Acesso em: 15 jul. 2023.

SHEFFIELD, J. *Weblogs and activism*: a social movement perspective on the blogosphere. 2010. Tese (Doutorado em Comunicação, Artes e Ciências) – The Pennsylvania State University, Filadélfia, 2010.

SHIRKY, C. The political power of social media technology, the public sphere, and political change. *Foreign Affairs*, [s. l.], v. 90, n. 1, p. 29-41, 2011. Disponível em: https://www.jstor.org/stable/25800379. Acesso em: 15 jul. 2023.

ŠISLER, V. The new Arab cyberscape. Redefining boundaries and reconstructing public spheres. *Annals of the International Communication Association.ommunication Yearbook*, [s. l.], v. 34, p. 277-315, 2010. DOI: https://doi.org/10.1080/23808985.2010.11679103.

STATISTA. *Deaths by homicide per 100,000 residents in the U.S. in 2016, by gender and age*. Nova York: STATISTA, 2021. Disponível em: https://www.statista.com/statistics/187618/death-rate-from-homicide-in-the-us-by-gender-and-age-since-1950/. Acesso em: 15 jul. 2023.

SWEET, C. Brazil woke up stronger? Power, protest and politics in 2013. *Revista de Ciencia Política*, [s. l.], v. 34, n. 1, p. 59-78, 2014. Disponível em: http://www.scielo.cl/pdf/revcipol/v34n1/art03.pdf. Acesso em: 15 jul. 2023.

VARGAS, J. H. C. Black disidentification: the 2013 protests, rolezinhos, and racial antagonism in post-Lula Brazil. *Critical Sociology*, [s. l.], 2014. DOI: https://doi.org/10.1177/0896920514551208.

WINTERS, M. S.; WEITZ-SHAPIRO, R. Partisan protesters and nonpartisan protests in Brazil. *Journal of Politics in Latin America*, [s. l.], v. 6, n. 1, p. 137-150, 2014. Disponível em: http://journals.sub.uni-hamburg.de/giga/jpla/article/view/733/731. Acesso em: 15 jul. 2023.

WOO-YOUNG, C. Online civic participation, and political empowerment: Online media and public opinion formation in Korea. *Media, Culture & Society*, [s. l.], v. 27, n. 6, p. 925-935, 2005. DOI: https://doi.org/10.1177/0163443705057680.

WORLD POPULATION REVIEW. *Murder rate by country*. Walnut: World Population Review, 2021. Disponível em: https://worldpopulationreview.com/country-rankings/murder-rate-by-country. Acesso em: 15 jul. 2023.

PANORAMA DAS JUVENTUDES

Milton N. Campos
Leonardo Viana
Fabiane Proba
Almir Fernandes dos Santos
Rosangela de Carvalho
Cristiano Henrique Ribeiro dos Santos

No capítulo precedente, buscamos orientar os leitores a respeito de questões relacionadas com a maneira pela qual concebemos as pesquisas relatadas neste livro, com foco na temática geral e na apresentação da teoria da cologia dos sentidos e noções correlatas. Aqui, dada a convergência de uso de certos métodos e de procedimentos de amostragem, coleta de dados e análise e interpretação que desenvolvemos ao longo de todos os capítulos que se seguem,[10] consideramos importante destacar certas questões metodológicas gerais com o objetivo de evitar repetições na medida em que a maioria dos estudos se intersecta em algum ponto.

Por conta de reportarmos estudos realizados com grupos de jovens diferentes, questões de pesquisa variadas e uso de metodologias tanto quantitativas como qualitativas e híbridas, julgamos apropriado fazer uma apresentação mais detalhada nesta seção, ainda que resumidamente. Nosso objetivo foi, portanto, duplo. Em primeiro lugar, para deixar claro ao leitor os cuidados que adotamos relativamente à metodologia. Ainda que os estudos apresentados neste livro tenham partido, em sua maioria, de sólido procedimento quantitativo, não nos propusemos a levar esse fundamento às últimas consequências no projeto de sua publicação. Longe disso. As razões da opção quanti→quali podem ser inferidas das explicações teóricas apresentadas no primeiro capítulo. Buscamos, dessa maneira, apresentar em linhas gerais o processo que levou à conceptualização das diversas pesquisas que reportamos de modo a validar qualitativamente as indicações que emergiram das explorações quantitativas iniciais que fizemos. Assim, podemos afirmar que o conjunto de pesquisas que apresentamos não se configura

---

[10] O acesso às pessoas jovens que participaram da pesquisa geral reportada neste capítulo, assim como o conjunto de procedimentos, foi autorizado pelo Comitê de Ética do CFCH da UFRJ, por meio do CAAE de n.º 50100415.6.0000.5582, de 4 de novembro de 2015.

como tendo natureza "quali→quanti" — em que explorações qualitativas iniciais levam à busca de validação final quantitativa —, bem o contrário. Formulamos como orientação geral uma abordagem "quanti→quali", em que indicações de resultados quantitativos orientam o desenvolvimento dos estudos para que seus resultados sejam validados qualitativamente.

Em segundo lugar, cabe esclarecer que o projeto de pesquisa original "Juventude Líquida e Argumentação em Rede: Diálogo e Violência", iniciado em novembro de 2015, com financiamento da FAPERJ[11] — sofreu, progressivamente, inúmeras alterações relacionadas à evolução da situação de crise econômica, política e sanitária do país. A primeira e mais importante delas consiste no fato de o financiamento que obtivemos não nos ter sido depositado pela agência de fomento que o concedeu, inviabilizando o início do projeto tal como havia sido concebido. Na medida em que visava estudar argumentações em rede pelas mídas sociais, sem os recursos para financiar as técnicas e materiais para obtenção e tratamento dos dados, essa dimensão do projeto teve de ser abandonada. Por conta desse evento, o coletivo Inter@ctiva, que congrega estudantes e docentes do EICOS viu-se no dever de discutir alternativas viáveis a esse projeto guarda-chuva. Tratava-se de um projeto integrador, pois tinha como objetivo cobrir propostas de pesquisa específicas para fins de realização de dissertações de mestrado e teses de doutorado dos discentes. Como obtivemos, da parte da CAPES, financiamento de alguns projetos de pesquisa de mestrado e de doutorado, mediante bolsas de demanda social acordadas a discentes da equipe, facilitando a possibilidade de dedicação exclusiva, pudemos avançar no sentido de reconfigurar o projeto. A agência acordou uma (1) bolsa de mestrado e três (3) bolsas de doutorado, além de duas (2) bolsas de doutorado sanduíche no exterior, realizadas na Universitat Autònoma de Barcelona, na Espanha e na Università degli studi di Bergamo, na Itália. Em uma primeira fase, graças à colaboração de colegas, discentes e docentes, com contatos fora da universidade, adotou-se a estratégia de se estabelecer uma parceria com um órgão público estadual que nos concedeu acesso potencial a jovens fluminenses de baixa renda. Dessa parceria nasceu a ideia de se buscar dados quantitativos a respeito de temáticas presentes no escopo do projeto original, que seriam posteriormente estudadas de maneira mais intensiva, de modo a direcionar a dimensão qualitativa dos projetos específicos. Em uma segunda fase, um projeto de extensão foi articulado para dar suporte a

---

[11] FAPERJ. Projeto de n.º 2104842016.

VIOLAÇÕES BÁRBARAS: OLHARES JOVENS

uma outra dimensão do projeto, com o apoio de uma associação de bairro que, além de contribuir com acesso às pessoas de uma comunidade urbana carioca, colaborou com autorização de uso de seus espaços. Essa parceria, obtida graças à intermediação do pesquisador que relata o processo de pesquisa no Horto Florestal, no capítulo "Moradia, violência e caminhos de liberdade", permitiu o desenvolvimento de dois processos de estudo de doutorandos da equipe, com apoio de duas dezenas de graduandos, abrindo caminho para a convivência com outro grupo de jovens, propiciando ricas experiências. Finalmente, uma terceira fase foi desenvolvida a partir dos estudos da pesquisadora responsável pelo capítulo "Nem-nem ou sem-sem?" e coorganizadora deste livro, que estabeleceu parcerias com algumas empresas de modo a construir colaborações com gestores e jovens trabalhadores, articulando, assim, a seu estudo, contribuições de relevo para o projeto geral.

Em terceiro lugar, não podemos ignorar dificuldades econômicas, políticas e, notadamente, sanitárias, em virtude da pandemia de COVID-19, que produziram inúmeros obstáculos às vidas pessoais dos membros do coletivo. A pesquisa iniciou-se em um tempo específico, pois tratava de se acessar os sentidos que as pessoas jovens davam a diversas facetas da vida em um período político muito preciso: do pós-impeachment da ex-presidenta Dilma Rousseff à ascenção de Michel Temer no âmbito federal; da prisão do ex-governador Sérgio Cabral e ascensão e queda de Luiz Fernando Pezão no governo do estado do Rio de Janeiro, além das mudanças ocorridas nos municípios e nas casas legislativas de prefeituras, estados e da federação. Entre essas facetas, os estudos cobriam questões ambientais e de saúde, educação, trabalho, moradia e política, todas perpassadas pela violência. A preparação de um livro para publicação, dando conta apenas dos resultados de nossas reflexões naquela época, foi retardada por uma série de contigências que não cabe explorar aqui. Julgamos, ainda, que os resultados estavam ficando rapidamente defasados em função da dinâmica do processo político brasileiro. Por conta disso, vimos uma oportunidade nos tempos de enormes dificuldades e crise da saúde trazidos pela pandemia de COVID-19. A possibilidade de ressignificar as temáticas dos estudos oriundos do projeto de pesquisa guarda-chuva nos parecia prometedora. Julgamos por bem fazer um retorno aos achados dos diversos estudos do coletivo de modo a, longitudinalmente, completá-los cobrindo o período desde o impeachment da ex-presidenta Dilma Rousseff, passando pelo auge da pandemia de COVID-19 (segunda onda) até o início de seu "arrefecimento". Buscamos, portanto, revisitar processualmente nossas interrogações, reflexões e compartilhamentos de modo a compreender as transformações ocorridas ao longo de um período de vários anos, da concepção do projeto em 2015, passando pela preparação e validação dos instrumentos de coleta de dados em 2016, por seu início em 2017, até 2022, antes das eleições gerais. Para isso, lançamos mão de nossas próprias vidas, nessa época tão dramática e trágica da história do Brasil, como ferramentas qualitativas, reencontrando as mesmas pessoas jovens que participaram no início da pesquisa (ainda que em menor quantidade), agora alguns anos mais velhas, mais experientes, mais sofridas.

Em função de todos esses fatores, o que oferecemos às leitoras e aos leitores é um caleidoscópio de experiências e vivências de pesquisa voltadas ao objetivo de fazer emergir os sentidos que jovens fluminenses produziram a respeito de diversas dimensões de suas vidas, do pós-impeachment da ex-presidenta Dilma Rousseff ao auge e arrefecimento da pandemia de COVID-19 em meio a um estado de degeneração ético da política nacional e do Estado brasileiro. Os estudos que apresentamos não se propõem a obter cientificidade comparável a trabalhos com controle experimental: nunca nos impusemos essa tarefa, até por julgar que pesquisas exclusivamente quantitativas não respondem a problemáticas culturais, próprias das ciências humanas e sociais em que nos inserimos. Nossas reflexões apenas apontam cacos contextuais de um caleidoscópio de vidas em uma sociedade brutalizada pelo açoite do neocolonialismo iliberal. Visto que todos os estudos aqui apresentados, mais do que se interrelacionarem tematicamente, se interconectam metodologicamente, julgamos por bem acrescentar ao livro esse curto capítulo explicativo. Assim, como mencionamos mais anteriormente, tivemos a intenção de evitar repetições desnecessárias nas seções de metodologia dos capítulos que se seguirão. Ainda que essas seções necessitem ser suficientemente detalhadas para esclarecer as estratégias metodológicos da pesquisa e manter a integridade explicativa de cada capítulo (uma vez que são autônomos), esclarecemos aqui quais foram os procedimentos gerais e como cruzam os estudos.

Talvez o principal esclarecimento geral consista em que o conjunto de pesquisas apresentado neste livro foi configurado, na base, a partir de três populações específicas de jovens fluminenses de baixa renda. A maioria dos estudos foi realizada a partir de um questionário quantitativo de grande cobertura populacional aplicado a jovens de muitas cidades do estado do Rio de Janeiro (majoritariamente da Região Metropolitana da capital, mas também de várias cidades do interior do Estado), que responderam a um chamado por e-mail, como veremos a seguir com detalhes. Uma segunda população cobriu um grupo mais específico, uma comunidade de moradores que vive em um bairro de baixa renda da zona sul da cidade do Rio de Janeiro, o Horto Florestal, em estado de pânico permanente por conta de ameaças de remoção. A terceira, que, tecnicamente, não poderíamos sequer chamar de "população", consistiu em um grupo de jovens, também de baixa renda (incluindo alguns que passaram pelo Programa Jovem Aprendiz), assim como gestores de empresas, associados ao contexto de iniciação jovem em atividades laborais formais. A seguir esclarecemos como chegamos a esses três grupos de jovens.

POPULAÇÕES DE JOVENS QUE COLABORARAM

Grupo de jovens contatados por e-mail

O primeiro grupo de jovens foi organizado a partir de convites enviados por e-mail, realizados graças a contatos que obtivemos. Esse grupo deu origem a vários estudos, apresentados neste livro nos capítulos "Pescaram lixo na rede", "21 tons de medo", "De mal a pior", "Participação e engajamento nas redes", "Nem-nem ou sem-sem?" e "Educação, redes e preconceito". Alguns desses estudos associam o projeto geral de pesquisa a projetos que deram lugar a trabalhos de conclusão de curso: dois mestrados e três doutorados. Como são vários os capítulos que teceram questões a partir de experiências dessa população de jovens, tomamos a decisão de explicar o processo com mais detalhes, de modo a evitar repetições e redundâncias nas suas seções de metodologia.

Para formar o primeiro grupo, buscamos, com ajuda de colaboradores externos, jovens inscritos em um programa fluminense gratuito de acesso à universidade pública por meio de cursos híbridos, em que a maior parte dos conteúdos é ensinada virtualmente, e a menor é completada com encontros presenciais entre tutores e estudantes. O principal critério de acesso a esse programa consiste no estabelecimento de uma renda bruta per capita familiar que, em 2019, era de até R$ 1.320,00.[12] Adotamos uma estratégia não probabilística de amostragem conveniente, na medida em que o acesso a jovens de baixa renda se deu pelo fato de que a instituição pública que gerenciava o programa mencionado compartilhou, com membros da

---

[12] Todas as informações relacionadas às instituições parceiras, dessa população e das outras, como é de praxe, foram mantidas no anonimato para resguardar a confidencialidade.

equipe que nela trabalhavam, uma lista de contatos por e-mail. Ou seja, esses membros da equipe, por terem laços estreitos com a instituição, respondiam aos critérios de proximidade e acessibilidade aos participantes desejados para a pesquisa, de acordo com os preceitos da amostragem conveniente (JAGER; PUTNICK; BORNSTEIN, 2017). Foram contatados por e-mail, para a realização da pesquisa, 10.427 jovens de baixa renda. Previamente ao preenchimento do questionário, a interface foi preparada para solicitar que os participantes da pesquisa aceitassem ou não os procedimentos éticos adotados (leitura e aceitação de Termo de Consentimento Informado), podendo prosseguir somente após tomarem consciência dos objetivos do estudo e firmar on-line sua autorização para participar da pesquisa. Além disso, a interface foi programada para perguntar às pessoas jovens que haviam consentido em participar da pesquisa se aceitariam participar de uma fase posterior, quando seriam entrevistadas. O preenchimento da plataforma foi realizado de 1º de agosto a 6 de outubro de 2017, cerca de um ano após o impeachment da presidenta Dilma Rousseff, período em que os intrumentos foram concebidos, pré-testados metodologicamente e validados. Apresentamos na última seção deste capítulo uma descrição do processo de preparação e aplicação do questionário de tipo *survey*. Fizemos o mesmo relativamente ao processo de realização das entrevistas ocorrido entre os meses de maio de 2021 e maio de 2022, período correspondente ao auge e arrefecimento da segunda onda da pandemia de COVID-19.

Grupo de jovens da comunidade do Horto Florestal

O segundo grupo de jovens foi organizado a partir de processos presenciais de pesquisa-convivência em que se buscou contatá-los por meio de redes locais desenvolvidas na comunidade. Apresentamos, ligado a ele, o estudo do capítulo "Moradia, violência e caminhos de liberdade", que relaciona o projeto geral de pesquisa com a ação de extensão "Comunidade do Horto Florestal: Ação e Transformação" (CARVALHO *et al.*, 2020) e duas teses de doutorado.

A comunidade histórica do Horto Florestal se situa no bairro do Jardim Botânico, na Cidade do Rio de Janeiro. Trata-se de uma área que faz parte da Floresta da Tijuca, compreendendo o Jardim Botânico, formando, conjuntamente, importante espaço verde da capital fluminense. O território onde nasceu e se desenvolveu essa comunidade foi primeiramente ocupado pelo Engenho Nossa Senhora da Conceição da Lagoa no século XVI (MOVIMENTO

NACIONAL DE LUTA PELA MORADIA, 2010). Mais tarde, no período das lutas abolicionistas do final do Império, o Horto Florestal fez parte de rota de fuga quilombola organizada por negros libertos e fugitivos (SILVA, 2003; CAMPOS, 2004). D. João VI escolheu o local para instalar o Jardim Botânico do Rio de Janeiro, parque que deu nome ao bairro que hoje é uma das áreas mais nobres da cidade, com um dos metros quadrados mais caros do país.

A formação do que chamamos de "comunidade do Horto Florestal" se iniciou com a ocupação imperial da área em 1808. Com a desapropriação do Engenho Nossa Senhora da Conceição da Lagoa, o rei D. João VI ordenou a construção de uma fábrica de pólvora no local. Em seguida, vilas de casas para a moradia de operários foram construídas. No século XX, a área foi desmembrada e alienada com cessão das casas para os antigos funcionários da fábrica delas fazerem moradia. Ao longo de mais de um século, com o crescimento da cidade, tanto herdeiros dos ocupantes das casas outorgadas por D. João VI como pessoas que ao redor delas se apropriaram de espaços ao longo do tempo, acabaram por constituir um bairro onde parte das habitações é legalizada, mas outra não, abrindo espaço para litígios territoriais levados a cabo pela União e representantes de interesses econômicos em virtude da enorme valorização imobiliária da região (MOVIMENTO NACIONAL DE LUTA PELA MORADIA, 2010).

As pessoas jovens, em sua maioria afro-brasileiras, que vivem hoje no bairro são, portanto, majoritariamente oriundas de uma população preta e parda, descendente dos funcionários da fábrica de pólvora criada décadas antes da abolição formal da escravatura no país. Parcela de jovens da comunidade do Horto Florestal, no entanto, descende de pessoas que foram morar posteriormente e ajudaram a constituir o bairro, a respeito das quais são dadas informações no capítulo "Moradia, violência e caminhos de liberdade". Algumas poucas dezenas de jovens foram contatadas diretamente pelos pesquisadores, que utilizaram a técnica de amostragem de formação de rede de contatos por bola de neve (*snowball*) que serviu à composição de jovens (BALTAR; BRUNET, 2012), em todos os projetos levados a cabo no local. Como ocorreu com o primeiro grupo, houve a realização de entrevistas, mas em duas fases: a primeira, de um tipo, no pós-impeachment da presidenta Dilma Rousseff e no período do auge até o arrefecimento da segunda onda da pandemia de COVID-19; a segunda, de outro tipo, também durante a pandemia. É preciso ressaltar que a noção de "entrevista" aqui é tomada em um sentido mais orgânico, uma vez que se estabeleceu um processo de coexistência de pesquisa-convivência.

Grupo de jovens trabalhadores

O terceiro grupo de jovens, relativamente ao processo de sua constituição, apresenta características próximas ao primeiro, pois foi obtido de maneira espontânea por pessoas contatadas por e-mail, ainda que com o objetivo de trocas qualitativas, e não de aplicação de questionários para quantificação de dados. Alguns dos participantes também foram contatados por telefone. O processo de contato foi prévio à construção de uma "bola de neve" (*snowball*), estratégia de amostragem qualitativa em que se inicia a construção da amostra com um primeiro grupo conhecido para, depois, ampliá-la a pessoas sem o conhecimento do pesquisador (OLSEN, 2015). O projeto geral de pesquisa, nesse caso, foi associado ao desenvolvimento do estudo apresentado no capítulo "Nem-nem ou sem-sem", que deu origem a uma dissertação de mestrado.

Inicialmente, buscou-se compor um grupo por meio da seleção de participantes constituído por jovens de baixa renda da chamada Geração Z. Para a realização da pesquisa, deveriam estar empregados em empresas de segmentos de comércio, indústria e serviços. Entre os recrutados, encontramos alguns que tinham passado pelo Programa Jovem Aprendiz do Centro de Integração Empresa-Escola (CIEE), uma associação nacional sem fins lucrativos fundada em São Paulo há quase seis décadas. A estratégia, que também contou com a participação de gestores de empresas para explorar o outro lado da relação de trabalho, teve de ser adequada a dificuldades encontradas no processo de seleção. A segmentação linear e equilibrada, de forma igualitária, entre os mercados e rígida quanto ao número de participantes, que havíamos desenhado, não pôde ser respeitada. Assim, o grupo formado pela estratégia da "bola de neve" teve apenas uma dezena de participantes na época do pós-impeachment da ex-presidenta Dilma Rousseff, contatado, nessa etapa, para participar de um processo qualitativo com a realização de entrevistas semiestruturadas. Como será mais bem explicado na descrição da segunda etapa da pesquisa relatada no capítulo "Nem-nem ou sem-sem?", harmonizada e realizada conjuntamente aos outros grupos que compuseram nossas populações pesquisadas, adotamos uma estratégia de aprofundamento a partir de entrevistas de outra natureza. Até por conta da gravidade da pandemia de COVID-19, ressaltamos que a noção de "entrevista" usualmente aplicada em pesquisas qualitativas, geralmente semiestruturadas, foi revista para assumir a forma de entrevistas semiestruturadas em profundidade, mais orgânicas.

ESTRATÉGIAS METODOLÓGICAS GERAIS

Questionário de tipo survey

O questionário de tipo *survey*, mencionado previamente, foi preparado com base em critérios cientificamente bem estabelecidos (FREITAS *et al.*, 2000) para explorar, em linhas gerais, os sentimentos de jovens fluminenses de baixa renda relativamente às suas vidas, de modo a buscar apreender seus sentidos e ampliar nosso conhecimento a respeito daqueles que estarão à frente do país nas próximas décadas. Segundo Peterson (2000), construir um questionário de pesquisa demanda atitudes, ao mesmo tempo, delicadas e críticas, pois perguntas malconstruídas, malcolocadas ou que orientam o que o pesquisador quer saber invalidam os dados ou produzem informações que não podem ser consideradas fiéis. Buscamos seguir à risca as recomendações do especialista quanto ao processo de construção do instrumento, de preparação das questões fechadas e abertas, de cuidado com a linguagem e o uso apropriado dos termos, da problemática de uso de escalas (como a de Likert), de orientação correta das perguntas gerais e específicas, bem como de sua estruturação e processo de avaliação. Além disso, o questionário, uma vez concluído, passou por duas rodadas de testes metodológicos para a verificação de ambiguidades e problemas de entendimento da parte dos pesquisados. A administração dos testes seguiu um procedimento de amostragem conveniente que, segundo Peterson (2000, p. 116) "[...] *probably provides the most consistently useful insights*".[13]

Os mais de 10 mil jovens convidados a responder ao questionário on-line do tipo *survey*, o fizeram percorrendo diversas seções, correspondendo aos temas da maioria dos estudos deste livro: meio-ambiente e saúde, violência e medo, política e políticos, engajamento político em rede, trabalho, ensino à distância, além de informações sóciodemográficas como sexo, religião, raça etc. Do total dessa população de jovens fluminenses de baixa renda que foram contatados — entende-se aqui por "população" o número total de pessoas da pesquisa (ANDERSON; SWEENEY; WILLIAMS, 2007) — 265 responderam a nosso convite e o preencheram. O instrumento foi preparado e administrado por meio da plataforma on-line. Desses respondentes, 17 participantes foram eliminados da base de dados para retirada de diferentes inconsistências identificadas em casos distintos, após exame atencioso do processo e procedimentos de preenchimento. De todas as

---

[13] "[...] provavelmente têm como resultado *insights* mais coerentemente úteis" (tradução nossa).

questões da *survey*, foram validadas as respostas de 248 jovens. É importante ressaltar que os dados apresentados nos capítulos podem variar porque, dependendo das seções (tema), o número de respondentes que completaram todas questões de uma dada seção varia. Ou seja, podem ser menos de 248. Isso significa que as pessoas jovens que tiveram suas respostas validadas não responderam uniformemente a todas as seções temáticas fazendo com que haja uma heterogeneidade numérica nas menções quantitativas entre capítulos. Distribuídos por 92 municípios, a maioria esmagadora das pessoas jovens estava concentrada na Região Metropolitana, com cerca de metade em cidades periféricas como Nova Iguaçu, Duque de Caxias, Nilópolis, Belford Roxo, São João do Meriti etc. É preciso esclarecer que a pesquisa poderia ser considerada probabilística porque todo o universo era conhecido. No entanto, ela não o é uma vez que os critérios de amostragem foram convenientes, mas com um aspecto de aleatoriedade (dado que as pessoas jovens que responderam ao e-mail o fizeram espontaneamente) e porque somente uma pequena porcentagem das pessoas contatadas preencheu o questionário. Ainda assim, ressaltamos que o número de respostas ao questionário on-line (265 de 10.427 contatados) é coerente com expectativas documentadas na literatura. Nesse tipo de busca de colaboradores, considera-se satisfatório o pequeno índice de participação à pesquisa (considerando o universo da população total), comparado àquelas realizadas fora da internet (WACHELKE *et al.*, 2014). Ainda que as pessoas jovens contatadas por e-mail não tenham sido submetidas a um processo de estimulação e tenham respondido espontaneamente aos convites, é possível afirmar que os resultados representam quantitativamente o total da população contatada. Para tanto, adotamos o cálculo de Anderson, Sweeney e Williams (2007, p. 263) de modo a verificar o nível de validade da amostra *vis-à-vis* a população total. Uma vez realizados os cálculos, com base na equação formulada pelos pesquisadores (ANDERSON; SWEENEY; WILLIAMS, 2007), a margem de erro encontrada foi de cinco pontos percentuais para mais ou para menos. Em função disso, as respostas dos 248 selecionados apresentam resultados próximos ao que o conjunto da população contatada responderia, dentro do interior da camada de dez por cento da margem de erro.

Relativamente à preparação, o questionário on-line do tipo *survey* obedeceu aos parâmetros das primeiras experiências de uso desse tipo de instrumento para ser aplicado pela internet (ZHANG, 2000). Optamos por dois tipos de questões: de múltipla escolha (estritamente quantitativas ou com uma alternativa qualitativa "outros" para preenchimento aberto) e de medida de intensidade de categorias baseadas na escala de Likert (COOPER; SCHINDLER, 2016), após apresentação de questão demandando respostas "sim" ou "não". No caso das questões de múltipla escolha, é importante ressaltar que demos grande importância ao exame das respostas que não se submeteram às opções previamente apresentadas (os "outros" das questões de múltipla escolha) de modo a permitir uma avaliação quase qualitativa dos conteúdos dessas questões. Já no caso das questões que fizeram uso da escala de Likert, utilizaram-se duas modalidades: (1) gradação de quatro categorias: 0 - nada importante, 1 - pouco importante, 2 - importante e 3 - muito importante; e (2) gradação de cinco categorias: 0 - muito baixo, 1 - baixo, 2 - médio, 3 - alto e 4 - muito alto. Tais escalas são frequentemente usadas em classificações somatórias (afirmações que expressam atitudes favoráveis ou desfavoráveis em relação ao objeto de interesse).

Entrevistas em profundidade

Como mencionamos anteriormente, no período correspondente ao auge da pandemia de COVID-19 e seu arrefecimento, retomamos a pesquisa em suas múltiplas dimensões. junto a jovens que haviam participado da primeira etapa, alguns anos depois. Para esse retorno, julgamos apropriado fazer um mergulho qualitativo em profundidade que as transformações ocorridas desde a primeira etapa, realizada no pós-impeachment da ex-presidenta Dilma Rousseff, teriam operado nos sentidos jovens a respeito de temas importantes. Cabe esclarecer que essa etapa não se restringiu às pessoas jovens que foram contatadas por e-mail, mas abrangeu todos os outros grupos, como os pesquisadores detalharão em seus capítulos. Em todos eles, com exceção do capítulo "Moradia, violência e caminhos de liberdade", adotamos a entrevista em profundidade como instrumento exclusivo para a segunda etapa de pesquisa.

De acordo com Johnson (2001), que partiu de largo levantamento bibliográfico sobre a noção e os procedimentos relacionados com entrevistas em profundidade, seu objetivo geral é procurar informações e maior compreensão a respeito de eventos do vivido, de maneira profunda. O autor, que faz uma exposição sobre variados entendimentos correntes empregados a respeito do que seja "profundo", relata que, em primeiro lugar, a interlocução se dá de modo que o "entrevistado" se torna, na verdade, um professor do "entrevistador". Em segundo lugar, a profundidade deve propiciar uma coexistência que possibilite, no que tange às experiências intersubjetivas, um entendimento sensível a respeito de sua natureza. Em terceiro lugar, permite que as suposições relacionadas com as percepções que temos a respeito de um tema qualquer sejam colocadas em questão, tanto pelo "entrevistador" quanto pelo "entrevistado". Em quarto lugar, compreender profundamente alguma coisa implica buscar articular olhares múltiplos de modo a apreender, da maneira mais intensa possível, as diferentes implicações das experiências. Finalmente, o pesquisador define a prática de entrevistar em profundidade como um processo interativo no qual os interlocutores trabalham a partir de conhecimentos retirado do que se convencionou chamar de "senso comum", de modo a buscar *intelligible sense of the questions posed and the insuing discussion about them*" (JOHNSON, 2001, p. 108).[14] Em alguns capítulos, a abordagem das entrevistas em profundidade foi substituída pela modalidade híbrida de entrevistas semiestruturadas em profundidade (MORRIS, 2015).

Cabe dizer que a decisão de se adotar as entrevistas em profundidade ou semiestruturadas em profundidade decorreu da necessidade que sentimos, em uma época de amplificação das solidões por conta da pandemia de COVID-19, de ir além. Nas interações que se querem profundas, é importante ressaltar que devem partir de um processo legítimo que dê lugar a coconstruções, ao estabelecimento de relações de confiança. Mann e Stewart (2001), com base em amplo levantamento bibliográfico, relatam que é possível fazer emergir intimidades, mesmo a partir de instrumentos de comunicação on-line, como foi o caso de muitas das entrevistas realizadas. Por meio da plataforma de videoconferências Zoom, que utilizamos para as entrevistas (bastante extensas em termos de duração), seguimos orientações presentes na literatura dando conta de que

> [...] the more an individual discloses personal information on-line, the more others are likely to reciprocate, and the more individuals know about each other, the more likely it is that trust, satisfaction, and a sense of being in a safe communication environment will ensue (MANN; STEWART, 2001, p. 616).[15]

As interações com as pessoas jovens foram gravadas com sua autorização; na etapa seguinte, reescutamos nossas longas conversas e as trans-

---

[14] "[...] sentidos inteligíveis das questões formuladas e da discussão que emerge a seu respeito" (tradução nossa).

[15] "[...] quanto mais informações pessoais um indivíduo revela on-line, maior é a probabilidade de que haja recíproca da parte dos outros, e que quanto mais os indivíduos sabem um do outro, maior é a probabilidade de que emerja confiança, satisfação e um sentimento de estar participando de um ambiente de comunicação seguro" (tradução nossa).

crevemos. Uma vez feita a transcrição, escolhemos as falas para nós mais significativas, organizando-as, em um primeiro momento, de acordo com os temas dos vários estudos apresentados neste livro e, em um segundo momento, em expressões subjetivas, categorizando-as com base em dimensões da ecologia dos sentidos: principalmente de ordem cognitiva ou de ordem afetiva. A partir do que obtivemos, buscamos fazer emergir as problemáticas ético-morais tais como foram expressas pelas pessoas jovens (quando da expressão de seus juízos a respeito dos variados temas sobre os quais se manifestaram). Algumas se expressaram mais sobre certos temas e menos sobre outros, razão pela qual, na parte dos capítulos em que reportamos pesquisas realizadas com entrevistas em profundidadc ou semiestruturadas em profundidade, certas pessoas se destacam em uns, e não em outros. Por uma questão de procedimento, mas para não transformá-las em "códigos", atribuímos nomes fictícios a cada jovem, guardando a identidade nominal de sexo. Não o fizemos com relação a gênero, pois essa questão não foi explorada suficientemente nas entrevistas, ressaltando ainda que não fomos solicitados por nenhuma das pessoas jovens a fazê-lo.

Pesquisa-convivência

Terminamos este capítulo dedicado à metodologia com um pequeno texto relativo a uma proposição inovadora na maneira de se pensar processos de pesquisa-ação. As pesquisas-ação, como será exposto em certos capítulos, podem se desenvolver de várias maneiras, com distintos objetivos. No entanto, elas sempre apresentam um princípio indicativo de "ação sobre" com o objetivo de, normalmente, transformar o ambiente em que é realizada. Propomos aqui uma variação da pesquisa-ação, enquanto método, mais conforme uma posição construtivista-crítica que parte do princípio de coconstrução, comodelagem do mundo. Nessa variante, não se quer "transformar" necessariamente nada, se quer simplesmente "conviver", ainda que nela se possam incluir objetivos compartilhados de realização.

Assim, nomeamos "pesquisa-convivência" um método aparentado à pesquisa-ação, mas que parte, principalmente, do pressuposto de que são as interações que levam às transformações, e não as intenções de somente um lado da interlocução. Desse modo, entende-se uma pesquisa-convivência como um método colaborativo de convívio entre parceiros de uma empreitada, em que nenhuma das partes estabelece suas interrelações com base em intenções prévias, por melhores que sejam e por mais que sejam negociadas. Em uma pesquisa-convivência, vai-se levando um processo que supõe, no mínimo, uma camaradagem, ainda que entre indivíduos que possam se opor em campos do vivido como a religião, a política e outras formas de ideologia. Ao longo da empreitada, emergem ou não projetos, que podem ou não ser negociados, importando apenas que existem e são tocados por alguém.

REFERÊNCIAS

ANDERSON, D. R.; SWEENEY, D. J.; WILLIAMS, T. A. *Estatística aplicada à administração e economia*. São Paulo: Cengage, 2007. 784 p.

BALTAR, F.; BRUNET, I. Social research 2.0: virtual snowball sampling method using Facebook. *Internet Research*, [s. l.], v. 22, n. 1, p. 57-74, 2012. DOI: http://dx.doi.org/10.1108/10662241211199960.

CAMPOS, A. *Do quilombo à favela*. Rio de Janeiro: Bertrand Brasil, 2004. 208 p.

CARVALHO, A. A.; CORRÊA, M. N.; SANTOS, A. F.; CAMPOS, M. N. Comunidade Horto Florestal: Ação e Transformação. *Cadernos do EICOS*, [s. l.], v. 1. p. 11-16, 2020.

COOPER, D. R.; SCHINDLER, P. S. *Métodos de pesquisa em administração*. Porto Alegre: AMGH Editora, 2016. 712 p.

FREITAS, H.; OLIVEIRA, M.; SACCOL, A, Z.; MOSCAROLA, J. O método de pesquisa survey. *Revista de Administração*, [s. l.], v. 35, n. 3, p. 105-112, 2000.

JAGER, J.; PUTNICK, D. L.; BORNSTEIN, M. H. More than just convenient: the scientific merits of homogeneous convenience samples. *Monographs of the Society for Research in Child Development*, [s. l.], v. 82, n. 2, p. 13-30, 2017. DOI: http://dx.doi.org/10.1111/mono.12296.

JOHNSON, J. M. In-depth interviewing. *In*: JGUBRIUM, J. R.; HOLSTEIN, J. A. (ed.). *Handbook of interview research. Context & Method*. Thousand Oaks: Sage, 2001. p. 103-119.

MANN, C.; STEWART, F. Internet interviewing. *In*: GUBRIUM, J. R.; HOLSTEIN, J. A. (ed.). *Handbook of interview research. Context & Method*. Thousand Oaks: Sage, 2001. p. 603-627.

MOVIMENTO NACIONAL DE LUTA PELA MORADIA. Comunidade do Horto: Conheça a história centenária de luta (RJ). *Pela Moradia*, 2010. Disponível em:

https://pelamoradia.wordpress.com/2013/03/30/comunidade-do-horto-conheca-a-historia-centenaria-de-luta-rj/. Acesso em: 15 jul. 2023.

MORRIS, A. *A practical introduction to in-depth interviewing.* Londres: Sage, 2015. 160 p.

OLSEN, W. *Coleta de dados*: debates e métodos fundamentais em pesquisa social. Porto Alegre: Penso, 2015. 232 p.

PETERSON, R. A. *Constructing effective questionnaires.* Thousand Oaks: Sage, 2000. 152 p.

SILVA, E. *As camélias do Leblon e a abolição da escravatura.* São Paulo: Companhia das Letras, 2003. 144 p.

WACHELKE, J.; NATIVIDADE, J.; ANDRADE, A.; WOLTER, R.; CAMARGO, B. Caracterização e avaliação de um procedimento de coleta de dados online (CRP). *Avaliação Psicológica*, [s. l.], v. 13, n. 1, 2014. p. 143-146. Disponível em: http://pepsic.bvsalud.org/scielo.php?script=sci_arttext&pid=S1677-04712014000100017. Acesso em: 15 jul. 2023.

ZHANG, Y. Using the Internet for survey research: A case study. *Journal of the American Society for Information Science*, [s. l.], v. 51, n. 1, 2000. p. 57-68. DOI: https://doi.org/10.1002/(SICI)1097-4571(2000)51:1<57::AID-ASI9>3.0.CO;2-W.

PESCARAM LIXO NA REDE

Nathália Ronfini[16]
Milton N. Campos

O Rio de Janeiro não é mesmo para amadores. Muito menos quando o tema é meio ambiente. As questões ecológicas têm sido, desde a realização da Conferência das Nações Unidas sobre o Meio Ambiente e o Desenvolvimento, na capital fluminense, em 1992, presença constante nas mídias brasileiras em geral, e nas do Estado e da capital, em particular. Durante décadas, falou-se muito do assunto. No entanto, ainda que o tema tenha reverberado em grupos sociais de classe média, ao menos até a época do impeachment da ex-presidenta Dilma Rousseff, parece que discutir, conversar e trocar ideias sobre o meio ambiente não eram atividades relevantes para a maioria das pessoas jovens de baixa renda do Grande Rio, segunda maior Região Metropolitana do Brasil. Como se sabe, os típicos representantes dessa geração são vítimas de toda sorte de destrato e desinteresse público, desde seu escanteamento no que tange ao acesso à mobilidade urbana (PERO; MIHESSEN, 2013) ao abandono crítico do sistema de saúde pública (PUFF, 2016); do altíssimo índice de assassinatos (CERQUEIRA *et al*, 2021) à assujeitabilidade a desastres, como deslizamentos em encostas de favelas (AMORIM; QUELHAS; MOTTA, 2014). As zonas periféricas da cidade, tradicionalmente abandonadas, são retratos do desequilíbrio socioambiental. Com tantos ataques ao seu meio ambiente, que refletem na saúde da população, pensamos que seria importante explorar mais as percepções de jovens de baixa renda a respeito das questões ambientais.

Para tanto, mergulhamos na rede social Facebook para capturá-las. Conversando com jovens do jeito que eles interagem com o mundo nos pareceu a melhor estratégia para compreender suas visões a respeito do papel que o meio ambiente tem em suas vidas, se é que tem algum. Fomos nos apercebendo que a geração quarentona da RIO-92 parece não ter tido sucesso em sensibilizar as novas gerações de jovens fluminenses, ao menos até o início da década de 2020. Resolvemos, portanto, nos abrir para o infinito das trocas

---

[16] Para fins da realização da pesquisa, Nathália Ronfini obteve auxílio, por meio de bolsa de estudos de mestrado, da Coordenação de Aperfeiçoamento de Pessoal do Ensino Superior (CAPES), órgão ligado ao Ministério da Educação. Milton N. Campos obteve auxílio da FAPERJ. Projeto n.º 2104842016.

das redes sociais, novo lócus de sociabilidade, para acessar significações que as questões ambientais pudessem ter. Espantamo-nos ao nos dar conta de que essa população, ainda que sensível ao recrudescimento progressivo da violência, desenvolveu uma grande apatia relativamente ao meio ambiente. É sobre esse "estar no mundo ambiental" que trata este capítulo.

JOVENS NA REDE DO MEIO AMBIENTE

De que jovens falamos?

Por conta da multiplicidade de contextos, situações, culturas, a maneira de se falar de jovens e de "juventude" mudou muito nos últimos anos, notadamente em função da crítica pós-estruturalista aos conceitos universalizantes. O tema não é consensual, e as divergências são muitas, como pudemos ver no capítulo "As guerras bárbaras iliberais". A não generalização da noção de "juventude" já está presente no uso plural de palavras, como galeras, tribos, coletivos etc. Ou seja, múltiplas "juventudes" em que jovens de caráter multifacetado se agrupam. A ideia de "ser jovem" também perdeu, de certa maneira, seu sentido, na medida em que há quem coloque em questão o critério de idade como definidor da "juventude" de alguém. Para alguns pesquisadores, é a fase da adolescência que identifica temporalmente a pessoa jovem (ZANELLA *et al.*, 2013). Para a maioria, no entanto, a "juventude" seria caracterizada como "fase de transição entre a adolescência e a vida adulta" (SILVA; SILVA, 2011, p. 664), o que, na verdade, não revela os traços de jovens específicos que vivem seus cotidianos e enfrentam o dia a dia da sobrevivência em grandes regiões metropolitanas como a do Rio de Janeiro.

Ainda assim, até por conta da necessidade de se estabelecer políticas públicas, muitas instituições buscam definir o termo "juventude" em função de caracterizações generalizantes que permitam a formulação de políticas públicas para essa faixa da população. Fatia importante de organismos internacionais, muitos deles ligados às Nações Unidas — a UNESCO sendo referência incontornável a esse respeito —, definem o termo "juventude" etariamente, dentro da faixa que vai dos 15 aos 24 anos de idade (MATOS, 2012). No entanto, essa classificação não é seguida da mesma forma por diversos países. No Brasil e outras nações onde as desigualdades sociais são importantes, por exemplo, a faixa etária pode ir até os 29 anos. Em geral, as classificações relacionadas à determinação do que seja a "juventude" têm a ver com o "mercado" de trabalho, ou seja, quando as pessoas jovens tornam-se aptas a dele participar. Exemplo inverso do acesso ao "mercado" consiste em determinar que pessoas até os 29 anos são jovens porque, não havendo disponibilidade de trabalho, mantêm vínculos apenas com os estudos, em função de moratórias sociais que encontramos em países europeus e norte-americanos. Em outros casos, a determinação da faixa etária pode regredir até os 15 anos. No Brasil e em outros países em desenvolvimento, a necessidade de as pessoas se inserirem no mundo do trabalho, antes mesmo de terem tido a possibilidade de estudar ou terminar seus estudos, acaba levando as instituições públicas a redefinições que caibam em seus relatórios explicativos da realidade social. Muitas das pessoas de baixa renda que estudamos caem nessa faixa (MÜXEL, 1994; BAUBAY; CHAMBORENDON, 1995 *apud* SPOSITO, 1997).

Mais de acordo com a tendência atual de se considerar a problemática jovem de maneira mais ampla, Margulis e Urresti (2008) buscam novos acordos a respeito do termo. Para tanto, amparam-se em entendimentos ancorados mais em questões socioculturais do que em categorias assentadas em faixas etárias. Ainda assim, a ideia de que o termo "juventude" remeteria à noção desenvolvida por Bourdieu (1983) segundo a qual se trataria, na verdade, de uma construção social amparada no contexto de sua ocorrência, lhes parece ainda insuficiente. Os autores lembram que, além da problemática da construção social e do pertencimento a uma dada questão etária, um fator que poderia completar um entendimento mais profundo do tema seria a biologia humana.

Comunidades em rede

O ser humano é gregário e desde sempre se organiza em agrupamentos. No mundo contemporâneo, como se sabe, a dilaceração e o espalhamento próprios das estruturas sociais do sistema capitalista acabaram promovendo modos de sobrevivência ao meio variados, muitos deles por meio de encontros distanciados como forma usual de se congregar. "Comunidades em rede" é uma das maneiras de se nomear tais agrupamentos; nesse caso articulando-os à ideia da rede internacional de computadores. Geralmente situadas em torno de interesses comuns (LÉVY, 1999), passaram nas últimas décadas a serem propiciadas por plataformas construídas na internet. Hoje, cada software possibilita formas alterativas de encontros. Em 2015, 22,4% de jovens entre 15 e 24 anos já compunham o segundo maior público acessando a plataforma Facebook no país, ligeiramente atrás de 23,2% de pessoas jovens da faixa etária de 25 a 34 anos, em primeiro lugar (COMSCORE INC, 2015). Apesar de ter sido ultrapassado pelo WhatsApp, em 2022, o Facebook listava 116 milhões de contas brasileiras (RANKING..., 2022). Ainda que não haja dados disponíveis recentes sobre o uso da plataforma por jovens no Brasil, e que nos Estados Unidos a frequência de acesso tenha diminuído de 71% (2014-2015) para 51% (2021), é a plataforma mais usada por jovens (GRAMLICH, 2021). Isso pode indicar que um número significativo de jovens brasileiros ainda use bastante o Facebook.

Pode-se afirmar que as comunidades em rede ou virtuais tenham sido a denominação histórica mais corrente durante os anos em que a internet foi se construindo (CAMPOS, 2006). Com o desenvolvimento das plataformas móveis, acessíveis por celulares, e a criação do Facebook, o termo passou por uma transformação semântica alcançando a denominação "rede social", o que ressalta seu caráter de facilitação da comunicação à distância entre as pessoas. Na verdade, a única diferença entre a comunidade e a rede social teria sido a de transpor relações e práticas sociais já existentes, em processos coletivos com características reforçadoras de sentimentos de identidade e pertencimento (ROBARDS; BENNETT, 2011). As tecnologias de comunicação, antes novas e agora já sessentonas, com sua capacidade de permitir conexões humanas planetárias, expandiram os contatos presenciais entre membros da família, amigos, colegas de trabalho e outros, para encontros em universos mentais de significações, configurações de sentidos. O Facebook, um dos múltiplos sistemas à disposição das trocas virtuais, como se sabe, manteve-se como a principal plataforma internacional durante décadas.

Não somente Robards e Bennet (2011), mas também autores como Ellison, Steinfield e Lampe (2007) e Recuero (2014) reconhecem a importância dessas plataformas na internet como produtoras de capital social de modo que, quanto mais são usadas, mais são capazes de mobilizá-lo. O Facebook, nas duas primeiras décadas dos anos 2000, tornou-se importante ferramenta do que se convencionou chamar de "capital social de manutenção", pois não somente reforçou, como também propagou conexões ancoradas em relações sociais presenciais. Pempek, Yarmoleyeva e Calvert (2009), bem como Ross e colaboradores (2009), discutiram essas questões, pontuando a importância dessa rede social para reencontros com amigos, reforçando a tese de que tem servido como produtora e mantenedora de vínculos sociais. Como é amplamente sabido, o Facebook foi desenvolvido informalmente, em 2004, na Harvard University pelo então estudante Mark Elliot Zuckerberg (ELLISON; STEINFIELD; LAMPE, 2007), hoje um magnata bilionário das mídias. Com uma ideia simples e genial na cabeça — a promoção das relações por meio da internet, criou um império que hoje pretende-se "metaverso" (um universo do universo), com o lançamento da nova *holding* Meta, que pilota agora Facebook, WhatsApp e Instagram. Wellman e colaboradores (2001), além de dezenas de outros pesquisadores que acompanharam o desenvolvimento da rede de computadores a partir dos anos de 1970, já haviam, sistematicamente, apontado que a comunicação a partir das trocas virtuais poderia ampliar ou até mesmo substitutir as presenciais, bem antes da invenção do Facebook e até mesmo das capacidades tecnológicas da web 2.0. Só não souberam ganhar dinheiro com isso.

Ações político-ambientais

Será que as pessoas jovens, notadamente os de baixa renda que vivem em periferias no Grande Rio, instrumentalizam suas vulnerabilidades em ações políticas? Foi Foracchi (1965) quem começou, no país, a se interessar pelo envolvimento de jovens em ações políticas, bem antes do golpe militar de 1964. Estudos se ampliariam a partir dos anos de 1980 e 1990, quando a ideia que se fazia de mobilização estudantil de jovens passou a ser questionada por autores como Abramo (1997), para quem compreender suas ações políticas necessitava mergulho em estudos sobre o comportamento e a cultura. Embora, por causa da ditadura militar, o interesse pelas ações políticas de jovens, relacionadas à resistência, fosse recorrente nas ciências humanas e sociais, estudos sobre questões ambientais eram raros. Somente começaram a ser destacados a partir da criação do Partido Verde, em 1986, amalgamando jovens hippies, artistas e setores alternativos da sociedade.

Matos (2012) reforça essa constatação ao mencionar que a representatividade dos movimentos ambientais era realizada por jovens de comunidades hippies, movimentos de defesa na natureza e outras formas de resistência de certa forma menosprezadas pelos grupos políticos, da direita à esquerda. Muito embora a Constituição de 1988 contemplasse essa dimensão, ainda que modestamente, foi somente com a ECO-92, a conferência das Nações Unidas realizada no Rio de Janeiro, que as preocupações com o meio ambiente passaram de coisa de hippies a política de Estado a nível global e no país. Foi, portanto, reforça a autora, somente a partir dos anos 1990, quando a questão ambiental passou a suscitar maior interesse, que os estudos relacionados com as práticas políticas de jovens em defesa da natureza passaram a ser mais considerados no Brasil. Depois da ECO-92, o foco das ações ambientais passou a ser a educação, por contribuir para que jovens passassem, por meio dela, a ter uma participação cidadã, consciente e responsável. A esse efeito, a realização em 2003 das Conferências Nacionais Infantojuvenis pelo Meio Ambiente que contribuiram para a criação e o aperfeiçoamento da Política Nacional de Educação Ambiental, foi estratégica (MATOS, 2012). Além disso, a Política Nacional de Juventude, de 2006, e o Estatuto da Juventude, de 2013, aprofundaram as possibilidades de acesso de jovens como implementadores. O empoderamento que se seguiu ampliou a participação de jovens na formulação de políticas públicas relacionadas com o meio ambiente até a chegada, em 2013, do Plano Nacional de Juventude e Meio Ambiente, que integrava a Política Nacional de Educação Ambiental, formulada em 1999 (ZANELLA *et al.*, 2013). A partir de então, programas ambientais começaram a se tornar cada vez mais comuns, como o Projovem Adolescente, criado com o objetivo de favorecer jovens de famílias assistidas pelo Programa Bolsa Família (CALADO; CAMAROTTI, 2013).

Historicamente contestadoras, as pessoas jovens ocuparam lugares de destaque nas manifestações políticas ocorridas ao longo das primeiras décadas do século XXI, fazendo uma transição do estritamente presencial aos movimentos em rede. Não somente em questões ambientais, mas também em protestos relacionados com os "megaeventos" esportivos ocorridos no país — Jogos Panamericanos, Copa do Mundo, Olimpíadas (AMAR, 2013; BURG; RONFINI; CAMPOS, 2017) — e as manifestações pela manutenção das tarifas dos transportes coletivos em 2013, em que, progressivamente, as redes sociais passaram a ter importante papel mobilizatório (PERUZZO, 2013). Em alguns casos exemplares, grupos, como o coletivo jovem #OcupaAlemão, passaram a buscar saídas políticas para as dificuldades cotidianas do Rio de Janeiro, usando o Facebook. O caso do #OcupaAlemão é importante e exemplar porque inaugura, já em 2013 e 2014, uma transição nas formas de participação para outras plataformas, como o Twitter (SILVA; GONZALES, 2016). Para esses pesquisadores, independentemente das plataformas, o fato é que as redes sociais passam a aglutinar comunidades presenciais que se prolongavam nas redes, transformando as formas de ação política de jovens.

No que diz respeito especificamente ao meio ambiente, Pinheiro (2013), por exemplo, ressaltou que a participação de jovens realizada por meio do perfil @JuventudeRio20 (centenas de seguidores) do Twitter estava focada nas ideias de protagonismo, consumo e sustentabilidade, identificação e empoderamento. A pesquisa reforça a ideia de que as redes sociais Twitter e Facebook foram canais de reforço afetivo de jovens durante a conferência Rio+20. No entanto, ao menos no que diz respeito a jovens de baixa renda utilizando plataformas em rede, poucos estudos foram publicados acerca de conversas em rede sobre o meio ambiente.

O meio ambiente importa?

Em função das questões que discutimos, passamos a nos perguntar se, para as pessoas jovens de baixa renda com as quais tivemos a oportunidade de nos comunicar, o meio ambiente teria algum interesse, se conversavam sobre isso. Estariam incluídas nos debates que animaram certas classes médias que majoritariamente participaram dos eventos e dos movimentos ambientais? Estariam usando suas redes sociais? O meio ambiente faria sentido para jovens que já têm de lidar com tantas dificuldades sociais e econômicas? Resolvemos, assim, buscar saber mais a respeito de suas cognições e afetos, das percepções decorrentes de memórias das imagens de mundo que produziram com relação ao meio ambiente e questões ecológicas, de modo a compreender seus juízos. Quais seriam os sentidos do meio ambiente para suas vidas?

OS SENTIDOS DO MEIO AMBIENTE

No fluxo contínuo da vida, estabelecemos relações. Nascemos com um corpo e percorremos a existência lidando com as capacidades orgânicas de que dispomos. Nossos corpos se relacionam com o meio, com a natureza. Essa condição biológica do ser humano também demanda o relacionamento com outros corpos, grupos sociais. Possuindo corpos com a capacidade orgânico-cognitiva de se comunicar por meio da linguagem como feromônio cultural, os seres humanos se adaptam, psicossocial e ambientalmente, produzindo culturas. Esses traços emergem de percursos subjetivos e histórias coletivas em função das trocas intersubjetivas ocorrentes segundo as condições materiais de existência, ou seja, da adaptação psicossocial e histórico-cultural (CAMPOS, 2014, 2017). A totalidade do corpo em suas relações com o meio sociocultural e ambiental ao longo da história é produtora de sentidos que podem ser comunicados. Configurações de sentidos emergem do viver, trazendo à tona, no vivido, manifestações cognitivas e afetivas que capacitam os seres humanos a estabelecer juízos, tomar decisões e seguir. No que tange ao meio ambiente, a consciência de seu lugar no vivido depende de processos de produção de sentidos. Sua permanência na vida é sempre presença no meio ambiente, mas a consciência de que sua devastação pode levar à destruição da vida nem sempre é evidente, como sugerem os debates em torno do aquecimento global do planeta e as previsões de catástrofes em função da transformação do clima.

No contemporâneo, os ambientes neonaturais — aqueles produzidos pelo ser humano, como as tecnologias — também não podem ser ignorados. A ecologia dos sentidos usa o termo "lente" para metaforicamente apresentar, discutir, tratar, as ferramentas tecnológicas (CAMPOS, 2015a, 2015c) como mecanismos capazes de ajudar a explicar trocas intersubjetivas. As lentes tradicionais podem diminuir ou aumentar objetos por elas focados. No entanto, o que as lentes das redes sociais fazem, de fato, vai além do funcionamento orgânico, pois têm a capacidade de reconfigurar as circunstâncias do vivido. As formas da natureza humana são focadas ou desfocadas ao comunicarmos por meio dessas ferramentas. Quando estamos em contextos de interações comunicativas mediadas pela tecnologia, os vividos se transformam: não têm a mesma fluidez dos encontros presenciais. As redes sociais são produções digitais humanas que carregam em si estruturas digitais formais que enquadram existências. Pouco importa se são Facebook, WhatsApp ou Instagram. Essas ferramentas que enquadram as conversas textuais ou videográficas dos encontros fazem emergir sentidos possibilitados pelas suas novas formas discursivas. Configuram assim os sentidos de outras maneiras, em um dinâmico processo de trocas de valores ambientais. Quando jovens valorizam a natureza e dela fazem uso equilibrado, sentem-se gratos pelo que ela significa em suas vidas, os sentidos que emergem são de reconhecimento. No entanto, quando a ignoram ou a usam pela via da destruição, a desvalorizam, estão sendo ingratos ou, colocado de outra maneira, valorizam a devastação que o agente da destruição promove.

Como nos conectar com os vividos de outros seres humanos, jovens, que buscam sobreviver em seu meio? Trouxemos a este estudo reflexões sobre suas ecologias de sentidos para pensar modos de compreendê-los. Focamos, em nossa pesquisa, as trocas que fizeram por meio do Facebook, buscando saber se seus sentidos foram configurados por potencializações ou limitações das cognições e afetos emergentes de seus corpos, que se manifestaram sobre o lugar do meio ambiente em suas vidas, a partir dos juízos que emitem a esse respeito (CAMPOS, 2015c). Na tentativa de buscar meios de precisar os sentidos do meio ambiente, escolhemos um conjunto de aspectos trazidos por estudiosos, capazes de serem integrados ao pensamento ecológico dos sentidos.

O relatório "Situação da População Mundial 2021" traz informações sobre a população mundial e dados sobre as pessoas jovens de hoje, no planeta. O documento, preparado anualmente pelo Fundo de População das Nações Unidas (2022, p. 132), dá conta de que o mundo, de seus 7,954 bilhões de pessoas, tem 40% na faixa de 10 a 24 anos, ou seja, em torno de 3,181 bilhão. Desses, 34% dos estimados 215,5 milhões e meio de habitantes vivem no Brasil, com parte significativa imersa em contextos de grande vulnerabilidade social. Como, em termos de sustentabilidade ambiental, propiciar às pessoas jovens, principalmente à população de baixa renda, condições de vida com um mínimo de dignidade? O sistema capitalista globalizado, como bem afirmou Bauman (2005), que consagrou o termo "refugo" para falar das vidas desamparadas e abandonadas à própria sorte, já encontrou soluções para isso: lidar com a carência a partir do extermínio, que a pandemia de COVID-19 somente fez amplificar exponencialmente, principalmente em países como o Brasil. Os que agem no sentido de combater brutalidades e violências, como a da ausência de políticas agressivas de combate à pandemia, buscaram, nas disputas narrativas, construir discursos alternativos fundados em novos entendimentos do que seria uma sustentabilidade socioambiental igualitária.

O Relatório Brundtland relacionou, estrategicamente, o consumo com as necessidades de um equilíbrio socioambiental: *Sustainable development is development that meets the needs of the present without compromising the ability of future generations to meet their own needs*" (UNITED NATIONS, 1987, p. 54).[17] Contudo, concepções menos conservadoras, como a de Sachs (2002), buscaram definir, com mais detalhes, maneiras de se buscar um equilíbrio socioambiental, instrumentalizadas a partir de oito critérios para a sustentabilidade, que são: (1) social, (2) cultural, (3) ecológico, (4) ambiental, (5) territorial, (6) econômico, (7) política nacional e (8) política internacional. Apesar de se sobreporem uns aos outros, esses critérios refletem, de maneira geral, uma visão que leva em conta a produção dos vividos em suas manifestações cognitivoafetivas e de juízos, que se relacionam em um meio ambiente que se situa em território natural e simbólico, em que trocas de ordem politicoeconomica são realizadas em uma ecologia complexa na qual se busca autonomia. A ideia de autonomia implica busca de igualdade, de equilíbrio, de recusa a projetos de poder amplificadores de servidões. Em função das imbricações entre pensar uma complexa ecologia dos sentidos em termos de trocas, buscando a sustentabilidade em todas as suas

---

[17] "[...] desenvolvimento sustentável é aquele que possibilita satisfazer as necessidades do presente sem comprometer a possibilidade das gerações futuras de satisfazer suas próprias necessidades" (tradução nossa).

dimensões, cruzamos as parcialidades de seus conceitos em um processo de interpretação das manifestações que obtivemos dos vividos de jovens de baixa renda nas relações, tal como narraram, com o meio ambiente. Mais que isso, buscamos resgatar o que mudou entre a época do pós-impeachment de Dilma Rousseff e a pandemia de COVID-19.

DESIGN DO ESTUDO

Método

A pesquisa que realizamos pode ser compreendida como um estudo de caso híbrido (quanti→quali — do quantitativo ao qualitativo) longitudinal, na medida em que buscou estudar sistemática e intensivamente um grupo específico (HEALE; TWYCROSS, 2018). Yin (2009, p. 18) explica que um

> [...] *case study is an empirical inquiry that investigates a contemporary phenomena in depth and within its real-life context, especially when the boundaries between phenomenon and context are not clearly evident.*[18]

Nele, buscamos partir da quantificação de informações a respeito dos sentidos que o meio ambiente tem para jovens fluminenses de baixa renda, de modo a explorá-las a partir de entrevistas adaptadas a cada fase. Na primeira fase, tratamos de coletar narrativas para análise interpretativo--crítica e, na segunda, estabelecermos relações mais profundas com jovens. Para isso, o olhar longitudinal foi essencial, pois permitiu explorar o valor das questões ambientais para as pessoas jovens que colaboraram com nossa pesquisa, segundo juízos emitidos na época do pós-impeachment e, mais recentemente, no auge da pandemia de COVID-19. Olhamos também para as "Linhas dos Tempo" da rede social Facebook.

---

[18] "[...] estudo de caso é um processo de questionamento empírico que investiga fenômenos contemporâneos em profundidade e dentro de seu contexto real, especialmente quando as fronteiras entre fenômeno e contexto não são claramente evidentes" (tradução nossa).

Escolha de jovens participantes da pesquisa

Jovens de uma camada específica da população, de 18 a 24 anos, participaram das diversas fases da pesquisa.[19] Para o IBGE ([2017?]), as pessoas jovens com quem escolhemos trabalhar fazem parte da População Economicamente Ativa (PEA), do grupo dos maiores de idade (segunda faixa). Como é o caso em todos os estudos deste livro, buscamos apenas jovens de baixa renda.

A estratégia de amostragem foi elaborada em dois tempos de modo a obter a característica longitudinal desejada. A estratégia de amostragem da primeira etapa — que orientou os estudos presentes neste capítulo e os dos capítulos "21 tons de medo", "De mal a pior" e "Educação, redes e preconceito", foram explicadas genericamente no capítulo "Panorama das juventudes". Aqui, damos mais detalhes relativos ao contexto deste estudo. Foram contatados jovens de baixa renda que se inscreveram em um curso de preparação para entrada em um grupo de universidades públicas oferecendo formação híbrida, presencial e à distância. O questionário enviado por e-mail previa grupos de perguntas de diferentes naturezas. Entre eles, havia um conjunto de questões específicas com o objetivo de mapear ideais que poderiam nos orientar para buscar os sentidos do meio ambiente para jovens. Em sua maior parte quantitativas, o questionário previa algumas questões qualitativas.

Nas primeiras páginas, de boas-vindas ao questionário, pessoas jovens eram convidadas a responder se aceitariam ser entrevistadas. Aquelas que responderam positivamente foram contatadas por Facebook, WhatsApp e/ou Instagram, por meio de um "convite de amizade". Dentre 66 jovens que responderam, fizemos contato com 40 para participar do processo qualitativo da pesquisa que integrou a primeira etapa. O critério de seleção utilizado para essa primeira fase de eliminação foi definido de acordo com a disponibilidade de tempo.

Para as entrevistas foi adotada uma estratégia híbrida, integrando a amostragem intencional por critério e a amostragem por bola de neve (*snowball*) (HANDCOCK; GILE, 2011). A primeira, como o nome revela, trata-se de uma escolha intencional arbitrária em que se escolhem grupos

---

[19] O acesso às pessoas jovens que participaram da pesquisa específica reportada neste capítulo, assim como o conjunto de procedimentos, foi autorizado pelo Comitê de Ética do Centro de Filosofia e Ciências Humanas (CGCH) da UFRJ, por meio do Certificado de Ética de n.º 69995817.0.0000.5582, de 13 de julho de 2017. A cobertura ética também se fez por meio do CAAE de n.º 50100415.6.0000.5582, de 4 de novembro de 2015.

pré-definidos (SANDELOWSKI, 2000). O critério adotado foi o de buscar jovens de baixa renda do Grande Rio, dentro do grupo inicial, que tivessem interesse em participar da pesquisa. A partir da identificação de algumas dessas pessoas jovens, lançamos a bola de neve. Essa estratégia consiste em solicitar de participantes iniciais, em um primeiro contato, a indicação de pessoas que respondam aos critérios da pesquisa para dela participar. De posse dessas indicações, o pesquisador elimina os informantes iniciais e escolhe integrantes provindos das ondas seguintes de indicação (os da segunda onda podendo indicar outros para formar uma terceira onda, e assim por diante). Nesse caso, solicitamos a alguns jovens a indicação de outros participantes de suas redes ("amigos") que, por sua vez, indicaram outros. Assim, a "bola de neve" foi crescendo. A vantagem dessa técnica é propiciar a obtenção de participantes que, em situações normais, seriam difíceis de se contatar (BALTAR; BRUNET, 2012).

O número final de jovens entrevistados foi obtido por meio da adoção do critério de "saturação". Trata-se de uma estratégia de amostragem aplicada à análise documental (no caso, dos textos das transcrições das entrevistas) que se caracteriza pela leitura exaustiva dos dados obtidos de modo que, quando fatos e ideias mencionados pelos participantes começam a se repetir, sugerem que não aparecerão novas informações (GLASER; STRAUSS, 1967). Categorias teóricas (Figura 1) foram adotadas na estratégia de análise e interpretação dos dados. Na primeira etapa, realizada na época do pós-impeachment foram entrevistados 14 jovens, sendo oito mulheres e seis homens.

Figura 1 – Categorias de análise

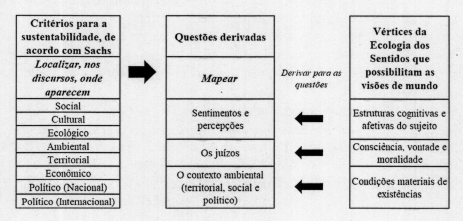

Fonte: Ronfini (2018)

A segunda etapa da pesquisa, realizada na época da pandemia, seguiu os critérios apresentados no capítulo "Panorama das juventudes". Para este capítulo, aprofundamos de maneira significativa as questões relacionadas com o meio ambiente com um número reduzido de jovens, cinco, que, como os entrevistados da primeira etapa, haviam dado sua autorização quando da aplicação do questionário.

Documentos da pesquisa

A pesquisa também incluiu interações ocorridas na internet, por meio do Facebook. Essas interações, acompanhadas muitas vezes de emoticones, foram transcritas, e, para a sua seleção, adotamos uma estratégia de amostragem intencional por critério (FREITAS *et al.*, 2000), aplicada à Linha do Tempo do Facebook. Esse procedimento foi realizado apenas na primeira etapa, no período pós-impeachment da ex-presidenta Dilma Rousseff.

Instrumentos de pesquisa

Os instrumentos de pesquisa escolhidos para a primeira etapa foram, portanto, o questionário e as entrevistas semiestruturadas orientadas segundo os resultados do primeiro. No caso do questionário, como foi concebido com várias seções temáticas, somente os resultados relacionados com o meio ambiente foram utiizados na preparação das entrevistas, segundo os objetivos da pesquisa (MANZINI, 2012), ou seja, a busca de se compreender os sentidos do meio ambiente para jovens. As entrevistas que completaram esses objetivos foram realizadas por meio de videoconferência pelo Facebook e por encontros de áudio por WhatsApp. Algumas entrevistas realizadas pelo Facebook foram retomadas por WhatsApp por conta de problemas técnicos.

Kohl e Gotzenbrucker (2014) e Lara e Campos (2016) oferecem exemplos de experiências pioneiras de desenvolvimento de entrevistas semiestruturadas realizadas virtualmente. Outros provêm de Deakin e Wakefield (2014), bem como de Janghorban, Roudsari e Taghipour (2014), que reforçam as vantagens de se entrevistar pessoas virtualmente antes mesmo da pandemia de COVID-19, em que tornou usual esse mecanismo. Entre as vantagens observadas por esses autores, estão a facilidade (notadamente em pesquisas com jovens) e o baixo custo. Utilizamos, para a realização das entrevistas, (1) o "Estúdio de Criação" do Youtube para gravação em áudio e vídeo; e (2) o WhatsApp para gravação somente áudio, transcritas com o uso do aplicativo Audio to Text para WhatsApp.

As entrevistas orientaram a observação de temas na Linha do Tempo do Facebook. Esse outro instrumento de pesquisa foi aplicado para a observação de interações. Segundo Facebook ([2017?], s/p) , "[...] a Linha do Tempo é onde você pode ver suas publicações ou as publicações em que você foi marcado organizadas por data". No trabalho de visualização das "Linhas do Tempo", foram realizadas observações das interações ao longo de seis meses (de julho a dezembro de 2017). Somente postagens que discutiam o meio ambiente foram escolhidas e analisadas, como compartilhamentos de informações, comentários a respeito de sujeitos tratados nas discussões, além de curtidas e termos a elas associados como "amei", "uau" e outros.

Na segunda etapa, como já dissemos, adotamos um processo de compartilhamento mais intenso, a partir de entrevistas semiestruturadas em profundidade, em que há uma busca de grande aprofundamento nas questões levantadas (JOHNSON, 2001; MORRIS, 2015). Como explicado no capítulo "Panorama das juventudes", o processo de entrevista por compartilhamento virtual (MANN; STEWART, 2001) foi possibilitado pelo uso da plataforma Zoom e desenvolvido no auge e arrefecimento da pandemia de COVID-19.

Estratégias de análise e interpretação de dados

O processo de interpretação e análise de dados iniciou-se com um trabalho de relacionamento do que obtivemos. Para fins de análise e interpretação, os dados coletados passaram por um processo de triangulação, uma técnica de análise que prevê um cruzamento de dados obtidos de fontes variadas, de modo a correlacioná-las (YIN, 2009). A triangulação orientou o processo analítico e interpretativo realizado nas duas etapas temporais em busca dos sentidos do meio ambiente. Na primeira, foi feita uma análise logiconatural das transcrições das entrevistas da fase pós-impeachment, que culminou com um processo de categorização dos resultados em função do modelo teórico idealizado, integrando as contribuições da ecologia dos sentidos com os critérios de sustentabilidade apresentados na seção anterior. Foi realizada também, nessa etapa, a análise de interações de acordo com a Linha do Tempo do Facebook. Na segunda etapa, comparamos os resultados da triangulação da primeira com as narrativas que emergiram das entrevistas realizadas durante a pandemia.

Primeira etapa

A lógica natural, aplicada aos discursos dos entrevistados, propõe uma análise das estruturas naturais da linguagem em processos de comunicação, entendendo-se por "natural" suas ancoragens linguisticogramaticais. Desenvolvida pelo lógico suíço Jean-Blaise Grize, que se dedicou a estudar processos de comunicação, permite, por meio do discurso cotidiano, fazer emergir seus sentidos. Seu mecanismo interpretativo é o de identificação das "imagens do mundo" que emergem dos discursos, de modo a permitir a identificação e interpretação das configurações de sentidos; as categorias da lógica natural referem-se, de um lado, aos objetos, suas predicações, determinações, usos e aplicações discursivas e, de outro, aos sujeitos, em suas tomadas de posição e emissão de juízos (GRIZE, 1996; 1997; CAMPOS; GRABOVSCHI, 2011; CAMPOS, 2015c, 2017). Essa categorização foi articulada primeiramente com as dimensões da ecologia dos sentidos — as estruturas cognitivas e afetivas do sujeito; a consciência, vontade e moralidade, e as condições materiais de existência — e, em seguida, com os critérios de sustentabilidade de Sachs (2002). Assim, buscou-se compreender a afetividade e os sentimentos envolvidos nas percepções pessoas jovens, os juízos que emitiram para fundamentar os argumentos apresentados na rede Facebook e a influência que o contexto ambiental (territorial, social, econômico e político) exerceu em seus cotidianos.

Em seguida, foi realizada a análise da Linha do Tempo no Facebook, cujo resultado é apresentado no Quadro 1 a seguir.

Quadro 1 – *Exemplo de análise da Linha do Tempo*

A	**Número total de postagens sobre questões ambientais / sustentáveis**	1		
B	**Número de amigos no Facebook**	985		
C	**Interações dos amigos**	*Post* 1		**Total em números absolutos**
		% de amigos envolvidos (amigos que interagiram / total de amigos)	**Números absolutos**	
	curtidas	0,51%	5	5
	"amei"	0,91%	9	9
	"haha"	0,00%	0	0
	"uau"	0,00%	0	0
	"triste"	0,00%	0	0
	"grr"	0,00%	0	0
	Total	1,42%	14	14
D	Compartilhamentos	0		0
	Comentários	0		0
E	Tema	Compartilhamento sobre uma matéria a respeito de um projeto social que arrecada água para moradores de Gramacho, Duque de Caxias (região metropolitana do Rio de Janeiro)		

F	Dimensões da sustentabilidade segundo Sachs (2002)		
	Social		
	Cultural		
	Ecológica	X	
	Ambiental		
	Territorial		
	Econômica		
	Política-nacional		
	Política-internacional		

Fonte: Ronfini (2018)

Para sua elaboração, tomamos múltiplas variáveis. Primeiro, o número total de postagens publicadas a respeito de temas relacionados com o meio ambiente. Em seguida, o número de "amigos" de modo a se chegar à percentagem dos participantes para analisar os padrões quantitativos das interações. Além disso, levantamos o número de interações redigidas, mas também simbólicas como as "curtidas" e textos que as acompanhavam como "uau", "triste" etc. Finalmente, estudamos os compartilhamentos e comentários, sem nos esquecer, no conjunto do trabalho de análise, de levar em conta o tema das conversas e a categorização de acordo com os critérios de sustentabilidade (SACHS, 2002).

Segunda etapa

Ocorrida um ano e meio depois do início da pandemia de COVID-19, as entrevistas realizadas na segunda etapa foram transcritas e depois lidas e relidas em profundidade (GLASER; STRAUSS, 1967; JOHNSON, 2001). Em seguida, adotou-se a mesma estratégia de extração de sentidos de acordo com os procedimentos da lógica natural (GRIZE, 1996; 1997; CAMPOS; GRABOVSCHI, 2011; CAMPOS, 2015b), com subsequente cruzamento com o quadro teórico da ecologia dos sentidos (CAMPOS, 2015c, 2017) e critérios de sustentabilidade de Sachs (2002). Esse processo de transcrição, leitura e releitura, extração de sentidos e teorizacão orientou a estratégia de verificar se havia preservação das ideias manifestadas durante a primeira fase das entrevistas, ocorridas na época do pós-impeachment da ex-presidenta Dilma Rousseff, ou se, passados alguns anos, com transformações políticas e sanitárias expressivas, teriam havido mudanças de opinião em suas imagens de mundo. Ou seja, se o que pessoas jovens valorizavam ou desvalorizavam antes se mantinha, ou se as transformações sociais, políticas e ambientais do início dos anos 2020 haviam promovido transformações.

MEIO AMBIENTE E DESINTERESSE

Nossas reflexões a respeito das narrativas compartilhadas nos levaram a articular temas relacionados com o meio ambiente, a partir do conhecimento dos afetos, das percepções e cognições envolvidos na construção das memórias que produzem imagens de mundo e possibilitaram fazer emergir os juízos das pessoas jovens, e da influência do contexto, de acordo com nossa interpretação de seus vividos. Assim, pudemos apreender das trocas o que emergiu com mais força. Na primeira etapa, os temas prevalentes que emergiram foram o agendamento das mídias, questões relacionadas com o vegetarianismo e veganismo, o papel da educação, a importância das áreas verdes e a oposição entre otimismo engajado e pessimismo. Já na segunda etapa, os temas prevalentes foram as más condições ambientais em regiões periféricas do Grande Rio, o papel das instituições formais de educação na melhoria da qualidade do meio ambiente na vida de pessoas jovens de baixa renda e, finalmente, um certo desencanto manifestado por declarações que podem ser lidas como indicativos de apatia.

Primeira etapa

Agendamento das mídias

Esse foi o assunto que emergiu com mais frequência. Alguns jovens, cujas narrativas sugeriam pouco engajamento, relataram que nem pensavam em postar sobre meio ambiente, por iniciativa própria, porque o tema não aparecia em seus *feeds* de notícias, na TV ou outra mídia. Afirmaram que o interesse pelo meio ambiente só aparecia no Facebook quando a imprensa cobria catástrofes ambientais e desastres naturais ou provocados. Ao contrário, jovens mais engajados se associaram a ações políticas quando o ex-presidente Michel Temer determinou a ampliação da área de exploração mineral na Amazônia. Combatendo a medida, pelo Facebook, compartilharam uma petição pública contra a decisão, provocando importante adesão de "amigos". A tragédia ambiental provocada pelo rompimento da barragem da Samarco em Mariana também levou alguns a se manifestarem contra a empresa e o desastre.

Vegetarianismo e veganismo

Um dos temas que emergiu, de maneira significativa, foi a posição de jovens diante de opções alternativas de alimentação. Assim, contrariamente ao carnivorismo prevalente, alguns se manifestaram a respeito do vegetarianismo e do veganismo como alternativas "politicamente corretas". O debate situou-se entre a importância de se adotar dietas mais saudáveis e a defesa dos animais, considerando a existência de uma indústria da morte de bovinos, suínos e aves. Certas pessoas jovens destacaram, em suas postagens no Facebook, o quanto a indústria da carne é maléfica e perniciosa à saúde e à vida animal, arrancando reações às vezes beligerantes na rede.

Papel da educação

Relacionado à problemática do meio ambiente, um dos assuntos mais frequentes levantados por jovens disse respeito ao papel dos professores na conscientização da juventude sobre as questões ambientais. Algumas pessoas disseram ser testemunhas do fato de seus professores sempre fazer postagens a respeito do meio ambiente no Facebook. Outras também se manifestaram a respeito da educação, dizendo que não somente professores, mas também muitos amigos postam sobre a questão. Para a maioria que discutiu a problemática ecológica, é essencial o papel da educação formal na conscientização das pessoas jovens a respeito da natureza, assim como é muito importante a difusão de debates sobre a educação por meio das redes sociais.

Áreas verdes e naturais

Viver perto de áreas verdes, como florestas, e de águas, como cachoeiras, o mar, mostrou ser de fundamental importância para muitas pessoas jovens. Algumas, que têm ligações com a organização não governamental Associação Internacional de Desenvolvimento Econômico Inter Ambiental (AIDEIA), que fica na Ecovila El Nagual, disseram que viver junto à natureza é um fator que contribui positivamente com o interesse que desenvolveram pela ecologia e o meio ambiente. Outras, que moram ou já moraram em regiões perto de áreas naturais, ainda que pudessem apresentar sensibilidade em relação ao tema e reconhecessem sua importância em suas vidas, não manifestaram interesse em atuar politicamente em movimentos de defesa e proteção do meio ambiente. Ainda assim, mencionaram ter "amigos" envolvidos em atividades políticas ecológicas.

Otimismo engajado versus pessimismo

Embora a maioria dos entrevistados tenha manifestado algum tipo de interesse pelo meio ambiente, muitos afirmaram que seus "amigos" do Facebook não escreviam sobre o assunto e tinham poucas interações quando discutiam temáticas ecológicas. Assim, acabaram por acreditar que não adiantava muito fazer postagens sobre meio ambiente pelo pouco interesse que provocavam. Outros, no entanto, manifestaram a crença de que o Facebook poderia ser um instrumento importante não somente para discussões, mas também para amplificar o interesse de jovens sobre temáticas ecológicas. É importante ressaltar que a maior parte das postagens ambientais não era de textos originais de participantes, mas compartilhamentos. As postagens mais significativas eram, na verdade, fotos da natureza, acompanhadas de legendas.

Segunda etapa

Lixo, inundações, responsabilidades

As pessoas jovens com quem compartilhamos percepções sobre o meio ambiente se mostraram sensíveis à sua importância, como *"Eu acredito que o meio ambiente global, ele de certa forma é vivo, né?"*, indicando o ser humano como agente predatório

> *[...] é muito agressivo [...] um animal de maior porte predando um animal menor. É um pouco complicado. Ao nosso ver, assim, é bem agressivo, não é? [...] por nós estarmos predando a natureza, não é? Desmatando ou despejando nosso lixo em lugares irregulares, de certa forma, contribui meio para essa evolução, entre aspas, né? Intercorrência na evolução.*

Outro jovem destacou a relação entre a proteção do meio e o problema do lixo nas ruas das periferias. *"Quando eu penso a forma de se tratar o meio ambiente [...] muitas pessoas falam que proteger o ambiente é ajudar a proteger [...] não jogar lixo no chão."*

O descaso do poder público com as questões ecológicas emergiu também em outras falas relacionadas com o abandono ambiental da Baixada Fluminense e da zona oeste do Rio de Janeiro, gerando impacto na vida das pessoas, com piora significativa da qualidade de vida de quem mora nas periferias.

> *Eu moro em Belford Roxo, então aqui é um completo desleixo, né? Algumas ruas têm esgoto a céu aberto, as autoridades meio que só procuram, né? os moradores em época de eleição. Então há [...] um certo desleixo, né? por parte das autoridades.*

Esse problema, relacionado com o papel das autoridades na gestão do meio ambiente urbano, apareceu também em outro contexto. Um jovem contou a respeito do costume de se jogar o lixo na rua:

> *A gente tinha um problema muito sério, de governos anteriores, de enchentes. Por exemplo, porque as ruas no entorno do bairro eram... eram ruas mal estruturadas? Então, quando chovia, a água estava no último escoamento bom, né?*

Ainda assim, destacou que as consequências não são somente responsabilidade do Estado, mas também da população, pois os

> *[...] moradores jogam muito lixo na rua. E isso também piorava a situação. Os valões, os esgotos aumentavam essa problemática. Outra questão também, é colocar fogo no lixo. [...] Têm muitos moradores colocando fogo neste lixo mesmo sabendo que o lixeiro vai passar, o lixeiro aqui sempre passa.*

Outro problema levantado, relacionado à falta de controle e fiscalização de ações ambientais pelo poder público diz respeito ao tratamento de entulho:

> *Descartes [...] inapropriados, por exemplo, pneus. Já aconteceu principalmente de entulhos de obras. A pessoa faz obra e não tem, não compra a caçamba né? Pra poder passar, e fazer o descarte corretamente.*

Meio ambiente e educação

Como foi no caso da primeira etapa, novamente o papel da educação foi mencionado, tanto em contextos formais quanto informais. Com relação aos contextos formais, um jovem que compartilhou suas percepções a respeito da problemática ambiental durante o período de pandemia apontou a importância da educação desde a infância: *"Eu acho que isso [meio ambiente] deveria ser um assunto que poderia ser melhor abordado, principalmente desde a pré-escolaridade né? E vindo sendo trabalhado ao longo dessa formação do indivíduo."* Outro jovem destacou seu envolvimento ambiental no contexto universitário, em que desenvolveu um projeto ecológico na pesquisa de seu trabalho de conclusão de curso de graduação sobre produtos de consumo pessoal: *"[...] ele teve essa pegada, né? de consumo consciente, da gente dar mais importância, né? ao que a gente consome. No caso, a gente criou uma embalagem, né? para xampu e essa embalagem, ela era reciclável".* Apesar da pandemia e das consequências que teve para os processos coletivos educativos por conta das aulas a distância, um jovem compartilhou uma história envolvendo uma professora de Biologia, no contexto de um grupo de pesquisa de uma universidade, que abordava a importância de manter a vegetação original de uma região para evitar desmoronamentos. Seu engajamento tinha como objetivo a busca de soluções para problemas dessa natureza. Apesar dos enormes desafios que a pandemia de COVID-19 impôs à participação e ao envolvimento jovem em ambientes educativos institucionais, a maioria manifestou a importância de se fomentar debates e buscar soluções ambientais não somente para a juventude fluminense em geral, mas também para jovens de baixa renda das comunidades das quais se originam.

Houve ainda manifestações sobre a importância da educação ambiental, mas relacionada à responsabilização individual, mesmo que tendo o Estado como parceiro. Por exemplo, as incidências negativas do comportamento ambiental da espécie, para quem mora na periferia, poderiam ser enfrentadas pelo tratamento dos resíduos, sob a responsabilidade do Estado:

> *Meio ambiente, hoje em dia, poderia ter uma política também de bairro [...] uma coisa simples: separação de resíduo [...] poderia começar de bairro, depois de cidades. Coisas básicas que talvez mudariam o pensamento das pessoas que não têm isso em relação ao meio ambiente [...] desde separar resíduo alimentar, de plástico, de papelão, coisa simples que não acontece onde tem periferia, ou favela ou comunidades.*

Outro exemplo dado por outro jovem diz respeito à educação familiar e da importância que tem na formação ambiental da criança:

> [...] *jogar lixo na rua* [...] *recentemente tava indo pro ponto de ônibus pra vir pro estágio e aí tinha um menininho que tava passando com o pai e na hora* [...] *tinha um carro passando também. E aí o motorista simplesmente jogou para fora do carro, na rua, um copo plástico e um negocinho de cigarro. E aí o menininho ficou olhando para o pai, falou assim: "Pai, você não falou que isso é errado?" Aí o pai falou assim: "É errado filho, mas ele fez, né?" Aí eu senti que o menino ficou com essa questão na cabeça, sabe, que é errado, mas como assim é errado e a pessoa faz?*

Hábitos, consumo e violência

Os hábitos foram relacionados, por jovens, ao consumo e, esse, a uma forma de violência. No que diz respeito aos bons hábitos, um jovem ressaltou a relevância de se repensar a maneira como se alimentar. "*É... tentar plantar algo onde você mora, tentar criar uma horta – que é uma coisa muito legal também. Se alimentar de coisas mais orgânicas, mais saudáveis, eu procuro fontes mais naturais de alimentação, não é?*". Para além da busca de uma melhor alimentação, foi ressaltado que

> [...] *pequenos produtores* [...] *seria o exemplo mais óbvio* [...] *mais próximo de uma ação pequena política* [...] *hoje dentro da sociedade, a gente consome demais, a gente acaba impactando, de forma negativa, né? o meio ambiente.* [...] *De uns tempos pra cá eu cheguei a mudar alguns hábitos que eu tinha, né, em relação ao consumo.*

A questão da conscientização dos hábitos foi levantada por outro jovem relativamente ao tratamento do lixo, ainda que seu desejo tenha ficado apenas no projeto:

> *Eu tentei colher algumas garrafas pet para poder fazer uns comedouros – comedouros mesmo – porque aqui tem muitos cachorros, então eles espalham o lixo* [...] *Tentar colher estas garrafas pet, porque são menos garrafas pet no ambiente, são coisas simples que eu tenho ideia de fazer.*

Outros exemplos de ações simples de proteção do meio ambiente foram relacionados com a economia. "*Às vezes a gente vê, ah... o pai e a mãe... 'Não deixe a torneira aberta! Apague a luz!' Mas geralmente essas falas e ensinamentos estão muito ligados à questão econômica*".

No entanto, a problemática dos hábitos e do consumo, de certa maneira, acaba degenerando em formas de violência. Segundo um dos jovens, trata-se de uma questão que releva de direitos: *"Eu acredito [...] um certo tipo de violência, né? Porque se a gente pegar aquela cartilha [...] dos direitos humanos, eu acho que [...] o ser humano tem direito, né? A saneamento básico, água tratada..."*. Essa questão foi retomada também dentro do contexto da devastação que ocorre também no meio ambiente urbano da periferia:

> *Cara, no Brasil, assim, a gente sabe que a parada ficou embaçada pro nosso lado, a gente sabe que o desmatamento [...] que dá para a gente sentir alguns impactos disso. Houve, em 2013, a primeira enchente aqui na região onde eu moro. Quase 40 anos que a minha família mora aqui, nunca tinha tido.*

Esse problema, que releva de violência ambiental, foi ligado, pelo jovem, à devastação: *"Muitas das áreas de preservação que tinham ali [...] áreas verdes [...] a cada ano que passa eu consigo ver mais dessas áreas se tornando condomínios ou até estacionamento, sabe?"*. Além da devastação, outro jovem destaca o drama dos deslizamentos e que, às vezes, medidas supostamente boas para o meio ambiente podem ser perversas, como o plantio errôneo de vegetação nas encostas: *"Se você botar umas plantas ali que não são a melhor opção, você pode, sei lá, não é, causar um problema no solo e causar desmoronamento. Tem casas embaixo"*. Outro aspecto, bem mais visível enquanto violência, diz respeito às políticas do governo iliberal brasileiro *vis-à-vis* aos programas ambientais anteriores a ele:

> *As notícias saindo da Amazônia, sobre essas políticas ambientais que só favorecem essas grandes empresas [...] eu acho que é [...] pelo menos na minha visão, naquela época as políticas eram mais rígidas em relação à fiscalização ambiental.*

Desalento em meio à conscientização

Embora as pessoas jovens de baixa renda que compartilharam suas reflexões a respeito do papel de meio ambiente em suas vidas e do estado de proteção da natureza em suas comunidades reconheçam a importância dessas questões, o engajamento de cada uma delas é bem diferente. Um dos entrevistados lamentou que a situação tenha piorado de maneira significativa entre o pós-impeachment da ex-presidenta Dilma Rousseff e a pandemia de COVID-19:

> *Cara, a gente consegue ver um pouco mais macro né, falando mais a nível de Brasil a gente consegue ver que muita coisa piorou sim, que teve no governo [menciona o inominável] um ministro que começou a... enfim... praticamente a dar um sinal verde para todo mundo fazer o que quisesse né, mas mais no micro mais próximo de casa sabe, mais*

> *aqui falando de Caxias, falando de Xerém, cara sempre foi da forma que é hoje. Eu sinto que no micro nada mudou, para ser sincero.*

A dificuldade em se constatar melhorias foi também apresentada por outro jovem a partir de uma história de intervenção ambiental no bairro:

> *E aí a empresa veio e desmatou, fez a obra, modificou o ambiente ali, modificou o trânsito também e aí acabou alterando aquele pedaço. Eu pude perceber que muitas pessoas simplesmente não ligaram, sabe? Então essa narrativa de que "Ah, eu me preocupo com o meio ambiente", em alguns atores isso não colou, por mais que a pessoa falasse.*

Do desalento a uma possível ação em rede — na medida em que as redes sociais são espaços muito frequentados por jovens —, os caminhos parecem ser complexos. Nossa percepção relativamente às longas conversas que tivemos com eles foi da existência de um amplo espectro que vai da ação em rede à apatia, mais em rede do que em contexto presencial. Apesar das declarações de reconhecimento da importância de se pensar a ecologia para vida das pessoas, em um dos casos, um jovem chegou a relatar que desconhecia movimentos sociais no Rio de Janeiro que tirassem as pessoas de casa em prol do meio ambiente; que isso era coisa que acontecia mais fora do país. Poucos declararam interesse em discutir ativamente as questões nas suas redes sociais. Entre os que manifestaram interesse, um deles afirmou que age por meio das redes sociais:

> *Atualmente é pelas redes. Antes da pandemia, um ano antes da epidemia, a gente ainda tinha os encontros presenciais. Eu participo de manifestações quando eu tenho oportunidade. Eu tive poucas oportunidades [durante a pandemia]. Então manifestação de rua, esse tipo de coisa. Eu super tô dentro, se me chamar.*

Outros, no entanto, apresentavam posição inversa:

> *Cara [...] eu não tenho rede social já vai fazer, talvez, uns cinco anos, eu acho. [...] de forma geral eu não sou uma pessoa ativa nas redes sociais. Então eu costumo conversar bastante com as pessoas que são próximas fisicamente, conversando ali no dia a dia sabe? Geralmente, não tem muita conversa para se ter além de lamentar.*

FUTURO EM CHAMAS

Do pós-impeachment...

Uma das questões que ficaram mais aparentes na primeira fase da pesquisa foi a percepção de que é o agendamento das mídias que define a participação juvenil em assuntos relacionados com o meio ambiente: postam sobre esses temas quando elas divulgam, não postam quando não as abordam. A primeira impressão é de que se trataria de uma relativa passividade das pessoas jovens a respeito do meio ambiente, pois, como estão muito presentes nos espaços virtuais de compartilhamento das redes sociais, o fato de as discussões provirem de empresas de mídia poderia gerar desinteresse. Isso, mesmo tendo manifestado, mas com menos frequência, interesse por dietas orgânicas, por áreas verdes e naturais, ou ainda pela educação ambiental.

É importante salientar que, malgrado a participação de alguns jovens em ações políticas como o envolvimento em petições públicas (RONFINI, 2018; RONFINI; CAMPOS, 2020), espanta que, estando presentes em redes sociais com milhares e até milhões de usuários, criem poucos conteúdos sobre o meio ambiente, mesmo se sabendo da grande disponibilidade de recursos tecnológicos para comunicação, como mostram *youtubers*, como Kéfera Buchmann e Whindersson Nunes (KIUCHI; SILVA; GOMES, 2018; ESPINOSA, 2016; FARIA; MARINHO, 2017). Esse comportamento, que sugere desinteresse e baixo engajamento político na época imediatamente após o impeachment da ex-presidenta Dilma Rousseff, é evidenciado pelo fato de somente uma ONG ambiental ter sido mencionada nas pesquisas, contrariando os estudos de Matos (2012), Zanella e colaboradoras (2013), Calado e Camarotti (2013) e Peruzzo (2013). A ação política e pedagógica relacionada ao meio ambiente não emergiu como prioridade para as pessoas jovens. O engajamento em atividades político-ambientais apreendido foi, portanto, baixo ou nulo, mesmo com menção aos trabalhos socioambientais da ONG AIDEIA.

O aparente desinteresse pelas discussões sobre a sustentabilidade, a defesa da natureza e a ecologia causa perplexidade, até porque jovens de baixa renda sofrem mais com as consequências do desequilíbrio ambiental e a ausência do Estado na gestão ambiental das áreas de favelas e bairros periféricos. Em vista disso, e considerando as transformacões sofridas pela populacão brasileira entre o pós-impeachment da ex-presidenta Dilma

Rousseff e a pandemia de COVID-19, buscamos compreender se o aparente desinteresse realmente indicava desengajamento e se alguma coisa havia mudado ao longo desses anos.

...à pandemia

Ainda que as questões relacionadas ao meio ambiente sejam foco de inúmeras pesquisas em várias áreas do conhecimento, as mudanças que pudemos acessar, depois dos encontros com jovens na etapa da pandemia de COVID-19, sugerem que suas percepções relativamente ao meio ambiente são complexas e relevam de suas experiências de vida e de sua situação social. Suas declarações relativamente ao estado de abandono das periferias, aos problemas de tratamento de lixo e esgotos, a prevenção de inundações, ao cuidado com encostas e proteção das áreas verdes mostram múltiplas opiniões relativamente ao seu engajamento, ainda que, de uma maneira geral, demonstrem que estão conscientes da importância do meio ambiente para suas vidas.

Embora as pessoas jovens de baixa renda da segunda etapa, assim como os da primeira, reconheçam a importância do meio ambiente, nossa percepção é de que existe um amplo espectro de opiniões e diferentes formas de manifestação de interesse. Algumas nos levam a crer em consciência ambiental que se traduz não somente em ações pessoais (relativas à alimentação, por exemplo), mas também relativamente à análise que muitos fazem do estado de degradação ambiental e do papel do Estado e dos cidadãos. Ou seja, podemos falar de um espectro que vai de pouco interesse e desalento sugestivo de certa apatia a efetivo engajamento de jovens, que vão da observação consciente de eventos ambientais negativos a ações diretas. Ainda que conheçamos os limites da nossa pesquisa e não possamos, em absoluto, chegar a generalizações, sejam elas quais forem, as narrativas compartilhadas na segunda etapa, associadas às da primeira, incluindo os dados quantitativos, sugerem fortemente que, ao longo do período que vai do pós-impeachment da ex-presidenta Dilma Rousseff à pandemia de COVID-19, os sentidos jovens a respeito do meio ambiente relevam de um conhecimento mais passivo que ativo.

Importante ressaltar que, na primeira etapa, a mídia mostrou-se uma das principais agenciadoras do tema para jovens de baixa renda, exercendo papel predominante no agendamento das conversas e discussões sobre meio ambiente. Isso, contudo, parece não ter se repetido na segunda etapa, ainda que não tenhamos meios de verificar. Uma explicação eventual, caso as declarações sejam de fato distantes de qualquer agendamento midiático, poderia ser buscada no perfil jovem da segunda etapa porque o grupo que obtivemos, retirado das dezenas de pessoas que responderam ao questionário, por uma circunstância da amostragem, talvez tivesse escapado do perfil majoritário da população da primeira etapa. É forçoso notar que, do ponto de vista das interações em rede — lócus de trânsito de informações sobre vários assuntos, incluindo o meio ambiente —, as pessoas jovens da segunda etapa, de uma maneira geral, estão delas mais distantes. Outras hipóteses são que, talvez, a mídia não esteja causando a mesma influência sobre elas por conta da ampliação do uso das redes sociais para fins de informação ou ainda que esse tema não estivesse sendo tão pautado nos anos que se seguiram ao pós-impeachment, já que a imprensa concentrou-se na tragédia sanitária e na gestão brutal do Ministério da Saúde do governo iliberal eleito em 2018. Ainda assim, podemos supor que os desabafos sobre as problemáticas do lixo, das inundações, de ações ambientais de terceiros talvez tenham sido pautados pela mídia, mas não temos, como já afirmamos, meios de verificação em uma amostra qualitativa em profundidade.

MEIO AMBIENTE E DESINTERESSE

Os estudos internacionais, notadamente os mais recentes, relacionados às percepções de jovens a respeito do meio ambiente, têm focado não somente as mudanças climáticas em si, mas principalmente suas relações com o ativismo político jovem (O'BRIEN; SELBOE; HAYWARD, 2018; BUSCH *et al.*, 2019; THEW; MIDDLEMISS; PAAVOLA, 2020; LEE; GJERSOE; O'NEILL, 2020), que, diferentemente do que ocorre Brasil, vêm se intensificando. Esse tema tem conhecido, ao menos nos países capitalistas centrais, um aumento de interesse da opinião pública, especialmente em função das modelizações científicas preocupantes sobre o futuro ambiental relativamente ao aquecimento do planeta.

No Brasil, os estudos realizados sobre as percepções das pessoas jovens de baixa renda a respeito do meio ambiente eram escassos até o impeachment da ex-presidenta Dilma Rousseff. Matos (2012), por exemplo, chegou a destacar a participação histórica de jovens em movimentos ambientais; Zanella e colaboradoras (2013) exploraram o empoderamento juvenil nesses contextos; Calado e Camarotti (2013) discutiram programas sociais de apoio a jovens; Peruzzo (2013) ressaltou o protagonismo da juventude em manifestações políticas; Pinheiro (2013) explorou um tema relacionado ao nosso, em pesquisa sobre o movimento "Juventudes na Rio+20" no Twitter.

Essa iniciativa, promovida institucionalmente, ao produzir mobilizações de jovens de classe média na época da "Conferência Rio+20", parece não ter sensibilizado os mais pobres. Ou seja, apesar de certa mobilização como resultado exógeno — e não endógeno — de uma classe social mais favorecida, a aparente falta de interesse pelo meio ambiente de jovens de baixa renda em rede prevalecia naquela época. Atualmente, como se sabe, a degradação da Floresta Amazônica ampliou-se mais do que o desmatamento em si (ainda que esse seja um de seus agentes), fazendo com que as emissões de dióxido de carbono sejam maiores que sua absorção, de modo que deixaram de ser benéficas, mas poluidoras (QIN *et al*, 2021). Isso indica a ponta do iceberg que transformou o Brasil de paraíso tropical em inferno ambiental. Apesar de as pessoas jovens com quem conversamos na segunda etapa, em sua maioria, terem mostrado certo conhecimento dos fatos, e de estudos recentes cobrirem suas percepções sobre meio ambiente (RONFINI; CAMPOS, 2020), políticas ambientais (BARROS, 2020) ou protagonismo (KIUCHI *et al.*, 2018), por diversas razões que excluem qualquer etiqueta simplista de "falta de consciência", elas hesitam em traduzi-las em ações político-institucionais.

Assim, seria temerário chamar de "alienação ambiental" o estado de consciência das pessoas jovens de baixa renda com quem convivemos. Em nossos encontros na segunda etapa, elas se mostraram, em geral, sensibilizadas de maneira significativa, até por conta dos acontecimentos ocorridos na época da pandemia, quando o país apresentou seus mais dramáticos índices de devastação, seguidos de tempestades de poeira, gravíssima crise hídrica e incêndios incontroláveis nas principais reservas florestais do Brasil e do mundo. Como se sabe, desde o governo do ex-presidente Michel Temer, mais particularmente a partir do aprofundamento do modelo iliberal nos anos 2020 pelo governo de extrema direita que assumiu o controle do país, a devastação ambiental não somente tomou proporções nunca antes testemunhadas, como também se tornou política de governo, levando a protestos no país e no exterior. As juventudes acompanharam o processo em que o Brasil, de herói passou a pária ambiental, etiqueta que agora tenta reverter com as ações da ministra Marina Silva, sob o novo governo de Luiz Inácio Lula da Silva.

MORDAÇA AMBIENTAL

A pesquisa que realizamos em dois tempos, do pós-impeachment à pandemia de COVID-19, contribui para melhor compreender a maneira como as percepções se traduziram em cognições, sentimentos e juízos de uma camada de jovens fluminenses de baixa renda a respeito do meio ambiente, tema que emergiu com grande vigor após as intervenções da ativista sueca Greta Thunberg. Desde 2018, a jovem ecologista começou a militar por questões ambientais, conclamando políticos de seu país, e depois do mundo inteiro, a tomar atitudes em defesa de uma maior sustentabilidade, com foco nas mudanças climáticas. Apesar de ter atraído multidões de jovens em países do primeiro mundo, esse movimento internacional mal foi percebido no Brasil, salvo por setores inexpressivos de jovens de classe média alta e rica. Por meio do acesso às redes sociais de jovens que colaboraram com este estudo, pudemos compreender as maneiras como manifestam seu interesse, ainda que não estejam implicados em ações políticas como as de Greta Thumberg. Pudemos também verificar que, apesar de as redes sociais serem atualmente nichos de transformação sociopolítica, elas não foram usadas pelas pessoas que participaram, se não muito perifericamente, para se manifestar ambientalmente.

Como pudemos verificar, portanto, transformações ocorreram nos últimos anos nas percepções das pessoas jovens, com efeitos na composição cognitivo-afetiva presente em suas memórias e imagens de mundo, mas somente em termos de um aumento modesto do interesse causado pela tragédia sanitária por que passava o país sem, necessariamente, o estabelecimento de relações entre ela e o desequilíbrio ecológico, salvo em algumas poucas menções narrativas. Acreditamos que tanto ações em rede que geram revoluções — como as que testemunhamos no passado, por exemplo, durante a Primavera Árabe — quanto a aparente passividade jovem face ao meio ambiente sejam importantes e significativas. Como já mencionado, sabemos que as pessoas jovens com quem conversamos não podem ser tomadas como um retrato geral das "juventudes", mas o que manifestaram nos permite reflexões capazes de gerar novas interrogações em busca dos sentidos que o meio ambiente tem para elas. Restou uma questão que nos deixa perplexos até agora, relativa aos sentidos que emergiram de suas falas a respeito do meio ambiente: Por que a maioria dessas pessoas, que vive no entorno da chamada "Cidade Maravilhosa", celebrada no mundo inteiro por suas belezas, e que já abrigou eventos internacionais sobre a ecologia, de grande envergadura, se envolve modestamente em ações coletivas? Seria por que os muros simbólicos das favelas de concentração separam o Rio belo do horroroso de tal maneira que as pessoas jovens de baixa renda do Grande Rio nem vejam seus entornos exatamente como "meio ambiente"?

REFERÊNCIAS

ABRAMO, H. W. Considerações sobre a tematização social da juventude no Brasil. *Revista Brasileira de Educação*, [s. l.], v. 6, p. 25-36, 1997.

AMORIM. M. F.; QUELHAS, O. L. G.; MOTTA, A. L. T. S. A resiliência das cidades frente a chuvas torrenciais: Estudo de caso do plano de contingência da cidade do Rio de Janeiro. *Sociedade e Natureza*, [s. l.], v. 26, n. 3, 2014. DOI: https://doi.org/10.1590/1982-451320140310.

BALTAR, F.; BRUNET, I. Social research 2.0: Virtual snowball sampling method using Facebook. *Internet Research*, [s. l.], v. 22, n. 1, p. 57-74, 2012. DOI: https://doi.org/10.1108/10662241211199960.

BARROS, A. T. Juventude e políticas ambientais: A percepção e os discursos de jovens brasileiros. *Revista Brasileira de Sociologia*, [s. l.], v. 8, n. 18, p. 183-211, 2020. DOI: https://doi.org/10.20336/rbs.462.

BAUMAN, Z. *Vidas desperdiçadas.* Rio de Janeiro: Zahar, 2005. 176 p.

BOURDIEU, P. *Questões de sociologia.* Rio de Janeiro: Marco Zero, 1983. 272 p.

BURG, A. P.; RONFINI, N.; CAMPOS, M. N. Journalisme liquide: Méga-événements au Brésil et nouveaux médias. *Argumentum*: Journal the Seminar of Discursive Logic, Argumentation Theory & Rhetoric, [s. l.], v. 15, n. 1, p. 27-69, 2017.

BUSCH, K, C.; ARDOIN, N.; GRUEHN, D.; STEVENSON, K. Exploring a theoretical model of climate change action for youth. *International Journal of Science Education*, [s. l.], v. 41, n. 17, p. 2389-2409, 2019. DOI: https://dx.doi.org/10.108 0/09500693.2019.1680903.

CALADO, K. A.; CAMAROTTI, M. F. Protagonismo juvenil: Um ensaio de participação do Programa Projovem Adolescente de Borborema-PB. *Revista Eletrônica do Mestrado em Educação Ambiental*, [s. l.], v. 30, n. 2, p. 247-289, 2013. Disponível em: https://periodicos.furg.br/index.php/remea/article/view/3909/2477. Acesso em: 15 jul. 2023.

CAMPOS, M. N. Coconstrução dos conhecimentos no uso das tecnologias educativas: Reflexões éticas. *Revista Educação e Cultura Contemporânea*, [s. l.], v. 12, n. 28, p. 184-211. 2015a. Disponível em: http://periodicos.estacio.br/index.php/reeduc/article/view/1537/732 Acesso em: 15 jul. 2023.

CAMPOS, M. N. Des communautés de pratique aux communautés épistémiques. *In*: PROULX, S.; POISSANT, L.; SÉNÉCAL, M. (ed.). *Communautés virtuelles*: penser et agir en réseau. Québec: Presses de l'Université Laval, 2006. p. 319-334.

CAMPOS, M. N. Integrando Habermas, Piaget e Grize: Contribuições para uma teoria construtivista-crítica da comunicação. *Revista Famecos*, [s. l.], v. 21, n. 3, p. 966-996, 2014. DOI: https://doi.org/10.15448/1980-3729.2014.3.18777.

CAMPOS, M. N. Natural logic and language perspectives in natural logic: The operations of argumentation, ethics, and rhetoric. *Journal of the Seminar of Discursive Logic Argumentation Theory and Rhetoric*, [s. l.], v. 13, n. 2, p. 7-25, 2015b.

CAMPOS, M. N. *Navegar é preciso. Comunicar é impreciso*. São Paulo: Edusp, 2017. 504 p.

CAMPOS, M. N. *Traversée*: essai sur la communication. Berna: Peter Lang Éditions Scientifiques Internationales, 2015c. 414 p.

CAMPOS, M. N.; GRABOVSCHI, C. Argumentação e design: Cognição, afetividade e moralidade em comunidades universitárias de aprendizagem. *Revista Educação e Cultura Contemporânea*, [s. l.], v. 8, n. 17, p. 1-27, 2011. Disponível em: http://perio-dicos.estacio.br/index.php/reeduc/article/view/172/130. Acesso em: 15 jul. 2023.

CERQUEIRA, D.; FERREIRA, H.; BUENO, S.; ALVES, P. P.; LIMA, R. S.; MARQUES, D.; SILVA, E. R. A.; LUNELLI, I. C.; RODRIGUES, R. I.; LINS, G. O. A.; ARMSTRONG, K. C.; LIRA, P.; COELHO, D.; BARROS, B.; SOBRAL, I.; PACHECO, D.; PIMENTEL, A. *Atlas da violência 2021*. Brasília: Ministério da Economia: Instituto de Pesquisa Econômica Aplicada, 2021. 104 p. Disponível em: https://www.ipea.gov.br/atlasviolencia/arquivos/artigos/5141-atlasdaviolencia2021completo.pdf. Acesso em: 15 jul. 2023.

COMSCORE, INC. 2015 Brazil digital future in focus. ComScore. *Archive Event*: *Comscore Presentation,* 2015. Disponível em: https://www.comscore.com/Insights/Presentations-and-Whitepapers/2015/2015-Brazil-Digital-Future-in-Focus. Acesso em: 15 jul. 2023.

DEAKIN, H.; WAKEFIELD, K. Skype interviewing: Reflections of two PhD researchers. *Qualitative Research*, [s. l.], v. 14, n. 5, p. 603-616, 2014. DOI: https://doi.org/10.1177/1468794113488126.

ELLISON, N. B.; STEINFIELD, C.; LAMPE, C. The benefits of Facebook "friends:" Social capital and college students' use of online social network sites. *Journal of Computer-Mediated Communication*, [s. l.], v. 12, n. 4, p. 1143-1168, 2007. DOI: https://doi.org/10.1111/j.1083-6101.2007.00367.x.

ESPINOSA, J. R. *Youtubers teen*: a influência dos vlogs às novas gerações. 2023. Trabalho de Conclusão de Curso (Graduação em Comunicação) – Universidade Federal do Rio de Janeiro, Rio de Janeiro, 2016. Disponível em: http://hdl.handle. net/11422/1342. Acesso em: 15 jul. 2023.

FACEBOOK. How do I post something on someone elses's Facebook timeline? *Central de ajuda do Facebook*, [2017?]. Disponível em: https://www.facebook.com/help/173433019380025?helpref=search&query=Como%20fa%C3%A7o%20para%20publicar%20na%20linha%20do%20tempo&search_session_id=4138ee9a6419e-3d3bfd3557f090a10b6&sr=0. Acesso em: 15 jul. 2023.

FARIA, A. C. G.; MARINHO, F. H. Influenciadores Digitais: Um Estudo Sobre a Popularidade Alcançada Através do Youtube. *In*: CONGRESSO DE COMUNICAÇÃO, 40., 2017, Curitiba. *Anais* [...]. Curitiba: Intercom – Sociedade Brasileira de Estudos Interdisciplinares da Comunicação, 2017. Disponível em: http://portalintercom.org. br/anais/nacional2017/resumos/R12-1865-1.pdf. Acesso em: 15 jul. 2023.

FORACCHI, M. M. *O estudante e a transformação da sociedade brasileira.* São Paulo: Companhia Editora Nacional, 1965.

FREITAS, H.; OLIVEIRA, M.; SACCOL, A. Z.; MOSCAROLA, J. O método de pesquisa survey. *Revista de Administração da USP*, [*s. l.*], v. 35, n. 3, p. 105-112, 2000. Disponível em: http://www.spell.org.br/documentos/ver/16542/o-metodo-de--pesquisa-survey/i/pt-br. Acesso em: 15 jul. 2023.

FUNDO DE POPULAÇÃO DAS NAÇÕES UNIDAS. *Situação da População Mundial 2022.* Nova York: UNFPA, 2022. Disponível em: https://brazil.unfpa.org/sites/default/files/pub-pdf/swop2022-ptbr-web.pdf. Acesso em: 15 jul. 2023.

GLASER, B. G.; STRAUSS, A. L. *The discovery of grounded theory*: strategies for qualitative research. Nova York: Aldine de Gruyter, 1967. 271 p.

GRAMLICH, J. *10 facts about Americans and Facebook*. Washington: Pew Research Center, 2021. Disponível em: https://pewresearch-org-preprod.go-vip.co/fact-tank/2021/06/01/facts-about-americans-and-facebook/. Acesso em: 15 jul. 2023.

GRIZE, J.-B. *Logique et langage*. Paris: Ophrys, 1997. 154 p.

GRIZE, J.-B. *Logique naturelle et communications.* Paris: Presses Universitaires de France, 1996. 168 p.

HANDCOCK, M. S.; GILE, K. J. Comment: On the concept of snowball sampling. *Sociological Methodology*, [s. l.], v. 41, n. 1, p. 367-371, 2011. DOI: https://doi.org/10.1111/j.1467-9531.2011.01243.x.

HEALE, R.; TWYCROSS, A. What is a case study? *Evidence Based Nursing*, [s. l.], v. 21, n. 1, p. 7-8, 2018. DOI: https://dx.doi.org/10.1136/eb-2017-102845.

IBGE. *Temas e subtemas* – Mercado e força de trabalho, [2017?]. Disponível em: https://seriesestatisticas.ibge.gov.br/lista_tema.aspx?op=0&de=19&no=7. Acesso em: 15 jul. 2023.

JANGHORBAN, R.; ROUDSARI, R. L.; TAGHIPOUR, A. Skype interviewing: The new generation of online synchronous interview in qualitative research. *International Journal of Qualitative Studies on Health and Well-Being*, [s. l.], v. 9, n. 1, 24152, 2014. DOI: https://doi.org/10.3402/qhw.v9.24152.

JOHNSON, J. M. In-depth interviewing. *In*: GUBRIUM, J. R.; HOLSTEIN, J. A. (ed.). *Handbook of interview research*: context & method. Thousand Oaks: Sage, 2001. p. 103-119.

KIUCHI, C.; SILVA, J. O.; GOMES, L. R. R. Youtubers: a nova geração de influenciadores. *Revista Científica UMC*, [s. l.], v. 3, n. 1, p. 1-14, 2018. Disponível em: http://seer.umc.br/index.php/revistaumc/article/view/214/191. Acesso em: 15 jul. 2023.

KOHL, M. M.; GOTZENBRUCKER, G. Networked technologies as emotional resources? Exploring emerging emotional cultures on social network sites such as Facebook and Hi5: a trans-cultural study. *Media, Culture & Society*, [s. l.], v. 36, n. 4, p. 508–525, 2014. DOI: https://doi.org/10.1177/0163443714523813.

LARA, M. G. J.; CAMPOS, M. N. Les amitiés brisées, Facebook et les élections brésiliennes 2014. *TrajEthos*, [s. l.], v. 11, n. 55, p. 105-146, 2016. Disponível em: http://www.trajethos.ca/files/7414/8202/4102/LARA_CAMPOS_TrajEthos_51.pdf. Acesso em: 15 jul. 2023.

LEE, K.; GJERSOE, N.; O'NEILL, S. Youth perceptions of climate change: A narrative synthesis. *WIREs Climate Change*, [s. l.], v. 11, n. 3, 2020. DOI: https://doi.org/10.1002/wcc.641.

LÉVY, P. *Cibercultura*. São Paulo: Editora 34, 1999. 264 p.

MANN, C.; STEWART, F. Internet interviewing. *In*: GUBRIUM, J. R.; HOLSTEIN, J. A. (ed.). *Handbook of interview research*: context & method. Thousand Oaks: Sage, 2001. p. 603-627.

MANZINI, E. J. Uso da entrevista em dissertações e teses produzidas em um programa de pós-graduação em educação. *Revista Percurso* - NEMO, [s. l.], v. 4, n. 2, p. 149-171, 2012. Disponível em: https://periodicos.uem.br/ojs/index.php/Percurso/article/view/49548. Acesso em: 15 jul. 2023.

MARGULIS, M.; URRESTI, M. La juventud es más que una palabra. *In*: MARGULIS, M. (ed.). *La juventud es más que una palabra*: ensayos sobre cultura y juventud. Buenos Aires: Biblos, 2008. p. 13-30. DOI: https://doi.org/10.14409/ie.v1i3.3919.

MATOS, Z. M. R. Aprender Participando: uma experiência fora da sala de aula para a formação de sujeitos sócias em Brasil. *AULA - Revista de Pedagogia de la Universidad de Salamanca*, [s. l.], v. 18, p. 141-154, 2012. Disponível em: revistas.usal.es/index.php/0214-3402/article/download/8878/11802. Acesso em: 15 jul. 2023.

MORRIS, A. *A practical introduction to in-depth interviewing.* Londres: Sage, 2015. 160 p.

O'BRIEN, K.; SELBOE, E.; HAYWARD, B. M. Exploring youth activism on climate change: dutiful, disruptive, and dangerous dissent. *Ecology and Society*, [s. l.], v. 23, n. 3, 2018. Disponível em: https://www.jstor.org/stable/26799169. Acesso em: 15 jul. 2023.

PEMPEK, T. A.; YERMOLAYEVA, Y. A.; CALVERT, S. L. College students' social networking experiences on Facebook. *Journal of Applied Developmental Psychology*, [s. l.], v. 30, n. 3, p. 227-238, 2009. DOI: https://doi.org/10.1016/j.appdev.2008.12.010.

PERO, V.; MIHESSEN, V. Mobilidade urbana e pobreza no Rio de Janeiro. *Revista Econômica*, [s. l.], v. 15, n. 3, p. 23-50, 2013.

PERUZZO, C. M. K. Movimentos sociais, redes virtuais e mídia alternativa no junho em que "o gigante acordou"(?). *Matrizes*, [s. l.], v. 7, n. 2, p. 73-93, 2013. Disponível em: http://www.revistas.usp.br/matrizes/article/view/69407/71976. Acesso em: 15 jul. 2023.

PINHEIRO, M. A. Meio ambiente e mobilização nas redes sociais. *In*: MUSSE, C. F.; SILVEIRA JR., P. M. da (org.). *Comunicação*: redes, jornalismo, estética e memória. Rio de Janeiro: Mauad X, 2013. p. 69-82.

PUFF, J. Saúde pública: como o RJ chegou a uma de suas piores crises no ano dos Jogos. *BBC News Brasil*, 2016. Disponível em: http://www.bbc.com/portuguese/noticias/2016/01/160106_crise_economica_rio_jp. Acesso em: 15 jul. 2023.

QIN, Y.; XIAO, X.; WIGNERON, J.-P.; CIAIS, P.; BRANDT, M.; FAN, L.; LI, X.; CROWELL, S.; WU, X.; DOUGHTY, R.; ZHANG, Y.; LIU, F.; SITCH, S.; MOORE III, B. Carbon loss from forest degradation exceeds that from deforestation in the Brazilian Amazon. *Nature Climate Change*, [s. l.], v. 11, p. 442-448, 2021. DOI: https://doi.org/10.1038/s41558-021-01026-5.

RANKING: as redes sociais mais usadas no Brasil e no mundo em 2022, com insights e materiais. *Resultados Digitais*, 2022. Disponível em: https://resultadosdigitais.com.br/marketing/redes-sociais-mais-usadas-no-brasil/. Acesso em: 15 jul. 2023.

RECUERO, R. Curtir, compartilhar, comentar: trabalho de face, conversação e redes sociais no Facebook. *Verso e Reverso*, [s. l.], v. 28, n. 68, p. 114-124, 2014. DOI: https://doi.org/10.4013/ver.2014.28.68.06.

ROBARDS, B.; BENNETT, A. MyTribe: Post-subcultural manifestations of belonging on social network sites. *Sociology*, [s. l.], v. 45, n. 2, p. 303-317, 2011. DOI: https://doi.org/10.1177/0038038510394025.

RONFINI, N. *"Cara, tem um lixo do teu lado!"*: sentimentos e juízos da juventude do Grande Rio sobre o meio ambiente, em comunidades em rede no Facebook. 2018. Dissertação (Mestrado em Psicossociologia de Comunidades e Ecologia Social) – Universidade Federal do Rio de Janeiro, 2018. p. 121. Disponível em: http://pos.eicos.psicologia.ufrj.br/wp-content/uploads/2018_MESTR_Nathalia_Ronfini_de_Almeida_Lima.pdf. Acesso em: 15 jul. 2023.

RONFINI, N.; CAMPOS, M. N. Entre o agendamento da mídia e o desinteresse: Meio ambiente nas comunidades em rede de jovens. *Diversitas*, [s. l.], v. 16, n. 1, 2020. DOI: https://doi.org/10.15332/22563067.4846.

ROSS, C.; ORR, E. S.; SISIC, M.; ARSENEAULT J. M.; SIMMERING, M. G.; ORR, R. R. Personality and motivations associated with Facebook use. *Computers in Human Behavior*, [s. l.], v. 25, n. 2, p. 578-586, 2009. DOI: https://doi.org/10.1016/j.chb.2008.12.024.

SACHS, I. *Caminhos para o desenvolvimento sustentável*. Rio de Janeiro: Garamond, 2002. 96 p.

SANDELOWSKI, M. Combining qualitative and quantitative sampling, data collection, and analysis techniques in mixed-method studies. *Research in Nursing & Health*, [s. l.], v. 23, n. 3, p. 246-255, 2000. DOI: https://doi.org/10.1002/1098-240x(200006)23:3<246::aid-nur9>3.0.co;2-h.

SILVA, A. P.; GONZALES, W. Facebook e participação política: O que dizem os jovens do #OcupaAlemão. *Horizontes*, [s. l.], v. 34, n. 1, p. 159-172, 2016. Disponível em: https://revistahorizontes.usf.edu.br/horizontes/article/view/337. Acesso em: 15 jul. 2023.

SILVA, I. R.; NEVES, A. L. M.; CALLEGARE, F. P. P.; HIGUCHI, M. I. G.; PEREIRA, E. C. F. F. Vivências de protagonismo socioambiental por jovens: implicações na constituição do sujeito ético-político. *Temas em Psicologia*, [s. l.], v. 26, n. 2, p. 617-621, 2018. Disponível em: https://www.scielo.br/j/tpsy/a/WZZ9qym7CHR-cK9rK4WjVYwD/abstract/?lang=pt. Acesso em: 15 jul. 2023.

SILVA, R. S.; SILVA, V. R. Política nacional de juventude: trajetória e desafios. *Caderno CRH*, [s. l.], v. 24, n. 63, p. 663-678, 2011. Disponível em: http://www.scielo.br/pdf/ccrh/v24n63/13.pdf. Acesso em: 15 jul. 2023.

SPOSITO, M. P. Estudos Sobre Juventude em educação. *Revista Brasileira de Educação*, [s. l.], v. 5/6, n. 5, p. 37-52, 1997. Disponível em: https://www.feis.unesp.br/Home/DSAA/DSAA/ProjetoGQT-SCM/documentos/educacao/educa%E7%E3o%20e%20juventudeMARILIA_PONTES_SPOSITO.pdf. Acesso em: 15 jul. 2023.

THEW, H.; MIDDLEMISS, L.; PAAVOLA, J. "Youth is not a political position": Exploring justice claims-making in the UN Climate Change negotiations. *Global Environment Change*, [s. l.], v. 61, 102036, 2020. DOI: https://doi.org/10.1016/j.gloenvcha.2020.102036.

UNITED NATIONS. *Report of the World Comission on Environment and Development.* "Our Common Future". Nova York: United Nations, 1987. Disponível em: https://digitallibrary.un.org/record/139811. Acesso em: 15 jul. 2023.

WELLMAN, B.; HAASE, A. Q.; WITTE, J.; HAMPTON, K. Does the Internet increase, decrease, or supplement social capital?; Social networks, participation, and community commitment. *American Behavioral Scientist*, [s. l.], v. 45, n. 3, p. 436-455, 2001. DOI: https://doi.org/10.1177/00027640121957286.

YIN, R. K. *Case study research*: design and methods. 4. ed. Thousand Oaks: Sage, 2009. 217 p.

ZANELLA, A. V.; GROFF, A. R.; SILVA, D. O. B. da; MATTOS, L. K. de; FURTADO, J. R.; ASSIS, N. de. Jovens, juventude e políticas públicas: produção acadêmica em periódicos científicos brasileiros (2002 a 2011). *Estudos de Psicologia*, [s. l.], v. 18, n. 2, p. 327-333, 2013. DOI: https://doi.org/10.1590/S1413-294X201300020001.

MORADIA, VIOLÊNCIA E CAMINHOS DE LIBERDADE

Almir Fernandes dos Santos
Milton N. Campos[20]

O capítulo anterior tratou de fazer emergir os sentidos do meio ambiente natural na vida de jovens fluminenses de baixa renda que vivem em contextos de vulnerabilidade. Neste, enraizaremos a natureza de seus vividos na busca dos sentidos de jovens moradores de um bairro imerso em um meio ambiente de natureza luxuriante, incrustado na cidade. Trata-se do Horto Florestal, no Jardim Botânico do Rio de Janeiro, que, há dois séculos, lhes serve de morada e de seus ancestrais. Infelizmente, a moradia no Brasil é um problema socio-histórico profundamente enraizado em uma desigualdade econômica e social produzida por opressões de toda a sorte, que vão desde o passado escravocrata à omissão de governos que se sucedem e, mais recentemente, à tecnocolonização em massa por conta das pressões do capital (ROLNIK, 2015). Buscamos compreender essa problemática no período imediatamente após o impeachment da ex-presidenta Dilma Rousseff e relacioná-lo, alguns anos depois, com o período de pandemia de COVID-19 que afetou toda a humanidade, particularmente o Brasil, por conta do abandono público e notório ao qual foi relegada a população pelo governo eleito em 2018 (que, por conta das consequências de mortalidade em massa, poderia ser considerado sem dificuldade necropolítico). Até novembro de 2022 mais de 689 mil brasileiros já haviam terminado no cemitério, em parte por conta da gestão da pandemia de COVID-19, considerada dolosa pelo Centro de Estudos de Direito Sanitário da Universidade de São Paulo (2021) e criminosa pela Comissão Parlamentar de Inquérito da Pandemia (SENADO FEDERAL, 2021). Isso, sem contar os seguidos massacres indígenas, a destruição do meio ambiente e o aumento dos incêndios florestais, que tornaram o país pária ambiental da humanidade, fato ilustrado pela célebre fotografia dos líderes do G-20 — grupo dos 20 países mais industrializados do mundo — tirada na célebre Fontana di Trevi, em Roma, Itália, com apenas 19 mandatários acenando ao mundo. O ausente? (ISOLADO…, 2021).

---

[20] Milton N. Campos obteve auxílio da FAPERJ. Projeto de n.º 2104842016.

Resultado de processos de expulsão da população do campo (conhecido como "êxodo rural") pela impossibilidade do acesso à terra e ao trabalho, o rápido crescimento urbano forjado pelas necessidades de mão de obra de indústrias nacionais e multinacionais, a partir dos anos 1950, e as consecutivas gestões públicas dominadas por setores conservadores da elite nacional trouxeram consequências devastadoras para o país. Áreas miseráveis proliferaram nas entranhas de grandes cidades, como o Rio de Janeiro, e nas periferias de outras com geografias mais espalhadas, como São Paulo, produzindo, segundo Alves (2020), fábricas de exclusão social. Abreu e Pereira (2011) resgataram no livro *Caminhos da liberdade: Histórias da abolição e da pós-abolição no Brasil*, registros históricos das maneiras pelas quais o Estado brasileiro agiu como agente opressor de comunidades socialmente desfavorecidas, negando-lhes ou dificultando o acesso à moradia. Acidentes, como o desmoronamento de prédios construídos ilegalmente por milícias, deslizamentos de terra em favelas construídas em morros, expulsão de comunidades inteiras de terras abandonadas pelos proprietários e ocupação irregular e inadequada do meio ambiente urbano (CALDEIRA, 1984) demonstram cabalmente a incapacidade das poucas políticas públicas de habitação, que um dia vieram à luz no país, de transformar realidades a respeito das quais ninguém se responsabiliza. Ser responsável, para Chaui (2000, p. 434), "[...] é reconhecer-se como autor da ação, avaliar os efeitos e consequências dela sobre si e sobre os outros, assumi-la bem como às suas consequências, respondendo por elas". Com efeito, a desresponsabilização dos governantes que seguidamente tomaram o poder do Estado não raro evoca conivência com a violência da desigualdade sob as mais diversas formas (ARZABE, 2011; CARVALHO; ROSSBACH, 2010; PIRES, 2013; SANTOS, 2009; SILVA, 2011; MOSSAB, 2008), particularmente com relação ao direito inalienável à moradia, negado aos mais pobres, notadamente aos herdeiros da escravidão. De bem público, a moradia tornou-se produto de mercado (ROLNIK, 2015), sob as pressões de "emergente camada social de maior poder aquisitivo" (VAZ, 1994, p. 5).

Discutimos neste capítulo a problemática da desreponsabilização do Estado e seus efeitos deletérios a partir de uma experiência de pesquisa envolvendo muitas das pessoas jovens que vivem na comunidade do Horto Florestal, agrupamento humano localizado nas entranhas do Jardim Botânico do Rio de Janeiro. Entidade pública, fundada por D. João VI, em 1808, e grande empregadora da mão de obra local no passado, o Jardim Botânico tinha como missão a pesquisa e a preservação de espécies da Mata Atlântica (JARDIM BOTÂNICO DO RIO DE JANEIRO, 2008). Os primeiros trabalhadores, escravizados, foram substituídos, décadas depois, por homens "livres" que, autorizados a fazer do espaço do Horto Florestal moradia, acabaram por ali ficando com suas famílias até os dias de hoje. Ansiedade, tensão e medo são sentimentos com os quais a comunidade convive no dia a dia. Essa sobrecarga emocional é insidiosa porque derivada de incertezas sobre seu direito de permanecer onde seus antepassados se instalaram. Os moradores são cotidianamente ameaçados de expulsão por agentes da justiça que levam a polícia militar às suas portas.

NEGAÇÃO DA MORADIA

Do quilombo à "invasão"

Nosso trabalho de pesquisa-convivência (método parente da pesquisa-ação, introduzido no capítulo "Panorama das juventudes") enfoca a ótica da negação. Ainda que a possível legitimação do Horto Florestal como território quilombola dependa de ações políticas de seus moradores atuais, poderíamos considerar a comunidade que vive hoje no Jardim Botânico do Rio de Janeiro ocupante de espaço de resistência ao mesmo título que os quilombos. Os termos "quilombo" e "quilombola" têm sua origem, como se sabe, na luta de pretos fugidios contra a opressão vigente à época da escravidão. Assim como esses lutaram pelo direito de morar por conta do risco de morte pela tortura e medo de extermínio, os atuais moradores da comunidade do Horto Florestal o fazem hoje, ainda que não tenham encaminhado às autoridades processo de demanda de reconhecimento da origem de parte significativa de seus ancestrais.

Passados dois séculos de permanência no território do Horto Florestal, os moradores, em sua maioria pretos e pardos, muitos descendentes de escravizados alforriados que se tornaram servidores públicos, em vez de resistir somente a senhores ou funcionários do Estado, passaram a ter que enfrentar as forças sorrateiras do capital. Atualmente, está em curso uma reformulação do perímetro do parque, que busca se legitimar publicamente sob o argumento de que os moradores da comunidade são invasores. O conflito instaurado entre a comunidade do Horto Florestal e o Instituto de Pesquisas Jardim Botânico do Rio de Janeiro (IPJBRJ) envolve um projeto de remoção de 589 famílias que moram no local, ameaçadas sob a alegação de que estariam dentro da área do Instituto. É fato notório que o Horto Florestal, que faz parte do complexo da Floresta da Tijuca, natureza luxuriante em plena zona sul do Rio de Janeiro, é um espaço urbano que tem sido cobiçado pelo próprio Estado e pelo capital especulativo imobiliário. Ambos têm interesses que se associam pontualmente segundo as circunstâncias. No campo de batalha desse cabo de guerra, no ataque, age a União com ações de reintegração de posse de um terreno público (por mais de um século e meio "emprestado" para moradias de funcionários); em outro campo de ataque, aparentemente associando-se às forças da União, atua o capital especulativo imobiliário apoiado por segmentos da grande mídia impressa e televisiva que, em reportagens a respeito dos "invasores" de terras que ela mesma parece querer ocupar, manifesta-se por meio da produção de meias verdades (pois, na sequência "quilombo - moradia pública - invasão", as narrativas midiáticas focam exclusivamente o último termo); no campo da defesa, resiste a comunidade em plantões do medo contra intervenções policiais, remoções e ações de derrubada de imóveis. Neste "quilombo moderno", os moradores estão isolados, sem efetiva proteção social de interesses privados e "público-privados", escorados pela ideologia da "liberdade" individual. Ainda que Hayek (1978, p. 85), em seu liberalismo clássico, afirme que, "[...] se o resultado individual da liberdade não puder demonstrar, de algum modo, que é mais bem-sucedido que outro qualquer, na maioria das situações ele deve ser desprezado", seu argumento deve ser rejeitado em benefício do interesse coletivo.

Assim, procuramos compreender os sentimentos que emergem diante da resistência e luta da comunidade, focando os de seus jovens moradores. Em nosso convívio, conversando com eles e solicitando que compartilhassem suas interações nas redes sociais, como as estratégias de vigilância comunitária, aprendemos a compreender o vivido de uma comunidade em luta; ou seja, as múltiplas ecologias de sentidos de seus moradores, que emergiram de percepções fundadas em cognições e afetos construtores das memórias que produziram suas imagens de mundo e juízos sobre suas realidades. Os moradores fizeram das tecnologias da informação e da comunicação suas aliadas, de modo a possibilitar aos mais jovens o compartilhamento de informações em redes sociais, na luta por seus direitos de moradia. Não é incomum que, em seus revezamentos nas vigílias organizadas por temor de incursões policiais em cumprimento de ordens de remoção, protejam o território discutindo ao vivo, pela internet, estratégias de resistência.

Cidadania e direitos

A ideia de cidadania nasce na Grécia Antiga (século VIII a.C.) como expressão da atuação dos moradores da pólis. Atenas, cidade autônoma governada por uma assembleia de moradores, os cidadãos (*poetai*), é o melhor exemplo da pólis grega. Eram cidadãos apenas os homens livres; escravizados, mulheres, estrangeiros e crianças não tinham o direito de participar da Assembleia dos Cidadãos para decidir sobre as coisas da *polis*, seu destino político, econômico e cultural (JAGGER, 1998). Ou seja, tratava-se da emergência de uma ideia de democracia fundada em direitos, mas longe de ser uma sociedade igualitária. A experiência grega foi sendo retomada e reconfigurada em civilizações posteriores e, como se sabe, quando do advento do Estado moderno, a noção de cidadania passsa a representar "[...] o conjunto de direitos civis, políticos e sociais, que faz convergir e disciplinar as ações de uma sociedade no uso desses direitos" (COVRE, 1991, p. 11) e a ideia de liberdade nasce, com o liberalismo tradicional, como princípio de luta pela igualdade perante a lei (HAYEK, 1978). Essa promessa de igualdade fundada na liberdade, estabelecida por leis aprovadas pelas instituições cidadãs do Estado, supõe um conjunto de regras que deveriam ser obedecidas pelos cidadãos. Nas lutas históricas que múltiplas sociedades levaram para impedir o jugo do terror, diversas formas de exercício da cidadania e da liberdade foram sendo configuradas, muitas fundadas no sonho de que a democracia, como sistema dentro do capitalismo, responderia às necessidades de suas populações. Esse foi o sonho vendido historicamente pelos países defensores da iniciativa privada como farol da liberdade. Que engodo! No Brasil, os ensaios de estabelecimento da democracia degeneraram com os avanços do modelo neoliberal capitalista que tomou conta do planeta. Chaui (2020, p. 322) o chama de "nova forma de totalitarismo", pois tem como princípio o desmantelamento de direitos à cidadania "em proveito dos direitos privados". Opera no Brasil negando direitos, sustentado pela prática de violências perpetradas pelas instituições do Estado (RIBEIRO; RIBEIRO, 2012), descaradamente amparadas pela força das armas, das milícias e das polícias.

Desde a entrada em vigor da última versão da Constituição da República Federativa do Brasil (BRASIL, [2020]), além dos direitos propriamente individuais por ela estabelecidos, fundados na ideia de liberdade capitalista, estabeleceram-se "direitos sociais", da ordem do coletivo. Em seu artigo 6º, alterado pela Emenda Constitucional n.º 90 de 2015 (BRASIL, 2015), a Lei Magna define como direitos sociais "a educação, a saúde, a alimentação, o trabalho, a moradia, o transporte, o lazer, a segurança, a previdência social, a proteção à maternidade e à infância, a assistência aos desamparados [...]" (BRASIL, [2020]). É forçoso constatar, no entanto, que esses preceitos do liberalismo social de orientação europeia (COURTLAND; GAUS; SCHMIDTZ, 2022), inseridos na Constituição do Brasil como "liberalismo moderno", não garantem adequadamente — e em inúmeros casos, nem minimanente —, para a maioria da população, nenhum desses direitos. O direito à moradia, notadamente, é um dos mais violados. Caracterizado por Rolnik (2015) como um débito permanente imposto à população de baixa renda, maioria do povo brasileiro, torna-se, na prática dos vividos, negação de um direito, expropriação da dignidade da pessoa humana. Bachelard (1989, p. 27), para quem a "vida começa bem, [...] protegida, agasalhada no regaço da casa", veria, àqueles que são impedidos de ter moradia, uma vida ruim, atacada, abandonada. Para Bauman (2003), não há meias palavras para expor essa brutal violência, ao afirmar que, quando os direitos à cidadania de uma comunidade são negligenciados, a liberdade está em risco. Sem moradia, não pode haver, portanto, liberdade. As favelas — emblema nacional da brutalidade do Estado brasileiro — são formas contemporâneas de campos de concentração ou, como preferimos falar: "favelas de concentração".

Trens da Central e remoções nas favelas de concentração

O caminho para a favelização da vida, notadamente na cidade do Rio de Janeiro, nasce com a chegada dos escravizados, obrigados a trabalhar nas fazendas, na agricultura, nas minas e em serviços domésticos, como abanadores, amas de leite, carregadores e outras funções exigindo força muscular. Parte deles fugiu e organizou resistências em quilombos, em desesperada defesa da própria existência (FIABANI, 2007). Os que permaneceram escravizados, ao serem libertados durante o século XIX, foram expulsos das fazendas e entregues à própria sorte. Sem ter onde morar, formaram os primeiros núcleos residenciais, precursores das favelas, em áreas irregulares, perigosas ou invadidas (ALVES, 2020).

Não é de hoje que políticas públicas — ou a ausência delas, como foi o caso das populações oriundas da escravatura e abandonadas pelo Estado — ignoram princípios de redistribuição de renda (NONETO; WERTHEIN, 2003) e favorecem as classes sociais com poder aquisitivo (VAZ, 1994) em verdadeiros conluios das elites com elas mesmas — a "iniciativa privada" — especialmente no que diz respeito à moradia. Apesar de esforços realizados pelos governos do país de 2002 a 2016, que iniciaram uma reversão, ainda que modesta, nas políticas públicas de proteção do capital de modo a garantir direitos sociais, esses têm sido progressivamente desmantelados pelos últimos governos. Os efeitos não somente se fazem cada vez mais evidentes, mas também escancaram uma brutalidade que tem espantado o planeta desde a instalação, no Planalto Central, do governo inominável eleito em 2018, cujas consequências nefastas, internacionalmente articuladas por projeto de extrema direita, poderiam ser vistas como formas de destruição, de devastação ambiental ao assassinato intencional em massa (CEPEDISA, 2021; SENADO FEDERAL, 2021). Dados do último recenseamento populacional de 2010 (IBGE, [2010?]) dão conta de que a parcela da população brasileira vivendo abaixo da linha da pobreza, em localidades carentes e periferias favelizadas, afetava cerca de 11 milhões e meio de brasileiros. Seguramente, os números do novo censo — cancelado pelo governo em 2020 por causa da pandemia de COVID-19 e, em 2021, em decorrência de corte de 90% da verba do IBGE (CARRANÇA, 2021) — revelariam que, no início de 2021, pelo menos 27 milhões de pessoas viveriam em moradias precárias, número estimado pela Fundação Getúlio Vargas (COUTO, 2021).

Com o aprofundamento da miséria, a falta de moradias só poderia aumentar. Segundo a revista *Exame* (PANDEMIA...2020), o Núcleo de Defesa de Direitos Humanos da Defensoria Pública do Estado estimava, na época, a população de rua da cidade do Rio de Janeiro em 17 mil pessoas. Acrescem-se aos desabrigados aqueles que vivem em quase meio milhão de moradias irregulares. Mais de um quinto da população carioca, segundo a revista, estaria vivendo em favelas. Mesmo assim, os processos de remoção de populações favelizadas continuam a tramitar, ainda que as retiradas forçadas de populações vivendo nesses territórios tenham sido menos frequentes desde o início da pandemia de COVID-19. De acordo com dados da Anistia Internacional (2017), obtidos junto à prefeitura da cidade do Rio de Janeiro, 19.220 famílias tinham sido removidas de 2009 até a data de publicação do relatório. Dessas, 8.980 receberam apartamentos do Programa "Minha Casa, Minha Vida", criado em 2009 pelo governo Lula e implementado em seguida pelo governo de Dilma Rousseff. Outras 5.955 passaram a receber aluguel social (ajuda de custo mensal de R$ 400) enquanto 4.285 aceitaram uma "compra assistida" ou receberam indenizações. No entanto, há de se ressaltar que a maioria das ações trata de remoção de pessoas, contra sua vontade, das casas ou terras que ocupam, sem a provisão ou a garantia do acesso aos devidos processos e salvaguardas legais. De acordo com o site da Anistia Internacional (2013, p. 1),

> Os líderes de todo o mundo devem reconhecer a importância
> de se construir e manter um sistema que proteja os vulneráveis
> e que contenha os poderosos; um sistema fundado no Estado

> de direito, que garanta o fim da impunidade e a adesão às normas internacionais relativas aos direitos humanos; um sistema que faça os líderes lembrarem-se de que estão ali para servir aos interesses de seus cidadãos.

A história da moradia na cidade do Rio de Janeiro já testemunhou, com base nos mais diversos processos, remoções de comunidades inteiras, transferidas de zonas nobres e valorizadas nos morros para periferias ou "subúrbios" da cidade. O termo "subúrbio" carrega, para Fernandes (2011), um estereótipo negativo pelo fato de, no início do século XX, estar relacionado a locais vistos como espaços reservados à segregação do proletariado. Ou seja, ao retirar o direito à cidade das populações enviadas ao "subúrbio", o Estado legitima sua "[...] recusa de se deixar afastar da realidade urbana por uma organização discriminatória, segregadora" (LEFEBVRE, 2008, p. 34) e as leva a ações inevitáveis de resistência. Em troca, implanta as linhas de trens da Central, arma a população e as polícias que vigiam as favelas, verdadeiros campos de concentração brasileiros, "favelas de concentração".

Guardiões da floresta na resistência em rede

Os vividos da comunidade do Horto Florestal já passaram mais de dois séculos "[...] numa batalha urbana contra as forças que operam pelo desenraizamento das pessoas dos territórios onde construíram seus projetos de existência" (ROLNIK, 2015, p. 14). Hoje, os moradores vivem no epicentro de um conflito de reintegração de posse de terras, reivindicada pela União, com apoio disfarçado das mídias e de interesses imobiliários. Paradoxalmente, essa comunidade majoritariamente afro-brasileira que se quer expulsar não possui histórico de criminalidade, insegurança ou violência endógenos, mas vive sob constante ameaça de remoção, de violência exógena. Não sendo propriamente uma favela, mas um bairro pobre junto à Floresta da Tijuca, seus moradores aprenderam a protegê-la, criando uma situação única. Naturalmente alinhada às propostas da Agenda 21, a comunidade do Horto Florestal hoje, além de ser ignorada pelos órgãos do Executivo responsáveis pela preservação ambiental, convive ainda com ameaças. Para muitos, não há como justificar, dadas suas origens, a retirada violenta dos "guardiões da floresta" (ZAIA, 2017).

Para ilustrar a problemática da cidadania e da liberdade nos conflitos de moradia dessa comunidade que, como "guardiã da floresta", vem convivendo não predatoriamente desde os tempos de D. João VI, as tentativas de remoção são, no mínimo, chocantes. Muitas pessoas jovens passaram a participar de mobilizações de resistência, que incluíram ações não somente no território do Horto Florestal, mas também em territórios virtuais. Como afirma Bretas (2000, p. 13), os "[...] jovens hoje são parte significativa do crescente número de usuários das redes telemáticas". Outros pesquisadores sublinharam seu papel na construção de um sentimento de pertencimento na rede como forma de sociabilidade (MACIEL; ALBAGLI, 2011), em torno de um ideal: "Ainda é difícil imaginar um mundo em que cada ser vivo tenha a mesma facilidade que a juventude atual para lidar com a tecnologia" (CHATFIELD, 2012, p. 17).

Nesse novo cenário de comunicação e ubiquidade, não é trivial aceitar que a informação possa ser segregada e sequestrada como patrimônio de poucos. Hoje, se as redes sociais tornam difícil que fatos possam ser encobertos indefinidamente sob o manto da desfaçatez, o otimismo de muitos carrega também o ônus da propagação da mentira. O fato é que, em um sentido ou em outro, jovens de 18 a 24 anos hoje usam mais intensamente as mídias sociais que as gerações passadas (DUGGAN; SMITH, 2013), expandindo, por meio delas, as redes sociais existentes (ELLISON; STEINFIELD; LAMPE, 2007). A internet é também um espaço afetivo juvenil e marca suas identidades (REIS, 2014). Por meio das redes sociais, jovens organizam ações concretas, apresentando pautas de reivindicações de direitos à cidadania nos âmbitos global, regional e local. Para Gindre (2016), mobilizações sinalizam tempos de rupturas. Manifestações políticas, como a Revolução Verde no Irã, a Primavera Árabe, o Movimento à Rasca em Portugal, os Indignados da Espanha; a Revolta da Praça Tahrir no Egito, o *Occupy Wall Street*, nos Estados Unidos, a defesa do parque Gezi na Turquia, além das passeatas de junho de 2013 no Brasil, são exemplos. O fato é que, hoje sabemos, a internet tornou-se campo de batalhas que pode envolver pessoas com posicionamentos diametralmente opostos, polarizados, algumas afirmando serem autênticas vozes em prol da democracia e pela cidadania, enquanto outras defendem o contrário. Alguns setores das primeiras acusam as segundas de serem pilotadas por sombras necropolíticas nazifascistas apoiadas por setores do capital internacional e conglomerados tecnológicos; setores das segundas acusam as primeiras de censura e desrespeito à liberdade de expressão, que, para elas, deveria ser absoluta, acreditando também que toda e qualquer proposta equitativa reveste-se de ideologia comunista, de gênero e cultural que deve ser combatida e extirpada. Global, regional ou localmente, em defesa de causas cidadãs ou totalitárias, os ecos da voz digital juvenil têm reverberado, demonstrando que o poder de organização e mobilização em redes é uma realidade. Na comunidade do Horto Florestal, que, como todo grupo social, abriga posições diferentes à direita e à esquerda, ao menos a resistência às remoções e a luta pelo reconhecimento das moradias têm sido, até hoje, motivo de unidade, com jovens em rede à frente delas.

Ameaças e resistência

Neste trabalho de pesquisa, buscamos fazer emergir os sentidos que jovens da comunidade do Horto Florestal, em sua maioria afrodescendentes, têm a respeito de existências ameaçadas pela perda de moradias, expressando-os por meio dos movimentos que organizam, presencialmente e em rede. Para instrumentalizar a maneira pela qual fizemos emergir os sentidos, partimos das narrativas jovens a respeito dos processos que sentem, do como percebem as situações e como racionalizam as interpretações que dão a seus vividos. Tomamos os sentimentos como manifestações afetivas relacionadas a estados, como os de apreensão, medo, angústia, alegria, liberdade etc.; as percepções como a maneira pela qual a afetividade é expressa comunicativamente, seja pelo que dizem, seja pelo que mostram nas redes (vídeos, áudios etc.), e as racionalizações como procedimentos argumentativos por meio dos quais justificativas são dadas e a partir das quais tiram consequências sob a forma de juízos.

Mais concretamente, que sentidos expressam em relação à origem, história e tradições da comunidade no território para justificar e legitimar o direito de moradia? Ou seja, como a contínua ameaça de remoção de suas casas pelas autoridades afeta a comunidade e seus sentimentos de liberdade? Qual o papel de suas comunicações presenciais e em rede por meio de multilinguagens na expressão de sentidos?

OS SENTIDOS DA RESISTÊNCIA

Os sentidos das ameaças e da resistência

As relações humanas são sempre mediadas por processos comunicativos e, como tais, expressam infinitas possibilidades moldadas por ecologias ds sentidos (CAMPOS, 2014, 2015, 2017). O equilíbrio ecológico do sujeito no meio está ligado a uma infinidade de aspectos. No que tange ao meio, diz respeito aos territórios das existências e às necessidades de sobrevivência que são assentadas nas economias, nas constituições históricas e nos mecanismos de comunicação, que vão dos corpos às máquinas e tecnologias. No que diz respeito às relações no meio, os sujeitos e aqueles com quem interagimos se expressam por meio de suas cognições, seus afetos e seus juízos. Nas trocas comunicativas, pode-se identificar "mecânicas simbólicas" na medida em que as fronteiras do existir envolvem ações e reações múltiplas e complexas que configuram uma permanente busca de equilíbrio ajustador que os desequilíbrios circunstanciais exercem. Nesse sentido, pode-se simplificar a explicação sobre essas complexas trocas adaptativas, tomando-as uma espécie de matemática dos sentidos em que a comunicação constitui-se na operação que regula os processos de equilibração. Nessa "matemática", as trocas podem se dar em ecologias mais cooperativas, tranquilas, caminhos de alegria, ou mais coativas, violentas, caminhos de tristeza, integrando aqui as sendas indicadas na "Ética" por Espinosa (1983). A ecologia dos sentidos nada mais é do que movimento e fluxos permanentes do viver, em que as trocas humanas se dão em disputas constantes pela autenticidade do entendimento ou pela manipulação do interesse.

Foi trabalhando nessa perspectiva que buscamos, ao fazer emergir os sentidos que as pessoas jovens em rede da comunidade do Horto Florestal davam ao vivido na ameaça e na resistência, apreender se estavam mais alinhadas à geração de sentimento ético-moral de dívida para com alguém ou de sentimento ético-moral de crédito gerado por alguém. O primeiro, ligamos à gratidão, à amizade, à cooperação; o segundo, à recusa do outro e ao conflito que, em casos extremos, pode resultar em formas variadas de corrupção da alma e violência (CAMPOS, 2015, 2017). O sentimento de ameaça, em que o ameaçado é violado para forçá-lo a se sentir em dívida com o violador, tem como contrapartida, inicialmente, o sentimento de resistência em que há recusa da ameaça do ameaçador e subsequentemente produção de crédito na medida em que esse último, aos olhos do ameaçado, passa a dever reparação. O sentimento de que o violado tem um crédito para com o violador, pois o primeiro nada deve ao segundo, pode ultrapassar a mera resistência passiva daquele pela recusa da ameaça. Pode ainda tornar-se ação inversa, em que a violência do ameaçador torna-se alvo de violação, dessa vez da parte do violado; ou seja, este cobra a dívida que sente que o violador tem para com ele. No entanto, em um meio socioambiental que tende a uma situação de insatisfação popular provocada por forças desvalorizadas pela comunidade pelo fato de serem violadoras de liberdades em função de interesses capitalistas, essa, acuada, resiste.

Do processo comunicativo progressivo de trocas sociais humanas, de interações físicas e simbólicas, resultam, portanto, construções adaptativas e sucessivas dos sentidos emergentes de seus participantes. Cabe ressaltar que os conteúdos tristes ou alegres das essências revelam as éticas das trocas, suas relações morais, notadamente em contextos de sujeitos governados por vontades livres, conscientes de si e dos outros. A ética refere-se ao estabelecimento de relações a partir de mecanismos de comunicação enquanto trocas viscerais. Nessas, não se admitem intermediações burocráticas cujos propósitos possam comprometer seus sentidos (COSTA, 2010). Neste estudo buscamos explorar as produções éticas dos sentidos nas trocas que jovens em rede da comunidade do Horto Florestal estabeleceram entre si com os outros, no contexto de resistência à ameaça de remoção e de preservação de sua liberdade.

A produção de liquidezes

Quando Bauman (2001, 2007) discute a "liquidez" e suas implicações no sentimento de liberdade (1989), expõe a fragilidade e o desmantelamento das garantias sociais fornecidas aos indivíduos pelo Estado, liquefeitos pela fragmentação do mundo globalizado. As incertezas e complexidades afetam a identidade humana, particularmente a das pessoas jovens, sobretudo no que diz respeito ao seu sentimento de liberdade (BAUMAN, 1989). Segundo o autor (BAUMAN, 2003), o preço a pagar pelo privilégio de se viver em comunidade seria a liberdade enquanto autonomia, direito à autoafirmação e à identidade. Qualquer que seja a escolha realizada nas trocas entre o violador e o violado, ganha-se alguma coisa, e perde-se outra. Não ter comunidade significa não ter proteção; alcançar a comunidade, se isso ocorrer, poderá em breve significar perder a liberdade. A segurança e a liberdade são dois valores igualmente preciosos e desejados que podem ser bem ou mal equilibrados, mas nunca inteiramente sem atrito. Para Bauman (2007), os medos nascem da liquidez dos parâmetros de segurança da sociedade moderna, nos estimulando a assumir uma posição defensiva. Quando isso ocorre, produz subordinação passiva ou ação defensiva.

Nesse contexto ocorrem produções líquidas, como massas de pessoas que, ao enfrentar dificuldades de se afiliar, tornam-se grupos "[...] guetificados, atores economicamente destituídos de bens materiais, que são percebidos pelos sistemas políticos, econômicos e sociais como inúteis" (BAUMAN, 2003, p. 108). Para os inúteis, não são oferecidos caminhos de liberdade, mas de subalternidade que, em contextos de exclusão brutal, poderiam ser tidos como resultados de políticas da morte, necropolíticas.[21] Bauman não deixa de ter certo idealismo quando enfatiza a importância de se reconstruir as relações entre indivíduos e sociedade, interligando as esferas privada e pública —Estado, Nação, Comunidades — visando a resgatar valores maiores na vida social e política. No entanto, reconhece que a principal ferramenta de sociabilidade juvenil, a internet, deu golpe mortal na "naturalidade" do entendimento comunitário. Ou seja, na liquidez do sistema capitalista contemporâneo, os movimentos jovens tendem a se conformar à impossibilidade de se constituir autonomamente: são vítimas do assassinato de seus sentimentos de liberdade. Ainda que, filosoficamente, possamos afirmar que os seres humanos sejam fundamentalmente livres, porque sua vida não pode ser nada mais senão seu próprio projeto, como atividade orientada para o futuro; na ecologia dos sentidos juvenis, a permanente negação do direito à moradia — essa coação violenta às quais são permanentemente submetidos — é recusa ao direito de serem livres.

Assim, na confluência da liquidez característica das políticas de exclusão e expulsão do capitalismo violento que se estabeleceu no Brasil, temos o objetivo, neste estudo, de ir além da simples constatação das produções éticas dos sentidos nas redes presenciais e virtuais de jovens da comunidade do Horto Florestal decorrentes, da ameaça de remoção e de preservação de sua liberdade. Buscamos analisar teoricamente como elas os afetam.

DESIGN DO ESTUDO

Método

De orientação qualitativa, buscamos construir um espaço capaz de abrigar percepções construídas a partir de cognições e afetos trazidas por memórias produtoras de imagens de mundo relacionadas à moradia, ou seja, ideias e juízos das pessoas jovens, assim como dos motivos de comportamentos (KOTHARI, 2004), em função do contexto de tensão permanente em que vivem na comunidade do Horto Florestal. Nessa perspectiva, adotamos uma abordagem híbrida. De um lado, nas ecologias do sentidos (CAMPOS, 2015,

---

[21] Adotamos aqui o termo "necropolítica", utilizado subsequentemente, cunhado por Achille Mbembe (2003, p. 11), para quem "[...] *the ultimate expression of sovereignty resides, to a large degree, in the power and capacity to dictate who may live and who must die.*" ["[...] a última expressão de soberania reside, em larga medida, no poder e na capacidade de decidir quem pode viver e quem deve morrer" (tradução nossa)]. O pensador o entende como expressão política de um poder soberano que ultrapassa os limites do Estado-Nação, mas que também inclui instituições e redes nacionais e supranacionais.

2017) dos vividos locais, empreendemos uma ação crítica de "pesquisa-convivência", uma forma de pesquisa-ação com foco na busca de intercompreensão entre as pessoas como contramovimento à violação de direitos resultante da liquidez necropolítica do capitalismo contemporâneo brasileiro. De outro lado, fundamentamo-nos em procedimentos usuais de constituição de estudos de caso qualitativos em que o acesso a múltiplas fontes de informação é requerido, de modo a compor um corpo de conhecimentos empíricos, objetivos e subjetivos, que orientasse os processos interpretativos de convivência, como sugerem as pesquisas elencadas por Kahn, Hewes e Ali (2009).

Escolha das pessoas jovens participantes da pesquisa

A comunidade do Horto Florestal possui uma população estimada em torno de 2 mil moradores (MOVIMENTO NACIONAL DE LUTA PELA MORADIA, 2010), de onde o primeiro autor é oriundo e onde passou sua infância, adolescência e parte da juventude. Assim, na medida em que a convivência com parte da população é antiga, criamos, na primeira etapa da pesquisa, um processo de escolha não aleatória de moradores. Fixamos a idade de adultos entre 18 e 24 anos, dentro do segmento de faixa etária de 15 a 24 anos utilizada pelo IBGE (1999) em suas pesquisas, posteriormente estabelecida na Lei n.º 11.129 de 30 de junho de 2005, que instituiu o Programa Nacional de Inclusão de Jovens (ProJovem) e criou o Conselho Nacional da Juventude (CNJ) e a Secretaria Nacional de Juventude.

A estratégia que utilizamos, em um processo de amostragem não aleatório, foi a da "Bola de Neve" (*snowball*). Essa técnica expande gradualmente a escolha de sujeitos de modo a constituir uma rede. Nela, as primeiras pessoas jovens que contatamos, conhecidas, agiram como "lançadoras" da pesquisa, convidando duas pessoas de seu círculo comunitário de conhecimentos; em uma única etapa subsequente, ampliou-se a rede, com uma nova rodada de convites. Essa estratégia é considerada adequada para alcançar populações inacessíveis ou difíceis de identificar: o processo se expande de forma gradativa até o limite considerado adequado, na perspectiva idealizada pelo pesquisador (BIERNACKI; WALDORF, 1981). Ao final do processo de bola de neve, foram recrutados 14 sujeitos, nove mulheres e cinco homens. Os selecionados para compartilhar suas experiências em processos de convivência foram aqueles que se encaixavam na faixa etária procurada e autorizaram formalmente sua participação voluntária, assinando o Termo de Consentimento Informado autorizado pelo Comitê de

Ética.[22] Para a segunda etapa da pesquisa, no auge e arrefecimento da pandemia de COVID-19, foram recontatados as mesmas pessoas que haviam participado da primeira, no período do pós-impeachment da ex-presidenta Dilma Rousseff.

Documentos da pesquisa

No processo de pesquisa-convivência, jovens compartilharam inúmeros documentos que postaram nas redes sociais, relacionados com os processos de ameaça de remoções e movimentos de resistência organizados. Além desses documentos, buscamos publicações nas mídias que pudessem nos ajudar a melhor compreender o contexto de violência continuada que a comunidade do Horto Florestal vem enfrentando. Para isso, adotamos uma estratégia de amostragem intencional (CRESWELL, 2014) a partir dos seguintes critérios: pertinência em relação à questão da moradia no bairro do Horto Florestal; registros textuais de situação (por exemplo, ação versus apatia; diálogo versus violência etc.); registros fotográficos de situações de ação (da parte do Estado ou dos moradores).

Instrumentos de pesquisa

Visto que trabalhamos em uma perspectiva de pesquisa-convivência, embora buscando jovens com os quais não tínhamos contato, em um primeiro momento, adotamos um instrumento de registro de visitas, encontros na comunidade, conversas com as famílias, passeios pelo bairro. Esses procedimentos de convivência tiveram como objetivo compreender as ecologias dos sentidos dos moradores da comunidade do Horto Florestal ao longo de nossas trocas de experiências.

Em um segundo momento, na primeira etapa, organizamos entrevistas adotando o procedimento semiestruturado, que tem como característica básica questionar as pessoas com foco em questões de interesse com base em um roteiro de conversa suficientemente flexível para que se possa sair dele de vez em quando (TRIVIÑOS, 2009). Adotamos, assim, uma perspectiva de conversação orientada, "guided conversation" (WARREN, 2001, p. 85) com

---

[22] O acesso às pessoas jovens que participaram da pesquisa específica reportada neste capítulo, assim como o conjunto de procedimentos, foi autorizado pelo Comitê de Ética do CFCH da, por meio do Certificado de Ética de n.º 76441817.7.0000.5582, de 8 de novembro de 2017. A cobertura ética também se fez por meio do CAAE de n.º 50100415.6.0000.5582, de 4 de novembro de 2015.

o objetivo de ouvir e estabelecer inferências culturais. No caso, nosso foco buscava iluminar as experiências das pessoas diante das ameaças de remoção e as ações de resistência a elas. O roteiro que orientou as entrevistas explorou:

(a) a comunidade do Horto Florestal, sua identidade histórica e o conhecimento a respeito da memória da formação da sua comunidade a partir de histórias contadas pelos mais velhos; o modo de inserção das famílias no local, explorando as formas de aquisição e avaliação da condições de moradia, e suas visões quanto ao futuro;

(b) as percepções das pessoas jovens sobre ameaças à cidadania, direitos e justiça na relação entre poder constituído e sociedade; evidências quanto a sentimentos relacionados à moradia; sentido de "liberdade";

(c) o uso das redes sociais como instrumento de trocas argumentativas, compartilhamento de ideias, participação na causa da moradia e mobilização.

Finalmente, ainda na primeira etapa, em um terceiro momento, coletamos registros documentais em rede (imagens, conversas em rede etc.), assim como outros publicados nas mídias.

Na segunda etapa, organizamos conversas sob a forma de grupos focais. As entrevistas coletivas, por meio de grupos focais, são discussões planejadas e cuidadosamente desenhadas que têm o objetivo de fazer emergir percepções a respeito de algo, em um ambiente livre que não seja ameaçador (KRUEGER; CASEY, 2009 *apud* ADLER.; SALANTERÄ; ZUMSTEIN-SHAHA, 2019). As entrevistas foram realizadas em um padrão diferente do usual, quando são reunidas, presencialmente, muitas pessoas, geralmente em grupos de mais de dez pessoas, podendo chegar a 20 ou até mais. Adotamos a forma de "minigrupos" por conta da necessidade de coletivos pequenos que pudessem conversar de maneira assíncrona por WhatsApp. Além disso, essa variante de grupo focal tem a vantagem de permitir espaços temporais de reflexão. Segundo Zwaanswijk e van Dulmen (2014), o único inconveniente da estratégia seria não ter a mesma fluidez que os grupos focais presenciais, mas, para nós, teve a vantagem de se adaptar perfeitamente à situação da pandemia de COVID-19. Foram, portanto, organizadas sessões de minigrupos, o que garantiu a participação de dez dos 14 jovens que participaram da primeira etapa. As conversas (em texto e áudio) registradas foram transcritas. Durante sua realização, incentivamos a discussão livre para descobrir quais seriam os principais problemas e preocupações da comunidade e, assim, trazer à tona questões que de outra forma não poderiam ser descobertas.

Estratégias de análise e interpretação de dados

Procedemos, ao longo da pesquisa, a um processo progressivo e permanente de análise e interpretação de dados, triangulando resultados. Como se sabe, a partir desse processo, cruzam-se informações obtidas de várias fontes de modo a constituir campos coerentes que permitam o estabelecimento de relações comuns entre dados de natureza diferente (YIN, 2009). Ainda que esse processo seja preferencial em estudos de caso, pode ser aplicado em outros processos de pesquisa, como o nosso, em que compartilhamos progressivamente as descobertas nas trocas. Desse modo, foi facilitada a possibilidade de interpretação teórica de acordo com os conceitos escolhidos.

Uma vez triangulados os registros, associamos, na primeira etapa, a partir de nossas percepções, narrativas provindas tanto de conversas quanto de objetos imagéticos em rede compartilhados. Fizemos essa associação inicialmente por meio de uma análise lógico-natural seguida de uma análise teórica interpretativa da ecologia dos sentidos integrada à crítica da liquidez para, finalmente, posicionar as ocorrências identificadas no tempo. Nessa perspectiva, criamos uma ferramenta orientadora para problematizar o contexto a partir de percepções construídas sobre cognições e afetos produtores de memórias, de modo a fazer emergir, por meio das imagens de mundo e dos juízos, os sentidos juvenis sobre suas lutas no bairro, conforme a Tabela 1 a seguir.

Tabela 1 – Ferramenta de análise teórico-interpretativa

Dimensão		Racionalizações expressas pelos jovens
Sentimentos intersubjetivos	Percepção do espaço social	
Insatisfação /Desvalorização	Exclusão	Desilusão
Insatisfação / Desvalorização	Inclusão	Descrença
Satisfação/Valorização	Exclusão	Expectativa
Satisfação/Valorização	Inclusão	Colaboração

Fonte: Santos (2018)

Aplicamos esse processo individualmente na primeira etapa. Em seguida, na fase da pandemia, triangulamos os resultados da análise da etapa pós-impeachment com as narrativas emergentes das entrevistas em profundidade, a respeito dos sentidos juvenis de moradia.

Primeira etapa

Na primeira etapa do nosso processo de pesquisa-convivência, julgamos essencial, com base nas experiências de trocas, organizar o que recolhemos de modo holístico, mas respeitando a origem dos registros. Assim, decidimos estabelecer unidades holísticas de análise definidas a partir de cada tipo de registro selecionado, sem fatiá-las. Em uma etapa prévia, aplicamos ao conjunto do que tínhamos a técnica da saturação, de modo a descartar excessos narrativos quando começaram a se tornar repetitivos (MINAYO, 2017).

A partir de então, no que diz respeito aos registros de convivência, tomamo-los como um todo perceptivo orientador do processo de categorização das outras informações obtidas. No caso dos registros das entrevistas semiestruturadas, estabelecemos, como unidade de análise, trechos significativos das falas que escolhemos em função das percepções holísticas das experiências vividas. Dentre os inúmeros registros imagéticos que obtivemos, que as pessoas jovens haviam compartilhado por meio de suas redes sociais na internet, decidimos focar fotos que pudessem ser alinhadas diretamente aos registros das falas. Obtivemos, assim, 89 registros textuais e fotográficos que emergiram das trocas com moradores, incluindo os que ativamente participavam da Associação de Moradores e Amigos do Horto Florestal (AMAHORTO), como o presidente da entidade, que contribuiu com a organização do trabalho de pesquisa.

Tal como fizemos na pesquisa sobre as percepções com relação ao meio ambiente, reportada no capítulo anterior, nos servimos da lógica natural (GRIZE, 1997) para orientar um processo rigoroso de organização dos registros de modo a permitir a emergência dos sentidos. Segundo Grize (1997), nesse processo, trata-se de compreender a lógica que emerge da esquematização das operações do pensamento no processo comunicativo, ou seja, dos sentidos que emergem das trocas intersubjetivas. Metodologicamente, adotar a lógica natural significa olhar para os sentidos emergentes entendidos como objetos dos discursos a partir dos quais se permita afirmar que levam a um consenso coletivo, ou como sujeitos dos discursos que, enquanto narrativas, tornam-se objetos discursivos. Esse olhar é mediado por um número de operações da linguagem que permite a articulação dos sujeitos e objetos do discurso enquanto ecologias dos sentidos (CAMPOS, 2014, 2015, 2017). Tendo em vista os objetivos que tínhamos, utilizamos apenas certas operações previstas na lógica natural, capazes de apontar para a formação de juízos.

Em função da pré-análise descritiva feita com a lógica natural, associamos os registros triangulados a um dos quatro quadrantes resultantes do cruzamento de dois eixos. Como mostra a Figura 1, há quatro casos prevalentes — que não excluem a possibilidade de hibridismos, de ambiguidades. Em um eixo, temos a dimensão que chamamos de "comunicativa" (da insatisfação à satisfação). No outro, a dimensão "crítico-social" (da exclusão à inclusão). Os quadrantes que cruzavam insatisfação e exclusão compunham uma situação de "Desilusão"; insatisfação e inclusão indicavam "Descrença"; satisfação e exclusão "Expectativa" e, finalmente, satisfação e inclusão "Colaboração".

Figura 1 – Ferramenta de análise das tendências perceptivas

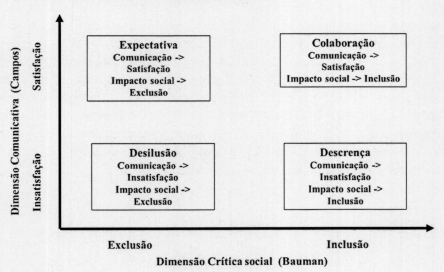

Fonte: Santos (2018)

Segunda etapa

Cerca de um ano e meio depois do início da pandemia de COVID-19, retornamos às conclusões às quais havíamos chegado com relação às percepções construídas a partir de cognições e afetos produtores de memórias de imagens de mundo, possibilitando a emergência dos juízos juvenis, manifestados na época do pós-impeachment da ex-presidenta Dilma Rouseff. Assim, buscamos as pessoas com quem tínhamos entrado em contato, ao longo de nosso processo de pesquisa-convivência, para checar se, depois de quatro anos, em plena pandemia, seus juízos sobre política haviam se transformado. Ou seja, se desilusões e descrenças (maior ceticismo) ou expectativas e colaborações (maior esperança), identificadas na primeira etapa, tinham se transformado na segunda etapa. Assim, nas análises a seguir, o leitor poderá ver a indicação de qual quadrante prevaleceu em cada caso, com a indicação temporal: se diz respeito ao passado, ao presente ou ao futuro da comunidade.

RESILIÊNCIA E SUPERAÇÃO

O processo de pesquisa ocorreu, como já dissemos, em duas etapas, uma primeira pós-impeachment da ex-presidenta Dilma Rousseff e uma segunda em plena pandemia de COVID-19. Organizamos o trabalho de análise, na primeira etapa, de acordo com o roteiro que orientou as entrevistas, apresentado na subseção "Instrumentos de pesquisa". Esse roteiro de temas nos permitiu chegar a um entendimento provisório a respeito das questões que orientaram a pesquisa. Os resultados da primeira etapa consolidaram nosso entendimento a respeito dos sentidos juvenis de moradia somente depois da realização da segunda etapa quando, com a experiência de trocas nos grupos focais, das questões trazidas emergiram novas questões. Nosso direcionamento foi parcial: apenas nos momentos de pausa, de silêncio nas conversas, encorajamos a retomada das interações.

Primeira etapa

Os registros foram triangulados e expressos em um modelo utilizado para identificar para onde tendiam as percepções de acordo com cada tema explorado. Assim, nesta seção, após apresentar resumos dos registros textuais e figurativos posicionados no tempo, indicamos qual quadrante expressa mais fortemente o conjunto de percepções (Figura 1).

Identidade histórica

A maioria conhece e possui algum nível de interesse pelo passado da comunidade, compartilhado a partir de histórias contadas pelos mais velhos. Além de fotos antigas e documentos de autorização de moradia, no território foram deixadas marcas da escravidão: correntes, grilhões, câmaras de tortura que, segundo moradores, desapareceram sob a guarda do Instituto do Patrimônio Histórico e Artístico Nacional (IPHAN).

Nas falas, as pessoas jovens mostram orgulho dos parentes que trabalharam no Jardim Botânico e em obras de infraestrutura de contenção das águas pluviais, como a Represa dos Macacos. Ainda que ainda não tenham reivindicado as terras como território quilombola, moradores fazem questão de citar os documentos concedidos no passado pela União aos seus antepassados, muitos ex-escravizados, que autorizaram a moradia no local. Entendem que esse acervo indicativo de seus direitos de moradia é ignorado pelas autoridades. Um jovem disse: *"Meu avô chegou aqui com os filhos pequenos. Tinha quatro paredes em pé. Ele fez a casa".*[23] A maioria considera que as ações de remoção são unilaterais e reforçam a desconfiança da comunidade na isenção das autoridades. Por isso, quando têm oportunidade, recorrem a manifestações, com faixas de protesto. Em uma delas se lia: "Não somos invasores, somos moradores". Nossa análise crítico-interpretativa nos leva a entender que os sentidos percebidos e racionalizados tendem para a Zona da Colaboração, no passado.

Aquisição da moradia

A forma de aquisição de moradia é percebida na comunidade como uma herança histórico-patrimonial. As pessoas da comunidade falam dessa herança e mostram documentos que a consolidam como mapas do Horto (onde se quer preservar a parte ocupada pelos ricos, mas se quer demolir a parte onde vivem os moradores do bairro); além de fotos de seus antepassados construindo, eles mesmos, as casas do bairro. Para elas, isso justifica seus direitos: *"Minha família ganhou o terreno porque trabalhava para a prefeitura".* Há um evidente divisor de águas entre os moradores nativos, descendentes de trabalhadores da comunidade em seus primórdios, e moradores que, mais tarde, adquiriram imóveis de terceiros ou que possuem mansões e prédios no local. O atual monitoramento das mortes de moradores sem descendentes no local é percebido negativamente. As autoridades, assim que um morador ou moradora morre, ocupa sua casa. Esse procedimento necrófilo tem provocado verdadeiras batalhas contra a demolição dos imóveis por

---

[23] A partir desse ponto, as narrativas colhidas das pessoas jovens serão apresentadas entre aspas.

parte das autoridades: *"Hoje quando as pessoas estão morrendo, autoridades do governo pelo Jardim Botânico vêm e derrubam"*. Atualmente, a Associação de Moradores, de acordo com as pessoas jovens, faz uso de uma dessas casas como sua sede. Segundo nossa análise, manifestam sentidos percebidos e racionalizados que tendem para a Zona da Desilusão, no presente.

Lado bom do Horto

Para a maioria, a natureza é o que define mais solidamente "o lado bom" de se morar na comunidade do Horto Florestal. Suas falas e fotos da natureza do entorno que compartilharam conosco sinalizam claramente esse juízo. Revelam que se identificam com a ideia de que agem como guardiões da floresta: *"Nós mesmos, moradores, tomamos conta. Nós moradores somos conscientes"*. A natureza é reverenciada com orgulho nas entrevistas, a despeito da condição social modesta de moradia, desafiada pelas autoridades e por agentes da especulação imobiliária. *"Temos tudo! Temos a natureza, nós crescemos juntos nos conhecendo desde pequenos"*. Em linha direta com o orgulho de suas origens, entendemos que os sentidos percebidos e racionalizados tendem para a Zona da Colaboração, no presente.

Lado ruim do Horto

Absolutamente todas as pessoas manifestaram, nas falas, sua preocupação diante do descaso das autoridades e da falta de diálogo, considerados os problemas mais graves. Documentaram essa preocupação com fotos de invasões do bairro pela polícia militar armada, ações de resistência e confrontos.

"O lado ruim de morar é a insegurança e o medo de saber que amanhã se pode perder o seu lar". Para eles, é evidente que a prioridade não são os moradores, mas os interesses do Estado e dos empresários de construtoras que semeiam o terror, com a percepção de certa conivência das mídias. *"O lado ruim é o medo"*, afirmam. A maioria fez referências negativas aos políticos, que prometem muito em época de eleição e somem, e à grande mídia, que distorce os fatos para obter dividendos relativos a seus interesses específicos. Entendem que a maior força para esse combate está na própria união da comunidade: *"A gente tem feito vários eventos para se unir cada vez mais, exemplo a Feijoada de São Jorge, festa das crianças, tudo com o apoio da comunidade"*. Nossa

análise não poderia ser outra, senão a de que a juventude local, ao expressar seus sentidos e razões, tende para a Zona da Desilusão, no presente.

Expectativas de futuro

A análise dos registros narrativos e das fotos com caminhões de mudanças a serviço de ações de remoção e de policiais militares armados empurrando os moradores unidos para impedir sua entrada na comunidade sugere que o quadro atual é de incertezas, principalmente em relação ao Estado.

"As autoridades não abraçam as nossas causas". Apesar da violência, há esperança também. *"Peço a Deus que a gente tenha um país melhor".* No entanto, há consenso de que ações positivas, integradas com o apoio de mídias na internet, em meios convencionais, e de entidades parceiras, como universidades e associações de moradores e de amigos de bairro, podem ajudar na defesa da moradia: *"Depois do direito de viver, vem o direito de morar." Ainda assim, são céticos na crença de que dias melhores virão: "Que o futuro seja melhor, não sei, mas no momento está difícil".* Os sentidos expressos e racionalizados quanto ao futuro da moradia nos levam a posicioná-los na Zona da Desilusão, no futuro.

Cidadania, direitos e justiça

As narrativas e os documentos apresentados a esse respeito — em sua maioria, fotos de enfrentamentos violentos entre a polícia militar e a população — sugerem que a justiça e os direitos são percebidos como alheios às vidas das pessoas jovens da comunidade.

"Justiça e direitos só estão presentes quando para defender os interesses das causas federais e da grande mídia que quer a localização do Jardim Botânico [para se] expandir." Incursões policiais, com remoções e derrubadas de casas, para a juventude local, criam um sentimento de estarem abandonados à própria sorte: *"Os moradores sabem que estão abandonados e que precisam se defender".* A comunidade, segundo as pessoas, está descrente porque as instituições são parciais e violentas: *"Caralho! As autoridades chegam e fazem o que querem! A gente fica de vigília para se defender! Não temos apoio!".* Além disso, o sentimento de liberdade é impactado por restrições e proibições à moradia, o que torna a comunidade refém da ação do Estado: *"Se sua moradia está em risco, sua liberdade também está"; "Depois do direito de viver, vem o direito de morar".*

Para elas, o Estado, que, teoricamente, deveria existir para zelar por seus cidadãos, viola os mais pobres e é portador de injustiça: *"Direitos, liberdade e justiça é ver um cidadão morador ser arrancado de sua casa com um filho no colo e ter sua casa derrubada pela polícia a mando das autoridades?"*. Tais manifestações expressam sentidos racionalizados que, quanto aos direitos juvenis, só podem ser entendidos como estando na Zona da Desilusão, no futuro.

Moradia e ansiedade

No que tange à questão da moradia em si, as narrativas e os documentos fotográficos apresentados mostram tempos passados de vivências alegres das famílias em frente às suas casas e tempos presentes em que têm de resistir para não as perder. As pessoas jovens manifestaram preocupação constante com a ameaça recorrente de remoção. Como nos outros temas que exploramos até aqui, esse é, na verdade, o central: risco à moradia e recusa da etiqueta de "invasor".

"Ficar sem casa é preocupação constante", pois está associado, como nas narrativas anteriormente apresentadas, a medo (*"Faz parte do nosso dia a dia. Vivemos com medo"*), a incertezas e ansiedade (*"Quem pode ficar tranquilo vendo a sua casa em risco de derrubada?"*), a experiências traumáticas de demolição de casas (*"Aqui morreu um senhor que morava sozinho, no dia seguinte as autoridades vieram aqui e derrubaram a casa"*). Preocupação constante no dia a dia, a ameaça à moradia forja sentidos e justifica razões que, parece-nos, estão na Zona da Desilusão no presente.

Redes sociais

Jovens relataram alta frequência no uso de redes sociais para troca de informações, organização e ações de revezamento nas vigílias de proteção quando temem incursões policiais em cumprimento a mandatos de remoção de famílias inteiras. Compartilharam conosco fotos a respeito desses movimentos e de locais de vigilância comunitária, assim como uso ativo de espaços na internet para a divulgação de suas causas. De maneira geral, ressaltam a importância das redes em seus movimentos, bem como de ações presenciais: *"Eu uso frequentemente as redes sociais, mas eu acho que as pessoas têm que sair na rua. Tem que ter voz ativa. Só assim a gente vai ter poder de influenciar de alguma forma, alguma coisa"*. As narrativas sobre uso se dividem quando a questão é se há real contribuição das redes sociais para a democracia: *"Eu uso frequentemente as redes sociais, mas não acredito que possa mudar alguma coisa hoje no Brasil, não adianta só escrever. É preciso ação"*; *"Uso e discuto muito. É o nosso meio de se relacionar e fazer as pessoas agirem e fazerem a sua parte"*. De qualquer maneira, relatam sua importância para a comunidade em suas lutas: *"Na comunidade estão criados vários grupos de alerta: Blog, SOS Horto Unido, Fica Horto e, agora por último, criamos o grupo Força Jovem para unir jovens e adultos pela tradição e união da comunidade"*. Nossa análise é de que manifestam sentidos de esperança no uso das redes sociais, levando-nos a compreender, nesse campo, que se orientam para a Zona da Expectativa, no futuro.

Sentidos de liberdade

A maioria considera que a liberdade depende de ter seus direitos respeitados, portanto reivindica justiça igual para todos. Curiosamente, as imagens que compartilharam conosco mostram, de um lado, ações violentas de resistência e, de outro, fotos como uma de Martin Luther King, que pregava a paz como forma de luta. Percebe-se, inicialmente, que a liberdade é mais promessa que realidade.

Uma jovem com filho pequeno expressou-se assim: *"Não temos liberdade. Minha liberdade será o dia que a minha filha puder dizer que tem apoio e direitos respeitados e que não tem a preocupação que eu tenho hoje"*. De modo geral, a ideia de liberdade é vista como uma condição inegociável para resgate da cidadania, ou seja, sem concessões a privilégios provindos do poder econômico, político e social: *"É poder viver com direitos iguais. O rico aqui na comunidade tem preferência porque pode pagar um IPTU de milhões, enquanto o pobre não pode pagar nem uma conta de luz"* — referindo-se a mansões construídas no alto da Floresta da Tijuca, em área ilegal, de preservação ambiental, sem qualquer ação policial de remoção. O sentimento de liberdade é, portanto, impactado por restrições, ameaças e remoções forçadas: *"Liberdade é não ser forçado a sair daqui"*. É, ainda, respeito a direitos: *"Liberdade é, com certeza, poder ser respeitado nos nossos direitos"*; *"Liberdade pra mim é tratamento igual para viver sem preocupação com injustiça"*. Os sentidos de liberdade estão configurados na Zona da Desilusão, tanto no presente (a liberdade que não sentem ter) quanto no futuro (a liberdade que não acreditam que virá).

Segunda etapa

Na segunda etapa da pesquisa, contamos com a participação por WhatsApp de cerca de dez dos 14 participantes da primeira etapa, ou seja, dois terços. Essas presenças confirmaram nossa avaliação prévia de que o interesse pela comunidade em contribuir, mesmo por meio de redes sociais, não diminuiria (já que, por conta da pandemia de COVID-19, as ações presenciais foram poucas, ocorrendo em sua maioria pela internet). Ao longo das conversas que tivemos, emergiram temas tratados na primeira etapa. Relatamos, a seguir, apenas aqueles que foram retomados pelas pessoas jovens, quando manifestaram novas opiniões, avaliações e ideias, em relação ao contexto da pandemia.

Lado bom do Horto

A maioria reafirmou que o lado bom de morar na comunidade está na sua natureza: *"Nós temos contato com a natureza, temos ar puro, riquezas naturais, morar aqui nesse local não tem preço!"*. Citaram com orgulho as cachoeiras, os monumentos da Vista Chinesa, da Mesa do Imperador, o próprio Jardim Botânico, onde vivem, integrado ao Parque Nacional da Tijuca. Para eles, são exemplos do patrimônio ambiental que fazem questão de preservar com maior dedicação, por meio de jornadas ecológicas, mutirões de limpeza e ações de proteção e denúncia de desmatamentos para cosntruções irregulares, autorizadas oficialmente ou não. Promovidas pela AMAHOR, nos anos que se seguiram ao impeachment da ex-presidenta Dilma Rousseff, as ações prosseguiram nos anos subsequentes, apesar de uma redução por conta da pandemia de COVID-19. Ressaltaram ainda o lado do convívio social porque *"Aqui só mora gente boa. Do bem. Se melhorar eu acho que estraga"*; apontando a segurança comunitária como um bem maior: *"Aqui [...] os moradores são da paz, diferente de outras comunidades barra pesada"*. Por fim, exaltaram a liberdade de ir e vir em um ambiente familiar, de gente que consideram ser de bem: *"Se eu tivesse que escolher um outro lugar pra morar, eu escolheria outro igual ao Horto"*. Alinhados à primeira etapa, os sentidos nessa fase também tendem para a Zona da Colaboração, no presente.

Lado ruim do Horto

Relativamente ao lado ruim de morar na comunidade do Horto Florestal, pouca coisa mudou, ainda que sentimentos de falta de segurança tenham emergido com mais evidência na época do auge da pandemia: *"Agora a chapa tá quente! Desse jeito, é motivo pra dizer que aqui virou uma favela igual às que têm por aí"; "Infelizmente a gente está com problema de segurança, uma coisa impensável antes da pandemia".* Disseram ainda que *"Agora tem bandido vindo de... naquelas motos com malotes [...] pra assaltar aqui."* e que *"A pandemia trouxe a bandidagem lá de fora cá para dentro".* A maior parte se mostrou ainda apreensiva com as ameaças à moradia, mas também expressou reivindicações, como a necessidade de obras contra enchentes, mais opções de mobilidade, por meio de transportes públicos, e necessidade de acesso de qualidade à internet. Quanto a sentimentos relacionados ao racismo estrutural da sociedade brasileira, expressaram seu repúdio pelo que consideram ser um abandono deliberado por parte do Estado quanto ao patrimônio histórico, notadamente sua preservação. Expressaram, especificamente, seu descontentamento com a falta de proteção da herança negra escrava, como monumentos históricos, a senzala e os porões da escravidão existentes no território do Horto Florestal, além do Solar da Princesa Isabel, entre outras menções. Na segunda etapa, cujos sentidos também tendem para a Zona da Desilusão, corroborando a primeira etapa, orientaram-se não somente no presente, mas também com olhos no passado, na importância de se valorizar sua herança.

Expectativas de futuro

No que se refere ao futuro, o momento atual parece estar gerando mais discórdia, comprometendo qualquer expectativa de coisas boas. A maioria dos que colaboraram e compartilharam suas ideias conosco reagiu com sentimento de indiferença e descrença diante do futuro. Acreditam que, após o impeachment da ex-presidenta Dilma Rousseff, o país mergulhou em um processo de radicalização ideológica que, nos dias de pandemia, aprofundou o antigo problema da moradia, comprometendo o devir: *"Futuro? Aqui, mesmo nessa pandemia, ainda a gente sofre pressão psicológica com a ameaça de remoção dos moradores".* Mais: *"Como as pessoas podem acreditar num futuro se elas não sabem se amanhã vão ter lugar pra morar?".* Para essas pessoas jovens, à ameaça de remoção, se juntou outra, mais grave representada pela polarização: a própria integridade moral e física, decorrente de ter e poder expressar opiniões diferentes, e a falta de confiança mútua: *"O único direito que a gente tem aqui é o de desconfiar".* Como na primeira, nessa segunda etapa, os sentidos expressos e racionalizados nos levaram a posicioná-los, novamente, na Zona da Desilusão no futuro, também no presente, dada a necessidade de cuidado permanente com as interações polarizadas.

Cidadania, direitos e justiça

Nas entrevistas coletivas por meio de grupos focais, revisitamos afirmações recorrentes, que emergiram na primeira etapa, segundo as quais "*as autoridades não abraçam as nossas causas*", "*peço a Deus que a gente tenha um país melhor*", "*depois do direito de viver, vem o direito de morar*". As reações unânimes foram de que, diante do momento, sentem que gritam no silêncio. Essa situação, que remete a sentimentos de injustiça, apresentou-se de maneira muito mais forte na segunda etapa no auge da pandemia: "*Dizem que justiça é cega. Acho que às vezes ela se faz de cega mesmo*". Relacionaram, ainda, com muita intensidade, o sentimento de injustiça com a ação da polícia, no auge da pandemia:

> *A polícia não faz mais ronda por aqui; fazia na época de turismo na cachoeira. Eu achava que a ronda que a PM fazia aqui era para proteger a gente no local; agora com a pandemia a gente vê que a polícia foi embora. Era para proteger os visitantes ou os turistas, gente importante.*

Ainda que os sentidos que produziram estejam na Zona da Desilusão; na segunda etapa, além das expectativas de futuro, manifestaram-se enquanto sentimentos atuais, do presente.

Moradia e ansiedade

Sentimentos de medo, insegurança e incerteza não só continuaram a fazer parte do cotidiano local, como também se ampliaram diante do quadro do país no auge da pandemia, ressaltando temores ampliados diante das ameaças de remoção: "*Precisamos ter direito à moradia e à segurança. Não temos sossego enquanto durar essa agonia*". Todas as referências relativas às autoridades que emergiram nas rodas de conversa foram negativas: "*Acha que alguém vai dar propriedade pra alguém daqui? Me engana...*"; "*É melhor manter todo mundo na dependência desses políticos que só vêm aqui para eleição prometer moradia legalizada e depois sumir*"; "*Os políticos autorizam moradia irregular na mata para os mais ricos, devastando a floresta; enquanto isso a gente fica ameaçado de sair daqui. Isso é justiça?*". As pessoas jovens manifestaram ainda que carregam estigmas e sofrem preconceito social, sugerindo que o problema ultrapassa o da comunidade, admitindo que tempos difíceis são aqueles "*quando as próprias instituições do país estão sendo ameaçadas e até desrespeitadas*". Os sentidos manifestados na Zona da Desilusão no presente, na primeira etapa, se aprofundaram na etapa da pandemia.

Redes sociais

As redes sociais continuaram e amplificaram seu papel de instrumento, de janela de expressão da comunidade: *"Hoje por causa da pandemia, as redes sociais aumentaram muito na utilização por aqui"*. A pandemia revelou ainda outro aspecto: o da realidade adversa que é a deficiência de serviços de comunicação da comunidade. Um dos jovens disse que a internet *"fica rodando, rodando, rodando"*. Ainda que não tenha sido levantada pelas outras pessoas, ninguém contestou a afirmação. No entanto, o que mais emergiu nos grupos focais foi, de um lado, a ampliação da necessidade de trocas pela internet (*"No grupo do WhatsApp a gente compartilha tudo. A gente grita pelas redes sociais"*) e, de outro, a importância dessas trocas para o acompanhamento da pandemia de COVID-19 na comunidade (*"Hoje com a pandemia a gente fica sabendo até das mortes no local pelas redes sociais"*). Com isso, expressaram que as redes sociais foram espaços de luto: *"No Horto, quando morre um morrem vários ao mesmo tempo"*. Curiosamente, os sentidos produzidos a partir das percepções de vivências na pandemia, ainda que estivessem orientados, como na primeira etapa, para a Zona da Expectativa, repetiram um padrão da segunda etapa, de foco no presente.

Sentidos de liberdade

Os sentidos que emergiram das conversas, globalmente expresso, é que persiste, na comunidade do Horto Florestal, um desejo de liberdade, ameaçado por um sentimento de falta de direitos (*"Sem ter direitos de moradia, cadê a nossa liberdade?"*) e injustiça (*"Liberdade é ver a injustiça e não ficar calado!"*), mas com sede de igualdade (*"Liberdade pra mim é um dia ter certeza que a justiça vai ser igual pra todos"*). Esses sentimentos, que povoaram a infância do primeiro autor deste capítulo — nascido e criado no Horto Florestal, marcando a transição de sua adolescência à maioridade — têm sido coletivamente compartilhados na comunidade e parecem ter se aprofundado com a pandemia de COVID-19 em torno da esperança: *"Liberdade pra mim é quando eu acreditar que o futuro aqui será melhor"*. Houve um claro aprofundamento, na segunda etapa, dos sentidos produzidos na primeira, que posicionamos na Zona da Desilusão, no presente e no futuro.

Pandemia de COVID-19

Enquanto a liberdade não chega, a esperança de um futuro melhor traz lições para as pessoas jovens da Comunidade do Horto Florestal. Para eles, "*A pandemia trouxe ameaça, medo e fake news, mas a gente se cuida porque já está acostumado com isso por aqui (risos)*". Essa reflexão crítica, compartilhada por outras pessoas jovens, se reverte em um princípio de esperança, na medida em que "[...] *a pandemia fez a gente rever os nossos planos, as nossas prioridades, o lado profissional enfim, o nosso sentido da vida*"; "[...] *passamos a reavaliar nossos planos e ver a vida de um jeito diferente*". A maturidade com a qual pareceram enfrentar tempos de pandemia de COVID-19 se reveste ainda de uma ampliação do valor dado aos familiares ("*Eu aprendi a dar valor à proximidade com a família*"), com consequências diretas na vida comunitária. As pessoas jovens do Horto manifestaram que passaram a se engajar coletivamente de outra maneira, pois "*Com a pandemia a gente aprendeu que é mais importante ficar mais próximo das pessoas. Ser mais gente*". Posicionamos os sentidos produzidos na segunda etapa, em relação à pandemia, na Zona da Colaboração no presente, na medida em que manifestaram não somente resiliência, mas também busca do estreitamento dos laços comunitários para o enfrentamento de dificuldades.

RESISTÊNCIA NA MORADA DA LIBERDADE

Do pós-impeachment...

Apesar de a primeira etapa desta pesquisa ter sido realizada na época do pós-impeachment da ex-presidenta Dilma Rousseff, ela reflete, na verdade, processos anteriores à sua eleição e permanência no cargo, na medida em que as pressões sobre a comunidade se arrastam há décadas, perpassando governos da esquerda à direita. Como pudemos observar, as pessoas jovens se mostram desiludidas. Quando de nossas conversas sobre os diversos temas aqui apresentados, a maioria das narrativas, documentos fotográficos e análise na linha do tempo caiu na zona da desilusão em relação ao futuro. Elas somente demonstram ter expectativas positivas no uso das redes sociais e sentimentos de colaboração quando falam do passado da comunidade, suas memórias. Os sentidos de desilusão parecem estar diretamente relacionados com sua insatisfação diante da realidade de suas existências.

O grande diferencial da época do pós-impeachment, comparativamente aos tempos passados da comunidade do Horto Florestal, foram as trocas pela internet. Para Chatfield (2012), se quisermos conviver com a tecnologia da melhor forma possível, particularmente com aquelas que possibilitam e facilitam a comunicação, precisamos reconhecer que o que importa, acima de tudo, não são os dispositivos individuais que utilizamos, mas as experiências humanas que elas são capazes de criar. Com efeito, na metáfora traduzida pela expressão "quilombos modernos", o acesso e as possibilidades de troca de informações fazem toda diferença, como manifestaram nas expectativas que têm a respeito das redes sociais.

O desmantelamento do sentimento de cidadania e segurança, próprio à modernidade líquida, se corporifica em contextos como o explorado nesta pesquisa. Relembrando Bauman (2003): quando os direitos básicos de exercício da cidadania de uma comunidade são negligenciados, a liberdade das pessoas estará em risco. Consta do nosso estudo a existência de uma comunidade líquida, sob ameaça, mas onde as pessoas jovens adotaram uma participação significativa em rede, em resposta à instabilidade. Mesmo assim, seu uso não é suficiente para arrancar a dor que vivenciam por conta das violentas ações de remoção e derrubada de moradias. Bachelard (1989) explica que a moradia permite a construção de um espaço fraternal de ações, expectativas e lembranças e que seu maior ganho é a possibilidade da proteção. No entanto, o medo diante das ameaças à moradia expropria a dignidade da pessoa humana (ROLNIK, 2015).

Para Ribeiro e Ribeiro (2012), a Constituição Federal de 1988 e as leis não são capazes de garantir os direitos fundamentais da pessoa humana, negados aos cidadãos mais pobres pelo uso da violência. A comunidade histórica do Horto Florestal que, por gerações, tem protegido a Floresta da Tijuca e enfrentado as ameaças de remoção dos que lá residem, é exemplo de traços totalitários do Estado brasileiro, que se institucionalizaram ao longo da história do país. Aos "guardiões da floresta" nega-se a moradia, nega-se a liberdade. Como pensar as mudanças relatadas em tempos de pandemia, diante de um quadro no qual prevaleceu, na era do pós-impeachment da ex-presidenta Dilma Rousseff, a Zona da Desilusão?

... à pandemia

No auge da pandemia, o diferencial de trocas pela internet, que verificamos na primeira etapa dessa pesquisa, foi extrapolado de maneira significativa com o aprofundamento de processos antes existentes, mas que se consolidaram, como as *fake news* (GREIFENEDER *et al.,* 2021). As pessoas manifestaram que o aumento das interações críticas acerca da política, com impacto na vida das pessoas, por meio das redes sociais, transtornou suas vidas. Os transtornos, agora virtualizados, fizeram, como vimos, apenas aprofundar ainda mais sentidos ancorados em percepções a respeito de cognições e afetos em que a produção de juízos levou a desilusão, de um lado, mais poderosa e, de outro, ancorada na dura realidade presente da pandemia.

Como é amplamente sabido, a condução da política sanitária federal, durante a pandemia, foi tida como criminosa (SENADO FEDERAL, 2021): desincentivou o uso de máscaras e da vacinação, promoveu a aglomeração, negou a gravidade da doença, divulgou medicamentos charlatães ("kit covid") e disseminou notícias falsas à revelia de comprovação científica, além de envolver-se em atrasos deliberados na compra de vacinas e transações suspeitas de corrupção, que levaram ao indiciamento do presidente e dezenas de outras pessoas por diversos crimes, incluindo o de crime contra a humanidade. A pandemia revelou que, apesar de toda a gama de dificuldades impostas à população, as pessoas jovens que colaboraram conosco, de forma unânime, manifestaram profundo desconforto. Apesar do drama nacional em tempos de pandemia, nossa convivência na comunidade do Horto, a exemplo de várias outras comunidades do país, trouxe à tona sua união com a promoção de ações solidárias, como a distribuição de cestas básicas e apoio psicológico às famílias enlutadas, mesmo sofrendo ameaças de remoção. Para nós, a escuta que fizemos das pessoas sugere que, para elas, o bem maior a ser preservado, independentemente de ideologias políticas e ações que muitos chamariam sem dúvida alguma de necropolíticas deliberadas governamentais, é a solidariedade e a valorização da vida humana, além de luta comum na defesa de seus direitos cidadãos, notadamente ao da habitação.

Desilusão na luta pela justiça

Não há como sonhar com um futuro ideal de respeito aos direitos à cidadania para quem mora em comunidades violadas. A negação da moradia persiste na comunidade do Horto Florestal, bem como persiste a resistência. Mas até quando? Os registros que apresentamos dos contextos de ansiedade e medo de perda da moradia demandam políticas públicas justas que respeitem os direitos das pessoas dessa comunidade, que vive no hiato "ser favela ou não ser favela, eis a questão". Caberia recomendar iniciativas sociais, por meio da execução de projetos ou de ações habitacionais, ambientais e culturais, em parceria com a comunidade, com o objetivo de apoiar e legitimar os direitos à moradia e de viver em um bairro com acesso a serviços públicos essenciais. Como pudemos verificar, a pandemia não mudou nem a realidade, nem os afetos, nem as percepções e cognições construtoras das memórias que produziram imagens de violência e assalto a seus direitos, como atestam os juízos que manifestaram relativamente às suas dificuldades de vida na comunidade do Horto Florestal ao longo do período do pós-impeachment da ex-presidenta Dilma Rousseff ao auge e arrefecimento da pandemia de COVID-19 em 2021.

Como vimos, as tecnologias da informação, que já vinham sendo usadas, ganharam maior importância durante a pandemia de COVID-19, trazendo uma premência relacionada ao tempo presente. Elas possibilitaram àquelas pessoas jovens, predominantemente afrodescendentes, ferramentas que lhes permitiram não somente expressar seus sentimentos de liberdade diante das ameaças de uma realidade social adversa de negação de moradia, mas também ações múltiplas de resistência e organização de medidas de proteção contra a pandemia. A rede de WhatsApp "Comunidade Horto Florestal", que reúne dezenas de ativistas jovens, é um exemplo de ferramenta de resistência e organização de ações principalmente ambientais e culturais, mas também políticas, junto às instâncias legislativas e executivas do Estado. Ainda que não seja a única, pois as pessoas jovens também se articulam por e-mail, Twitter e Facebook, cabe ressaltar que a rede "Comunidade Horto Florestal" tem cumprido papel importante na área da saúde não só em ações sanitário-ambientais, mas também na divulgação de medidas de proteção à COVID-19 e de vacinação contra a doença. As redes sociais, nas trocas e ações coordenadas, têm demonstrado papel social de fundamental importância na prática do vivido não só da Comunidade do Horto Florestal, mas também de outras alcançadas pela rede WhatsApp criada pelos moradores. Nossa pesquisa-convivência confirma a importância dos sistemas de comunicação pela internet — aliás, largamente documentada na literatura sobre o uso das redes sociais pelas pessoas jovens — no fortalecimento de ações pela democracia. Sem elas - e apesar delas, pois podem servir para a disseminação de boatos, mentiras e políticas sórdidas pelos tecnosenhores que querem fazer, das pessoas jovens, tecnoescravas contemporâneas —, as galeras jovens da comunidade do Horto Florestal teriam grande dificuldade de comunicar suas ideias, de fazer suas vozes ouvidas por aqueles que querem se associar à luta contra a injustiça e a opressão do capital instrumentalizado pelo Estado. Ainda que os palácios do asfalto da neocorte imperial, infelizmente, continuem a produzir favelas de concentração, a juventude local manifestou-se decididamente contra a injustiça, em movimentos de busca de liberdade coletiva. Como disse *um deles: "Liberdade pra mim é um dia ter certeza que a justiça vai ser igual pra todos"*.

Essa injustiça é patente ao se constatar que, nem mesmo na pandemia, o Estado esteve presente na comunidade. Tal fato somente corrobora o ímpeto totalitário do governo de extrema direita que assumiu as rédeas do país, que, de acordo com pesquisas recentes (CEPEDISA, 2021) e a CIP da Pandemia (SENADO FEDERAL, 2021), teria cometido crimes contra a humanidade, contra o povo brasileiro e, por tabela, contra suas comunidades. Foi a própria comunidade do Horto Florestal, com suas famílias majoritariamente afrodescendentes, que se organizou para se proteger da condenação à morte por COVID-19, como pudemos atestar ao longo de nossa convivência. Concluímos esta discussão sem saber se é possível ter esperança nas pessoas de boa-fé do país, já que o destino do Brasil parece ser o de um território cada vez mais dilapidado pelo saque de parte de suas ávidas elites conservadoras. Esperamos, ao menos, que o relato desta experiência de pesquisa-convivência ajude no desenvolvimento de vacinas capazes de proteger comunidades das consequências sociopolítico-econômicas virulentas da neocorte imperial e de servir de amparo intelectual para caminhadas de jovens rumo a ações afirmativas nas quais prevaleçam o respeito à cidadania, à justiça e à liberdade. *"Liberdade pra mim é quando eu acreditar que o futuro aqui será melhor."*

VIDAS NEGRAS IMPORTAM

Entre esses dois tempos, do pós-impeachment e da pandemia, do ponto de vista sociopolítico-econômico, mas principalmente cultural, o Brasil se dirigiu, com cada vez mais velocidade, ao abismo para juntar-se ao seleto grupo das nações párias da humanidade (ainda que algumas sejam construções ocidentais ideologicamednte ensejadas por estratégias geopolíticas anticomunistas e anti-islâmicas imperialistas). Não temos como esquecer o famoso samba composto por Moraes Moreira, imortalizado pelos Novos Baianos na voz da então Baby Consuelo, hoje Baby do Brasil: "Quem desce o morro / Não morre no asfalto / Lá vem o Brasil descendo a ladeira...". Na verdade, essa ode à resistência das favelas de concentração diante dos palácios do asfalto, e de sua efetiva brasilidade contra a traição imperialista da neocorte imperial, é um velho refrão histórico que reflete a desigualdade violenta, permanente do país. Diferentemente das questões ambientais, relatadas no capítulo anterior, que passaram a atrair o interesse de multidões no planeta sob a branca direção da jovem sueca Greta Thunberg, as populações prevalentemente afrodescendentes, como a da comunidade do Horto Florestal, não atraem a atenção no Brasil, não fosse o movimento *Black Lives Matter*, que eclodiu, em 2020, nos Estados Unidos, e acendeu uma pequena chama de resistência no país. O Holocausto é definido como um genocídio de milhões de judeus pelo Estado alemão, considerado, por muitos, o mais cruel exemplo de violação dos direitos humanos de toda a história da humanidade. Sem nos furtar de reconhecer o horror do Holocausto, acreditamos que, se não pior, no genocídio negro, que também tem milênios, reside uma característica muito mais perversa: a de ter matado muito mais que o Holocausto ao longo da história, mas ainda de continuar o massacre, que parece longe de terminar. O que se passa na comunidade do Horto Florestal, ainda que seja menos trágico do que o assassinato sistemático de jovens negros nas favelas e bairros periféricos do Brasil, não deixa de ser, na prática, uma política de extermínio. Como se diz popularmente, a teoria na prática é outra. Os discursos e as políticas de governo podem ser outros, mas é a prática concreta que desenha a realidade. Remover populações inteiras é a antessala do extermínio. Aos guardiões da floresta, que sempre foram naturalmente sustentáveis, sobra violência, mas também resistência contra a eliminação de seus direitos à moradia.

Seria mesmo a comunidade do Horto Florestal mais uma "favela de concentração"? Esse termo, cunhado no capítulo "As guerras bárbaras iliberais", ressalta a violação de direitos que representam as favelas cercadas pela polícia militar, por traficantes e milicianos apoiados na prática pelo Estado brasileiro em suas ações de abandono e silenciamento diante de massacres, execuções sumárias e toda a sorte de violências contra populações descendentes, em sua maioria, dos negros escravizados que Portugal legou ao Brasil. Mais: trata-se de uma expressão que objetiva salientar que as favelas são realidades de exclusão que compartilham certas semelhanças com campos de concentração. Em vez do gás letal, as armas e balas, os cassetetes, os helicópteros, as drogas para entorpecer e matar seus jovens. Em vez da estrela de Davi bordada nas roupas, a cor da pele, o cabelo "pixaim" ou crespo, os carros velhos. Em vez de alojamentos coletivos, moradias simples, muitas vezes improvisadas e inacabadas, por conta da vulnerabilidade econômica de seus moradores e das ameaças normativas do Estado. Em vez de cercas policiadas com arame farpado, territórios sem investimento urbano algum, onde o asfalto de baixo serve como muro de entrada para as escadarias e ruelas acima ou ao lado. Nem quilombos modernos as favelas poderiam ser chamadas, porque os quilombos se constituíam em comunidades de negros fugidios que se protegiam e declaravam sua própria liberdade. As favelas de concentração são quilombos contemporâneos violados que não têm como se proteger nem como exercer sua liberdade dentro do chamado "Estado de Direito". Estão lá, segregadas, ao abandono, expostas a balas perdias e remoções forçadas. Seus jovens, hoje, tentam, ao menos, a liberdade de se expressar.

Martin Luther King, líder de movimento civil contra o racismo e a causa da liberdade dos negros nos Estados Unidos, assassinado em 1968, serve de exemplo para um sem-número de jovens. Silenciar não é solução diante de realidades adversas: *"There comes a time when the cup of endurance runs over, and men are no longer willing to be plunged into an abyss of injustice"* (KING *apud* REIDER, 2008, p. 327).[24]

REFERÊNCIAS

ABREU, M. C.; PEREIRA, M. S. (org.). *Caminhos da Liberdade*: histórias da abolição e do pós-abolição no Brasil. Niterói: Universidade Federal Fluminense, 2011. 528 p.

ADLER, K.; SALANTERÄ, S.; ZUMSTEIN-SHAHA, M. Focus group in child, youth, and parent research: An integrative literature review. *International Journal of Qualitative Methods*, [*s. l.*], v. 18, p. 1-15, 2019. DOI: https://doi.org/10.1177/1609406919887274.

ALVES, J. C. S. *Dos barões ao extermínio*: uma história de violência na Baixada Fluminense. Rio de Janeiro: Editora Consequência, 2020. 244 p.

ANISTIA INTERNACIONAL. *Informe 2013*: o estado dos direitos humanos no mundo. Rio de Janeiro: Anistia Internacional, 2013. Disponível em: https://anistia.org.br/wp-content/uploads/2014/04/AmnestyInternational_AnnualReport2013_complete_br-pt.pdf. Acesso em: 15 jul. 2023.

ANISTIA INTERNACIONAL. *Informe 2017/18*: o estado dos direitos humanos no mundo. Rio de Janeiro: Anistia Internacional, 2018. Disponível em: https://anistia.org.br/wp-content/uploads/2018/02/informe2017-18-online1.pdf. Acesso em: 15 jul. 2023.

ARZABE, P. H. M. Pobreza, exclusão social e direitos humanos: o papel do Estado. *Portal do e-governo, inclusão social e sociedade do* conhecimento, 2011. Disponível em: https://egov.ufsc.br/portal/sites/default/files/anexos/25069-25071-1-PB.htm. Acesso em: 15 jul. 2023.

---

[24] "Tem uma hora que o copo da resistência transborda, e as pessoas não querem mais mergulhar no abismo da injustiça" (tradução nossa).

BACHELARD, G. *A poética do espaço*. São Paulo: Martins Fontes, 1989. 242 p.

BAUMAN, Z. *A liberdade*. Lisboa: Editorial Estampa, 1989. 168 p.

BAUMAN, Z. *Comunidade*: a busca por segurança no mundo atual. Rio de Janeiro: Zahar, 2003. 144 p.

BAUMAN, Z. *Modernidade líquida*. Rio de Janeiro. Zahar, 2001. 280 p.

BAUMAN, Z. *Tempos líquidos*. Rio de Janeiro: Zahar, 2007. 104 p.

BIERNACKI, P.; WALDORF, D. Snowball sampling: problems and techniques of chain referral sampling. *Sociological Methods & Research*, [s. l.], v. 10, n. 2, p. 141-163, 1981. DOI: https://doi.org/10.1177/004912418101000205.

BRASIL. [Constituição (1988)]. *Constituição da República Federativa do Brasil*. Brasília, DF: Presidência da República, [2020]. Disponivel em http://www.planalto.gov.br/ccivil_03/Constituicao/Constituicao.htm. Acesso em: 15 jul. 2023.

BRASIL. *Emenda Constitucional n. 90, de 15 de setembro de 2015*. Dá nova redação ao art. 6º da Constituição Federal, para introduzir o transporte como direito social. Brasília, DF: Presidência da República, 2015. Disponivel em https://www.planalto.gov.br/ccivil_03/Constituicao/Emendas/Emc/emc90.htm. Acesso em: 15 jul. 2023.

BRETAS, M. B. A. S. *Interações telemáticas*: estudo sobre jovens internautas de Belo *Horizonte*. 2000. Tese (Doutorado em Ciência da Informação) – Universidade Federal de Minas Gerais, Belo Horizonte, 2000. Disponível em: https://www.brapci.inf.br/index.php/res/v/38900. Acesso: 15 jul. 2023.

CALDEIRA, T. P. R. A *Política dos Outros*: o cotidiano dos moradores da periferia e o que pensam. São Paulo: Editora Brasiliense. 1984. 300 p.

CAMPOS, M. N. Integrando Habermas, Piaget e Grize: contribuições para uma teoria construtivista-crítica da comunicação. *Revista Famecos: Mídia, Cultura e Tecnologia*, [s. l.], v. 21, n. 3, 2014. DOI: https://doi.org/10.15448/1980-3729.2014.3.18777.

CAMPOS, M. N. *Navegar é preciso. Comunicar é impreciso*. São Paulo: Edusp, 2017. p. 504.

CAMPOS, M. N. *Traversée*: essai sur la communication. Berna: Peter Lang, 2015. 390 p.

CARRANÇA, T. Censo perde 90% da verba.... *UOL BBC News*, 22 mar. 2021. Disponível em: https://noticias.uol.com.br/ultimas-noticias/bbc/2021/03/22/

censo-2021-ibge-dificuldade-operacao-inviavel-senado-corte.htm. Acesso em: 15 jul. 2023.

CARVALHO, C. S.; ROSSBACH, A. *O Estatuto da cidade comentado.* São Paulo: Ministério das Cidades: Secretaria Nacional de Programas Urbanos, 2010. 120 p. Disponível em: https://www.suelourbano.org/wp-content/uploads/2017/09/ESTATUTO-Comentado-2010.pdf. Acesso em: 15 jul. 2023.

CEPEDISA. Direito e pandemia: Ordem jurídica e sistema judiciário não foram suficientes para evitar graves violações. *In*: Direitos na pandemia: mapeamento e análise das normas jurídicas de resposta à COVID-19 no Brasil. São Paulo: [s. n], 2021. n. 10, p. 2-3. Disponível em: https://www.cartacapital.com.br/wp-content/uploads/2021/01/Boletim_Direitos-na-Pandemia_ed_10.pdf. Acesso em: 15 jul. 2023.

CHATFIELD, T. *Como viver na era digital.* Rio de Janeiro: Objetiva, 2012. 176 p.

CHAUI, M. *Convite à Filosofia.* São Paulo: Ática, 2000. 567 p.

CHAUI, M. O totalitarismo neoliberal. *Anacronismo e Irrupción*, [*s. l.*], v. 10, n. 18, p. 307-328, 2020. Disponível em: https://publicaciones.sociales.uba.ar/index.php/anacronismo/article/view/5434. Acesso em: 15 jul. 2023.

COSTA, J. F. *O ponto de vista do Outro.* Rio de Janeiro: Garamond, 2010. 384 p.

COURTLAND, S. D.; GAUS, G.; SCHMIDTZ, D. Liberalism. *The Stanford Encyclopedia of Philosophy*, 2022. Disponível em: https://plato.stanford.edu/entries/liberalism. Acesso em: 15 jul. 2023.

COUTO, C. População abaixo da linha de pobreza triplica e atinge 27 milhões de brasileiros. *CNN*, 9 abr. 2021. Disponível em: https://www.cnnbrasil.com.br/nacional/2021/04/08/populacao-abaixo-da-linha-da-pobreza-triplica-e-atinge-27-milhoes-de-brasileiros. Acesso em: 15 jul. 2023.

COVRE. *O que é cidadania?* São Paulo: Brasiliense, 1991. 112 p. (Coleção Primeiros Passos).

CRESWELL, J. W. *Research design*: qualitative, quantitative and mixed methods approaches. 4. ed. Thousand Oaks: Sage, 2014. 273 p.

DUGGAN, M.; SMITH, A. Social media update 2013. *Pew Research Center*, 30 dez. 2013. Disponível em: https://www.pewresearch.org/internet/2013/12/30/social-media-update-2013/. Acesso em: 15 jul. 2023.

VIOLAÇÕES BÁRBARAS: OLHARES JOVENS

ELLISON, N. B.; STEINFIELD, C.; LAMPE, C. The benefits of facebook "friends:" Social capital and college students' use of online social network sites. *Journal of Computer-Mediated Communication*, [*s. l.*], v. 12, n. 4, p. 1143-1168, 2007. DOI: https://doi.org/10.1111/j.1083-6101.2007.00367.x.

ESPINOSA, B. Ética. Demonstrada à Maneira dos Geômetras. *In*: CHAUI, M. S. *Espinosa*: Pensamentos Metafísicos, Tratado da Correção do Intelecto, Tratado Político, Correspondência. 3. ed. São Paulo: Abril Cultural, 1983. p. 69-299.

FERNANDES, N. N. *Rapto Ideológico da Categoria Suburbio-1858/1945*. Rio de Janeiro: Apicuri-FAPERJ, 2011. 176 p.

FIABANI, A. O quilombo antigo e o quilombo contemporâneo: verdades e construções. *In*: SIMPÓSIO NACIONAL DE HISTÓRIA, 24., 2007. São Leopoldo. *Anais* [...]. Salvador: ANPUH, 2007. v. 1, p. 1-10. Disponível em: https://snh2007.anpuh.org/resources/content/anais/Adelmir%20Fiabani.pdf. Acesso em: 15 jul. 2023.

GINDRE, G. F. *Internet e redes sociais como ferramentas de mobilização*. Oficina de redes sociais e mobilização. Material de apoio àa Oficina Redes Sociais e Mobilização 2016. Rede Mobilizadores, Laboratório Herbert de Souza - Tecnologia e Cidadania, Rio de Janeiro: UFRJ, 2016. Disponível em: https://docplayer.com.br/15233066-Internet-e-redes-sociais-como-ferramentas-de-mobilizacao.html. Acesso em: 15 jul. 2023.

GREIFENEDER, R.; JAFFÉ, M. E.; NEWMAN, E. J.; SCHWARTZ, N. What is new and true about fake news? *In*: GREIFENEDER, R.; JAFFÉ, M. E.; NEWMAN, E. J.; SCHWARTZ, N. (ed.). *The psychology of fake news*. Abingdon: Routledge, 2021. p. 1-4.

GRIZE, J.-B. *Logique et langage*. Paris: Ophrys, 1997. 153 p.

HAYEK F. A. *The constitution of liberty*. Chicago: The University of Chicago Press, 1978. 580 p.

IBGE. *Censo Demográfico 2010*. Rio de Janeiro: IBGE, [2011?]. Disponível em: https://sidra.ibge.gov.br/Tabela/3175. Acesso em: 15 jul. 2023.

IBGE. *População Jovem no Brasil*. Estudos e Pesquisas, Informação demográfica e socioeconômica, n. 3. Departamento de População e Indicadores Sociais: Rio de Janeiro, IBGE, 1999. Disponível em: http://www.emdialogo.uff.br/sites/default/files/populacaojovem_-_IBGE_0.pdf. Acesso em: 15 jul. 2023.

ISOLADO, Bolsonaro não aparece em foto dos lídes do G-20 na famosa Fontana di Trevi. *O Globo*, 31 out. 2021. Disponível em: https://oglobo.globo.com/economia/

isolado-bolsonaro-nao-aparece-em-foto-de-lideres-do-20-na-famosa-fontana-di-trevi-1-25259405. Acesso em: 15 jul. 2023.

JAGGER, W. *Paidéia*: a formação do homem grego. São Paulo: Martins Fontes, 1998. 1456 p.

JARDIM BOTÂNICO DO RIO DE JANEIRO. *Jardim Botânico do Rio de Janewiro*: 1808–2008. Rio de Janeiro: Instituto de Pesquisas Jardim Botânico do Rio de Janeiro, 2008. 250 p.

KAHN, L.; HEWES, S.; ALI, R. *Taking the* lead: youth leadership in thery and practice. London: The Young Foundation, 2009. 72 p. Disponível em: https://young-foundation.org/wp-content/uploads/2012/10/Taking-the-Lead-October-2009.pdf. Acesso em: 15 jul. 2023.

KOTHARI, C. R. *Research methodology*: methods & techniques. New Delhi: New Age International, 2004. 401 p.

LEFEBVRE, H. *Espaço e política*: o direito à cidade. Belo Horizonte: Editora da UFMG, 2008. 192 p.

MACIEL, M. L.; ALBAGLI, S. (org.). *Informação, conhecimento e poder*: mudança tecnológica e inovação social. Rio de Janeiro: Garamond, 2011. 332 p. Disponível em: http://www.livroaberto.ibict.br/bitstream/123456789/1062/2/informa-cao_conhecimento_e_poder.pdf. Acesso em 15 jul. 2023.

MBEMBE, Achille. Necropolitics. *Public Culture*, [*s. l.*], v. 15, n. 1, p. 11-40, 2003. DOI 10.1215/08992363-15-1-11.

MINAYO, M. C. S. Amostragem e saturação em pesquisa qualitativa: consensos e controvérsias. *Revista Pesquisa Qualitativa*, [*s. l.*], v. 5, n. 7, p. 1-12, 2017. Disponível em: https://editora.sepq.org.br/rpq/article/view/82/59. Acesso em: 15 jul. 2023.

MOSSAB, A. *Brasil periferia(s)*: a comunicação insurgente do Hip-Hop. 2008. 300 p. Tese (Doutorado em Comunicação e Semiótica) – Pontifícia Universidade Católica, São Paulo, 2008. Disponível em: https://tede2.pucsp.br/handle/handle/5158. Acesso em: 15 jul. 2023.

MOVIMENTO NACIONAL DE LUTA PELA MORADIA. Comunidade do Horto: conheça a história centenária de luta. *Pela Moradia*, 4 mar. 2010. Disponível em: https://pelamoradia.wordpress.com/2013/03/30/comunidade-do-horto-conheca-a-historia-centenaria-de-luta-rj/. Acesso em: 15 jul. 2023.

NONETO, M. J.; WERTHEIN, J. (org.) *Pobreza e desigualdade no Brasil*: traçando caminhos para a inclusão social. Brasília: UNESCO, 2003. 289 p. Disponível em: http://unesdoc.unesco.org/images/0013/001339/133974por.pdf. Acesso em: 15 jul. 2023.

PANDEMIA da pobreza: desemprego muda perfil da população de rua do Rio. *Revista Exame*, 3 jul. 2020. Disponível em: https://exame.com/brasil/pandemia-da-pobreza-desemprego-muda-perfil-da-populacao-de-rua-do-rio/. Acesso em: 15 jul. 2023.

PIRES, F. L. *Mobilidade e direitos sociais*: uma questão de justiça na cidade. 2013. Tese (Doutorado em Política Social) – Universidade de Brasília, Brasília, 2013. Disponível em: http://www.repositorio.unb.br/bitstream/10482/13628/1/2013_FatimaLauriaPires.pdf. Acesso em: 15 jul. 2023.

REIDER, J. *The word of the lord is upon* me: the Righteous Performance of Martin Luther King, Jr. Cambridge: The Belknap Press of Harvard University Press, 2008. 408 p.

REIS, J. B. dos. *Transversalidade nos modos de socialização e individualização*: experiências juvenis em rede. 2014. Tese (Doutorado em Educação) – Universidade Federal de Minas Gerais, Belo Horizonte, 2014. Disponível em: https://repositorio.ufmg.br/bitstream/1843/BUOS-9QJJ9K/1/tese_juliana_batista_dos_reis.pdf. Acesso em: 15 jul. 2023.

RIBEIRO, M.; RIBEIRO, G. (org.). *Educação em direitos humanos e diversidade*: diálogos interdisciplinares. Maceió: Edufal, 2012. 704 p.

ROLNIK, R. *Guerra dos Lugares* - a colonização da terra e da moradia em era das finanças. São Paulo: Boitempo Editorial, 2015. 627 p.

SANTOS, A. F. "Se a sua moradia está em risco a sua liberdade também está": ameaça à moradia e sentimentos de liberdade de jovens da Comunidade do Horto Florestal do Jardim Botânico, Rio de Janeiro. 2018. Dissertação (Mestrado em Psicossociologia de Comunidades e Ecologia Social) – Universidade Federal do Rio de Janeiro, Rio de Janeiro, 2018. Disponível em: http://pos.eicos.psicologia.ufrj.br/wp-content/uploads/2018_MESTR_Almir_Fernandes_dos_Santos.pdf. Acesso em: 15 jul. 2023.

SANTOS, L. D. V. *O negro no século XXI*. Curitiba: Juruá Editora, 2009. 84 p.

SENADO FEDERAL. *CPI da pandemia*: Relatório final. Aprovado pela Comissão em 26 de outubro de 2021. Brasília, DF: Senado Federal, 2021. Disponível em: https://legis.senado.leg.br/comissoes/mnas?codcol=2441&tp=4. Acesso em: 15 jul. 2023.

SILVA, A. C. *A representação social do negro no livro didático*: O que mudou? Por que mudou? Salvador: EDUFBA, 2011. Disponível em: https://repositorio.ufba.br/ri/bitstream/ri/8688/1/Ana%20Ceia%20da%20Silva.pdf. Acesso em: 15 jul. 2023.

TRIVIÑOS, A. N. S. *Introdução à pesquisa em ciências sociais*: a pesquisa qualitativa em educação. 5. ed. São Paulo: Atlas, 2009. 175 p.

VAZ, L. F. Dos cortiços às favelas e aos edifícios de apartamentos — a modernização da moradia no Rio de Janeiro **. *Análise Social*, [s. l.], v. XXIX, n. 127, 1994. Disponível em: https://analisesocial.ics.ul.pt/documentos/1223377187I6iYL2uw3Xe43QN7.pdf. Acesso em: 15 jul. 2023.

WARREN, C. A. B. Qualitative interviewing. *In*: GUBRIUM, J. R.; HOLSTEIN, J. A. (ed.). *Handbook of interview research*: context & method. Thousand Oaks: Sage, 2001. p. 83-101.

YIN, R. K. *Case study research*: design and methods. 4. ed. Thousand Oaks: Sage, 2009. 217 p.

ZAIA, S. Guardiões da Floresta da Tijuca: os moradores do Horto Florestal. *RioOnWatch*, Rio de Janeiro, 9 nov. 2017. Disponível em: http://rioonwatch.org.br/?p=29392 Acesso em: 15 jul. 2023.

ZWAANSWIJK, M.; VAN DULMEN, S. Advantages of asynchronous online focus groups and face-to-face focus groups as perceived by child, adolescent and adult participants: a survey study. *BMC Res Notes*, [s. l.], v. 7, p. 756, 2014. DOI: https://doi.org/10.1186/1756-0500-7-756.

21 TONS DE MEDO

Fabiane Proba[25]
Milton N. Campos

A pesquisa que apresentamos agora pretendeu, num quadro de crescente violência e construção psicossocial do medo, acessar as expectativas de jovens fluminenses de baixa renda com relação a seu futuro e ao das comunidades em que vivem. Não é novidade que o Brasil é uma das sociedades mais violentas do mundo. Com o objetivo de se fazer uma primeira aproximação a respeito dessa triste tragédia humanitária, acessamos as percepções de insegurança e medo em uma época bem específica, após o impeachment da ex-presidenta Dilma Rousseff. Nesse estudo longitudinal, problematizamos os contextos de medo gerados pela violência a que as pessoas jovens estavam submetidas naquela época, refletindo a respeito de como se transformaram até a chegada da pandemia de COVID-19.

A primeira etapa da pesquisa foi realizada de agosto a outubro de 2017, um ano após a deposição da ex-presidenta Dilma Rousseff, herdeira de governos em cujo espólio contavam-se avanços internacionalmente reconhecidos como a ascensão de milhões de brasileiros acima da linha da pobreza, avanços ambientais razoáveis e acesso a crédito com consequente ampliação do consumo das classes menos favorecidas, apesar de ter como contrapartida endividamentos domiciliares que foram bem aproveitados pelos bancos. No entanto, tais conquistas, aplaudidas no mundo, pouco a pouco se esvaíram. Não eram consensuais na sociedade brasileira e, em razão de disputas políticas, não agradavam certos setores econômicos, religiosos e militares, tradicionalmente ligados às elites. Também desgostavam largos setores das classes médias, principais responsáveis pelo voto no militarismo de extrema direita que assumiu o governo federal, inconformados com políticas de diminuição da desigualdade como meio de fazer valer novos direitos inscritos na Constituição de 1988 que foram progressivamente sendo adquiridos por setores populares, como no caso das trabalhadoras domésticas. Em 2017, o número de homicídios de

---

[25] Para fins da realização da pesquisa, Fabiane Proba obteve auxílio, por meio de bolsa de estudos de doutorado saduíche, da CAPES, órgão ligado ao Ministério da Educação, realizado na Università degli Studi di Bergamo, na Itália. Milton N. Campos obteve auxílio da FAPERJ. Projeto de n.º 2104842016.

homens jovens entre 15 e 29 anos, que estava no auge: ceifou 33.772 vidas (CERQUEIRA *et al.*, 2020), como se toda a população da cidade de Ouro Fino, no sul do Estado de Minas Gerais, tivesse sido varrida do mapa. Em 2018, segundo a Fundação Getúlio Vargas, 23,3 milhões de pessoas viviam abaixo da linha da pobreza (NERI, 2018). Com a gestão da pandemia pelo governo iliberal do Brasil, escolhido por setores conservadores nas eleições de 2018, o país regrediu ainda mais nesse quesito, agregando mais de 4 milhões de pessoas na conta da violência econômica, chegando a, ao menos, 27,2 milhões de pessoas vivendo abaixo da linha da pobreza no início de 2021 (GEMAQUE, 2021).

Índices atuais sólidos a respeito da situação do país não foram possíveis de se acessar em função da suspensão da realização do recenseamento de 2020 pelo governo federal, sob a duvidosa alegação de inviabilidade por causa da pandemia de COVID-19. Não se sabe portanto, exatamente, o real retrato socioeconômico, as consequências na precarização da vida e, no que diz respeito à violência social que se expandiu nos últimos anos, na construção social do medo. Sabemos somente, com relação a isso, que o abismo da insegurança aprofundou-se com as consequências da política deliberada de contaminação coletiva do povo brasileiro pela COVID-19, levada a cabo pelo governo federal (CEPEDISA, 2021), internacionalmente condenada por cientistas de renomadas universidades públicas brasileiras e estrangeiras pela comissão parlamentar de inquérito da pandemia, oficialomente denominada de CPI da Pandemia. A CPI, que investigou o caso, documentou com provas diversos crimes perpetrados por dezenas de autoridades e agentes públicos e privados, entre elas o mandatário da nação por crime contra a humanidade (SENADO FEDERAL, 2021).

Tal crise ocorre após mais de três décadas da construção de um Estado democrático fundado em liberdades individuais e coletivas, inaugurado pela Constituição de 1988 e implementado por governos majoritariamente social-democratas de diferentes tons (Fernando Henrique Cardoso, Luiz Inácio Lula da Silva e Dilma Rousseff), cujo espólio tem sido, meticulosa e deliberadamente, atacado e destruído, como é público e notório. O processo de assédio permanente às instituições judiciárias e o desmantelamento intencional das políticas públicas fundamentadas na diminuição das desigualdades sociais, que tinha se iniciado no hiato administrativo do governo Michel Temer, prosseguiram após a eleição, em 2018, de um governo de extrema-direita.

Foi, portanto, durante o governo Temer, e ao longo do processo sub-reptício de ascensão do um neoliberalismo "iliberal" tupiniquim, que buscamos conhecer as percepções, a respeito de sentimentos de medo de jovens fluminenses de baixa renda, que parecem ter-se aprofundado nos primeiros anos da década de 2020. Ainda que saibamos que o medo não tenha relação direta com a situação político-econômica, ele é, em grande parte, engendrado pela desigualdade brasileira (SOUZA, 2006). Quando as políticas de mitigação das chocantes diferenças sociais brasileiras deixaram de ser prioritárias, reforçou-se a produção do temor coletivo, fenômeno contemporâneo, que Bauman (2008) chama de "medo líquido". Podemos chamá-lo também de "medo do extermínio", claramente identificado na primeira etapa da pesquisa e discutida na segunda, ainda que nada possamos dizer do medo de antes de 2017 e do que advirá no futuro.

De que o medo faz parte do dia a dia das juventudes fluminenses de baixa renda, não há dúvida. Nossa pesquisa buscou entender suas razões, nos levando a crer que são sentimentos engendrados pela incerteza, insegurança e instabilidade sociopolítica e econômicas, brasileira e mundial, inscritas em um processo internacional de crise do sistema capitalista. Trata-se de medos produzidos pela negação do diálogo, que causam insatisfação com a vida, agridem os sujeitos e geram violência social (CAMPOS, 2015; CAMPOS *et al.*, 2016). Enraizadas em práticas de manipulação coletiva a partir de uma pluralidade de mídias tecnológicas, as saídas neoliberais de sobrevivência do capital, no caso de países como a Turquia, a Hungria, a Polônia, a Itália e os Estados Unidos da era Donald Trump, estiveram e ainda estão articuladas a estratégias de brutalidade discursiva e agressões aos sistemas de justiça. Com isso, beiram ideologias totalitárias próprias ao que se convencionou chamar de iliberalismo, como as que mergulharam o Brasil, desde o pós-impeachment da ex-presidenta Dilma Rousseff — parafraseando Cazuza — em uma piscina cheia de ratos, mentiras e violências. Colocar lenha na fogueira do medo é um projeto internacional iliberal, não fruto do acaso. Neste capítulo, mostramos um retrato, parcial e temporalmente, situado do desconforto inquietante de uma nação polarizada por discursos de desvalorização das instituições democráticas, notadamente as da justiça, chamadas a confrontos e ao exercício do ódio, produzidos especialmente pela extrema direita iliberal de inspiração totalitária que assumiu o poder graças, entre outros motivos sociais, políticos e culturais mais complexos, a propagandas ilegais massivas disseminadas por redes sociais, fundadas nas chamadas *fake news*. O devir do medo é incerto, mas pode gerar consequências inimagináveis.

JOVENS, VIOLÊNCIA E MEDO

Começamos nosso estudo buscando definições do que seria um "jovem", do que seria a "juventude". As abordagens são variadas, assim como as justificativas, algumas vezes ancoradas em diferentes faixas etárias, outras em processos ritualísticos de passagem ou de desenvolvimento cognitivo. Elas também variam de acordo com diferentes legislações e padrões de agências internacionais e nacionais, tomando características diversas de acordo com variados olhares. Para nos orientarmos de maneira coerente, buscamos identificar os sentimentos de jovens de baixa renda diante do quadro de violência fluminense, adotando uma *definição instrumental* que considera jovem pessoas que atingem a maioridade legal, aos 18 anos, até cerca dos 35 anos. As razões de se delimitar esse período é que, primeiro, nos sistemas de várias organizações que consultamos, as faixas podem ir dos 6 aos 35 anos; em segundo lugar, por uma questão prática relacionada com as dificuldades de se realizar pesquisas com menores de idade. O período de 18 a 35 anos é uma faixa que cobre os sistemas de vários países latino-americanos, como a Costa Rica (CEPAL, 2004), que se adequou à população que quisemos pesquisar.

A título de esclarecimento, é importante ressaltar que buscamos evitar o termo "o jovem" no singular e masculino para, em uma perspectiva mais psicossocial e sem distinção de gênero, pensar pluralmente nas "pessoas jovens". Evitamos ainda o termo coletivo "juventude", embora o utilizemos às vezes, como usamos o adjetivo "juvenil", por necessidade de redação. Essas mesmas razões acompanham o uso do termo "juventudes" que identificam jovens organizados múltiplos contextos da vida social, abrangendo galeras, tribos, gangues ou outras denominações de grupos, como visto com um pouco mais de detalhes no capítulo "As guerras bárbaras iliberais". Escolhemos, assim, explorar a situação de jovens de baixa renda de 18 a 35 anos, incluindo aqueles que, mesmo já tendo constituído família ou tido experiências significativas na vida após a maturidade legal, buscam oportunidades para galgar a escala social, como as propiciadas pelo acesso à formação universitária. O conjunto das pessoas jovens de baixa renda que escolhemos está nessa situação, conforme já explicado no capítulo "Panorama das juventudes".

Brasil, Rio de Janeiro e produção de violência

Como introduzido no capítulo "As guerras bárbaras iliberais, o Brasil tem dados alarmantes de violência, fenômeno com inúmeras faces, espalhado por várias regiões. No estado do Rio de Janeiro (GOVERNO... [2023?]), somente os homicídios dolosos (que não incluem todas as mortes violentas), abrangendo toda a população, contabilizaram, no início da nossa coleta de dados, em 2017, 5.346 pessoas, caindo para 3.544, em 2020, e 3.253 em 2021. Essa diminuição é uma boa notícia, no entanto precisa ser analisada com cuidado porque deve-se, muito provavelmente: ao período da pandemia, entre 2019 e 2021, à intervenção federal no estado do Rio de Janeiro, em 2018, ordenada pelo ex-presidente Michel Temer, que levou tropas do Exército às ruas, e à amplificação da violência policial decorrente. A ascenção de políticas iliberais em que se podem ignorar ou distorcer leis para implementá-las começou, portanto, com o impeachment da ex-presidenta Dilma Rousseff. Não espanta que as mortes de policiais militares tenham caído de 31 por ano para nove, de 2017 a 2021. Mais: nesse mesmo período, as mortes provocadas por agentes do Estado subiram de 1.127, em 2017, para 1.245, em 2020, diminuindo para 1.096, em 2021, durante a crise produzida pela COVID-19. Esses números, oriundos das estatísticas do Governo do Estado do Rio de Janeiro (2023?]), e os referentes aos homicídios de jovens de 15 a 29 anos são tratados diferentemente pelo IPEA (CERQUEIRA *et al.*, 2021), como mostra a Tabela 1 a seguir, que cobre, de 2015 a 2019, ilustrativas de uma verdadeira guerra bárbara contra jovens. Aliás, quem se interessar em consultar as estatísticas públicas sobre eles rapidamente se dará conta de que estão diluídas no interior de inúmeras outras categorias de violência, tornando muito difícil a construção de um quadro sólido e fiel da situação. Ainda que as políticas de segurança pública no Rio de Janeiro tenham "parecido" resultar em melhora, é fato que a maior violência da parte dos agentes do Estado foi inflada, no contexto da ascenção da extrema direita, por declarações de várias autoridades públicas, incluindo as do ex-governador Wilson Witzel, que divulgava a necessidade de "abater" pessoas, como quando disse que "O correto é matar bandido que está de fuzil. A polícia vai fazer o correto: mirar na cabecinha e... fogo!" (WILSON...2018, s/p). Como é notório na prática das ações policiais no Rio de Janeiro, a percepção do que seja um bandido tem três substantivos: jovem, homem e negro.

Desses números eloquentes, são particularmente expressivos os de assassinatos de jovens rapazes, como indicam as informações apresentadas aqui e no capítulo "As guerras bárbaras iliberais". Os índices apresentam uma proporcionalidade sugestiva: os homicídios de jovens entre 15 e 29 anos representam em média, ano após ano, mais da metade do total geral de vítimas (Tabela 1), excetuando-se 2019, quando, apesar da diminuição expressiva dos assassinatos no Estado, os de jovens responderam por 56,67% do total.

Tabela 1 – Homicídios da população geral e jovens de 15 a 29 anos

Homicídios dolosos – Estado do Rio de Janeiro		
Ano	População total	População de 18 a 29 anos
2019	4.004	1.355
2018	4.950	1.682
2017	5.346	1.820
2016	5.042	1.794
2015	4.200	1.479

Fonte: IPEA (2021)

Em 2015, quando propusemos nossa pesquisa e iniciávamos a preparação dos instrumentos de coleta de dados, os estados do Rio de Janeiro e de São Paulo eram destaque da violência contra jovens (NÓBREGA JR., 2015). Dados computados de toda a década, de 2009 a 2019, confirmam de maneira contundente que esses estados, ao lado da Bahia e do Ceará, foram campeões em assassinatos de jovens entre 15 e 29 anos. No Rio de Janeiro, alcançou-se a preocupante taxa de 96,5 por 100 mil habitantes em 2018, nono lugar entre 27 estados da federação, caindo para 52,3 em 2019 (CERQUEIRA et al., 2021).[26]

Segundo Morais Neto e Sousa (2017), essa é apenas a face mais brutal da in-segurança pública, uma das principais causas de morte e de lesões na população brasileira. Ainda que esses e muitos outros indicadores de violência tenham decrescido nos últimos anos, como o de roubos e de furtos, eles não escondem o fato de serem, do ponto de vista humano, ainda gravíssimos. Não escamoteiam a realidade de contínuas incursões violentas e massacres em favelas do Grande Rio por policiais militares, mortes por balas perdidas, agressões por milicianos e traficantes de armas e drogas. São, de qualquer maneira, assustadoras se as compararmos com as de outros países. Para se ter uma ideia, o número total de homicídios nos Estados Unidos — país que não tem do que se orgulhar quando o assunto é criminalidade e violência e que tem uma população aproximadamente 50% maior que a

---

[26] O Instituto de Pesquisa Econômica e Aplicada (IPEA) considera a faixa de 15 a 29 anos de idade em suas estatísticas.

do Brasil e 19 vezes que a do estado do Rio de Janeiro — foi de 17.284 em 2017 (CRIME..., [2017?]) e 16.425 em 2019 (CRIME..., [2019?]). Cooper e Smith (2011), uma década antes, reportaram que, nos Estados Unidos, as taxas eram cerca de dez vezes mais baixas. Passados muitos anos, o Brasil despenca cada vez mais no precipício da violência, ainda que no Rio de Janeiro os índices tenham diminuído ligeiramente possivelmente em função das hipóteses que apontamos.[27]

Os indicadores de mortalidade são mundialmente considerados a maneira mais confiável de se observar o problema da violência (MINAYO, 2009). Olhando por esse ângulo, o país acumulou mais um de seus inúmeros troféus sinistros, ao figurar em 16º lugar entre todos os países do mundo em número de assassinatos. Apesar de a classificação do World Population Review ser atualizada anualmente, os dados dos países variaram, em 2022, entre 2006 e 2019. O último índice do Brasil, de 2018, de 27,38 por mil habitantes, é múltiplas vezes mais alto que, por exemplo, o de 0,26 do Japão e 0,53 da China, no Extremo Oriente; 0,27 do Senegal e 1,13 do Benin, na Africa; 0,37 do Qatar e 0,49 da Palestina, no Oriente Médio; 0,57 da Itália e 0,79 de Portugal na Europa; 4,40 do Chile e 5,32 da Argentina na América do Sul; 1, 76 do Canadá e 5,05 de Cuba na América do Norte e Caribe (WORLD POPULATION REVIEW, [2023?]). Se acrescentarmos a essa forma de violência a que afetou mais de 689 mil mortos por COVID-19 (dados da segunda quinzena de novembro de 2022), parte significativa por conta da ação dolosa do governo (CEPEDISA, 2021), o Brasil subiria no ranking das nações mais violentas do planeta, apesar de ter apenas 2,72% da população global (WORLD POPULATION REVIEW, [2023?]).

Violência, pobreza, raça e gênero ao longo da última década

Segundo Cerqueira e colaboradores (2020), o fator socioeconômico, mas principalmente racial, parece estar intimamente ligado às taxas de vio-

---

[27] Para efeitos de comparação, em 2020, a população dos Estados Unidos da América era de 331.449.281, de acordo com o Recenseamento nacional de 2020. Em 2020, a população estimada do estado do Rio de Janeiro, pelo IBGE, era de 17.366.189. Ou seja, exatamente 19,8 vezes menor que a americana. Isso implica que, se multiplicarmos os números da violência fluminense que apresentamos por 19,8, poderemos ter uma precária noção da tragédia. Dizemos "precária" porque o governo do estado do Rio de Janeiro, por exemplo, só divulga o número total de roubos, furtos e ocorrências, mas não contabiliza o número total das ações mais violentas como todos os tipos de homicídios, espalhando-as em várias categorias. Se fossem contabilizados todos conjuntamente, como nos Estados Unidos, teríamos uma noção aproximada mais clara do que poderia ser considerado um estado de guerra civil,. A maneira como os dados de segurança pública são apresentados dificulta a compreensão dos padrões gerais da violência.

lência. Todos os anos, milhares de homens e mulheres negras morrem por motivos violentos. Entre os anos de 2009 e 2019, houve um aumento do número total de homicídios desse grupo no país de 1,6%: 33.929 perderam a vida, em 2009, contra 34.446 mais recentemente. O Rio de Janeiro responde por 3.237, em 2009, e 2435 em 2019. Comparativamente, para pessoas brancas, o número absoluto foi de 15.249, em 2009, para 10.217 em 2019. Ou seja, a relação é de aproximadamente o dobro do número de casos de morte violenta em 2009, que passou para quase três vezes o número total em 2019, confrontando-se ocorrências entre negros e brancos. Os números da violência têm, portanto, cor: preta e parda.

A principal causa de morte de jovens é a violência. Ao longo da década, 333.330 jovens foram assassinados, sem contar os altos índices de mortes por causa indeterminada. Do total das mortes violentas, 28.267, em 2009, e 23.327, em 2019, atingiram jovens entre 15 e 29 anos de idade. Se considerarmos somente os homens jovens, o número é de 26.431, em 2009, e de 21.897 em 2019. No caso específico do Rio de Janeiro, do total de homicídios em 2009, 2.841, e em 2019, 2.013, os homens jovens foram vítimas de 2.704 homicídios, em 2009, e 1.936, em 2019, uma taxa altíssima (CERQUEIRA *et al.*, 2020; 2021). Apesar de não termos dados recentes específicos a respeito dos homens jovens negros, informes de 2017 dão conta de que esses têm muito mais chance de serem assassinados (CERQUEIRA; COELHO, 2017 *apud* CERQUEIRA *et al.*, 2017). Foi constatado que, em todas as unidades da federação, exceto no estado do Paraná, os negros com idade entre 12 e 29 anos têm mais vulnerabilidade à violência do que os brancos na mesma faixa etária, embora o Rio de Janeiro apresente taxa média acima da nacional. "De cada 100 pessoas que sofrem homicídio no Brasil, 71 são negras. Jovens e negros do sexo masculino continuam sendo assassinados todos os anos como se vivessem em situação de guerra." (CERQUEIRA *et al.*, 2017, p. 30).

No que tange às mulheres, mesmo que também não tenhamos encontrado dados específicos em relação à faixa etária jovem, é fato que o total envolvendo todas as idades é de 4.265 mulheres assassinadas, em 2009, e 3.737 em 2019. Desses, correspondem ao Rio de Janeiro 350 mulheres negras vítimas de homicídio, em 2009, e 217 em 2019. Nesse último ano, outras 3.756 mulheres foram mortas violentamente em todo o país por causas não determinadas. Na década, o número específico de mulheres negras assassinadas foi de 2.419, em 2009, e 2.468 em 2019, o que demonstra, como no caso masculino, uma proporção expressiva em relação às brancas, especialmente no final da década, como ressaltam Cerqueira e colaboradores (2021).

VIOLAÇÕES BÁRBARAS: OLHARES JOVENS

A origem por cor ou raça é emblemática para se tentar compreender as violações bárbaras resultantes da história brutal da escravidão brasileira, que levou ao processo de miscigenação, cujas características são particularmente marcantes no estado do Rio de Janeiro. De acordo com o censo de 2010, hoje defasado, mas ainda um indicativo importante, cabe destacar que, de todas as pessoas jovens do estado do Rio de Janeiro entre 18 e 29 anos (3.164.226 de pessoas), 1.292.483 são pardas e 418.492 são pretas (IBGE, [2011?]), o que corresponde a 40,8% e a 13,2%, respectivamente; totalizando 54% de pardas e pretas.[28] Além de uma maioria de violados de cor preta e parda, concorrem para a violência a pobreza e a baixa escolaridade (CERQUEIRA *et al.*, 2017), que atingem especialmente mulheres e pessoas LGBTQIA+.

Os dados apresentados até aqui, portanto, sugerem fortemente que a condição socioeconômica do cidadão, assim como sua origem por cor ou raça e gênero, é determinante para os índices de mortalidade violenta no Brasil. Para Waiselfisz (2011), o fato de a letalidade juvenil brasileira estar em grande parte atrelada a homicídios é chocante.

OS SENTIDOS DO MEDO

Como sabemos, os seres humanos pertencem a uma espécie gregária que, desde tempos imemoriais, aprenderam a viver coletivamente, comportando-se de acordo com normas culturais. Os laços sociais alimentados por famílias, grupos e comunidades são, no mais das vezes, fonte de conforto e de satisfação com a vida, âncoras no que tange à sensação de segurança. São valores imateriais, geralmente, relacionados concretamente com acessos a recursos, como moradia, educação, saúde, transportes e meios de comunicação (CAMPOS *et al.*, 2016). No entanto, quando o sentimento de segurança é ameaçado ou violado, o medo do presente e do que reserva o futuro pode emergir e tanto produzir como fazer retornar contra si a violência, na medida em que o fluxo da ecologia dos sentidos é submetido a estados de desequilíbrio.

Bauman (2008) relaciona a incerteza, a fluidez e o constante devir em diferentes níveis de nossas vidas, incluindo o sentimento de medo, a seu conceito de "liquidez da modernidade". Por analogia, podemos dizer

---

[28] Neste capítulo, adotamos a denominação do IBGE "preto" para nos referir a esta classificação por cor ou raça; e não "negro" como se encontra também na literatura e mesmo nas estatísticas do IPEA. Quando o termo "negro" aparecer no decorrer deste trabalho, tratar-se-á de fidedignidade ao autor mencionado, como é o caso dos estudos do IPEA.

que as pessoas jovens brasileiras, especialmente as de baixa renda do Rio de Janeiro — foco deste estudo — vivem no cotidiano que o autor chama de "medo líquido", isto é, aquele que se mostra difuso, pois emerge sem que se deem conta, com múltiplas facetas e danos. Essas pessoas, no contemporâneo, estão cada vez mais distantes de um sentimento de segurança, já que a solidez na vida cotidiana e a confiabilidade no futuro, características da modernidade do pós-guerra, dissiparam-se há um certo tempo junto às classes médias que produziu (sem esquecer que o autor mencionava as dos países industrializados, pois a classe média brasileira nunca atingiu a segurança de suas homólogas do chamado "primeiro mundo"). No que tange às classes mais desfavorecidas do Brasil (mas também largos setores da classe média) e, particularmente, as do Rio de Janeiro, pode-se afirmar sem risco que a liquidez de que fala Bauman é única condição de vida que conheceram: sempre foi líquida. Assim, a esperança em dias melhores que teria cedido lugar a expectativas desanimadoras provocadas pelo dissabor do inadministrável é uma constante (BAUMAN, 2008). Mais que isso, pertence a sentimentos de medo muito mais profundos porque se trata de classes cujos corpos estão permanentemente em risco, ou seja, enfrentam o "medo do extermínio". Esse é um estado de ansiedade visceral que produz vulnerabilidades extremas e respostas radicais a elas.

Consequentemente, existências regidas pelo medo do extermínio constituem formas de vida em permanente e radical desequilíbrio, com estruturas social, política, econômica e psicológica profundamente abaladas, ocasionando insatisfações irrespiráveis que ameaçam os sentidos de estar no mundo e, por sua vez, de viver em comunidade. Diferentemente das satisfações produzidas em resposta ao reconhecimento de nossos valores, que nos dão coragem e nos empoderam, dando lugar a relações equilibradas, autônomas e democráticas, as insatisfações podem gerar violência, produzir transtornos mentais e impedir a paz social (CAMPOS, 2015; CAMPOS *et al.*, 2016). As relações entre medo e insatisfação com a vida que emergem na sociedade fluminense nos permitem legitimamente supor que os sentidos de existência das pessoas jovens pobres são afetados pelo quadro de violência que se instaurou no país e, mais especificamente, no Rio de Janeiro. Não tínhamos dúvidas de que as pessoas jovens estariam vivendo com medo. No entanto, nos perguntamos que sentidos teriam esses medos que os invadem, como os percebem e se creriam que seriam gerados por sentimentos de insegurança relacionados com sua vulnerabilidade. Explorar os mecanismos que produzem o medo do extermínio torna-se um dever intelectual, à maneira do "intelectual orgânico", tal como Antonio Gramsci considerava o papel dos intelectuais (FIORI, 2015), visto que "[...] não podemos pura e simplesmente assistir impassíveis como se não tivéssemos nenhuma responsabilidade" (MERHY, MENDES, SILVEIRA, 2019, p. 22).

DESIGN DO ESTUDO

Método

Adotamos uma abordagem longitudinal e híbrida: um estudo de caso quantitativo-qualitativo longitudinal. No que diz respeito aos estudos de caso, destacam-se como explorações bem estruturadas aprofundadas dos grupos previamente delimitados (HEALE; TWYCROSS, 2018), ou seja, fundadas em dados empíricos que examinem um caso concreto com o objetivo de melhor compreendê-lo (YIN, 2009). Quando realizados ao longo do tempo, adquirem um caráter longitudinal. Nesse estudo, a primeira etapa, quantitativa, orientou uma complementação aprofundada na segunda etapa, qualitativa. Na primeira etapa, realizada por meio de um questionário do tipo *survey* como ferramenta de coleta de dados (MILLS; DUREPOS; WIEBE, 2010), buscou-se compreender os sentimentos vividos por jovens pobres fluminenses em relação aos medos de viver na época do pós-impeachment da ex-presidenta Dilma Rousseff. Em seguida, na etapa realizada durante o auge e arrefecimento da pandemia, adotamos uma abordagem qualitativa por meio de entrevistas semiestruturadas em profundidade (MANZINI, 2012; JOHNSON, 2001), um modelo híbrido integrando os modos estruturado e em profundidade (MORRIS, 2015; JOHNSON, 2001), com o objetivo de entender, a partir de narrativas, o processo vivido pelas juventude ao longo do tempo, em um período particularmente violento da história do Brasil.

Escolha das pessoas jovens participantes da pesquisa

A escolha de participantes desta pesquisa, assim como a estratégia de amostragem da primeira fase, foi realizada em conformidade aos estudos presentes, tanto neste capítulo quanto em outros, cujos procedimentos foram apresentados no capítulo "Panorama das juventudes". Adotamos uma estratégia mista em que os critérios foram, de um lado, por conveniência e aleatórios (dadas as facilidades que obtivemos para contatá-los por e-mail, mas sem poder definir previamente a população), mas obedecendo a uma amostragem intencional por critério (FREITAS *et al.*, 2000; FRICKER JR., 2012). Nesse tipo de estratégia, definem-se previamente os grupos de interesse que, no nosso caso, foram jovens fluminenses de baixa renda.

Para conseguir a colaboração jovem, portanto, tivemos acesso a maneiras de contatar, por e-mail, postulantes a um curso de preparação para o vestibular por meio de um convênio ligando universidades públicas oferecendo formação a distância com apoio presencial, ou seja, híbrida. O instrumento de pesquisa principal, o questionário de tipo *survey*, foi disponibilizado na internet para ser respondido espontâneamente durante a primeira etapa. Uma das seções cobria assuntos relacionados à violência cotidiana vivida. Os resultados nos permitiram ter uma ideia bastante crua dos sentidos que as pessoas jovens estavam produzindo a respeito de processos de violação. A maioria das questões era quantitativa, mas algumas permitiam respostas qualitativas.

A orientação, seguindo a abordagem longitudinal híbrida quantitativo-qualitativa, foi completada na segunda etapa de estudos, que, no nosso caso, baseou-se pelo procedimento de buscar jovens de baixa renda do Grande Rio a partir de sua manifestação de interesse. Na primeira etapa, do questionário, havia uma pergunta em que se consultava as pessoas jovens se aceitariam se encontrar com a equipe, posteriormente, para uma entrevista. Somente foram contatados as que responderam positivamente a essa pergunta. Obtivemos respostas positivas de apenas cinco jovens. Apesar de termos lançado os convites várias vezes, não tivemos sucesso em ampliar o número. Ainda assim, considerando-se que são entrevistas semiestrutradas em profundidade e que jovens muito diferentes representavam setores e ideologias diversas, julgamos válido o procedimento tal como foi realizado.[29]

Instrumentos de pesquisa

Foram utilizados dois instrumentos de pesquisa: um em cada etapa. Na primeira, no período que convencionamos chamar de pós-impeachment, obtivemos os dados a partir de seções sobre violência que foram preparadas no questionário de tipo *survey* geral da pesquisa. A maioria das questões foi de múltipla escolha, outras baseadas na escala de Likert (COOPER; SCHINDLER, 2016) que apresenta progressões valorativas situadas entre

---

[29] O acesso às pessoas jovens que participaram da pesquisa, assim como o conjunto de procedimentos, foi autorizado pelo Comitê de Ética do CFCH da UFRJ, por meio do CAAE de n.º 50100415.6.0000.5582, de 4 de novembro de 2015.

VIOLAÇÕES BÁRBARAS: OLHARES JOVENS

polos extremos (ANDERSON; SWEENEY; WILLIAMS, 2007) e algumas com abertura para respostas qualitativas. O questionário foi preparado para explorar afetos, percepções e cognições relacionadas com memórias que haviam produzido imagens de mundo violentas nas vidas das pessoas. Associamos os dados sobre violência com um levantamento sociodemográfico que nos permitisse inferir seus sentidos do medo.

Na segunda etapa, durante o auge da pandemia de COVID-19, buscamos explorar as questões que emergiram dos resultados da primeira fase por meio de entrevistas semiestruturadas em profundidade. De acordo com Morris (2015, p. 10),

> *In-depth semi-structured interviews are semi-structured in that the interviewer has topics that they want to cover that are related to their research question/s, but there is plenty of scope for digression.*[30]

Nesse tipo de procedimento, buscou-se deixar que se dispuseram a conversar longamente conosco completamente livres para expressar suas opiniões e ideias, de modo que pudéssemos ter elementos para interpretar seus sentidos em relação ao medo. Eles foram encorajados a se expressar a respeito de temas relacionados à violência, levando em conta a particularidade de se fazer as entrevistas por meio de videoconferências utilizando a plataforma Zoom. As entrevistas, de longa duração, foram realizadas virtualmente, procedimento que já vinha sendo utilizado bem antes da pandemia de COVID-19, graças ao desenvolvimento progressivo das tecnologias de comunicação.

Primeira etapa

Uma vez preenchidos, os dados das respostas ao questionário on-line foram tratados pelo software SPSS, que nos permitiu o estabelecimento de algumas correlações específicas que nos interessavam. A origem por cor ou raça dos participantes foi adotada como fator principal para se estabelecer relações com fatores geradores de medo. Entre esses fatores, focamos a violência, a situação politicoeconômica e a discriminação, pelo fato de serem significativas para as pessoas jovens que participaram da pesquisa, não somente em termos de sua constituição histórica, mas sobretudo pelos sentidos que produzem em suas vidas. No que tange à cor ou raça, adotamos

---

[30] "[...] entrevistas semiestruturadas em profundidade são semiestruturadas no sentido de que o entrevistador tem tópicos que quer cobrir, relacionados com sua questão ou questões de pesquisa, mas onde há amplo espaço para digressões" (tradução nossa).

a classificação oficial do IBGE: amarelo, branco, indígena, pardo e preto. As pessoas jovens foram instadas a se pronunciar sobre sua constituição étnica sob a forma de autodeclaração — que espelhamos nas estratégias atuais dos recenseamentos do IBGE — a partir da seguinte pergunta: "você se considera o quê?". Ao expressar o que se consideravam, orientavam a produção de sentidos a respeito do tema que exploramos: o medo. Ou seja, "medo de quê?".

Os procedimentos técnicos que adotamos para gerar informações que pudessem ser reconhecidas em sua validade formal — ainda que a coleta de dados quantitativos possa ser questionada em termos da orientação das questões segundo a visão que os pesquisadores têm do que seria importante de se saber — foram subordinados aos fundamentos teóricos da integração que fizemos da ecologia dos sentidos e da problemática da liquidez sob o ângulo do "medo do extermínio". A interpretação dos sentidos do medo gerados pelos dados da primeira fase da pesquisa, além de buscar conhecimentos sobre os sentimentos das pessoas jovens fluminenses de baixa renda na época do pós-impeachment de Dilma Rousseff, orientou a etapa subsequente.

Segunda etapa

Essa etapa buscou um aprofundamento significativo dos sentidos gerados em relação aos medos e temores que afetam os vividos das pessoas jovens, explorados na primeira fase. As entrevistas semiestruturadas em profundidade foram realizadas com cinco jovens fluminenses de baixa renda que tiveram a oportunidade de verbalizar seus desconfortos em relação aos múltiplos sentimentos de medo que os afetam, de modo a ressaltar seus processos de produção. No nosso entender, somente nessa fase pôde-se colher narrativas que conseguissem não somente expressar os sentidos do medo no auge da pandemia de COVID-19, mas, principalmente, que permitissem um esclarecimento de sua progressão ao longo do tempo, desde a primeira etapa da pesquisa.

O processo de análise parte da tradição qualitativa de tratamento de dados, em que adotamos uma estratégia de transcrição das entrevistas, leitura e releitura com o objetivo de proceder a uma análise simplificada da lógica natural (GRIZE, 1996), de modo a levantar os principais objetos e sujeitos do discurso — indicadores dos temas, assim como as determinações — que apontam as nuances dos sentimentos emergentes das falas e

VIOLAÇÕES BÁRBARAS: OLHARES JOVENS

as predicações, sugestivas dos juízos, dimensões presentes na ecologia dos sentidos (CAMPOS, 2015, 2017). As reflexões a respeito da análise lógico-natural que guiou nossa interpretação do processo, com base na ecologia dos sentidos emergentes das conversas que tivemos com as pessoas jovens com as quais adotamos a estratégia da entrevista semiestruturada em profundidade, também consideraram a crítica de Bauman (2008) a respeito da "liquidez da modernidade".

Triangulação

Uma vez que nosso estudo foi desenvolvido em duas etapas, adotamos, para a análise e interpretação final dos dados, um processo de triangulação. Consiste em um procedimento por meio do qual são confrontadas informações provindas de dados de diferente natureza (YIN, 2009), fazendo-se uso de fatores teóricos que permitam a constituição de categorias interpretativas capazes de responder às questões da pesquisa que, no caso deste capítulo, referem-se a quais seriam os sentidos da violência para as pessoas jovens fluminenses de baixa renda.

A triangulação permitiu a interrelação estruturada de dados majoritariamente quantitativos dos questionários (também qualitativos recolhidos em questões abertas) obtidos na primeira etapa pós-impeachment da ex-presidenta Dilma Rousseff, com narrativas relacionadas aos sentidos que o medo tem para as pessoas fluminenses de baixa renda com as quais interagimos. As narrativas emergiram das entrevistas em profundidade realizadas na segunda etapa, à época do auge e arrefecimento da pandemia de COVID-19 no Brasil. Os fatores de triangulação, como já elaboramos, foram os sentidos de violência, o medo líquido (BAUMAN, 2008) e o medo do extermínio trazidos por Campos e colaboradores (2016) e Campos (2015, 2017).

ESTADO DE TERROR

É preciso, inicialmente, dizer que o que chamamos aqui de "resultados" são, na verdade, fotografias simbólicas de momentos vividos no instante existencial em que as pessoas participaram da pesquisa. Nesse sentido, elas nos falam dos sentidos do medo em dois momentos distanciados no tempo, um primeiro na época do pós-impeachment da presidenta Dilma Rousseff e um segundo no auge e arrefecimento da pandemia de

COVID-19, ambos por meio de um processo de recuperação de memórias. O trabalho de sistematização dos dados quantitativos obedeceu a como o medo estaria relacionado com a violência, à situação político-econômica e à discriminação. Essa sistematicação foi realizada qualitativamente, como balizas orientadoras da reflexão que fizemos a respeito dos encontros em profundidade realizados na segunda etapa. Ao fim e ao cabo, somos obrigados a reconhecer que não há qualquer motivo de otimismo diante das realidades às quais fomos confrontados.

Primeira etapa

Medo e etnia

O conjunto de pessoas jovens que respondeu ao questionário é formado de 41,1% de pardos, 28,6% de brancos e 25,4% de pretos — o restante distribuído entre amarelos, indígenas e nenhuma das alternativas apresentadas. Ou seja, os descendentes supostamente "puros" dos colonizadores europeus correspondem apenas a pouco mais de um quarto dos respondentes. Considerando que as pessoas jovens vulneráveis que foram contatadas para a nossa pesquisa enquadram-se, todas, em faixa de renda baixa, salta aos olhos o óbvio: que quase três quartos das que colaboraram com nossa pesquisa são afrodescendentes.

No entanto, afro ou eurodescendentes, pouco importa se se é pobre ou se o assunto é medo. A maioria das pessoas jovens sinalizou ter medo de algo. De maneira ligeiramente mais intensa, um grupo um pouco maior dos participantes brancos disse ter medo, enquanto pardos e pretos compartilhavam, na média, esse mesmo sentimento.[31] Viver com medo é, portanto, uma trágica unanimidade no vivido das pessoas jovens fluminenses de baixa renda, pouco importa a descendência étnica.

Medo, violência, terror

As pessoas jovens de baixa renda que participaram da pesquisa revelaram não somente que seus medos estão relacionados com a violência e sua banalização na sociedade brasileira, mas também que assumem facetas, se não inesperadas, chocantes. O medo talvez mais comum seja o de ser

---

[31] Medo: Total de pessoas jovens: 86,44%. Brancas: 88,23%. Pardas: 85,18%. Pretas: 83,63%.

assaltado, com uma significativa maioria das pessoas jovens indicando esse tipo de pavor. Porém, há outros. Cerca de metade tem medo de ser atingida por balas perdidas geradas em confrontos nas favelas e bairros periféricos de baixa renda, e um quinto dessas pessoas afirma ter medo da polícia. O estado de insegurança permanente vai ainda mais longe, com mais da metade das pessoas jovens declarando ter medo de levar um tiro, e quase metade de ser atacada com facadas! A produção do medo que os atinge é tal que mais de um terço declarou temer o que pode acontecer perto de casa, chegando ao cúmulo de quase um quarto ter medo de terroristas, uma categoria de medo propalada pelas mídias estrangeiras — ainda que o Brasil, ao longo do governo iliberal, possa ser considerado, por muitos, um Estado sob uma liderança terrorista. Não bastasse isso, no que tange especificamente às mulheres, mais da metade das jovens declararam terem medo de ser estupradas.[32]

Diante de tantos medos, pedimos às pessoas jovens para nos dizer se compartilhavam inquietudes relacionadas com a violência em conversas por meio das redes sociais. Pouco mais do que um terço delas disseram falar muito ou bastante sobre violência nas redes sociais, enquanto outro terço nada ou pouco. Um quarto não quiseram emitir opinião. Diferentemente das percepções de medo, em que brancos respondem por um quarto do total; quando o assunto é violência, o universo das pessoas jovens que mais a aborda nas redes sobe para mais de um terço. Pretos e pardos, que são mais do que brancos, também citam a violência nas redes.[33]

Medo, pobreza e temores

Os temores da brutalidade das violências a que estão submetidos não se referem apenas a ataques contra os corpos, mas também às expectativas relacionadas às perspectivas de vida das pessoas jovens fluminenses de baixa renda, derivadas diretamente da situação politicoeconômica do país. São atormentados não somente pela insegurança, mas também pela incerteza. Para se ter uma ideia, a descrença no país, na época do pós-impeachment da ex-presidenta Dilma Rousseff, era tal que dois terços das pessoas jovens

---

[32] Medo de ser assaltado: 59,3%; de balas perdidas: 51,4%;da polícia: 16,7%; de tomar tiros: 51,4%; de levar facadas: 46,3%; de acontecera algo perto de casa: 38%; de terroristas: 22,2%; de estupro: 53,2%.

[33] As respostas sobre a violência foram medidas por intensidade em uma gradação de 1 a 5 baseada na escala de Likert (COOPER; SCHINDLER, 2016) em que (1) assinalava nenhuma e (5) muita. 39,7% assinalaram 4 ou 5 sobre violência; 34,8% 2 ou 2; 25,5% marcaram 3. Violência nas redes: pessoas brancas = 40,6%; pessoas pretas = 43,2%; pessoas pardas = 36,7%.

tinham medo do que poderia acontecer no Brasil. Esse temor também se estendia ao Rio de Janeiro, com metade delas descrentes no Estado. Mais grave ainda, quase dois terços disseram ter medo do futuro, e mais da metade do que poderia acontecer com suas famílias. Todos esses temores estão diretamente relacionados com a condição socioeconômica, uma vez que mais da metade dessas pessoas jovens indicaram ter medo *de se ferrar na vida*" e de ficar sem emprego, quase metade de não conseguir pagar as contas e de ficar sem dinheiro, e mais de um terço de não conseguir pagar a faculdade.[34]

Não à toa que, ao serem indagadas sobre o que pensam da situação geral da vida, de seus cotidianos, de suas vivências, nem uma única pessoa jovem mostrou o menor indício de otimismo, fato que consideramos da mais alta gravidade. Quase dois terços das pessoas jovens fluminenses de baixa renda que colaboraram com nosso estudo na primeira etapa, consideravam que, na época, a situação estava péssima e o outro terço, ruim. Não houve avaliações positivas, ainda que um décimo delas tenham se mostrado neutras, um indicador possível de apatia ou de outras formas de engajamento que encontraríamos em outros aspectos da vida, cobertos em outros capítulos deste livro. O medo da violência e as percepções negativas com que observam a conjuntura política e econômica revelam jovens completamente descrentes do país, do Estado e, por consequência e complementarmente, do futuro, de suas próprias vidas. Assim como o medo do futuro, como apontamos, apresentou-se prevalente, ao relacionarmos esse fato à cor ou à raça para se ter uma visão a respeito das opiniões das pessoas jovens sobre o cenário politicoeconômico, encontramos um campo negativo devastador. A maioria de jovens brancos, pretos e pardos, expressou sentimentos negativos.[35]

Discriminação

O contexto de brutalidade violenta e medo que viemos traçando nestas linhas escorre perigosamente para o campo da saúde mental, da autoestima e do sentimento de negação por parte do outro. Uma parte importante das pessoas jovens que respondeu ao questionário, mais do que um terço, indicou sentir-se discriminada. Ainda que julguemos estar esse

---

[34] Medo do que pode acontecer com o Brasil: 65,7%; do que pode acontecer com o Rio de Janeiro: 49,1%; do futuro: 61,6%; do que pode acontecer com suas famílias: 57,9%; de se ferrar na vida: 57,4%; de ficar sem emprego: 54,6%; de não conseguir pagar as contas: 44,9%; de não conseguir pagar a faculdade: 40,7%; de ficar sem dinheiro: 46,3%.

[35] Avaliação da situação no país: 61,5% péssima; 27,9% ruim; 10,6% neutros. Sentimentos negativos entre pessoas brancas: 93,9%; entre pessoas pretas: 90,6%; entre pessoas pardas: 86,1%.

VIOLAÇÕES BÁRBARAS: OLHARES JOVENS

fator fortemente ligado à condição socioeconômica de baixa renda, foco das pessoas jovens que buscamos, as fontes de discriminação estão visceralmente relacionadas com traços dos corpos. Ao correlatarmos as respostas com a origem por cor ou raça, encontramos sentimentos de discriminação em cerca de um terço das pessoas jovens pretas e brancas, e quase um quarto das pardas. Embora a indicação de discriminação possa parecer modesta, do ponto de vista da saúde mental jovem, trata-se de um índice bastante significativo na medida em que ninguém, absolutamente ninguém, deveria ser discriminado por ser o que é.[36]

Os motivos de seus sentimentos foram indicados qualitativamente e depois quantificados pelas categorias apresentadas mais à frente. Dentre os que se sentiram discriminados, as razões a respeito da pluralidade própria à diferença sugerem um país onde os princípios constitucionais de igualdade parecem ficção. Em se tratando de jovens de baixa renda, serem discriminados por isso é uma violência, pois a condição financeira, assim como a social, foram indicadas pela maioria deles. Mais da metade sugeriu que sua aparência é fonte de discriminação, sendo a roupa que se usa mencionada por mais de um terço das pessoas jovens. Pior: traços diretamente relacionados aos corpos são vitimados por brutalidades psicológicas, como o cabelo e a cor da pele, mencionados por cerca de um terço do grupo entrevistado. A cor da pele, relacionada à violência racial e a comportamentos psicossociais expressando diferenças, é alvo especialmente sórdido da brutalidade da sociedade brasileira. Outros fatores psicossociais são também objeto de produção de discriminação, com destaque para a religião, a orientação sexual e o gênero, além da origem étnica![37]

Felicidade?

É possível ser feliz vivendo no medo de ser violado? Paradoxalmente, na etapa da pesquisa pós-impeachment da ex-presidenta Dilma Rousseff, uma modesta maioria segue a vida com uma certa alegria. Cerca de um quarto das pessoas jovens fluminenses de baixa renda se disse tranquila, outro quarto de bem com a vida e uma minoria até feliz. Cerca de um terço sofria bastante, uns afirmando "estar mal", muito tristes ou expressando

---

[36] Sentimento de discriminação total: 36,9%; pessoas pretas: 36,7%; pessoas brancas: 32,9%; pessoas pardas: 22,8%.

[37] Discriminação por condição financeira: 56,8%; por condição social: 42,1%; por conta da aparência: 52,6%; da roupa: 38,9%; do cabelo: 33,7%; da cor da pele: 31,6%; por causa da religião: 30,5%; da orientação sexual: 21,1%; do gênero: 11,6%; da origem: 17,9%.

sentimentos negativos.[38] Essas últimas, que optaram por se manifestar qualitativamente por escrito, apontaram diferentes formas de inquietação, como preocupação, ansiedade, frustração e desânimo, além de outros sentimentos relacionados com problemas de saúde mental.

Quando relacionados origem de cor ou raça e os sentimentos manifestados, a maioria das pessoas jovens que se sente mal é preta, seguida pelas brancas e pardas. Entre as que se sentem muito tristes, a maioria é branca, seguida das pretas e pardas.[39] "Mal" está ligado ao que prejudica, à doença, à dor e à mágoa, entre outros sentimentos reveladores de dificuldades de se lidar com as dificuldades da vida. Já "estar triste" significa estar aborrecido, desgostoso, penalizado ou melancólico. As classificações por cor ou raça não parecem, em nosso estudo, serem definidoras dos sentimentos de felicidade prevalentes dos participantes, mas não escamoteiam o fato de que se esperaria ainda mais alegria entre pessoas jovens.

Segunda etapa

Na segunda etapa da investigação, abordamos os medos e as variadas formas de se manifestar que apareceram na primeira etapa pós-impeachment da ex-presidenta Dilma Rousseff, com o objetivo de entendê-los nos contextos de experiências mais substantivas, como suas consequências nos vividos das pessoas jovens. Um fator marcante da segunda etapa da pandemia foi que todas as pessoas jovens de baixa renda que dela participaram declararam que as violências que sofrem e os medos que têm estão relacionados com o fato de serem afro-brasileiras. O preconceito racial emergiu, portanto, como um fator centralizador das violações que sofrem no dia a dia. *"Violência, hoje, eu sinto medo de preconceito, eu sinto medo de ética moral, que é muito afetada, existe muito preconceito"*. Essas pessoas apresentaram relatos sobre seus temores durante a pandemia, entre eles a triste realidade do medo do extermínio, das violências raciais e de negação de direitos, assim como da violência potencializada nas regiões em que moram, marcadas por disputas entre polícias e facções criminosas, como as milícias e o tráfico de drogas e de armas.

---

[38] Alegria de viver: 27,6% tranquilos; 25,7% de bem com a vida e 10,3% felizes. Sofrimento: 9,3% mal; 8,4% muito tristes; 18% expressaram sentimentos negativos.

[39] Correlações entre sentir-se mal com origem de cor ou raça: pessoas jovens pretas 12,7%; brancas 10,3% e pardas 6,2%. Entre sentir-se muito tristes com origem de cor ou raça: pessoas jovens brancas 11,8%, pretas 7,3% e pardas 4,9%.

Pandemia e medo de morrer

Somado ao pavor que representa a conjuntura presente no dia a dia dessas pessoas jovens, a pandemia fez emergir uma variação de sentido relacionada ao "medo do extermínio", como definido por Campos e colaboradores (2016) e Campos (2015, 2017). Enquanto no sentido trazido pelos autores, esse temor se refere mais à consequência da violência como ameaça direta aos corpos, o sentido que a pandemia inaugurou foi o do medo do extermínio na "guerra" contra uma nova doença que dizimava milhares de vidas, incluída aí a gestão sanitária do governo federal.

A maioria das pessoas manifestou, por meio de suas falas, sentimentos como *"agora me sinto esquecido pelo governo"*, *"minha vida piorou"* e *"estou mais vulnerável à violência"*. No campo específico da saúde, na medida em que se torna violência por conta do risco de morte, houve críticas à condução das políticas de vacinação, em clara desaprovação da política do governo federal, ainda que em um quadro de alívio:

> *Talvez hoje, se eu não tivesse essa vacinação já estaria morta [...] e graças ao SUS eu consegui acesso a me sentir menos morta [...] senão eu seria este censo de mais de quinhentas mil pessoas que foram mortas por esta pandemia.*

Ainda assim, nem todos se manifestaram dessa maneira diante de quadro de tal gravidade. Um dos jovens chegou a dizer que já tinha sido otimista e que gostaria de voltar a sê-lo. Outro, que sentia segurança hoje por ter limitado sua ação no mundo: *"Eu acho que eu me sinto mais seguro agora, acho que pelo fato de não estar saindo muito, de não estar frequentando lugares"*.

Expuseram, portanto, desesperança, manifestando seus medos de morrer e de perder pessoas queridas. Um jovem disse: *"Eu tenho medo de que a pandemia não acabe e eu continue me sentindo só por muito tempo. Isso é um medo que está comigo já há alguns meses"*. Outra jovem destacou a relação entre o acesso à saúde e a condição social e racial, na medida em que *"a gente é maioria e o governo não investe em educação e saúde porque é um racismo estrutural, porque a maioria das pessoas que são pobres, são negras"*. Ou seja, para essas pessoas jovens, a questão do direito à saúde está ligada a uma guerra permanente que o país declarou contra si mesmo.

> *O Brasil é muito maquiado, muito maquiado. Eu me considero em guerra. Guerra de formação de personalidade de um indivíduo. Porque eu me vejo em guerra, então eu tenho que me camuflar a*

> *todo momento e [entrar em] guerras de ter que matar um leão por dia. [...] Guerras tanto pessoais como guerras que estão ligadas ao meu dia a dia. Guerras ligadas ao meu trabalho. [...] Guerrilhar para ter educação, guerrilhar para ter renda dentro de casa, guerrear para ter pão dentro de casa. É constante guerra!*

No coração dessas dores, um dos jovens identificou o problema da relação do público com o privado e a liberdade.

> *Eu acho que a violência [...] é a restrição da liberdade, sabe? E aí a gente vai ter que discutir o que é a liberdade, mas eu entendo algumas liberdades naturais, sabe? [...] deveria haver espaço na natureza para todas as criaturas viventes, não é? [...] E aí essa restrição, ela pode ser desde matar uma pessoa e impedir que ela viva, impedir que ela tenha uma vida saudável, né? [...] eu acho que a propriedade privada [...] peca pelo excesso, não é? [...] Se você tem mais propriedade privada do que o essencial para você viver uma vida de qualidade, com dignidade, você já está sendo violento com alguém, sabe? Já está restringido a liberdade de outra criatura.*

"Não é mimimi... debate... É vivido!"

Assombrados por diferentes formas de violência, as pessoas jovens ouvidas, ao abrirem suas histórias e situações vividas, ressaltaram, em suas trajetórias, o lugar de destaque que ocupam as formas de discriminação relacionadas à condição socioeconômica e, no que diz respeito a seus corpos, à cor da pele, ao fato de serem negras.

> *O meu tom de pele... eu me digo hoje que eu sou parda, porque eu não sou uma preta retinta pra dizer que eu sofro preconceito na minha pele, porque as pessoas retintas sofrem muito mais.*
>
> *Meu pai é negro, então eu tenho esse receio de que ele acabe sofrendo um pouco mais dessa violência por conta dele ser negro.*
>
> *Os pretos têm cabelo muito mais crespo, então sofrem muito mais preconceito. Mas, devido a isso, eu vivi ultimamente preconceitos morais e preconceitos raciais, acontecem muito, é uma realidade e não é coisa de mimimi, não é coisa de debate, é vivido!*

Os relatos, compartilhados por todos as pessoas jovens de baixa renda da segunda etapa da pesquisa, corroboram as percepções da maioria dos que participaram da primeira etapa. O racismo parece ser uma espécie de pivô de outras formas de medo e de sentimentos de desrespeito e de vulnerabilidade. Ainda que não se manifeste necessariamente em todas as dimensões de suas vidas, às vezes emergem em situações diversas. As do trabalho são algumas delas:

> *Acontece muito preconceito dentro de empresa, mas você precisa do trabalho, aí você tem [que] procurar um advogado [...] frases... frases racistas, a estrutura do meu cabelo [...] aí entra dentro de racismo e entrou dentro de danos morais, que eu sofri, é opressão [...] É... eu me senti muito ameaçada e senti medo. Medo. Ter que chegar em casa e imagina, se você não tem uma mente muito ampliada pra direitos, você ter que raciocinar: eu não tenho posição política, eu não tenho posição financeira, eu tenho que pensar, raciocinar quais são os meus direitos. Isso, sofrendo um preconceito. [...] Aí eu tive que me ver numa situação cautelosa de engolir, criar provas, pra eu conseguir chegar numa delegacia [...] eu tive um pouco de acesso a advogado, então o máximo que eu fiz foi ter acesso a um processo onde vai correr algo judicial, mas não que eu me senti [...] em segurança indo à delegacia. [...] O momento que eu me senti mais insegura é o que eu tive que provar que eu sofri um preconceito. Você precisa provar ainda. Gente, lei e direitos é uma coisa inacessível hoje em dia. Inacessível!*

Outras situações correntes que compartilharam conosco dizem respeito à suspeita de crimes que envolvem as pessoas negras, sempre vigiadas e seguidas.

> *Eu me lembro que, por exemplo, quando criança, a gente ia a uma loja... Eu lembro de uma cena, foi no shopping, aí a gente entrou dentro de uma loja... Foram dois momentos. No primeiro momento [...] a gente só queria ver as roupas, andar ali para ver as roupas e procurar os preços. Lembro que um segurança, assim que a gente entrou, meu pai é um pouco mais retinto [...] ele olhou meu pai de cima, cabeça, de alto a baixo. [...] Aí eu vi que ele tava... ainda criança, né? Eu era criança... Eu vi que ele tinha falado alguma coisa no rádio. Não ouvi o que era, mas aí eu percebi que aonde a gente ia, ele estava indo atrás. Ele começou, mesmo que distantemente, via que ele estava seguindo a gente. Até que um momento, eu tava pegando uma roupa para poder experimentar e eu vi que ele tinha sumido. Mas depois veio um outro segurança e meio que assumiu aquele lugar dele, sabe? Vigiando a gente. Ele não fazia isso com nenhuma outra pessoa da loja. Eu fui... estava circulando na sessão infantil e eu não via nenhuma outra pessoa negra, a não ser meu pai. Então dava pra perceber, claramente, que ele só tinha feito aquele movimento porque meu pai tinha entrado na loja.*

Outra experiência dessa natureza foi narrada por outro jovem quando estava no ensino médio:

> *Eu acho que nessa questão do, quanto menos retinto a gente é, [está] ligado à forma desse racismo [...] se dá muito mais quando é ligada à questão econômica. [...] Eu lembro que teve um dia que*

> *eu saí do colégio com alguns amigos [...] éramos sete, dos sete, dois eram brancos [...] eu lembro que a gente foi numa das Lojas Americanas, aqui no Centro de Caxias [...] a gente viu que tinha um outro grupo [...] todos eram brancos e a gente viu que eles estavam pegando barra de chocolate e colocando dentro da mochila [...] e simplesmente saíram e o segurança viu e não fez nada, Tipo, simplesmente não esboçou reação. E aí [...] nós estávamos na sessão de chocolates e eles [os dois amigos brancos] do grupo iam na sessão de bebidas, eu acho que eles iriam comprar refrigerantes, algo assim. E aí, o segurança simplesmente ficou na nossa cola, sabe? Esperou os dois saírem e quando os dois saíram, tipo assim, ah, não... eles estão com...como se os dois fossem uma tutela pra gente poder tá ali, sabe? Então [...] essas percepções acontecem.*

Outro jovem, como que em uma conclusão, manifestou-se com relação a esse tipo de evento "[...] *quando você entra numa loja e o segurança fica te perseguindo. É quando você entra no lugar que geralmente só pessoas brancas frequentam e te olham de uma maneira diferente. Eu encaro como [...] tipos de violência*".

Muitas das reflexões podem ser consideradas perturbadoras para quem não vive na periferia da Região Metropolitana do Rio de Janeiro, não é pobre ou negro ("*Racismo é uma coisa não só atual, sempre existiu, é estrutural*"; "*sendo uma pessoa negra, entra aí a violência verbal*"). No entanto, relatam como essas questões são complexas. Por exemplo, um jovem contou a história do avô branco que tentou impedir sua mãe de se casar com seu pai negro, identificando o racismo na própria família. "*Aí foi uma coisa marcante [...] partir dele essa questão de ser racista e de ser violento. E posteriormente eu já fiquei sabendo quando a minha mãe começou a namorar o meu pai.*"

Insegurança e negação de direitos

Uma jovem enfatizou que, em seu cotidiano, o medo a invade por conta da insegurança na cidade, especialmente quando precisa transitar pelas ruas, tarde da noite, na volta do trabalho para casa. Seu sentimento de vulnerabilidade traz à tona o medo da violação aos direitos humanos, entre eles a liberdade de ir e vir

> *[...] porque a realidade do brasileiro é sair tarde da noite e meia noite você tá ainda no centro de uma cidade pegando uma condução, e eu me sentindo [...] um pouco mais vulnerável porque mulher, eu me sinto insegura tarde da noite na rua.*

A insegurança e os medos associados a ela também foram relatados por outras pessoas:

> *Eu tenho medo, por exemplo, de que... eu passo o dia todo na rua, né? Então eu venho pro estágio, depois vou para casa e aí eu tenho medo de um dia chegar em casa e sei lá, ter acontecido alguma coisa com os meus pais ou com os meus irmãos, justamente nesse tempo em que eu não estaria perto para auxiliá-los, sabe? E pensando realmente nessa questão de ou assalto, ou uma covardia mesmo ter acontecido, ou alguma coisa por engano que a gente vê muito.*

Para além do medo, um jovem contou:

> *Quando eu fazia estágio [...] eu cheguei a ser assaltado, não é? e eu fiquei algumas semanas dentro de casa. Eu... eu me senti estranho em relação a sair na rua... É um certo tipo de síndrome do pânico, talvez. Eu me senti perseguido. [...] É uma sensação estranha. Você não tem muita segurança pra sair na rua.*

O crime organizado, como gerador de insegurança, não foi esquecido.

> *Onde eu moro também, os narcotraficantes são algo muito presente [...] acontecem muitas coisas hoje em dia pra quem está vulnerável. A vulnerabilidade é uma coisa muito existente e presente, em todos esses aspectos, de ética, de racismo e de posição financeira.*

O problema da violação de direitos toma, na verdade, diversas formas.

> *Racismo, pobreza... é primeira coisa a desigualdade social [...] sendo mulher, eu sofri [...] eu passei por Maria da Penha, já sofri agressão física, psicológica, moral [...] eu vivi danos morais, assédio moral e preconceito racial [...] vários tipos de violência. Tanto física [...] racista também.*

Outro jovem contou uma história que transformou sua vida, relacionada com outra dimensão da falta de direitos.

> *Eu não vou dizer [...] que eu confio 100% na justiça, até porque [...] eu sofri um acidente há um ano e um mês atrás e, até hoje, não tive nenhuma audiência para o meu agressor, vamos dizer assim, ser punido pelo que ele fez comigo [...] Eu estava na moto e esse agressor [...] estava no carro [...] dele, drogado. E aí ele fez uma conversão totalmente irregular que ocasionou nesse acidente [...] ao qual me deixou com essa com essa sequela gravíssima. Eu fiquei parético. [O motorista] foi conduzido à delegacia, prestou depoimento e foi liberado logo em seguida [...] Violência. Violência...*

> [...] *A violência para mim se faz a partir do momento em que, de maneira invasiva, a gente ultrapassa o direito do próximo.*

Um dos jovens, de certa maneira, complementa essas reflexões todas:

> *Se a gente pegar aquela cartilha [...] né? dos direitos humanos, eu acho que fala um pouco sobre isso, que o ser humano tem direito, né, a saneamento básico, água tratada... Então eu acredito que [o não respeito a esses direitos] seria um certo tipo de violência.*

Outra problemática relacionada a direitos foi levantada quanto ao medo da desinformação e da ignorância popular, evidenciados como formas de violência. As *fake news*, que tanto assolam o país e se disseminaram com força no período da pandemia, foram duramente criticadas e afirmaram checar as informações com o objetivo de detê-las. Um jovem falou da importância de se reforçar a prática de sempre verificar a fonte das informações após ter acreditado em notícias falsas algumas vezes. Todos apontaram o medo dessa forma de manipulação e de suas consequências extremas, como a morte de pessoas que recusaram a imunização por crerem em argumentações baseadas em premissas cientificamente incorretas e conclusões inverídicas.

> *A fake news acaba virando uma verdade, então a pessoa acha que aquilo é uma informação e vira uma bola de neve. [...] Mentira acaba virando boato no ambiente onde eu convivo, por exemplo: se eu espalhar uma mentira, digamos assim, essa notícia que corre e isso acaba virando uma verdade também. [...] Então como as pessoas não se aprofundam muito em colher informações, em ler e estudar, se uma fake news for jogada ao vento, ela vira uma verdade, dentro de uma massa de pessoas.*

Em termos de direitos, outro jovem se manifestou sobre a necessidade de preservar o acesso ao conhecimento: "[...] *é um direito nosso ter conhecimento. Ter conhecimento também é ter segurança, saber o que você está falando, saber com quem você está lidando. Eu acho que sim, há esse rompimento de um direito*".

Para a maioria, a manutenção da falta de instrução das pessoas é do interesse do governo iliberal, que teria o objetivo de se perpetuar graças ao uso eficiente da desinformação junto a populações desassistidas de projetos de educação. Nesse contexto, o medo da violência contra a democracia também surgiu.

> *Eu me sinto intimidado constantemente, eu tenho muito medo do governo [menciona o inominável] aplicar um golpe militar e a gente voltar a uma ditadura aqui. Quando eu era mais novo,*

> *a gente falava no assunto, parecia uma memória distante, uma parada de outro mundo, sabe? Agora é muito real, está batendo na porta. Então, tipo sim, eu me sinto constantemente amedrontado, violentado, intimidado e com ódio, cara!*

A indagação sobre qual seria o próximo passo para a supressão das liberdades e dignidade da população foi, no entanto, apresentada com nuances por outro jovem, que inocentou o governo:

> *[...] uma grande maioria dos meus direitos são respeitados, mas eu acredito que nem todos, não é? A gente vive numa sociedade super racista, super machista, então há um meio termo. [...] Acredito que somente essas [violências], em relação a roubo, à violência moral, a violência em relação a minha cor, né? Acredito que só essas.*

Polícias, milícias, traficantes e brutalidade

Como não poderia deixar de ser, até em função dos dados brutais de violência do Brasil e do Rio de Janeiro relacionadas a homicídios de jovens (em sua maioria pobres e negros), a ecologia polícia-milícia-tráfico-moradores da periferia foi apontada, algumas com histórias tristes e muito perturbadoras.

Moradores de áreas muitas vezes conflagradas, essas pessoas jovens relatam que

> *[...] tem essa questão de ter ao mesmo tempo, uma parte dominada pela milícia, mas também tem uma parte dominada pelo tráfico. Os confrontos são presentes. E principalmente de um tempo pra cá. [...] Teve momentos, alguns meses, de muitos confrontos, principalmente de tomada de território. Então, uma facção contra a outra, um grupo contra o outro, até a própria milícia também... Há momentos em que essa questão da violência é bem marcante.*

Dentre os relatos que obtivemos, alguns jovens deixaram entender que a polícia, na verdade, é importante e necessária para a segurança das populações das favelas. Para uns, o problema estaria relacionado com outras questões complexas:

> *[...] alguns tornam os policiais meio que deuses, né? Eles são protetores da sociedade, tão ali para poder assegurar a segurança, promover essa segurança. Já outros, não. [...] Policial... A PM tem que acabar, não sei o quê. Então... como essas narrativas se*

confrontam [...] entre o tráfico e a milícia eu acho que teria um pouco de mais receio da própria milícia, da ação do tráfico.

Isso, apesar de muitos se sentirem visados pela polícia:

[...] infelizmente, eu digo isso com muita tristeza [...] a função do policial não é essa [de desrespeitar o cidadão], mas a polícia que nós temos hoje ela se porta desta maneira, de forma preconceituosa. E não importa se você seja preto ou branco, não importa. É de onde você vem, o que você tá fazendo, o que ele passa na cabeça é a forma que ele vai agir contra você. O preconceito que ele fizer de você vai ser o fator determinante da forma que ele irá te tratar. [...] Parece que você não tem mérito, sabe? Só do fato de você ser abordado com a principal pergunta, "tá vindo daonde e tá indo para onde?", só isso aí já é uma violência porque fere o seu direito, é garantido na Constituição no artigo quinto, direito de ir e vir.

Como é usual nas histórias policiais no Rio de Janeiro, a corporação é frequentemente vista como sendo, na verdade, a principal criminosa. *"As próprias pessoas que estão na delegacia são corruptos, são ligados à milícia, então é uma coisa muito séria"*, refletiu uma jovem, enquanto outro destacou que

[...] onde eu vivo tem muitas comunidades e tem enfrentamento policial contra os meliantes, contra os marginais. O fato de você ser preso, isso ali fica como um exemplo, uma exemplificação para os seus pares não cometerem a mesma infração que você cometeu. Agora, o ser excluído, se equivale a você ser assassinado. É a sua morte.

A avaliação, em um ensaio de conclusão, é que *"Eu tenho...A gente tem uma mania, morador, o próprio morador, de falar o bairro é violento, a gente passa por muita violência, insegurança e tal [...] eu tive uma experiência"*. A experiência pela qual passou esse jovem, apesar de ser testemunha, e não vítima, não deixa de ser de grande brutalidade.

Eu já vi uma cena em que eu tava chegando à noite de Uber, daí o rapaz, o motorista, falou para mim: "Tem alguns meninos vindo ali, eles são estranhos". "Não tem problema, pode seguir". "Tem certeza?" Os meninos passaram pelo carro, olharam pra dentro do carro, a gente ficou meio assim... Aí os meninos entraram numa rua. Nós estávamos próximos à rua, em frente. Aí os meninos entraram na rua. Nisso eu falei, não tem problema, você pode ficar tranquilo e tal, deve ser morador ou então desconhecido. Aí ele seguiu o carro. Quando ele tava seguindo o carro, veio um carro atrás da gente [...] em alta velocidade, entrou naquela rua e assim que o carro entrou [...] atirou nos meninos. Então eu vi

> *aquela cena e o motorista levou um susto* [...] *arrancou com o carro* [...] *ficou super assustado* [...] *foi uma cena horrível, provavelmente os meninos morreram, a gente não ficou tendo conhecimento.*

21 TONS DE MEDO

Do pós-impeachment...

Nossa primeira aproximação com os medos das pessoas jovens fluminenses de baixa renda e as violências a que foram submetidas no pós-impeachment da ex-presidenta Dilma Rousseff são chocantes. Afinal, em uma ecologia psicossocial (CAMPOS, 2015, 2017) em que prevalecem ações coativas, manipuladoras e violentas, exercidas por vários mecanismos de comunicação, não é de se espantar que os medos emerjam ao ponto de tomar conta de 86,44% das pessoas que participaram da primeira etapa da pesquisa.

Em nossa investigação, jovens indicaram 21 medos diferentes, na seguinte ordem de ocorrência: de bala perdida, da polícia, de ficar doente, do futuro, de se ferrar na vida, do que pode acontecer com a família, do que pode acontecer no Brasil, do que pode acontecer no Rio, do que pode acontecer perto de casa, de estupro, de ficar sem emprego, de ficar sem grana alguma, de levar uma facada, de levar um tiro, de não conseguir pagar as contas, de não poder pagar a escola, de não poder pagar a faculdade, de ser assaltado, de terroristas, de morrer e de ter que abandonar os estudos por necessidade. Em meio a esses "tons de medo" que emergiram a respeito dos sentimentos das juventudes fluminenses de baixa renda sobre o que lhes assusta no cotidiano, vale ressaltar que não se verificaram diferenças significativas nas relações entre a origem de cor ou raça e as diversas formas de violência que os atingem. Isso sugere que as relações socioeconômicas de classe parecem preponderar sobre aquelas, bem como prevalecer sobre os fatores identitário-culturais que causam desconforto por conta de várias formas de discriminação que sofrem. Ou seja, os medos emergem de maneira independente da origem de cor ou raça, gerando insatisfação com sua condição individual e social. Quando o desequilíbrio psicossocial produz sentimentos de insatisfação, as trocas humanas sofrem as sequelas das imposições do meio social, principalmente das classes dominantes, por meio de um processo que Habermas (1987a, 1987b) define como sendo de colonização interior, de modo que a violência contra si e contra o outro se instaura na psique dos sujeitos (CAMPOS, 2015, 2017).

É exatamente nesse ponto que reside uma certa ambiguidade relativamente aos resultados da primeira etapa de nossa pesquisa. Apesar da evidente insatisfação provocada pelo medo de extermínio em variadas situações de violência (incluindo a desigualdade causada pela estrutura socioeconômica e a discriminação), quando se trata de revelar seus universos de sentidos individuais, as manifestações de bem-estar prevalecem (63,6%), ainda que não nos mesmos níveis das de medo. Esse resultado paradoxal se deve a quê? Seria a famosa "alegria" do brasileiro — principalmente dos cariocas e fluminenses em geral — que sorriem apesar das adversidades da vida? Aprofundamos essa questão na fase seguinte de nossa pesquisa para explorar essas idiossincrasias da cultura brasileira. Como compôs Martinho da Vila: "Canta, canta minha gente, deixa a tristeza prá lá. Canta forte, canta alto, que a vida vai melhorar. A vida vai melhorar. A vida vai melhorar...".

Malgrado as possíveis alegrias fugazes que possam ser vividas nas entretessituras do cotidiano, a violência persistente, a situação socioeconômica degradada e os vários tipos de discriminação em função de traços identitários atingem indiscriminadamente jovens fluminenses de baixa renda. Mais especificamente, é preciso reconhecer que as considerações que levantamos na primeira etapa da pesquisa, de um lado, se situaram dentro de um quadro temporal específico de grande tensão política –— o pós-impeachment da ex-presidenta Dilma Rousseff — e, de outro, não levaram em conta uma exploração qualitativa mais extensa que nos permitisse compreender melhor as diferenças de contexto, que buscamos completar na fase seguinte, da pandemia de COVID-19.

...à pandemia

As percepções sobre o cenário sociopolítico e econômico do país e do estado do Rio de Janeiro, em uma comparação entre o ano de 2017 (quando responderam ao questionário) e 2021 e 2022 (quando foram entrevistados em plena pandemia), sugerem que as pessoas jovens participantes da pesquisa, com exceção de uma, avaliaram a passagem de uma época à outra como de decadência. No confronto entre impressões individuais e sociais, particularmente no que diz respeito às violências enfrentadas por eles, apareceram, como pudemos ver em suas narrativas, perspectivas que se opõem. Enquanto, do ponto de vista individual, pudemos entrever um certo otimismo recheado de esperança nas conversas que tivemos; no que tange à questão social, por conta da violência e do medo, as narrativas expressaram expectativas sombrias em relação ao futuro da sociedade brasileira e fluminense.

Dos 21 medos elencados na primeira fase da pesquisa, muitos ressurgiram nas conversas, com traços graves e preocupantes. Na segunda etapa, os medos de ficar doente e de morrer apareceram em destaque devido à pandemia de COVID-19 que, como vimos, foi fator que se somou às violências percebidas a respeito das políticas públicas do governo federal. Os demais medos compõem as falas, ora explicitamente, ora nas entrelinhas, mas estão sempre ali, maltratando suas vivências.

Nas percepções a respeito da sociedade em geral, na fase da pandemia, ainda que tenham manifestados dores profundamente enraizadas, relacionadas à condição social, mas sobretudo racial, as pessoas jovens se colocaram em um tempo de desesperança quanto às perspectivas futuras, com as violências físicas e morais vivenciadas em suas caminhadas como grandes responsáveis pelo descrédito no porvir. Quanto a isso, houve quem mencionou desejo de se afastar do convívio social, que o entendeu como consequência de políticas públicas do governo. Em meio ao clima de desesperança, no que tange à coletividade, alguns ressaltaram a importância da inclusão social pela educação, como agente transformador e de esperança, sobretudo para a população de baixa renda. Pelo menos, assinalaram uma pista de saída.

Exsistentialis modus in terrore

Nossas reflexões sugerem que as "fotos" dos momentos de violência parecem indicar um *exsistentialis modus in terrore*, um modo existencial aterrorizado. O quadro dramático do capitalismo contemporâneo brasileiro parece estar, ao menos no que tange às pessoas jovens fluminenses de baixa renda, mergulhado nos "21 tons do medo" que elas mesmos indicaram. Uma pesquisa recente corrobora a nossa, apesar de abranger o conjunto de jovens do Brasil, e não de uma classe social como no caso deste estudo. Silva e colaboradores (2021) reportam que 49% dos 1.740 jovens que entrevistaram presencialmente afirmaram sentir medo de inúmeras coisas: "quase o tempo todo" (p. 19) de serem assaltados, 40% de não ter trabalho no futuro, 37% de bala perdida e por aí vai... Nesta pesquisa apareceram os 21 motivos fluidos que identificamos e que banharam o ano de recrudescimento pandêmico: 2021. Ilustramos assim, com a metáfora de um modo existencial aterrorizado, as gradações, os tons que constituem vividos intensos e perturbados do terror contemporâneo que afeta as juventudes fluminenses de baixa renda. Viver na corda bamba dos temores que os açoitam simbolicamente e dos medos permanentes de extermínio é o cerne do conceito de "favelas de concentração", tratados em outros capítulos deste livro. Não se trata somente de um *exsistentialis modus in terrore*[40], mas também de uma significativa patologia social.

Nosso estudo corrobora, de certa forma, a tese de Bauman (2008) de que a sociedade contemporânea, ao perder as seguranças do Estado moderno, passou a viver uma fase que ele chama de "líquida", pois produz incertezas que conduzem a constante ansiedade, medo, terror. No entanto, no Brasil, e mais particularmente no Rio de Janeiro, essa ansiedade não é somente resultado da perda de segurança, pois, no caso das pessoas jovens de baixa renda que colaboraram conosco, não se pode dizer que a perderam, já que não se pode perder o que nunca se teve.

A ansiedade jovem, portanto, não é somente oriunda de uma liquidez da modernidade, ainda que globalmente esse termo possa ser adequado no que diz respeito às classes médias do primeiro mundo, mas também às dos países periféricos. Trata-se também de uma ecologia de sentidos em desequilíbrio que produz uma "modernidade de extermínio" ancorada na produção intrasubjetiva do terror, que retoma o trabalho de violação de vidas humanas iniciado muito antes com os impérios coloniais (para não regredirmos genealogicamente até os escravos de Atenas, e antes até). Os terrores cotidianos relacionados às diversas formas de violência urbana e violências das políticas sanitárias mencionadas têm endereço: são direcionados à cor da pele por conta de suas identidades raciais, ao gênero e à condição socioeconômica que degenera em dificuldades de acesso a serviços de saúde de qualidade, baseados em conhecimentos científicos. Seus medos daquilo que os pode matar são, efetivamente, "medos de extermínio". Os medos que que expressaram são produções da história de desigualdade do Brasil, são sinais de alerta para um país que frequentemente quer passar a ser de "primeiro mundo" (algo que, hoje em dia, precisa ser questionado, especialmente após os eventos de 6 de janeiro de 2021, nos Estados Unidos, e a ascenção do iliberalismo no planeta). Ainda que histórico, constata-

---

[40] Tradução adaptada do Google Tradutor do português para o latim.

mos com perplexidade o fato de as as pessoas jovens fluminenses estarem aterrorizadas com a violência e suas gradações, desde de serem atingidas por uma bala perdida até levar uma facada no meio da rua. As produções psicossociais do medo engendram, por sua vez, expectativas perversas de futuro da sociedade capitalista, o que os países gestores das riquezas dos povos do planeta e seus asseclas vêm demonstrando com cada vez mais vigor. Como lembra Massumi (1993, p. 12), *"Fear is not fundamentally an emotion. It is the objectivity of the subjective under late capitalism"*.[41]

Os "medos de extermínio" são produzidos em um confronto entre a brutalidade pós-escravocrata da sociedade brasileira — a "modernidade de extermínio" de setores conservadores das elites brasileiras que a gestão da pandemia de COVID-19 tão exemplarmente fez transparecer — com a "modernidade líquida" das classes médias. O sentido desse conceito, na verdade, se enfraqueceu com sua própria diluição histórica, relacionada à liquidez da modernidade do pós-guerra notadamente europeu de que fala Bauman (2008). Verificamos hoje o encontro do medo líquido global com o "medo de extermínio" local, produzido pelo desequilíbrio das múltiplas ecologias de sentidos, causado pelas acirradas disputas entre as classes sociais brasileiras. No caso de nosso estudo, podemos inferir esse encontro de medos na medida em que os valores de autonomia dos sujeitos e de democracia coletiva foram permanentemente pisoteados por um governo iliberal desde que se apoderou do Estado brasileiro em 2018. Sem constrangimento algum, age contra instituições do Estado (principalmente o Judiciário) com o apoio de camadas armadas da sociedade (militares, polícias e milícias) e hordas de fanáticos, como demonstrou o ataque ao Supremo Tribunal Federal por apoiadores do governo em junho de 2021. Para o autor polonês, os medos líquidos se evidenciam, entre outros fatores, essencialmente pelo receio de não se conseguir garantir o futuro e obter a segurança prometida pela modernidade. Já o "medo de extermínio" é diferente: ele diz respeito à liquidez sim, mas agregando-se a ela os riscos reais que os corpos das pessoas jovens fluminenses de baixa renda têm de ser liquidados pela violência generalizada da sociedade.

A pandemia de COVID-19 agregou às existências vividas nos medos, outros terrores. A índole totalitária do governo brasileiro, a partir de 2018, ampliou objetivamente a produção da violência de duas maneiras: ao propor políticas e obter resultados com o objetivo de aumentar significativamente

---

[41] "O medo não é, fundamentalmente, uma emoção. É a objetividade do subjetivo sob o capitalismo tardio." (tradução nossa: a frase está em itálico no original).

o acesso e o número de armas que cada cidadão pode portar — relacionados aos medos da primeira etapa — e protelar ações sanitárias deliberadamente com o objetivo de negar acesso à proteção contra a COVID-19 (CEPEDISA, 2021) — relacionadas aos medos da segunda etapa. Subjetivamente, as lideranças políticas do executivo federal, e de muitos estados e municípios, com apoio de legislativos de todos os níveis da república, acabaram por produzir sentimentos de insegurança ao promover o desrespeito a inúmeros direitos constitucionais (ao meio ambiente, aos gêneros, às etnias, à moradia, ao trabalho etc.) que, indiretamente, parecem ter produzido mal-estar. Os complexos processos de tecelagem de fios humanos e ambientais que acabam por formar o tecido social brasileiro e fluminense não podem responder, sozinhos, pelo avanço da brutalidade iliberal em sua saga contra os garantias constitucionais, sujeitas a permanentes ameaças. No entanto, há, de acordo com nossas reflexões, um desequilíbro notável nas ecologias dos sentidos das pessoas jovens com as quais interagimos, com vitórias — que esperamos provisórias — de forças coatoras, manipuladoras, violentas.

MEDO DE EXTERMÍNIO

Como concluir um capítulo como este? Seria o medo de morrer, por conta das violências vividas, medo de extermínio? Nossas considerações buscaram estimular não respostas imediatas, mas movimentos de transformação. Pesquisas com divulgação de dados podem ser interessantes, publicáveis e citáveis, mas acabam reforçando o estabelecido, principalmente quando intelectuais se encerram em cárceres acadêmicos e enfiam sua cabeça na areia, como avestruzes ou estátuas de moças da janela. Ou seja, profissionais da pesquisa que olham, da sacada, a violência que se passa na rua. A "modernidade de extermínio", que o termo "necropolítica" consagrado por Mbembe (2020) sugere, exige mais de todos nós. Levantamento de hipóteses que possam ser exploradas em pesquisas mais aprofundadas é inútil. Ainda que tenhamos seguido processos tradicionais de pesquisa em ciências humanas e sociais neste trabalho, realizados dentro de procedimentos científicos usuais, aceitáveis por uns, criticáveis por outros, as realidades que confrontamos só podem ser transformadas por meio de ações políticas. É aqui que se torna necessário traçar uma linha divisória entre as ciências exatas, que trabalham com modelos axiomatizados cujas questões encontram respostas dentro de sistemas (GRIZE, 1996), e as ciências linguageiras, como preferimos chamar as ciências humanas e sociais fundadas na comunicação de vividos, que coconstituem as existências dos seres pesquisadores-pesquisados por meio da produção de sentidos (CAMPOS, 2015, 2017). Os intelectuais linguageiros, como trabalham com impossível exatidão, só têm como ferramentas os sentidos de suas existências. Sentidos confluem para posicionamentos. Isso é inevitável. Na política, movimentos se ancoram em valores filosóficos expressos pelas mais variadas etiquetas. Na medida em que são valores, em um trabalho como o nosso, não há como não "valorar" e "valorizar". Exatidão não tem valores. Sentidos os produzem. Não será, portanto, o totalitarismo iliberal com a violação da autonomia democrática, a produção do terror, o banimento de livros, a destruição da natureza e da diversidade, a guerra contra a cultura, que poderá impedir nosso apelo à ação, ainda que o ancoremos nos moldes de uma pesquisa "tradicional".

Esclarecemos, portanto, a necessidade de explicitarmos que não temos como não nos posicionar diante do cerco ao Estado brasileiro promovido pelas forças que passaram a governá-lo a partir de 2018, estrangulando o acesso a víveres materiais e simbólicos, na busca de subordinar o país a interesses de certos grupos capitalistas internacionais que apoiam governos dispostos a corroer direitos. Conseguimos resgatar e relatar e comunicar os medos por meio de procedimentos científicos usuais na área das ciências humanas e sociais. Tais procedimentos têm sempre limitações, mas gostaríamos de mencionar duas. A primeira é que os medos-terrores relatados são uma coprodução dos pesquisadores em seu encontro com as pessoas jovens que colaboraram conosco, na medida em que os questionamentos levavam a explicitá-los. Ou seja, muitos dos medos-terrores relatados são também nossos. Em segundo lugar, admitimos que a melhor maneira, talvez, de contribuir, fosse por meio de um processo de aprofundamento da perspectiva de "pesquisas-convivência" que propomos ao longo deste livro. Na adoção de tal perspectiva, que poderia ser considerada um tipo específico de pesquisa-ação, o objetivo não seria apenas buscar relatos para disseminação acadêmica e contribuir para a gestão pública, mas principalmente agir concretamente nos territórios da dor dessas pessoas. Acreditamos que investigações em que a convivência fosse delas parte, ou seja, que se baseassem na busca de diagnósticos pela via do compartilhamento de sentidos dos vividos, poderiam, de maneira mais contundente, identificar meios de ação para combater a produção dos medos que castigam as juventudes de baixa renda não somente da cidade e do estado do Rio de Janeiro, mas também de todo o país. A mitigação da dor e do sofrimento que os acometem não merece somente relatos. Merece comprometimento e parceria. Terminamos achando que resta fazermos algo de verdade, já que compartilhamos com as pessoas jovens, durante o governo iliberal que findou em 2022 e produziu o 8 de janeiro de 2023, o perverso sentimento de impotência que se apoderou do Brasil. Esperamos que nossa pesquisa seja um caminho de potência para transformações.

REFERÊNCIAS

ANDERSON, D. R.; SWEENEY, D. J.; WILLIAMS, T. A. *Estatística aplicada à administração e economia*. São Paulo: Cengage, 2007. 784 p.

BAUMAN, Z. *Medo líquido*. Rio de Janeiro: Zahar, 2008. 239 p.

CAMPOS, M. N. *Traversée*: essai sur la communication. Berne: Peter Lang, 2015. 390 p.

CAMPOS, M. N. *Navegar é preciso. Comunicar é impreciso*. São Paulo: Edusp, 2017. p. 504.

CAMPOS, M.; BURG, A. P.; MORAES, M.; LEMOS, A. G. B.; ALVES, D. G.; LEITE, L. C. Liquid youth: From street kids to theater actors. An account of a reaffiliation process. *International Journal of Communication*, [s. l.], v. 10, p. 340-358, 2016. Disponível em: https://ijoc.org/index.php/ijoc/article/view/3706/1541. Acesso em: 15 jul. 2023.

CEPAL. *La juventud en Iberoamérica*: tendencias y urgencias. Santiago de Chile: Naciones Unidas, 2004. Disponível em: https://repositorio.cepal.org/bitstream/handle/11362/2785/S2004083_es.pdf?sequence=1. Acesso em 15 jul. 2023.

CEPEDISA. Direito e pandemia: ordem jurídica e sistema judiciário não foram suficientes para evitar graves violações. *In: Direitos na pandemia*: mapeamento e análise das normas jurídicas de resposta à COVID-19 no Brasil. São Paulo: [s. n.], 2021. n. 10, p. 2-3. Disponível em: https://www.cartacapital.com.br/wp-content/uploads/2021/01/Boletim_Direitos-na-Pandemia_ed_10.pdf. Acesso em: 15 jul. 2023.

CERQUEIRA, D.; LIMA, R. S.; BUENO, S.; VALENCIA, L. I.; HANASHIRO, O.; MACHADO, P. H. G.; LIMA, A. S. *Atlas da violência* 2017. Brasília, DF: Ministério da Economia: Instituto de Pesquisa Econômica Aplicada, 2017. 68 p. Disponível em: https://www.ipea.gov.br/atlasviolencia/download/2/2017. Acesso em: 15 jul. 2023.

CERQUEIRA, D.; BUENO, S.; ALVES, P. P.; LIMA, R. S.; SILVA, E. R. A.; FERREIRA, H.; PIMENTEL, A.; BARROS, B.; MARQUES, D.; PACHECO, D.; LINS, G. O. A.; LINO, I. R.; SOBRAL, I.; FIGUEIREDO, I.; MARTINS, J.; ARMSTRONG, K. C.; FIGUEIREDO, T. S. *Atlas da violência* 2020. Brasília, DF: Ministério da Economia: Instituto de Pesquisa Econômica Aplicada, 2020. 91 p. Disponível em: https://www.ipea.gov.br/atlasviolencia/download/24/atlas-da-violencia-2020. Acesso em: 15 jul. 2023.

CERQUEIRA, D.; FERREIRA, H.; BUENO, S.; ALVES, P. P.; LIMA, R. S.; MARQUES, D.; SILVA, E. R. A.; LUNELLI, I. C.; RODRIGUES, R. I.; LINS, G. O. A.; ARMSTRONG, K. C.; LIRA, P.; COELHO, D.; BARROS, B.; SOBRAL, I.; PACHECO, D.; PIMENTEL, A. *Atlas da violência* 2021. Brasília, DF: Ministério da Economia: Instituto de Pesquisa Econômica Aplicada, 2021. 104 p. Disponível em: https://www.ipea.gov.br/atlasviolencia/arquivos/artigos/5141-atlasdaviolencia2021completo.pdf. Acesso em: 15 jul. 2023.

COOPER, A.; SMITH, E. L. *Homicide rates in the United States*: 1980-2008. Annual Rates for 2009-2010. Washington, D.C.: U. S. Department of Justice, 2011. Disponível em: https://bjs.ojp.gov/content/pub/pdf/htus8008.pdf. Acesso em: 15 jul. 2023.

COOPER, D. R.; SCHINDLER, P. S. *Métodos de pesquisa em administração.* Porto Alegre: Bookman, 2003. 640 p.

CRIME in the United States, 2017. *UCR: FBI*, [2017?]. Disponível em: https://ucr.fbi.gov/crime-in-the-u.s/2017/crime-in-the-u.s.-2017/topic-pages/murder. Acesso em: 15 jul. 2023.

CRIME in the United States, 2019. *UCR: FBI*, [2019?]. Disponível em: https://ucr.fbi.gov/crime-in-the-u.s/2019/crime-in-the-u.s.-2019/topic-pages/murder Acesso em: 15 jul. 2023.

FIORI, G. *Antonio Gramsci*: vida de um revolucionário. Madrid: Capitan Swing, 2015. 384 p.

FREITAS, H.; OLIVEIRA, M.; SACCOL, A. Z.; MOSCAROLA, J. O método de pesquisa survey. *Revista de Administração*, [s. l.], v. 35, n. 3, p. 105-112, 2000. Disponível em: http://www.clam.org.br/bibliotecadigital/uploads/publicacoes/1138_1861_freitashenriquerausp.pdf. Acesso em: 15 jul. 2023.

FRICKER Jr, R. D. Sampling methods for web and e-mail surveys. *In*: FIELDING, N.; LEE, R. M.; BLANK, G. (ed.). *The SAGE Handbook of online research methods*. Londres: Sage, 2012. p. 195-216.

GEMAQUE, A. A pandemia agravou a desigualdade de renda e a pobreza no Brasil. *CCE-FIOCRUZ*, Rio de Janeiro, 27 maio 2021. Disponível em: https://www.cee.fiocruz.br/?q=a-pandemia-agravou-a-desigualdade-de-renda-e-a-pobreza-no-brasil. Acesso em: 15 jul. 2023.

GOVERNO DO ESTADO DO RIO DE JANEIRO. *ISP Dados Visualização*. Rio de Janeiro: Instituto de Segurança Pública, [2023?]. Disponível em: http://www.ispvisualizacao.rj.gov.br/. Acesso em: 15 jul. 2023.

GRIZE, J.-B. *Logique naturelle & communications.* Paris: Presses Universitaires de France, 1996. 161 p.

HABERMAS, J. *Théorie de l'agir communicationnel*: rationalité de l'agir et rationalisation de la société. v. 1. Paris: Fayard, 1987a. 448 p.

HABERMAS, J. *Théorie de l'agir* communicationnel: pour une critique de la raison fonctionnaliste. v. 2. Paris: Fayard, 1987b. 480 p.

HEALE, R.; TWYCROSS, A. What is a case study? *Evidence Based Nursing*, [s. l.], v. 21, n. 1, p. 7-8, 2018. DOI: https://dx.doi.org/10.1136/eb-2017-102845.

IBGE. *Censo Demográfico* - População residente por cor ou raça, segundo a situação do domicílio, o sexo e a idade. Rio de Janeiro: Instituto Brasileiro de Geografia e Estatística, [2011?]. Disponível em: https://sidra.ibge.gov.br/Tabela/3175. Acesso em: 15 jul. 2023.

JOHNSON, J. M. In-depth interviewing. *In*: GUBRIUM, J. R.; HOLSTEIN, J. A. (ed.). *Handbook of interview* research: context & method. Thousand Oaks: Sage, 2001. p. 103-119.

MANZINI, E. J. Uso da entrevista em dissertações e teses produzidas em um programa de pós-graduação em educação. *Revista Percurso* - NEMO, [s. l.], v. 4, n. 2, p. 149-171, 2012. Disponível em: https://periodicos.uem.br/ojs/index.php/Percurso/article/view/49548. Acesso em: 15 jul. 2023.

MASSUMI, B. Everywhere you want to be. Introduction to fear. *In*: MASSUMI, B. (ed.). *The politics of everyday fear*. Minneapolis: University of Minnesota Press, 1993. p. 3-38.

MBEMBE, A. Le droit universel à la respiration. *AOC*, 6 abr. 2020. Disponível em: https://aoc.media/opinion/2020/04/05/le-droit-universel-a-la-respiration/. Acesso em: 15 jul. 2023.

MERHY, E.; MENDES, N.; SILVEIRA, P. A vida na "sociedade do espetáculo". *In*: MENDES, N.; MERHY, E.; SILVEIRA, P. *Extermínio dos Excluídos.* Porto Alegre: Editora Rede Unida, 2019. 584 p. Disponível em: https://editora.redeunida.org.br/wp-content/uploads/2018/11/EXTERMINIO_DOS_EXCLUIDOS-concluido2-1.pdf. Acesso em: 15 jul. 2023.

MILLS, A. J.; DUREPOS, G.; WIEBE, E. (ed.). *Encyclopedia of case study research.* Thousand Oaks: Sage, 2010. 1140 p.

MINAYO, M. C. S. Seis características das mortes violentas no Brasil. *Revista Brasileira de Estudos de População*, [*s. l.*], v. 26, n. 1, p. 135-140, 2009. Disponível em: https://www.rebep.org.br/revista/article/view/151/pdf_145. Acesso em: 15 jul. 2023.

MORAIS NETO, O. L.; SOUSA, S. M. G. O fenômeno da violência no Brasil e na América Latina: diversas abordagens teórico-metodológicas. *Revista Ciência & Saúde Coletiva*, [*s. l.*], v. 22, n. 9, p. 2794-2794, 2017. DOI: https://doi.org/10.1590/1413-81232017229.11492017.

MORRIS, A. *A practical introduction to in-depth interviewing.* Londres: Sage, 2015. 160 p.

NERI, M. *Sumário-Executivo.* Qual foi o impacto da crise sobre a pobreza e distribuição de renda? Rio de Janeiro: Centro de Políticas Sociais, 2018. Disponível em: https://www.cps.fgv.br/cps/bd/docs/NOTA-CURTA-Pobreza-Desigualdade-a-Crise-Recente_FGV_Social_Neri.pdf. Acesso em: 15 jul. 2023.

NÓBREGA Jr., J. M. Diagnóstico da violência no Brasil e os desafios para a Segurança Pública. *Revista Espaço Acadêmico*, [*s. l.*], v. 14, n. 167, p. 103-115, 2015. Disponível em: https://periodicos.uem.br/ojs/index.php/EspacoAcademico/article/view/26140/14527. Acesso em: 15 jul. 2023.

SENADO FEDERAL. *CPI da pandemia.* Relatório final. Aprovado pela Comissão em 26 de outubro de 2021. Brasília, DF: Senado Federal, 2021. Disponível em: https://legis.senado.leg.br/comissoes/mnas?codcol=2441&tp=4 Acesso em: 15 jul. 2023.

SILVA, A. B. P.; BRENNER, A. K.; LEVY, A. P.; PINHEIRO, D.; RIBEIRO, E.; LIMA, E. S.; PERES, J. P. S.; PRATA, J. M.; PEREIRA, M. FARAH NETO, M.; PEREGRINO, M.; CARRANO, P. C. R.; NOVAES, R.; PENSO, V. *Resumo executivo.* Pesquisa Juventudes no Brasil 2021. Rio de Janeiro: Fundação SM – Observatório da Juventude na Íbero América, 2021. 20 p. Disponível em: http://www.fundacaosmbrasil.org/cms/wp-content/uploads/2021/10/Resumo_Pesquisa_Juventudes_no_Brasil.pdf. Acesso em: 15 jul. 2021.

SOUZA, J. *A invisibilidade da desigualdade brasileira.* Belo Horizonte: Editora da UFMG, 2006. 238 p.

WAISELFISZ, J. J. *Os jovens do Brasil. Mapa da Violência 2011.* São Paulo: Instituto Sangari, 2011. 160 p. Disponível em: https://flacso.org.br/files/2020/03/Mapa-Violencia2011.pdf. Acesso em: 15 jul. 2023.

WAISELFISZ, J. J. *Mapa da violência 2012*: a cor dos homicídios no Brasil. Rio de Janeiro: Brasília: CEBELA: FLACSO: SEPPIR/PR, 2012. 39 p. https://flacso.org.br/files/2020/03/mapa2012_cor.pdf. Acesso em: 15 jul. 2023.

WILSON Witzel: 'A polícia vai morar na cabecinha e... fogo'. *Veja*, São Paulo, 1º nov. 2018. Disponível em: https://veja.abril.com.br/politica/wilson-witzel-a-policia-vai-mirar-na-cabecinha-e-fogo/. Acesso em: 15 jul. 2023.

WORLD POPULATION REVIEW. *Murder rate by country 2022*. Walnut: World Population Review, [2023?]. Disponível em: https://worldpopulationreview.com/country-rankings/murder-rate-by-country. Acesso em: 15 jul. 2023.

YIN, R. K. *Case study research*: design and methods. 4. ed. Thousand Oaks: Sage, 2009. 217 p.

DE MAL A PIOR

Almir Fernandes dos Santos
Milton N. Campos[42]

Infelizmente, as coisas parecem ir de mal a pior para muitas pessoas jovens do Rio de Janeiro. Neste capítulo, confrontamos suas percepções quanto à política e à participação democrática, no período pós-impeachment da ex-presidenta Dilma Rousseff e, mais recentemente, durante a pandemia de COVID-19 que assolou o Brasil depois das eleições de 2018 que levaram ao poder, pelo voto, um governo movido por ideologia iliberal com traços totalitários. Nessa perspectiva, exploramos sentidos relativos à política e a políticos de governos nos âmbitos municipal, estadual e federal, refletindo sobre contribuições cidadãs para a realidade atual, agravada pela pandemia. Em ambas as etapas (pós-impeachment e no auge e arrefecimento da pandemia, em 2021 e 2022), a produção de sentidos das juventudes está relacionada com percepções negativas, reveladas por meio de algumas adversidades políticas que, muito embora devessem ser exceção à regra, tornaram-se realidade, por exemplo, corrupção, problemas econômicos, como o desequilíbrio fiscal e a inflação, e tragédias sanitárias, como as consequências da pandemia de COVID-19. Verificamos que as recomendações internacionais de mitigação, principalmente o uso de máscaras e o distanciamento social, aprofundaram com mais força a polarização, que se tornou político-econômico-sanitária. Com isso, como se diz popularmente, o Brasil se meteu em um buraco. No início da terceira década do século XXI, a constatação é simples e dramática: as percepções que as pessoas jovens têm da política e dos políticos sugerem produções de sentidos que não as levam a se engajar, mas a se omitir de participar ativamente dos processos de luta democrático-institucionais.

Para explorar os sentidos juvenis, focamos suas percepções, construídas por meio das cognições e afetos relacionados às memórias que produzem suas imagens de mundo a respeito da política e de políticos, que foram trabalhadas mais quantitativamente que qualitativamente na primeira etapa da pesquisa, mas exclusivamente de maneira qualitativa na segunda etapa, por meio da seleção de narrativas. Portanto, ao trazê-las à

---

[42] Milton N. Campos obteve auxílio da FAPERJ. Projeto n.º 2104842016.

tona, o intuito foi de nos debruçar sobre os sentidos que emergiam em suas vidas a respeito da cidadania e da participação política no espaço público, sabedores que apenas "fotografamos" momentos, instantes específicos. Na primeira etapa da pesquisa, esses retratos nos permitiram conjecturar a respeito das opiniões que tinham dos mandatos de Dilma Rousseff e Michel Temer, bem como dos respectivos corpos legislativos e executivos que os acompanharam. Na segunda etapa, não menos importante, refletimos sobre avaliações a respeito de vários níveis de governo, que ou descumpriram as normas mundiais de saúde e não tomaram medidas adequadas para o combate da pandemia ou pareceram fingir cumprir seu dever, com objetivos sinistros. A estratégia federal, por exemplo, de contaminação coletiva, de flexibilização de normas que só funcionariam se aplicadas com rigor e de ignorância proposital de estratégias de proteção da vida humana com base em falsos preceitos científicos, foi considerada criminosa por uma Comissão Parlamentar de Inquérito instituída pelo Senado — mais conhecida como CPI da Pandemia (SENADO FEDERAL, 2021) — e pelo Centro de Pesquisa em Direito Sanitário da Universidade de São Paulo (CEPEDISA, 2021). Tal contexto nos permitiu explorar os sentidos das manifestações de aparente desengajamento e definitivo desencanto juvenis que observamos. É óbvio que o desengajamento decorre da extrema complexidade da realidade política, econômica e social brasileira, como veremos no capítulo "Participação e engajamento nas redes". No entanto, associado a isso, verificamos que a gestão da pandemia elevou o Brasil, com os Estados Unidos, a epicentro mundial em número de casos e mortes, além de render-lhe a pecha de pária sanitário internacional. Essa desadministração parece ter reforçado que, ao longo dos dois tempos distintos que delimitam nossos olhares, malgrado suas diferenças, aprofundou-se junto às pessoas jovens um processo em que "decepção" tornou-se a palavra de ordem a respeito da política e dos políticos.

CIDADANIA E CRISE DA DEMOCRACIA

Nas práticas comunitárias da Grécia antiga, a *polis* — termo que deu origem à palavra "política" — era governada pela Assembleia de Cidadãos (*poetai*), e aos cidadãos gregos "livres" era dado o direito de participação e decisão a respeito do futuro. O destino coletivo dependia, portanto, do consenso de seus cidadãos (JAEGER, 2013). Com efeito, "[...] o conjunto de direitos civis, políticos e sociais fazia convergir e disciplinar as ações

VIOLAÇÕES BÁRBARAS: OLHARES JOVENS

de uma sociedade no uso desses direitos" (COVRE, 1991, p. 11). Na evolução moderna desse princípio de representação, os expurgos de parcelas da população não foram afetados. Naqueles tempos, como se sabe, eram escravos, mulheres e estrangeiros. Hoje em dia, apesar do direito ao voto, vários processos combinados colocam em questão a "democracia" capitalista ocidental. Ainda que muitos sistemas constitucionais tenham buscado corrigir defeitos legais autoritários com o reconhecimento de inúmeros direitos aos cidadãos, como é o caso da Constituição brasileira de 1988, ao legislarem dentro dos preceitos do sistema capitalista (ressaltando, por exemplo, a "liberdade" individual de empresa e o direito "inalienável" à propriedade), construiram novas servidões. No caso de vários países, o liberalismo clássico promotor de sociedades capitalistas democráticas não totalitárias, desembocou no neoliberalismo econômico totalitário (CHAUI, 2020), iliberal. Um de seus sinais, aliás, pode ser exemplificado pelos mecanismos de amplificação do controle do público pelo privado, como a sanção da Lei da terceirização na administração pública n.° 13.429 de 2017, pelo então presidente Michel Temer, e a autorização do Supremo Tribunal Federal do Brasil, em 30 de agosto de 2018, para a terceirização de atividades empresariais meio e fim. Não são poucos os especialistas que viram nessas decisões riscos ao próprio princípio de equidade supostamente inscrito na Constituição, como os de aparecimento de mecanismos quase institucionais de corrupção "[...] convencionalmente definida como o ato de auferir vantagens espúrias da coisa pública em benefício particular" (HALLER; SHORE, 2005, p. 106).

Falar de corrupção nos faz lembrar da Operação Lava Jato, sediada em Curitiba, Paraná, elevada quase à posição de divindade legal pelas mídias — braço simbólico das elites — para depois cair em desgraça e ver juízes e promotores tendo sentenças anuladas por falta de isenção na análise dos autos, sugerindo estar imbuídos de voluntarismo e ativismo judiciário orientados, de um lado, ideologicamente e, de outo, aparentemente em busca de privilégios pessoais. De fato, um suposto promotor da idoneidade alcançou, efetivamente, o cargo de ministro da Justiça de um governo obscurantista, autoritário e violento que ajudou a construir, antes de anunciar suas próprias intenções naufragadas de se eleger presidente da República. Estabelecida para investigar supostos malfeitos, a Operação Lava Jato teve, como é público e notório, grande impacto nacional por conta de alegada luta contra a corrupção. No entanto, conluios entre membros da acusação e juízes vieram à tona no blog jornalístico *The Intercept Brasil* por meio da matéria "As mensagens secretas da

Lava Jato" (GREENWALD; REED; DEMORI, 2019). Diante dos vazamentos de conversas realizadas via aplicativos de redes sociais, brasileiros movidos pelos fatos passaram a se perguntar até que ponto a "heroica" operação sediada em Curitiba não se havia contaminado com a mesma falta de ética alegada na condenação de seus acusados, tornada espetáculo multimidiático pela imprensa áulica nacional. De acordo com Silveira (2016), sem que se pudesse imaginar exatamente os detalhes das conversas da equipe curitibana, já havia, ao menos, sinais de um mecanismo polarizador: a aplicação da doutrina jurídica da cegueira deliberada (*willful blindness*) por procuradores e juízes. Crendo-se nas informações divulgadas pelo *The Intercept Brasil*, naquele turbulento momento político-social, a Justiça estaria integrando papéis de juízo e acusação em uma única função (traço essencial das ditaduras), acabando por reforçar a reprodução de polaridades. A política de ensejo à polarização, inegavelmente, minou a confiança da população nos atores políticos do Brasil ao longo do processo de desmantelamento de garantias constitucionais que o país passou a testemunhar. Foi quando havíamos resolvido explorar o que estava se passando na cabeça de jovens fluminenses de baixa renda a respeito da política e políticos: imediatamente após o impeachment da ex-presidenta Dilma Rousseff até o auge e arrefecimento da pandemia de COVID-19. Nesse meio tempo instaurou-se o governo iliberal com o apoio e envolvimento do juiz Sergio Moro, tornado ministro da Justiça até o julgamento que o considerou parcial no Supremo Tribunal Federal, a chegada da pandemia e a crise das vacinas. Cenário, no mínimo, preocupante.

Passados os primeiros anos do aprofundamento de violências, o que se viu foram acontecimentos, na sua maior parte, dramáticos. Perguntamo-nos se as percepções juvenis a respeito da política e políticos teriam se transformado com as sistemáticas investidas governamentais contra a frágil construção da jovem democracia brasileira. Como estariam essas transformações interagindo com a pandemia de COVID-19 que assolou o planeta e, no Brasil, tornou-se evidente instrumento político de violação de direitos? Ainda que teoricamente sejam as leis que regulam os direitos dos cidadãos, a pandemia desnudou o fato de que, no Brasil, não são garantidoras de cidadania, como, aliás, parecem nunca tê-lo sido. O termo popular "a lei não pegou" não é, afinal, recente... Depois da eleição de 2018, do estabelecimento do chamado "gabinete do ódio" e do "Ministério paralelo da saúde", as ameaças de rompimento dos direitos se aprofundaram. Já há muito tempo, Demo (1988) ressaltava que a cidadania se dissolve na sociedade pós-escravocrata brasileira por esta apresentar diferenças abissais entre a minoria de descendentes das elites altas e médias brancas que exercem controles e a maioria preta e parda à qual ainda são frequentemente negados os mais básicos direitos à vida, ao emprego, à moradia, à educação e à saúde. A pandemia, associada a uma gestão que pode, sem risco de exagero, ser qualificada de cruel e de extermínio deliberado da população (CEPEDISA, 2021), escancarou um projeto de desmantelamento da democracia por meio de violações em vários campos, como os do direito à saúde, com falta de assistência aos profissionais atuando na pandemia e junto à população carcerária abandonada à própria sorte; dos direitos econômicos e sociais; da liberdade de expressão com ataques sórdidos e inconstitucionais a jornalistas, profissionais da imprensa e defensores dos direitos humanos; dos direitos de mulheres e meninas com aumento significativo dos casos de violência doméstica e feminicídio; dos direitos dos povos indígenas e comunidades tradicionais com ações de devastação ambiental, assassinatos de ecologistas e violações sem precedentes; do uso excessivo de força com aumento da brutalidade policial e da impunidade contra crimes cometidos pelas forças de segurança; além de desaparecimentos forçados (ANISTIA INTERNACIONAL, 2021).

Como se sabe, "[...] cortes violentos nos recursos para as políticas sociais fomentam a desigualdade – a pobreza e a fome – em escalas macrossociais, enquanto setores abastados se previnem contra qualquer possibilidade de perdas" (PAIVA, 1999, p. 20). Com a pandemia de coronavírus que assolou o planeta a partir do fim de 2019, "[.] milhões de trabalhadores com baixos salários, trabalhadores rurais, desempregados e sem teto estão sendo jogados aos lobos" (DAVIS, 2020, p. 9). O acesso aos recursos anunciados à população desempregada e impedida de trabalhar informalmente por causa da pandemia foi sistematicamente dificultado (MENDONÇA, 2020), enquanto, em paralelo, liberou-se R$ 1,2 trilhão para os bancos (CASTRO; RODRIGUES, 2020). Isso, sem nos esquecer dos episódios de compra empenhada da vacina COVAXIN e de propinas para sua aquisição, centro de um escândalo bilionário de corrupção macabro que foi investigado pela CPI da Pandemia, tal como levantado na 27ª sessão de 25 de junho de 2021 do Senado Federal da República, e amplamente descrito no relatório final (SENADO FEDERAL, 2021). Já faz muito tempo que o "Brasil perdeu a capacidade de se pensar como nação e ninguém sabe mais onde está a fronteira entre coisa pública e a *cosa nostra*" (BENJAMIN, 1991, s/p). Carrara (1996, p. 13) chama essa fronteira fluida de "[...] manobrismo da barganha eleitoreira, o que se traduz na promessa de dar ao povo o que já lhe pertence por direito, como se a lei fosse concessão dos poderosos".

O país parece, portanto, viver o paradoxo de ter produzido uma Constituição em uma tradição de validação de transgressões que se reproduzem em polaridades dominadas pela desconfiança mútua. Boaventura de Sousa Santos (2020, p. 26) acusa o governo eleito pelo povo em 2018 de ter índole totalitária, de promover o iliberalismo e de pretender

> [...] a eliminação de parte das populações que já não interessam à economia, nem como trabalhadores nem como consumidores, ou seja, populações descartáveis como se a economia pudesse prosperar sobre uma pilha de cadáveres ou de corpos desprovidos de qualquer rendimento.

Tal cenário, em conformidade aos princípios da Constituição de 1988, começou a ser desafiado. No palco emblemático das polarizações nacionais em São Paulo, que presenciou a tomada da Avenida Paulista por torcidas de jovens corinthianos que se autodenominam "periféricos" (É NÓS POR NÓS, 2020), e as manifestações de maio, junho e julho que levaram milhões de brasileiros às ruas pedindo o impeachment do presidente, não por crime de responsabilidade, mas por genocídio, vozes gritaram. Alternaram-se, polarizadamente, com aquelas que promoviam o fim da democracia, a instauração de um governo militar e valores nazifascistas. Testemunhas das reações que o povo ensaia nas areias movediças da história de violações contínuas e de violados que caracteriza o Brasil, ao nos voltar às pessoas jovens, demo-nos conta de que o desencanto não somente permanece, mas se aprofunda.

OS SENTIDOS DA POLÍTICA

Os percursos individuais e a história social expressam vivências coletivas que se constituem em imagens de mundo (CAMPOS, 2015, 2017), representações em ação, enações fugidias e momentâneas, percepções que fazem convergir cognições e afetos relacionados às memórias que produzem juízos. Falamos aqui de "representações em ação" para tratar das representações, não como imagens de mundo cristalizadas, mas aproximando-as ao sentido dado por Varela (1996) quando propôs a noção de enação. Deixamos claro, assim, que não entendemos a noção de representação pelo significado abstrato descorporeificado de algo, mas como uma memória viva ativada pelas circunstâncias do vivido e que, portanto, é processual.[43] Em seu fluir

---

[43] Toda as menções a "representação" neste capítulo têm o sentido de "representações em ação" ou "enação", sem separar estados corporais e mentais.

perpétuo, as representações em ação produzem sentidos ancorados sobretudo nas experiências do sujeito consigo mesmo — represent-*ações* individuais (PIAGET, 1977) —, com os outros quando estabelece relações de grupo — represent-*ações* socializadas (GRABOVSCHI; CAMPOS, 2014) — ou ainda quando age socialmente — represent*ações* sociais (MOSCOVICI, 1989), em um meio sociopolítico, cultural e ambiental. Os processos psicossociais comunitários fazem emergir, portanto, nas práticas comunicativas dos sujeitos, cognições e afetos que produzem sentimentos ético-morais. Em função das relações econômicas e de poder instauradas na sociedade, nos territórios onde vivem, essas práticas produzem sentidos do viver que demandam, no dia a dia, consequentes tomadas de posição fundadas em juízos (CAMPOS, 2007, 2015, 2017). Esses processos, em permanente estado de transformação na busca de equibração, podem ser compreendidos como "ecologias de sentidos" que, em relação ao espaço público, produzem os sentidos da política. No entanto, certos contextos são marcadamente desequilibrados na medida em que ecologias são processos em permanente transformação. Se o Brasil fosse uma sociedade efetivamente democrática, seria plausível acreditar que a relação dos cidadãos com o coletivo fizesse emergir mais momentos equilibrados (de respeito às leis e conservação de paz). Seria, pois, caso as pessoas tivessem seus direitos constitucionais resguardados, a realização do midiaticamente celebrizado "Estado de Direito". No caso das juventudes fluminenses de baixa renda de nossa pesquisa, o conjunto das dimensões psicossociais comunitárias afeta os sentidos que emergem de seus íntimos, relacionados com suas vidas, com os grupos dos quais participam na sociedade brasileira, dentro dos embates pela implementação efetiva do "Estado de Direito" que, na verdade, constitui o conjunto normativo de um Estado capitalista periférico. Em função das lutas políticas intestinas que levaram ao estabelecimento de um regime de índole totalitária eleito pelo povo, a partir de 2018, no Brasil, aprofundou-se a produção, que já vinha emergindo, de ecologias de sentidos que, em dado tempo, expressaram o avanço de forças em favor do aprofundamento de um capitalismo regido por ideologia iliberal.

No que se refere à política, Bauman (2000) afirma que a sociedade atual produz sensação de insegurança "[...] semelhante a passageiros viajando em um avião, que se dão conta de que quem está no comando da aeronave é apenas uma voz gravada" (p. 28). Essa imagem, tão vívida em tempos de pandemia de COVID-19, leva o sociólogo a acentuar que a ausência de confiança descontrói a identidade e representa um golpe irreversível na política e na vida. Segundo Bauman, o rompimento e o desmantelamento permanente das seguranças individuais e sociais, antes oferecidas pelo Estado Moderno do pós-guerra, e o medo são constitutivos da "liquidez", hoje desnudados pelo retrato dramático da desagregação mundial dos sistemas de proteção à saúde. Como sugerido no capítulo anterior, essa liquidez não expressaria com propriedade "o rompimento e o desmantelamento" citados anteriormente porque não se pode romper e desmantelar o que nunca se teve. A essa juventude nunca foram oferecidas seguranças individuais ou sociais garantidas pelo Estado pós-escravocrata brasileiro, e seria mais apropriado substituir a noção de sociedade líquida pela de "sociedade de extermínio" e a noção de medo líquido pela de "medo de extermínio". Entendemos a noção de extermínio não somente em termos de ações com o objetivo de exterminar corpos, presente na ideia de necropolítica de Mbembe (2020), mas também de aniquilar, suprimir as vontades das vidas, submetê-las à destruição de si mesmas pela negação de sua humanidade. Trata-se de momentos de profundo desequilíbro das ecologias de sentidos em que o verso da moeda da valorização do desejo de morte tem como reverso a desvalorização das vidas.

A pesquisa que fizemos em dois tempos, pós-impeachment da ex-presidenta Dilma Rousseff e durante a pandemia de COVID-19, sugere, como veremos, que o desequilíbrio psicossocial se tornou prevalente e que a insatisfação pessoal das juventudes se reflete como desencanto, em ações de não participação político-institucional (sem esquecer que a recusa de participar é outra forma de ação política). Em tese, tal desequilíbro psicossocial pode abrir espaços para surpresas, resultando em efetiva participação, como testemunha a revolta ocorrida nos Estados Unidos com os protestos diante do assassinato de George Floyd, propulsora do movimento *Black Lives Matter*. Sem poder fazer previsão alguma, o fato é que as emergências dos sentidos das elites que se apropriaram de mecanismos de governo para transformar o país em uma sociedade de extermínio exercem, por meio de seus governantes — mas sem a contrapartida da proteção — jogos de poder descritos por Maquiavel ao tratar do soberano absoluto,

> [...] o príncipe não utiliza a elite como base de poder porque seus membros veem-no meramente como mais um entre eles. Logo, prontamente se desfarão dele, caso este venha a desagradá-los. O povo, entretanto, apoiará o príncipe desde que este o proteja da elite (MAQUIAVEL, 1998 *apud* McCORMICK, 2013, p. 255).

VIOLAÇÕES BÁRBARAS: OLHARES JOVENS

Se há algo que os príncipes iliberais totalitários do novo tempo parecem ser incapazes de fazer é proteger o povo da elite. Muito pelo contrário! É sob o ataque dessas elites que o povo brasileiro vive, no cotidiano, um descalabro desesperançado, tão bem ilustrado pelo desenrolar da gestão da pandemia de COVID-19. *"Pour la plupart d'entre nous cependant, surtout dans ces régions du monde où les systèmes de santé ont été dévastés par plusieurs années d'abandon organisé, le pire est encore à venir"* (MBEMBE, 2020, s/p).[44]

DESIGN DO ESTUDO

Método

Adotamos, para este estudo, uma abordagem híbrida quantitativo-qualitativa exploratória que nos permitisse conhecer, ainda que vagamente, as percepções fundadas em cognições e afetos engendradores das memórias que produziram as imagens de mundo das pessoas jovens fluminenses de baixa renda que colaboraram conosco a respeito da política e dos políticos. Abordagens híbridas quantitativo-qualitativas, ao articularem resultados obtidos por meio de vários instrumentos, fortalecem a confiança nas conclusões quando os dois tipos de dados convergem (EISENHARDT, 1989 *apud* EDMONDSON; McMANUS, 2007). Esse procedimento possibilita que a proposta teórica explique efetivamente fenômenos observados em perspectiva, não isoladamente. Sem atribuir exclusividade aos artefatos quantitativos (EDMONDSON; McMANUS, 2007), o juízo a respeito da qualidade é mais apropriado para se estudar contextos ainda não bem compreendidos (BARLEY, 1990; BOUCHARD, 1976). O método adotado, para a primeira etapa, foi o estudo de caso longitudinal, que se constitui em um processo de pesquisa empírica organizado para se investigar fenômenos pouco conhecidos de grupos específicos (YIN, 2009), ao longo do tempo, de maneira sistemática e intensiva (HEALE; TWYCROSS, 2018). Assim, na primeira etapa, que teve uma fase quantitativa e outra qualitativa, buscamos primeiramente informações via um questionário do tipo *survey*. A partir de seus resultados, orientamos um trabalho de consulta complementar qualitativa a respeito dos sentidos que jovens fluminenses emprestam à política, mediante a realização de um grupo focal. Na segunda etapa, de entrevistas semiestruturadas em

---

[44] "Para a maioria de nós, no entanto, e especialmente nas partes do mundo onde os sistemas de saúde foram devastados por anos de abandono organizado, o pior ainda está por vir" (tradução nossa).

profundidade (MORRIS, 2015), objetivamos conceber novas relações e aprofundar nossos conhecimentos. As entrevistas em profundidade são capazes de fazer emergir narrativas. A partir delas, refletimos sobre as representações em ação a respeito da transição entre o período pós-impeachment da ex-presidenta Dilma Rousseff e o auge e arrefecimento do processo pandêmico e de crise da democracia, de modo a buscar os sentidos da política para as pessoas jovens.

Escolha das pessoas jovens participantes da pesquisa

Como já mencionado em outros capítulos, são muitas as definições de "juventude" (algumas baseadas na noção de faixa etária e sem consenso predefinido com relação a elas), "juventudes" (usualmente derivada de perspectivas ancoradas em problematizações histórico-culturais, independentemente de faixas etárias pré-estabelecidas) e até do que constitui ser "jovem". Assim, nossa opção foi a de falarmos de "jovens", de maneira genérica, mas dentro do contexto específico das periferias do Grande Rio, onde se concentram populações de baixa renda. Ou seja, jovens vulneráveis que foram contatados inicialmente por e-mail e aceitaram colaborar com o processo de pesquisa. Ressaltamos que diferentes instituições definem jovens de acordo com faixas etárias variadas. A Comisión Económica para América Latina y el Caribe – CEPAL (2004) menciona faixas de idade que podem variar de 7 a 18 anos, como em El Salvador, a até de 18 a 30 anos, como na Nicarágua. As Nações Unidas, apesar de definirem "juventude" como a faixa de 15 a 24 anos, reportam, por exemplo, que certas instituições internacionais, como a *UN Habitat*, aponta a faixa de 15 a 32 anos e a *The African Youth Charter*, de 15 a 35 anos (UNITED NATIONS YOUTH, [2009?]). Assim, definimos instrumentalmente, para fins desta pesquisa, a faixa de jovens de 18 a 35 anos, ou seja, da maioridade ao início da maturidade por conta da diversidade dos grupos etários, de um lado, e de pesquisas cognitivas, de outro. A vantagem dessa faixa é que elimina crianças e adolescentes (de um lado, ainda imaturos para discutir política e, de outro, um complicador para a pesquisa por conta da dificuldade de se obter consentimento e/ou assentimento) e adota a fase da vida em que chegam ao máximo de suas capacidades cognitivas segundo variadas definições de inteligência (HARTSHORNE; GERMINE, 2015).

A primeira fase da primeira etapa refere-se ao período pós-impeachment da ex-presidenta Dilma Rousseff. Foi nessa época que buscamos jovens de baixa renda, adotando estratégias de amostragem que orientaram também outros estudos presentes neste livro, como os capítulos "Panorama das juventudes", "Pescaram lixo na rede", "21 tons de medo" e "Educação, redes e preconceito. Essa população foi identificada por buscar ascenção social por meio de um movimento de procura de cursos universitários à distância, acessíveis mediante concurso vestibular. Ela se inscreveu em um curso preparatório, processo ao qual tivemos acesso e que nos permitiu solicitar respostas a um questionário do tipo *survey*, quantitativo (FREITAS *et al.*, 2000; FRICKER JR., 2012). Esse acesso, obtido por conta de proximidade de pesquisadores com a instituição, viabilizou a pesquisa. Nesse sentido, a amostragem pode ser considerada conveniente, que é quando temos acesso fácil e privilegiado a um grupo (PETERSON, 2000). No entanto, ela é híbrida visto que obedeceu a um critério intencional de cota por conta da escolha do grupo etário e situação socioeconômica (SANDELOWSKI, 2000). No questionário, algumas seções buscavam conhecer o que pensavam as pessoas jovens a respeito da política e dos políticos nos níveis federal, estadual e municipal (na época, após o golpe parlamentar de 2016, o Brasil já estava sendo governado por Michel Temer). Para a segunda fase da primeira etapa da pesquisa, buscamos um pequeno número de jovens para a organização de um grupo focal (KRUEGER; CASEY, 2009), graças às autorizações que tinham dado na época da aplicação dos questionários (que serviram também para amostrar jovens na realização da segunda etapa que apresentaremos em seguida). Compusemos, assim, um grupo de entrevistados capaz de nos comunicar seus sentidos relacionados à problemática histórico-política do Brasil contemporâneo.

A mesma estratégia de amostragem, portanto, orientou a segunda etapa da pesquisa, com a diferença de que, dessa vez, não buscamos formar um grupo, mas encontrar, após quatro anos da aplicação dos questionários pós-impeachment de Dilma Rousseff, no auge e arrefecimento da pandemia de COVID-19, jovens que haviam participado da primeira etapa. O objetivo, nesse caso, foi aprofundar discussões a respeito da transformação, ao longo do tempo, do processo político e das ações dos políticos. Ressaltemos as vantagens de disponibilidade de acesso dos participantes a mídias audiovisuais, como WhatsApp (COOKSEY; MC DONALD, 2011; BORNSTEIN; JAGER; PUTNICK, 2013), para as conversas que tivemos em função da necessidade de isolamento social.[45]

---

[45] Do ponto de vista ético, todos os participantes foram esclarecidos, de maneira transparente, a respeito dos objetivos da pesquisa e assinaram formulários de consentimento informado na Plataforma on-line, sem o que

Instrumentos de pesquisa

No cenário pós-impeachment da ex-presidenta Dilma Rousseff, utilizamos, na primeira fase da primeira etapa, um instrumento de pesquisa que, quando utilizado sozinho, pode corresponder a um método em si: a *survey*, um questionário. Nesse caso, foi parte de uma abordagem quantitativa-qualitativa dentro dos parâmetros arrolados no capítulo "Panorama das juventudes". Como está nele explicado, diversos temas foram abordados. Para fins deste estudo, utilizamos as seções do questionário em que se buscou conhecer as percepções das juventudes a respeito da política e dos políticos. Aqui adotado como instrumento de pesquisa, o questionário do tipo *survey* caracteriza-se pelo interesse em produzir descrições quantitativas de uma população, fazendo uso de um instrumento predefinido (FREITAS *et al.*, 2000). Utilizamos uma questão aberta, várias de múltipla escolha (umas fechadas e algumas com a adição do item "outros") e outras que fizeram uso da escala de Likert (COOPER; SCHINDLER, 2016), de modo a medir a intensidade entre polos de categorias previamente escolhidas (ANDERSON; SWEENEY; WILLIAMS, 2007).

Nessa primeira etapa, fizemos perguntas a respeito da qualidade dos governos federal, estadual (Rio de Janeiro) e municipal (cidades fluminenses, principalmente do Grande Rio), de presidentes e governadores passados e presentes (Dilma Rousseff, Michel Temer, Sérgio Cabral, Luiz Fernando Pezão e prefeitos), versando sobre temas em voga na época, como a polaridade "honestidade-corrupção", além de questões relacionadas com dados demográficos.

Ainda na primeira etapa, mas em sua segunda fase, optamos por uma abordagem qualitativa por meio do grupo focal que, segundo pesquisadores, é um instrumento de pesquisa adequado para tratar de temas específicos (ADLER; SALANTERÄ; ZUMSTEIN-SHAHA, 2019). Com efeito, "[...] a utilização de grupos focais (*focus groups*), como técnica de pesquisa, representa uma alternativa interessante para o desenvolvimento de estudos qualitativos" (SCHRÖEDER; KLERING, 2009, p. 1). Pode envolver de dezenas a pequenos grupos de seis a dez pessoas reunidas para discutir tópicos específicos. Os grupos focais foram largamente utilizados durante a Segunda Guerra Mundial para avaliar a percepção pública em tempo de

---

não poderiam prosseguir para responder às questões. O CAAE de n.º 50100415.6.0000.5582 foi emitido pelo Conselho de Ética do CFCH da UFRJ, no dia 4 de novembro de 2015.

conflito bélico (NASSAR-MCMILLAN; BORDERS, 2002), o que, na presente crise política nacional, não deixa de ter suas analogias. Desde então, essa técnica qualitativa tem sido aplicada para avaliar o que as pessoas percebem, como pensam, sentem e estabelecem juízos acerca de um problema, produto ou serviço (KRUEGER; CASEY, 2009). Em nossa pesquisa, o processo de grupo foi realizado virtualmente, orientado por experiências prévias da nossa equipe no uso de novas tecnologias para entrevistas em grupo e individuais (LARA; CAMPOS, 2016; RONFINI; CAMPOS, 2020), dentro da modalidade de grupos focais com poucos participantes (LARSON; GRUDENS-SCHUCK; ALLEN, 2004) que, adaptada pela plataformas on-line, favorece os encontros virtuais (DEAKIN; WAKEFIELD, 2014), assim como os resultados das discussões na medida em que são "[...] *more likely to provide substantive inputs*"[46] (EASTON; EASTON; BELCH, 2003, p. 725). Utilizamos o WhatsApp, um aplicativo que permite comunicações síncronas e assíncronas por meio de áudio, vídeo e texto.

A segunda etapa, que contou com apenas uma única fase, diferentemente da anterior, foi realizada ao longo do auge e arrefecimento da pandemia de COVID-19. Adotamos uma abordagem qualitativa, desenvolvida recentemente, que integrou os instrumentos de pesquisa semiestruturada e de pesquisa em profundidade em uma única ferramenta (MORRIS, 2015). Assim, por meio de entrevistas semiestruturadas em profundidade, completamos nosso processo buscando identificar as percepções fundadas nas cognições e afetos de modo que suas memórias e imagens de mundo nos permitissem comnpreender seus juízos a respeito da política e dos políticos. As entrevistas, na segunda fase da primeira etapa, foram realizadas virtualmente pela plataforma Zoom, permitindo maior aprofundamento das complexas questões tratadas nas duas fases da primeira etapa.

Estratégia de análise e interpretação de dados

Primeira etapa

Na primeira fase da primeira etapa, tabulamos os resultados das questões da sondagem de modo a extrair as tendências de opinião relacionadas à política e aos políticos. As questões buscavam saber a opinião das pessoas jovens a respeito de governantes em relação à corrupção e à eficácia: no

---

[46] "[...] mais prováveis de produzir resultados substantivos" (tradução nossa).

âmbito federal, a opinião sobre a ex-presidenta Dilma Rousseff e o ex-presidente Michel Temer; no âmbito estadual, a opinião a respeito dos ex-governadores Sérgio Cabral e Luiz Fernando Pezão; no âmbito municipal, a opinião sobre os ex-prefeitos das cidades fluminenses (que foram tabulados conjuntamente). Buscavam ainda obter opinião análoga relativamente aos membros do Poder Legislativo em ãmbito federal e estadual (deputados) e municipal (vereadores). Na segunda fase da primeira etapa, recolhemos interações no grupo focal e, depois de transcrevê-las, as associamos aos resultados do questionário. Procedemos, em seguida, a uma categorização temática dos resultados de modo a prepará-los para a triangulação final.

Segunda etapa

Na segunda etapa, colhemos narrativas que emergiram das entrevistas semiestruturadas em profundidade nas quais as pessoas jovens se manifestaram sobre política e políticos ao longo do auge e arrefecimento da pandemia de COVID-19. Com isso, aprofundaram as questões tratadas na primeira etapa da pesquisa e emitiram seus juízos. Tratamos esses juízos em termos de representações em ação com o objetivo de fazer emergir os sentidos do político. As narrativas colhidas foram pensadas como indicações de processos de equibração, "ecologias de sentidos" (CAMPOS, 2007, 2015, 2017). A partir dos equilíbrios e desequilíbrios manifestados, buscamos compreender as trocas de valores partindo de uma pré-análise narrativa fazendo uso da lógica natural (GRIZE, 1996). Esses processos foram pensados em termos subjetivos e intersubjetivos, com foco na análise que Bauman (2000) faz da produção da insegurança.

Triangulação

Visto que, neste estudo, vários instrumentos foram utilizados nas duas etapas, foi necessária a adoção de um processo de triangulação, que é uma estratégia com o objetivo de inter-relacionar os resultados segundo parâmetros análogos, de modo a permitir a construção de um quadro coerente, ainda que proveniente de diferentes fontes (YIN, 2009). O objetivo reside em poder tecer diferentes informações provindas das respostas a algumas seções do questionário relacionadas com política e políticos, que emergiram do grupo focal na primeira etapa, com as das entrevistas semiestruturadas em profundidade na segunda etapa.

A triangulação realizada permitiu relacionar os dados da primeira etapa da fase pós-impeachment da ex-presidenta Dilma Rousseff com os da segunda etapa durante o auge e arrefecimento da pandemia de COVID-19, de modo a possibilitar que a análise e a interpretação nos levasse a refletir sobre os sentidos da política e dos ao longo do tempo. O trabalho analítico--interpretativo foi ancorado no processo ecológico dos sentidos.

"ANULO MEU VOTO COM UM PALAVRÃO"

Primeira etapa

De Dilma Rousseff a Michel Temer

As pessoas jovens que participaram da pesquisa, um ano depois do impeachment que depôs a então presidenta Dilma Rousseff, não pareciam estar entre os que apoiaram o ato que a destituiu, entendido como golpe parlamentar por muitos. No que tange às acusações que inundaram a imprensa sobre corrupção em sua presidência, cerca de metade não se posicionou nem a favor nem contra. A minoria a julgava corrupta, e dois terços, honesta.[47] Essas proporções se repetiram quanto ao caráter de Dilma Rousseff, evidenciando equilíbrio geral de opiniões, assim como quando o assunto foi atribuir ao processo de impeachment um juízo de valor em uma escala de "merecido" a "injusto"[48], ou ainda da qualidade de seu governo de "excelente" a "péssimo".[49]

Esse padrão foi alterado para uma piora significativa dos juízos a respeito do país durante o segundo ano do governo de Michel Temer: todas as pessoas jovens manifestaram insatisfação com a situação política brasileira[50] e quase todas com a situação da economia do país.[51] As percepções fundadas em cognições e afetos relacionados às memórias que produziram imagens de mundo e juízos relativos ao ex-presidente Michel Temer, sucessor de Dilma Rousseff, despencaram em qualidade quando comparadas às

---

[47] Percepção de honestidade de Dilma Rousseff – nem honesta nem corrupta: 43,5%; muito corrupta: 15,3%; corrupta; 23%; honesta; 12,1%; muito honesta: 6%.

[48] Percepção de justiça no impeachment de Dilma Rousseff – nem merecido nem injusto: 38,3%; muito merecido e merecido: 31,5; muito injusto e injusto: 29,6%.

[49] Percepção de qualidade do governo de Dilma Rousseff – nem bom nem ruim: 39,1%; péssimo: 13,3%; ruim: 26,6%; bom: 17,3%; excelente: 3,6%.

[50] Percepção sobre a situação política durante governo de Michel Temer – péssimo: 89,1%; ruim: 10,1%.

[51] Percepção sobre a situação econômica durante governo de Michel Temer – péssimo: 60,9%; ruim: 29%; nem bom nem ruim: 10,1%.

da ex-presidenta. A quase totalidade considerou seu governo péssimo.[52] Não pensavam de outra maneira sobre seu caráter: a maioria o considerou corrupto, e ninguém se deu ao trabalho de achá-lo honesto.[53]

Na fase do grupo focal, relativamente à memória dos governos de Dilma Rousseff e Michel Temer, um dos jovens presentes ao encontro disse que "[...] *se ela desviou dinheiro pra pagar o bolsa família foi uma boa causa*", enquanto outro afirmou: "[...] *engraçado, todo mundo acusa a Dilma, ninguém provou nada e ela não está presa!*" Alguns jovens acusaram o ex-presidente Michel Temer de conspirar contra Dilma Rousseff: "[...] *ela foi injustiçada porque o vampirão queria o lugar dela e conseguiu. Ela dormiu com o inimigo e se fodeu*". Outra pessoa, de ser corrupto: "[...] *o vampirão falou 'tem que cuidar disso aí, viu,' de madrugada, na calada da noite com o empresário. E até hoje ninguém fez nada*".

Políticos governantes e com representação parlamentar

Os governantes e governos do estado do Rio de Janeiro, metaforicamente, ganharam o troféu da corrupção e descalabro se considerarmos os dados quantitativos. O governo de Sérgio Cabral, que já havia terminado à época da pesquisa, foi considerado de péssimo a razoável pela quase totalidade dos respondentes.[54] O ex-governador também não foi poupado, com uma maioria ainda mais esmagadora, com as respostas apontando para seu suposto mau caráter.[55] O governo de Luiz Fernando Pezão, que o seguiu, não teve melhor destino: para quase a totalidade, conseguiu ser ainda pior[56], assim como as percepções a respeito de seu mau-caratismo. A bandeira de honestidade da campanha foi considerada um engodo: Pezão não foi considerado honesto por ninguém.[57] Na segunda fase da primeira etapa, quando realizamos os grupos focais, alguns jovens referiram-se a ambos Cabral e Pezão como comandantes de *uma caravana de ladrões*". Para eles, "*político é tudo igual!*".

---

[52] Percepção de qualidade do governo de Michel Temer – péssimo: 79,8%; ruim: 14,8%; nem bom nem ruim: 4,8%.

[53] Percepção de honestidade de Michel Temer – muito corrupto: 76,2%; corrupto: 17,3%; nem honesto nem corrupto: 6,5%.

[54] Percepção de qualidade do governo de Sérgio Cabral – péssimo: 66,9%; ruim: 20,2%; nem bom nem ruim: 11,3%; bom: 1,6%.

[55] Percepção de Sérgio Cabral como ser humano – péssimo: 66,9%; ruim: 20,2%; nem bom nem ruim: 11,3%; bom: 1,6%.

[56] Percepção de qualidade do governo de Luiz Fernando Pezão – péssimo: 77,7%; ruim: 17,4%; nem bom nem ruim: 4,5%.

[57] Percepção de Luiz Fernando Pezão como ser humano – péssimo: 72,4%; ruim: 19,5%; nem bom nem ruim: 7,7%.

VIOLAÇÕES BÁRBARAS: OLHARES JOVENS

As pessoas jovens da pesquisa também não perdoaram os governantes municipais, em sua grande maioria das prefeituras do Grande Rio, a quem atribuíram juízos progressivos nos quais performances ruins prevaleceram sobre as outras nas respostas ao questionário.[58] Apesar de não estimular opiniões a respeito de nomes de governos municipais (como foi o caso com Dilma Rousseff e Michel Temer relativamente ao governo federal, e Sérgio Cabral e Luiz Fernando Pezão ao governo do estado do Rio de Janeiro), quando da realização do grupo focal, as pessoas do município do Rio de Janeiro deram nome aos bois. Ou melhor, ao boi. As opiniões a respeito do ex-prefeito Marcelo Crivella foram negativas e de ordem religiosa: *"Esse pastor filho da puta só olha pro seu rebanho"*; *"O pirado queria proibir até o carnaval"*, em meio a acusações de corrupção. Para se ter ideia, uma possível honestidade do prefeito não foi sequer considerada.

Aliás, as opiniões sobre os políticos com representação parlamentar municipal não foram muito diferentes, com a maioria acusando-os de corrupção, ainda que uma minoria se sobressaísse por apresentar ideias a respeito da honestidade de seus representantes, de acordo com os dados do questionário.[59] O mesmo padrão repetiu-se, mas em escala piorada, quando apresentaram seus juízos a respeito dos parlamentares com representação estadual na Assembleia Legislativa (deputados) e federal no Congresso Nacional (deputados federais e senadores). A qualidade de ser honesto não foi apontada por ninguém.[60] Nas discussões dos grupos focais, chegou-se a dizer que "[...] *se a maioria dos políticos não estiver roubando, então deve haver alguma coisa errada!"*. Em uma troca de argumentos, colocou-se o seguinte: *"[...] o pior é que todo mundo sabe disso, que eles vão enganar, e ainda assim votam neles"*. Alguém perguntou: *"Você votou em algum?"* A resposta foi contundente. *"Não, a partir de um certo tempo, eu comecei a votar em branco ou anulo meu voto com um palavrão!"*

Política e cidadania nas redes sociais

Em meio às suas percepções, as construções cognitivas e afetivas engendraram memórias dos governos e governantes nos âmbitos federal,

---

[58] Percepção de qualidade dos governos municipais – péssimo: 44%; ruim: 29,4%; nem bom nem ruim: 23%; bom: 3,2%; excelente: 0,4%.

[59] Percepção de honestidade de representantes municipais – muito corruptos: 37,1%; corruptos: 41,5%; nem honestos nem corruptos: 19,4%; honestos: 1,6%; muito honestos: 0,4%.

[60] Percepção de honestidade de representantes estaduais e federais – muito corruptos: 50,8%; corruptos: 35,5%; nem honestos nem corruptos: 13,7%; honestos.

estadual e municipal que produziram imagens de mundo possibilitando a emissão dos juízos que acabamos de apresentar. Cabe destacar que a ideia de que a corrupção corrói a cidadania emergiu muito claramente em nossa pesquisa. As juventudes fluminenses de baixa renda já estavam fazendo uso intensivo da internet e de celulares (com índices superiores a 96%), na época do pós-impeachment da ex-presidenta Dilma Rousseff, com importante presença nas redes sociais. Apesar de suas opiniões estarem distribuídas de maneira mais ou menos regular (pendendo para a corrupção), três quartos afirmaram fazer uso das redes sociais para, ao menos, comentar a corrupção no país.[61] Proporções semelhantes também conversavam sobre questões políticas[62], com uma maioria expressando já ter debatido política em rede.[63]

Apesar disso, há um aparente desprezo pela participação na política. Instada a escolher, no questionário quantitativo, entre várias alternativas relacionadas à cidadania, a maioria absoluta afirmou não ter o menor interesse na participação política. Opiniões dessa natureza emanaram também do grupo focal, no qual se ouviram expressões desencorajadoras quanto a esse tema, como: *"nada mudou"*; *"deu ruim!"*, *"fala sério!"*. Paradoxalmente, as pessoas manifestaram majoritariamente, no questionário, que a cidadania implica igualdade de direitos, que se estendem à educação, moradia, trabalho, saúde, segurança e oportunidades, assim como o dever de respeitar as leis, cobrar promessas e, em menor medida, votar. Ainda que tenham apresentado uma noção correta do que significa um Estado Democrático de Direito, o menor interesse na participação pelo voto pareceu-nos preocupante.[64] As pessoas jovens do grupo focal, a respeito da igualdade de direitos e deveres, foram críticas: levantaram que "[...] *o problema do Brasil é que o que está escrito na lei já é complicado de propósito só para ter sacanagem"*, completando que "[...] *se os políticos gostassem de lei não faziam o que fazem lá no Congresso"*. Além disso, ao discutirem sobre se o voto é o melhor argumento em uma democracia, um dos participantes reagiu assim: "[...] *enquanto esses políticos filhos da puta faturam com a miséria do povo, a riqueza deles vai estar sempre garantida"*.

---

[61] Conversas sobre corrupção nas redes sociais – bastante: 28%; muito: 20,6%; nem muito nem pouco: 24,7%; pouco: 15,2%; muito pouco: 11,5%.

[62] Conversas sobre política nas redes sociais – bastante: 28%; muito: 18,9%; nem muito nem pouco: 25,1%; pouco: 12,8%; muito pouco: 15,2%.

[63] Participação em discussões políticas nas redes sociais – sim: 57,7%; não: 42,3%.

[64] Direitos – Igualdade: 90,3%; à educação: 84,3%; à moradia: 80,6%; ao trabalho: 80,2%; à saúde: 83,9%; à segurança: 84,3%; à oportunidades: 82,7%. Deveres – cobrar promessas de políticos: 73%; votar: 58,5%.

Segunda etapa

Políticas do medo e racismo

As pessoas que colaboraram com nosso estudo na segunda etapa, no auge e arrefecimento da pandemia de COVID-19, elaboraram reflexões críticas a respeito de questões que já tinham sido motivo de discussão durante a primeira etapa. Um dos aspectos mais marcantes, relacionado à ausência de atuação adequada dos políticos, diz respeito às políticas de segurança pública. A maioria dos relatos trata o momento atual como de radicalização política, com ressonância nas ações policiais que percebem como sendo cada vez mais arbitrárias e preconceituosas. Além dos preconceitos sociais, de gênero e de raça que atribuem às polícias, relacionam a política e os políticos às ações das milícias e facções criminosas que disputam territórios: "[...] *eu vivi vários tipos de violência [ligadas ao crime organizado]. Tanto física, é... desde parte de racista também. Então, eu sou uma mulher que passei por violência. [...] você sente na pele"*.

Políticas de extermínio: *"A gente não consegue respirar"*

As percepções negativas tornaram-se ainda mais ácidas quando revelam a maneira como julgam o presidente da República em exercício na época da pesquisa, considerado um "[...] *maluco que vocês colocaram aí, que quer botar arma na mão de todo mundo, vai ser uma guerra"*. Esse juízo parece estar diretamente ligado à maneira como avaliam as ações do governo relativamente às recomendações da Organização Mundial da Saúde (OMS). *"Esse cara tá de brincadeira. Anda sem máscara, demitiu quem discordou dele e ainda brinca com o sentimento dos brasileiros, apostando na morte para a economia melhorar."* Quanto às acusações de intencionalidade assassina, sinalizaram também decisão do mandatário de ordenar a alteração da política de disponibilização da informação. *"Ele tá resolvendo o problema do número de mortes que só aumenta: mandou parar de divulgar!"*. Para além das avaliações sobre o governo federal e as ações de desafio às normas internacionalmente científicas reconhecidas para o enfrentamento da pandemia de COVID-19, as pessoas jovens, durante a fase pandêmica, parecem não ter superado o pessimismo que manifestaram na primeira fase da pesquisa, aprofundando-o. Para elas, o futuro ainda é incerto e o quadro geral, de desencanto. *"A gente pensa nessa política podre e não consegue respirar…"*.

Ao se confrontarem com o problema da vacinação na pandemia, acusaram os políticos de entregar intencionalmente a população à própria sorte, seja na distribuição, seja no planejamento e no suporte aos processos de vacinação e na assistência social. O caos no processo de imunização e acesso à vacina representou, para essas pessoas, desrespeito à sua cidadania:

> [...] quando eu fui procurar, já não tinha a vacina [...] então é assim: não tem, não tem ou volta outro dia, não tem acesso à vacina ainda, então hoje você não pode sair daqui imunizada

> [...] teve até algumas notícias sobre corrupção em relação à vacina, sobre superfaturamentos. Eu acredito que é muito desorganizado e isso mexe com a vida das pessoas, essa demora em relação à vacinação, um completo desrespeito com a população brasileira.

Como se isso não bastasse, manifestaram sentimento de estarem à mercê de uma espécie de roleta russa da morte: "[...] *eu tive bastante medo de realmente morrer ou de perder um ente querido nos últimos meses".*

Política, cidadania e desencanto

A maioria das pessoas jovens que conversou conosco expressa desencanto e descrença diante da realidade política. Ao traduzir suas percepções a respeito de políticos e suas políticas, manifestaram-se com pessimismo: "*A visão que eu tenho de uma grande maioria de políticos é que eles só querem encher o próprio bolso. Não possuem empatia com o próximo, não possuem empatia com a população".* Além disso, as consequências não somente sugerem extrema dor individual ("[...] *eu me sinto um pouco morta, mas morta no sentido metafórico da palavra. Eu me sinto um pouco morta em otimismo e [...] eu me sinto um pouco morta de não acreditar muito no futuro"),* como também sentimento de perda progressiva de direitos:

> [...] a gente tem um futuro bem desafiador, sabe, de tentar parar os retrocessos, todos os retrocessos que nós tivemos nos últimos anos, principalmente, em termos de pandemia e tentar reconstruir o que a gente perdeu, enquanto direitos também.

DESENCANTO, DESCRENÇA E APATIA

Do pós-impeachment...

Cabe relembrar, como afirmamos no capítulo "Panorama das juventudes", que os números da fase quantitativa da primeira etapa da pesquisa são estatisticamente relevantes, se considerarmos a população que deu origem à amostra que obtivemos. Eles revelam que os afetos, as percepções e cognições que possibilitaram a construção de memórias que produziram imagens de mundo e propiciaram juízos relativamente, de um lado, à qualidade dos governantes e, de outro, ao seu caráter, não são espantosas se pensarmos na história de brutalidades e violências da política e dos políticos brasileiros. Mostram também como, de uma situação de relativo equilíbrio, durante o governo da ex-presidenta Dilma Rousseff, para ao longo do período pós--impeachment, despencarem e consolidarem um quadro dramático que se traduz em ceticismo e descrença nas instituições e seus representantes. Finalmente, apesar de mostrar um entendimento correto dos valores da cidadania que se expressam em direitos e deveres, mais da metade sugere ações de recusa ao voto, ou seja, de rompimento desses valores democráticos por meio da participação cidadã institucional. Uma rebelião silenciosa.

É importante ressaltar que a memória da situação brasileira, espelhada pelas opiniões majoritariamente neutras e positivas a respeito do governo e do caráter da ex-presidenta Dilma Rousseff comparativamente às majoritariamente negativas do governo e do caráter de Michel Temer, ilustra percepções de destrambelhamento, de que as coisas pioraram de maneira significativa. Os anos Dilma parecem ter deixado uma marca de razoabilidade, sem ter propiciado entusiasmos excessivos ou rejeições dramáticas, diferentemente do que se seguiu. Cabe notar ainda que essa queda do razoável para o quase insuportável, no âmbito federal, não ocorreu relativamente à memória das ações de políticos dos outros níveis institucionais, que se manteve invariávelmente ruim, manifestando-se como desencanto, descrença e apatia.

...à pandemia

Na segunda etapa da pesquisa, a maioria, em todos os aspectos, manifestou desencanto e descrença em relação aos políticos e à maneira como conduzem suas políticas. Suas reflexões apontaram claramente a percepção de que o caráter do Estado brasileiro sob o governo federal eleito em 2018 era violento. Ainda que tenham mencionado questões estaduais e municipais apenas indiretamente, quando se referiram à segurança pública (que os afeta de maneira muito significativa), pode-se afirmar que as ações federais, na segunda etapa de nossa pesquisa, atuaram de maneira muito mais forte na produção do estado de desconsolo das pessoas jovens. Suas observações não deixam dúvidas de que suas vidas têm sido gravemente afetadas em decorrência de políticas, mais particularmente com a que interpretamos como associadas ao iliberalismo, essa nova forma de neoliberalismo econômico de orientação totalitária (CHAUI, 2020), adotado e aprofundado, em sua violência, pelo governo federal de então. A gestão da pandemia de COVID-19, que apresentou seu lado concreto no dia a dia com a falta de vacinas, associada ao medo de morrer, evidenciou não somente o abandono ao qual ficaram relegadas as pessoas jovens, mas também o caráter deliberado de extermínio (CEPEDISA, 2021) e crimes contra a humanidade (SENADO FEDERAL, 2021), em um quadro de violação não apenas do direito à saúde, como também de todo um conjunto de direitos cidadãos tão bem documentados pela Anistia Internacional (2021).

Como bem pontuou Davis (2020), os brasileiros foram jogados aos lobos. O caráter necropolítico dos políticos e da política, que não se limitou à morte por COVID-19, mas se estendeu às violências raciais, sociais e de gênero, mencionado pelas pessoas jovens de nossa pesquisa, têm fundamento na literatura científica. Desse caráter pérfido, que o presidente da República, na época da segunda etapa da pesquisa, é representante exemplar, já falaram explicitamente Boaventura de Sousa Santos (2020), implicitamente Mbembe (2020) e, no geral, Bauman (2000). A pequena amostra do microcosmo social juvenil que manifestou suas dores expôs as feridas abertas de jovens reféns de um governo cruel.

Lá vem o Brasil, descendo a ladeira...

Aquilo que chamamos de percepções construídas por meio das cognições e dos afetos articuladores de memórias das ações e práticas políticas que produzem imagens de mundo possibilitando juízos faz parte do processo de conhecimento do mundo que, no caso das pessoas pesquisadas, expressa certo espanto. Esse processo emerge como uma encruzilhada ética: O que fazer? O que é certo? Para onde vou? Como indicamos, nossa ideia no presente estudo foi, de certa forma, a de mapear, explorar vivências coletivas. Essa exploração da emergência dos sentidos da política e dos políticos passa pelo campo da ética, da emissão de juízos (CAMPOS, 2015, 2017). A ética é compreendida aqui como a dimensão do *etos* privado que age no público, que traz a possibilidade de exercício de direitos e deveres ou, na sua ausência, de instituir o cambalacho. No caso do Brasil do início dos anos 2020, forçoso é admitir que o desmantelamento geral da República

VIOLAÇÕES BÁRBARAS: OLHARES JOVENS

conseguiu ir além do conluio e da corrupção, para se confundir com uma política de ameaças permanentes em que a índole totalitária dos políticos deixou de ser dissimulada e tornou-se exercício cabal de extermínio. Habermas (1997) afirma que a legitimidade do direito e da política se organiza de acordo com a necessidade pragmática de validar qualquer norma de ação submetida às regras do discurso argumentativo que, quando fundado na autonomia dos sujeitos e em processos de intercompreensão cooperativa, é naturalmente ético. Esses casos, que se constituiriam como momentos de equilíbrio ecológico dos sentidos, não se manifestam, em absoluto, no Brasil iliberal inaugurado em 2018 e nutrido insidiosamente desde 2013. Só aparecem, pontualmente, em ações de grupos em prol da defesa não somente do parlamento como lócus de real representação política, mas também de múltiplos movimentos de resistência democrática que correspondem à pluralidade da população.

As informações e narrativas que emergiram no período que vai do pós-impeachment da ex-presidenta Dilma Rousseff ao auge e arrefecimento da pandemia de COVID-19 não nos permitem, na verdade, chegar a conclusões sólidas a respeito das vivências das pessoas jovens. São apenas indícios das ecologias de sentidos em momentos fugazes de suas vidas, de como articulam suas experiências e enriquecem suas existências. Algumas direções, no entanto, poderiam ser articuladas: (a) as relacionadas à escravidão, no que tange ao meio sociopolítico-econômico e cultural, mas também ambiental; (b) as correspondentes à prática dialógica política, em linha com o processo cognitivo, afetivo e ético das trocas e, finalmente, (c) as que sugerem participação em redes sociais enquanto midias de mediação entre as forças sociais em luta pela dominação e exacerbação de certos sentidos na dinâmica da ecologia humana.

Com relação à problemática étnico-racial (a), na medida em que 25,4% das juventudes de baixa renda que colaboraram conosco se autodeclararam pretas e 41,1% pardas, ou seja, 66,5%, quase exatos dois terços, não é possível ignorar que o vivido existencial da negritude é constituinte e constituidor de suas diferenças que, diga-se de passagem, são os traços de uma maioria. A história de violação, opressão e injúria da sociedade neoescravocrata brasileira não é apenas um parágrafo apagado de um capítulo de livro didático aprovado pelo Ministério da Educação (MEC). Questionamo-nos se a estrutura neoescravocrata da sociedade brasileira poderia permitir a emergência das negociações discursivas, fundadas no respeito, levando, por consequência, a comportamentos psicossociais democráticos que exigissem a escuta do outro e a capacidade compassiva de compreender e de contra-argumentar. O que colhemos nas trocas com as pessoas jovens nos indica incisivamente que suas vidas estão mergulhadas no desequilíbrio socioeconômico brasileiro produzido por parte sórdida significativa de nossas elites. Infelizmente, não há como não adjetivar esse substantivo. A qualidade de ser sórdido, segundo múltiplos dicionários, está relacionada a qualquer conduta contrária à ética, àquilo que é repugnante, vil e sujo. As ecologias de sentidos particulares, familiares e relacionadas aos grupos com os quais as pessoas jovens interagem estão psicossocialmente acuadas pelos campos de manipulações políticas não somente de governantes, mas principalmente de mídias e legisladores que produzem injustiça em um sistema judiciário burocratizado pelo silêncio e pela ocultação. A ideia de "manchar" é bem apropriada para se falar das elites brasileiras, na medida em que revela um dos sentidos de "sórdido". Essas operam, não raramente, travestindo-se de políticos que governam e que "representam" o povo quando, na verdade, apenas defendem seus próprios interesses (porque provêm eles mesmos dessas elites) e buscam sedimentar um Estado já eivado, historicamente, de desvio de classe eivado de práticas totalitárias.

Ao longo do tempo, independentemente de suas pertenças ideológicas, a injustiça resultante da ação conjunta dos agentes dos três poderes, bem-sucedida na manutenção dos interesses das neocortes imperiais, é bem representada por um exemplo relacionado ao grau de favelização do país, que contrasta com suas moradias de luxo em bairros e condomínios exclusivos. Estimado pelo IBGE, o número de "aglomerados subnormais" (favelas, cortiços, palafitas e outras habitações precárias em terrenos invadidos) passou de 3.224.529, em 2010, para 5.127.747, em 2019: um aumento de 62,88% (BARROS, 2020). O jornalista do IBGE descreve esses dados, estimulado por outros relacionados à pandemia de COVID-19. A violência de acesso à moradia e o medo, principalmente de morrer, que emergiu principalmente na segunda etapa de nosso trabalho e que tratamos, respectivamente nos capítulos "Moradia, violência e caminhos de liberdade" e 21 tons de medo", estão colados na cor da pele das juventudes.

No que se refere à prática dialógica política ou em seu ideal democrático, nada é mais evidente para um brasileiro que a dúvida se os debates e deliberações das câmaras municipais, assembleias estaduais e casas do Congresso Nacional refletem as necessidades concretas, reais, existenciais da maioria da população do país, particularmente de seus jovens. Não é à toa que somente 8% das pessoas jovens da época da pandemia declararam,

VIOLAÇÕES BÁRBARAS: OLHARES JOVENS

em outra pesquisa, que se interessam por política: 82% delas disseram não confiar nos partidos políticos; 80%, no Congresso Nacional; 69%, no governo, e 63% também não confiam na instituição da Presidência da República (SILVA *et al.*, 2021)! Na verdade, vivemos sob uma pretensa *res publica*, pois a violência de índole totalitária contamina não somente os políticos, mas também setores mais favorecidos da população, notadamente as classes médias (MARILENA..., 2014). Ainda que a Constituição de 1988 reflita, de vaga maneira, o ideal ético que inspira o filósofo Habermas (1987a, 1987b) em sua proposta de caminho deliberativo para um processo permanente de construção da intercompreensão igualitária pelo diálogo a ser inscrito no Direito, sua aplicação — ou, mais claramente, sua "não" aplicação quando os assuntos estão relacionados com os privilégios das elites e de seus representantes na política — não deixa dúvidas sobre se temos democracia, totalitarismo ou um "entre" essas duas polaridades. Uma vez que as leis nada significam em si, mas apenas se consolidam no processo de sua aplicação, há controvérsias sobre se a justiça brasileira realmente avaliza a democracia no Brasil. Os abusos beirando o nazifascismo que constituem violência retórica envenenada mediada por falas perversas, cruéis, insensíveis e brutais, os discursos pretendendo falso apaziguamento de parte significativa dos políticos no poder, sobretudo a partir do Congresso eleito em 2018, além das práticas de deliberado assassinato coletivo e de pérfida violação dos corpos perpetradas pelo Estado brasileiro, como o abandono criminoso dos povos indígenas em meio a ações deliberadas de contaminação por coronavírus (CEPEDISA, 2021; SENADO FEDERAL, 2021), parecem ter calado um sistema jurídico acuado, bloqueado na Procuradoria Geral da República e em outros níveis, que deveria, supostamente, moderar as relações entre os cidadãos de acordo com a Constituição. As dificuldades em se estabelecer diálogos políticos são usualmente usurpadas por farsas histriônicas, evidenciando um desequilíbrio sociopolítico que favorece, como beneficiou na maior parte da história do Brasil, os inimigos da justiça. Seria possível consolidar a justiça no Brasil?

Finalmente, no que tange à participação em redes sociais, por meio de ferramentas que, nos idos dos anos 2000, pareciam favorecer a igualdade de acesso à informação, só podemos constatar que os grilhões da tecnoescravatura global escaparam completamente à análise dos primeiros entusiastas dos avanços das ciências da informação e da comunicação, como Lévy (1999), Rheingold (2000) e Castells (2002). As redes, que viabilizam encontros, mas propiciam e incrustam na sociedade violações de sentimentos negativos, ao serem reverberadas exponencialmente, acabam por transformá-las não somente em depósito de opiniões diversas, como também em agências de controle sociocognitivo e afetivo que drenam a volição. Nelas, o princípio político da argumentação é quase inexistente, mas as reações e contrarreações afetivas em cadeia se multiplicam, exponencial e rigidamente, em novas histórias que empalidecem diante de narrativas fantasiosas, como a de que a Terra é plana. Um quadro, portanto, de desequilíbrio brutal dos sentidos na ecologia das cognições e afetos emergindo das memórias que produzem as imagens de mundo que as comunidades brasileiras têm em relação à política e aos políticos. Os valores parecem ter sido invertidos, talvez até extintos. Não é de se espantar que as pessoas jovens, mais frequentes usuárias das redes sociais, sucumbam às forças das elites, com pouca mobilidade para resistir e destruir seus algozes. Parece-nos que as informações e narrativas que emergiram dos vividos das pessoas que coloboraram conosco refletem um estupor diante de realidades que, ao menos até o momento, têm feito emergir mais sentidos de desencanto, descrença e apatia do que propriamente de esperança em transformações positivas, ainda que essas possam estar emergindo em territórios que não compreendemos. São sentidos muito distantes de qualquer tipo de engajamento efetivo institucional que tome a forma de resistência democrática organizada para a tomada do poder do Estado, ainda que sua não participação e aparente apatia política constituam efetivamente uma maneira de participar: *"The problem, however, may not merely be that young people no longer listen to politicians, but that young people perceive that politicians do not listen to them"* (O'TOOLE *et al.*, 2003, p. 59)[65] Talvez um dia esse problema seja resolvido, ainda que pareça estarmos longe dele.

No caso do Brasil. o pano de fundo não deixa de ser, fundamentalmente, os interesses econômicos das elites, fato que nos leva a reiterar a pertinência da análise de Karl Marx. Engajados a não dividir riquezas, respondem majoritariamente pela complexidade dos sentimentos morais de desvalorização, descrédito e desinteresse juvenil, pois parte significativa das elites está articulada com agentes da violência política do Estado. Na verdade, as informações e narrativas que recolhemos são retratos perturbadores de momentos distintos da realidade brasileira que desembocam na foz de uma aparente paralisia política em meio ao caos (para jovens) econômico (pois, para as elites, não há caos algum). Como pudemos constatar, as pessoas jovens se expressaram com ceticismo em relação ao país e seu

---

[65] "No entanto, o problema pode não ser meramente o de que os jovens não escutem os políticos, mas de que sua percepção indique que são os políticos que não os escutam" (tradução nossa).

futuro. Esse cenário não parece levar a uma travessia com chegada a bom porto, mas sinaliza a ponta do iceberg de uma estrutura enrijecida pela desconfiança. Instituições republicanas funcionais deveriam evitar a produção de centenas de milhares de mortos engendradas por políticos ameaçando brutalmente as pessoas, vomitando deliberadamente mentiras pelas redes sociais e mídias, fazendo da pandemia um jogo de administração de UTIs de hospitais, prometendo cinicamente que estão "salvando vidas". Ainda que os dados quantitativos do grupo de jovens que participou da primeira fase da primeira etapa sejam estatisticamente sólidos e significativos, não temos como saber se tendem hoje mais ao pessimismo do que ao otimismo, ainda que essas mesmas pessoas, quando do encontro do grupo focal e das entrevistas, assim tenham se manifestado. Os resultados sugerem, certamente, uma época de persistente mal-estar social, que Bauman (2007) chama de "tempos líquidos", apesar dos limites que esse conceito tem quando falamos de sociedades neocolonizadas, neoescravizadas. É possível conjecturar que as contribuições juvenis reflitam cotidianos impregnados de desequilíbrios psicossociais relacionados com atitudes de desengajamento, de desesperança, de recusa de participação. Refletem, seguramente, desencanto profundo com o país, com os políticos e com a política. No curso da história, os dias de hoje calçam ruas futuras de infortúnio.

SERPENTES, HIENAS E LOBOS

Hobbes (1651, p. 1) ficou conhecido por utilizar, na primeira página de sua obra *Cives*, uma frase primeiramente atribuída a Plautus, segundo a qual *"Man to Man is an arrant Wolf"*, universalmente traduzida em português como "o homem é o lobo do homem"[66], marcando a ciência política com esse terrível juízo sobre a natureza do poder e dos poderosos e da subalternidade das massas diante de feras gregárias, inteligentes e sagazes, capazes de planejar emboscadas e devorá-las. Nossas reflexões acerca das percepções fundadas em cognições e afetos guardados nas memórias das pessoas jovens fluminenses de baixa renda como imagens da política e dos políticos, levam-nos a acreditar que os sentidos que produziram são o de presas cercadas por uma matilha de lobos. Como resposta, distanciam-se da ação política institucional engajada, neutralizando seus ataques brutais.

---

[66] Uma tradução mais precisa seria a de que "o homem é, para outros homens, um lobo errante", portanto, mais perigoso, porque lobos usualmente vivem gregariamente, como as pessoas nas cidades. Hobbes, quando faz essa afirmação, liga-a com o caráter citadino da humanidade, distinguindo-o do religioso, referente a Deus.

O processo representativo-social em ação de desencanto que emerge dessa violência — que até lamentamos esteja sendo expressa pela metáfora consagrada dos "lobos", quando talvez devêssemos substituí-la fazendo uso de animais mais traiçoeiros e sorrateiros como hienas, e répteis peçonhentos como serpentes –— é produto de uma patologia psicossocial no sentido que lhe atribui Habermas (1987a, 1987b). O Estado democrático de "Direito" farsesco do Brasil tem sido, na prática, talhado para servir às velhas elites, às neocortes imperiais em suas práticas neoescravocratas de violação, malgrado os avanços da Constituição de 1988 que, nunca nos esqueçamos, convive até hoje com a anistia de militares torturadores e assassinos, que voltaram ao poder nas sombras de um capitão demitido cruel e ressentido. O processo na direção de uma democracia — porque não há, a nosso ver, democracia no Brasil — foi envenenado pela polarização patológica produzida nas redes sociais pelos algozes do povo. O autoritarismo, o fanatismo e o radicalismo de extrema direita que, não neguemos, poderiam também se instituir pela extrema esquerda (mas que nunca assumiu o Estado no Brasil nem tem bancadas representativas em nenhum nível institucional dos poderes do país) atropelaram direitos mediante práticas políticas e jurídicas que cuidam de negar justiça à maioria dos cidadãos. Os direitos à saúde e à vida, pelo fato de lhes terem sido negados, revoltaram as pessoas, produzindo sentidos de dor e revolta por conta do que passaram seus familiares e amigos ao longo da pandemia de COVID-19. A raiva, expressa por meio dos juízos juvenis, e seu desencanto com a política e os políticos são mais do que compreensíveis.

As juventudes fluminenses de baixa renda vivem, usemos as palavras certas, viveram tempos macabros, ainda que tenham se diluído após as eleições de 2022. O ódio, a intolerância, os insultos, a vulgaridade e a negação do diálogo tornaram-se, junto à incitação à destruição, materiais de fábricas de desconfiança e descrença na justiça. O paradoxo dos sentidos da política e dos políticos, sinalizados insistentemente pelas pessoas jovens de nossa pesquisa, não está somente em uma suposta "democracia" incapaz de ser democrática, mas, sobretudo, no fato de sinalizar que o *mainstream* da cena política e a maioria dos políticos não parecem ter interesse algum na construção de um país justo. Saído das cinzas de uma ditadura há pouco mais de 30 anos, parecia que o Brasil vinha curando ao menos algumas feridas sociais. No entanto, as negociatas políticas com gregos e troianos não produziram transformações significantes para as juventudes, levando-as a participar da balança eleitoral que transformou a nação a partir dos protestos de 2013. Já em 2018, como o povo brasileiro descobriu, as elites mais conservadoras instauraram um modelo iliberal apoiada por atores políticos que obtiveram resultado positivo nas eleições em nome de uma ideologia de extrema direita e de "mercado", seu mais execrável vilipêndio. As pessoas jovens manifestaram sem rodeios seu profundo mal-estar com *esse maluco [...] que quer botar arma na mão de todo mundo*". Acreditamos, ao fim e ao cabo, que não haja apatia, mas sufocamento de toda uma geração. Como disseram, evocando a brutalidade racista e supremacista branca norte-americana que assassinou George Floyd pelas mãos armadas do Estado, não conseguem respirar.

REFERÊNCIAS

ADLER, K.; SALANTERÄ, S.; ZUMSTEIN-SHAHA, M. Focus group in child, youth, and parent research: an integrative literature review. *International Journal of Qualitative Methods*, [s. l.], v. 18, p. 1-15, 2019. DOI: https://doi.org/10.1177/1609406919887274.

ANDERSON, D. R.; SWEENEY, D. J.; WILLIAMS, T. A. *Estatística aplicada à administração e economia*. São Paulo: Cengage, 2007. 784 p.

ANISTIA INTERNACIONAL. *Informe 20/2021*: o Estado de direitos humanos no mundo. Londres: Anistia International Ltd, 2021. 475 p. Disponível em: https://www.amnesty.org/es/wp-content/uploads/sites/4/2021/05/POL1032022021S-PANISH.pdf. Acesso em: 15 jul. 2023.

BARLEY, S. R. Images of imaging: Notes on doing longitudinal field work. *Organization Science*, [s. l.], v. 1, n. 3, 220-247, 1990. DOI: https://doi.org/10.1287/orsc.1.3.220.

BARROS, A. Quase dois terços das favelas estão a menos de dois quilômetros de hospitais. *Agência IBGE Notícias*, Rio de Janeiro, 22 maio 2020. Disponível em: https://agenciadenoticias.ibge.gov.br/agencia-noticias/2012-agencia-de-noticias/noticias/27728-quase-dois-tercos-das-favelas-estao-a-menos-de-dois-quilometros-de-hospitais. Acesso em: 15 jul. 2023.

BAUMAN, Z. *Em busca da política*. Rio de Janeiro: Zahar, 2000. 213 p.

BAUMAN, Z. *Tempos líquidos*. Rio de Janeiro: Zahar, 2007. 120 p.

BENJAMIN, C. O que fazer: Reformas e revolução. *Teoria e Debate*, [s. l.], v. 15, 1991. Disponível em: https://teoriaedebate.org.br/1991/06/05/o-que-fazer-reformas-e-revolucao/. Acesso em: 15 jul. 2023.

BORNSTEIN M. H; JAGER, J, PUTNICK D. L. Sampling in developmental science: Situations, shortcomings, solutions, and standards. *Developmental Review*, [*s. l.*], v. 33, n. 4, p. 357-370, 2013. DOI: https://doi.org/10.1016/j.dr.2013.08.003.

BOUCHARD, T. J. Field research methods: Interviewing, questionnaires, participant observation, systematic observation, unobtrusive measures. *In*: DUNNETTE, M. D. (ed.). *Handbook of industrial and organizational psychology*. Chicago: Rand McNally, 1976. p. 363-413.

CAMPOS, M. N. Ecology of meanings: A critical constructivist communication model. *Communication Theory*, [*s. l.*], v. 17, n. 4, p. 386-410, 2007. DOI: https://doi.org/10.1111/j.1468-2885.2007.00304.x.

CAMPOS, M. N. *Navegar é preciso. Comunicar é impreciso*. São Paulo: Edusp, 2017. p. 504.

CAMPOS, M. N. *Traversée*: essai sur la communication. Berne: Peter Lang, 2015. 390 p.

CARRARA, K. Psicologia e a construção da cidadania. *Revista Psicologia, Ciência e Profissão*, [*s. l.*], v. 16, n. 1, p. 12-17, 1996. DOI: https://doi.org/10.1590/S1414-98931996000100003.

CASTELLS, M. *La galaxie Internet*. Paris: Fayard, 2002. 368 p.

CASTRO F.; RODRIGUES E. Com crise, BC já anunciou R$ 1,2 trilhão em recursos para bancos. *UOL*, 23 mar. 2020. Disponível em: https://economia.uol.com.br/noticias/estadao-conteudo/2020/03/23/com-crise-bc-ja-anunciou-r-12-trilhao-em-recursos-para-bancos.htm?cmpid=copiaecol. Acesso em: 15 jul. 2023.

CEPAL *La juventud em Iberoamérica*: tendencias y urgencias. Santiago de Chile: CEPAL/OIJ, 2004. 351 p. Disponível em: https://repositorio.cepal.org/bitstream/handle/11362/2785/S2004083_es.pdf?sequence=. Acesso em: 15 jul. 2023.

CEPEDISA. Direito e pandemia: Ordem jurídica e sistema judiciário não foram suficientes para evitar graves violações. *In*: Direitos na pandemia. Mapeamento e análise das normas jurídicas de resposta à COVID-19 no Brasil. São Paulo: [s. n.], 2021. n. 10, p. 2-3. Disponível em: https://www.cartacapital.com.br/wp-content/uploads/2021/01/Boletim_Direitos-na-Pandemia_ed_10.pdf. Acesso em: 15 jul. 2023.

CHAUI, M. S. O totalitarismo neoliberal. *Anacronismo e Irrupción*, [*s. l.*], v. 10, n. 18, p. 307-328, 2020. Disponível em: https://publicaciones.sociales.uba.ar/index.php/anacronismo/article/view/5434. Acesso em: 15 jul. 2023.

COOKSEY, R.; MCDONALD, G. *Surviving and thriving in postgraduate research.* Prahran: Tilde University Press, 2011. 628 p.

COOPER, D. R.; SCHINDLER, P. S. *Métodos de pesquisa em administração.* Porto Alegre: AMGH Editora, 2016. 712 p.

COVRE. *O que é cidadania?* São Paulo: Brasiliense, 1991. 112 p. (Coleção Primeiros Passos).

DAVIS, M. A crise do coronavírus é um monstro alimentado pelo capitalismo. *In*: DAVIS, M. *et al. Coronavírus e a luta de classes*, p. 5-12. Brasil: Terra sem Amos, 2020. Disponível em: https://terrasemamos.files.wordpress.com/2020/03/coronavc3adrus-e-a-luta-de-classes-tsa.pdf Acesso em: 15 jul. 2023.

DEAKIN, H.; WAKEFIELD, K. Skype interviewing: Reflections of two PhD researchers. *Qualitative Research*, [*s. l.*], v. 14, n. 5, p. 603-616, 2014. DOI: https://doi.org/10.1177/1468794113488126.

DEMO, P. *Participação é conquista-noções de política social participativa.* São Paulo: Cortez, 1988. 176 p.

É NÓS Por Nós - Movimento Negro e Antifascistas ocupam as ruas. [*S. l.*: *s. n.*], 2020. 1 vídeo (55 min). Publicadp pelo canal TV 247. Disponível em: https://www.youtube.com/watch?v=BXiFOm4oD3g Acesso em: 15 jul. 2023.

EASTON, G.; EASTON, A.; BELCH, M. An experimental investigation of eletronic focus groups. *Information & Management*, [*s. l.*], v. 40, n. 3, p. 717-727, 2003. DOI: https://doi.org/10.1016/S0378-7206(02)00098-8.

EDMONDSON A. C.; MCMANUS S. E. Methodological fit in management field research. *Academy of Management Review*, [*s. l.*], v. 32, n. 4, 2007, p. 1155-1179. DOI: https://doi.org/10.5465/amr.2007.26586086.

FREITAS, H.; OLIVEIRA, M.; SACCOL, A, Z.; MOSCAROLA, J. O método de pesquisa survey. *Revista de Administração*, [*s. l.*], v. 35, n. 3, p. 105-112, 2000. Disponível em: http://www.spell.org.br/documentos/ver/16542/o-metodo-de-pesquisa-survey. Acesso em: 15 jul. 2023.

FRICKER Jr, R. D. Sampling methods for web and e-mail surveys. *In*: FIELDING, N.; LEE, R. M.; BLANK, G. (ed.). *The SAGE Handbook of online research methods*. Londres: Sage, 2012. p. 195-216.

GRABOVSCHI, C.; CAMPOS, M. N. La logique naturelle en tant que méthode pour l'exploration de représentations sociales. *Argumentum*, [*s. l.*], v. 12, n. 1, p. 9-29, 2014.

GREENWALD, G.; REED B.; DEMORI, L. Como e por que o Intercept está publicando chats privados sobre a Lava Jato e Moro: As mensagens secretas da Lava Jato. *The Intercept Brasil*, 9 jun. 2019. Disponível em: https://theintercept.com/2019/06/09/editorial-chats-telegram-lava-jato-moro/. Acesso em: 15 jul. 2023.

HABERMAS, J. *Direito e democracia*: entre a factibilidade e validade. v. 1. São Paulo: Tempo Brasileiro, 1997.

HABERMAS, J. *Théorie de l'agir communicationnel*: pour une critique de la raison fonctionnaliste. v. 2. Paris: Fayard, 1987b. 480 p.

HABERMAS, J. *Théorie de l'agir communicationnel*: rationalité de l'agir et rationalisation de la société. v. 1. Paris: Fayard, 1987a. 448 p.

HALLER, D; SHORE, C. *Corruption*: anthropological perspectives. Londres: Pluto Press, 2005. 264 p.

HARTSHORNE, J. K.; GERMINE, L. T. When does cognitive funcionning peak? The asynchronous rise and fall of different cognitive abilities across de life span. *Psychological Science*, [s. l.], v. 26, n. 4, p. 433-443, 2015. DOI: https://dx.doi.org/10.1177/0956797614567339.

HEALE, R.; TWYCROSS, A. What is a case study? *Evidence Based Nursing*, [s. l.], v. 21, n. 1, p. 7-8, 2018. DOI: https://dx.doi.org/10.1136/eb-2017-102845.

HOBBES, T. *De civ.* Londres: J.C. for R. Royston, 1651. Disponível em: http://public-library.uk/ebooks/27/57.pdf. Acesso em: 15 jul. 2023.

JAEGER, W. *Paidéia*: a formação do homem grego. São Paulo: Martins Fontes, 2013. 1456 p.

KRUEGER, R.; CASEY, M. *Focus groups*: a practical guide for applied research. Thousand Oaks: Sage, 2009. 280 p.

LARA, M. G. J.; CAMPOS, M. N. Les amitiés brisées, Facebook et les élections brésiliennes 2014. *TrajEthos*, [s. l.], v. 11, n. 55, p. 105-146, 2016. Disponível em: http://www.trajethos.ca/files/7414/8202/4102/LARA_CAMPOS_TrajEthos_51.pdf. Acesso em: 15 jul. 2023.

LARSON, K.; GRUDENS-SCHUCK, N.; ALLEN, B. L. *Can you call it a focus group?* Methodology Brief. University Extension. Ames: Iowa State University, 2004. 4 p.

LÉVY, P. *Cibercultura*. São Paulo: Editora 34, 1999. 264 p.

MBEMBE, A. Le droit universel à la respiration. *AOC*, 6 abr. 2020. Disponível em: https://aoc.media/opinion/2020/04/05/le-droit-universel-a-la-respiration/. Acesso em: 15 jul. 2023.

McCORMICK, J. P. Democracia maquiaveliana: Controlando as elites com um populismo feroz. *Revista Brasileira de Ciência Política*, [s. l.], v. 12, p. 253-298, 2013. DOI: https://doi.org/10.1590/S0103-33522013000300010.

MENDONÇA, H. Milhões ainda esperam auxílio emergencial, enquanto Governo começa a pagar segunda parcela. *El País*, 18 maio 2020. Disponível em: https://brasil.elpais.com/economia/2020-05-19/milhoes-ainda-esperam-auxilio-emergencial-enquanto-governa-comeca-a-pagar-segunda-parcela.html. Acesso em: 15 jul. 2023.

MORRIS, A. *A practical introduction to in-depth interviewing*. Londres: Sage, 2015. 160 p.

MOSCOVICI, S. Des représentations collectives aux représentations sociales: éléments pour une histoire. *In*: JODELET, D. (dir.) *Représentations sociales*. Paris: Presses Universitaires de France, 1989. p. 79-103.

NASSAR-MCMILLAN, S. C.; BORDERS, L. D. Use of focus groups in survey item development. *The Qualitative Report*, [s. l.], v. 7, n. 1, p. 1-12, 2002. DOI: https://doi.org/10.46743/2160-3715/2002.1987.

O'TOOLE, T.; LISTER, M.; MARSH, D.; JONES, S.; McDONAGH, A. Tuning out or left out? Participatiom and non-participation among young people. *Contemporary politics*, [s. l.], v. 9, n. 3, 2003, p. 45-61. DOI: https://doi.org/10.1080/1356977032000072477.

PAIVA, B. A. Assistência social e políticas sociais no Brasil – configuração histórica, contradições e perspectivas. *Revista Katalysis*, [s. l.], v. 4, 1999, p. 11-34. Disponível em: https://dialnet.unirioja.es/servlet/articulo?codigo=2928288. Acesso em: 15 jul. 2023.

PETERSON, R. A. *Constructing effective questionnaires*. Thousand Oaks: Sage, 2000. p. 152.

PIAGET, J. *La naissance de l'intelligence chez l'enfant*. Nêuchatel-Paris: Delachaux et Niestlé, 1977. 370 p.

RHEINGOLD, H. *The virtual community*: homesteading on the electronic frontier. Cambridge: The MIT Press, 2000. 447 p.

RONFINI, N.; CAMPOS, M. N. Entre o agendamento da mídia e o desinteresse: Meio ambiente nas comunidades em rede de jovens. *Diversitas*, [s. l.], v. 16, n. 1, 2020. DOI: https://doi.org/10.15332/22563067.4846.

SANDELOWSKI, M. Combining qualitative and quantitative sampling, data collection, and analysis techniques in mixed-method studies. *Research in Nursing & Health*, [s. l.], v. 23, n. 3, p. 246-255, 2000. DOI: https://doi.org/10.1002/1098-240x(200006)23:3<246::aid-nur9>3.0.co;2-h.

SANTOS, B. S. *A cruel pedagogia do vírus.* Lisboa: Almedina, 2020. 32 p.

SCHRÖEDER, C. S.; KLERING, L. R. On-line focus group: uma possibilidade para a pesquisa qualitativa em administração. *Cadernos EBAPE.BR*, [s. l.], v. 7, n. 2, p. 348, 2009. Disponível em: https://www.lume.ufrgs.br/bitstream/handle/10183/21291/000728278.pdf;sequence=1. Acesso em: 15 jul. 2023.

SENADO FEDERAL. *CPI da pandemia.* Relatório final. Aprovado pela Comissão em 26 de outubro de 2021. Brasília, DF: Senado Federal, 2021. Disponível em: https://legis.senado.leg.br/comissoes/mnas?codcol=2441&tp=4. Acesso em: 15 jul. 2023.

SILVA, A. B. P.; BRENNER, A. K.; LEVY, A. P.; PINHEIRO, D.; RIBEIRO, E.; LIMA, E. S.; PERES, J. P. S.; PRATA, J. M.; PEREIRA, M. FARAH NETO, M.; PEREGRINO, M.; CARRANO, P. C. R.; NOVAES, R.; PENSO, V. *Resumo executivo*: pesquisa Juventudes no Brasil 2021. Rio de Janeiro: Fundacão SM – Obsrvatório da Juventude na Íbero América, 2021. 20 p. Disponível em: http://www.fundacaosmbrasil.org/cms/wp-content/uploads/2021/10/Resumo_Pesquisa_Juventudes_no_Brasil.pdf. Acesso em: 15 jul. 2023.

SILVEIRA, J. A aplicação da teoria da cegueira deliberada nos julgamentos da Operação Lava Jato. *Revista Brasileira de Ciências Criminais*, [s. l.], n. 122, p. 255-280, 2016. Disponível em: https://dialnet.unirioja.es/servlet/articulo?codigo=5719888. Acesso em: 15 jul. de 2023.

UNITED NATIONS YOUTH. *Definition of youth.* Nova York: United Nations Department of Economics and Social Affairs. [2009?]. Disponível em: https://www.un.org/esa/socdev/documents/youth/fact-sheets/youth-definition.pdf. Acesso em: 15 jul. 2023.

VARELA, F. *Invitation aux sciences cognitives*. Paris: Points. 1996. 144 p.

YIN, R. K. *Case study research*: design and methods. 4. ed. Thousand Oaks: Sage, 2009. 217 p.

PARTICIPAÇÃO E ENGAJAMENTO NAS REDES

Aline Andrade de Carvalho[67]
Nathália Ronfini
Rosangela de Carvalho
Milton N. Campos

Temos visto nos últimos anos, em todo o mundo e em diferentes escalas, uma intensificação no desenvolvimento tecnodigital, aprofundando transformações nas diversas sociedades globais, com impacto em suas culturas e políticas. No que se refere especificamente ao Brasil, discutir tais transformações implica compreender como os processos de informação e comunicação, mediados pelas tecnologias, principalmente as redes sociais, incidem sobre as culturas e os modos de se fazer política hoje. Neste capítulo, trataremos dessa questão a partir da perspectiva de jovens fluminenses de baixa renda, seus hábitos culturais e práticas comunicativas, buscando problematizar como se inserem nos processos políticos atuais, geralmente elaborados sob a perspectiva de adultos. Damo-nos conta, primeiramente, de que são múltiplos os universos de subjetividades, inerentes a grupos distintos dessas pessoas jovens, ou seja, várias "juventudes" convivendo com culturas que se intersectam. Em segundo lugar, essa constatação nos levou ao interesse em observar de que forma, hoje, jovens que vivem em condições socioeconômicas mais difíceis se interessam, se motivam e/ou se organizam com o objetivo de reivindicar direitos e, consequentemente, apresentar demandas políticas para a sua concretização. Assim, buscamos compreender como jovens adultos manifestam ideias a respeito da sociedade em que vivem, mais especificamente com o uso de redes sociais. Nosso objetivo, com isso, foi contribuir para explorar traços, facetas e aspectos do comportamento social e cidadão de jovens da região metropolitana do Rio de Janeiro por meio de um processo que, fazendo emergir suas percepções e ouvindo suas experiências, nos permitisse entender não somente o uso que fazem das redes sociais, mas também os sentidos da participação e do engajamento políticos.

Compreendemos tais processos plásticos e dinâmicos como múltiplas ecologias dos sentidos (CAMPOS, 2015, 2017) que, em suas intera-

---

[67] Para fins da realização da pesquisa, Aline de Carvalho e Nathália Ronfini obtiveram auxílio, por meio de bolsas de estudos, da CAPES, órgão ligado Ministério da Educação. Milton N. Campos obteve auxílio da FAPERJ. Projeto n.º 2104842016.

ções, produzem novas realidades. Essa abordagem, que se insere em uma perspectiva construtivista-crítica dos processos comunicativos (que são, essencialmente, interações), implica perceber os sentidos que afloram da imbricação natural das estruturas cognitivas e afetivas dos sujeitos e seus processos de formação da consciência ético-moral. A emergência dos sentidos em contextos possibilitados pelas condições materiais de existência dos indivíduos, em suas interações sociais, possibilita a coconstrução social de imagens do mundo, ou seja, fluxos de entendimentos coletivos relacionados às situações concretas de seus vividos. Com esse olhar, buscamos identificar as percepções que jovens fazem emergir em variados contextos, por meio de usos e experiências das redes sociais, e como contribuem para a formação de suas imagens de mundo a respeito da participação política.

Iniciamos este debate observando alguns processos psicossociais de desenvolvimento sociocognitivo e afetivo e sua relação com o despertar da ideia de poder político entre jovens. Em seguida, apresentamos estudos a respeito das potencialidades e dos desafios na maneira pela qual o poder político se inscreve, como o do engajamento político nas redes digitais. Apresentamos ainda algumas reflexões a respeito do aparente desengajamento das pessoas jovens na maneira como entendem seu lugar no exercício do poder político nos dias de hoje. Por fim, apresentamos os resultados de nossas experiências de compreensão das ecologias de sentidos que elas fizeram emergir a partir de conversas que com eles tivemos, permitindo-nos identificar, em suas percepções, usos e experiências políticas que tiveram nas redes sociais.

JOVENS EM REDE E MOTIVAÇÃO

Do desenvolvimento psicossocial à inserção política

É interessante observar como Abramo (1997) apresenta a constituição da tematização social do termo "juventude" desde a metade do século passado no mundo ocidental, que caracteriza jovens como categoria única e não plural. Segundo a pesquisadora, nos anos 1950, a juventude era vista como um "momento de transição" da infância para maturidade, no qual indivíduos são preparados para se tornarem membros da sociedade mediante a interiorização de seus valores, normas e comportamentos. Já nos anos 1960 e 1970, a ideia do que seja juventude passou a incluir uma atitude crítica de contestação em relação à ordem estabelecida, em diferentes partes do

VIOLAÇÕES BÁRBARAS: OLHARES JOVENS

mundo. Para a autora, há uma recusa permanente em enquadrá-la como idealista e revolucionária. É vista como demasiadamente rebelde pelos setores conservadores de direita ou imatura pelas correntes de esquerda mais tradicionais. Com isso, prossegue a autora, aspectos considerados juvenis no imaginário popular seriam desqualificados, fazendo com que a geração jovem dos anos 1980 fosse estigmatizada e tida como "alienada" porque oposta à geração anterior. A esse cenário, completa a estudiosa, soma-se o declínio de instituições de socialização com a consolidação do neoliberalismo no mundo, que marcou jovens dos anos 1990 como representantes de todos os dilemas e dificuldades da sociedade. Assim, a geração pós anos 2000 se apresenta como hiperconectada, transnacional e estigmatizada pelo hedonismo e pela fragmentação.

Vemos assim que abordagens propriamente psicossociais a respeito da noção de "juventude" (entendida como o estado de ser jovem) dependem de posicionamentos intelectuais e de adoções de perspectivas epistemológicas diferentes. Pesquisadores alinhados com perspectivas pós-estruturalistas historicamente mais recentes verão na autora (ABRAMO, 1997) alguém que ressaltou o fato de que não se pode falar de uma única "juventude", mas de várias. Enne (2010) afirma que o imaginário social a respeito da "juventude" como um período singular entre a infância e a idade adulta teria início com a chamada "Idade Moderna", que implementaria um crescente processo de categorização da experiência singular do indivíduo. A definição do "ser jovem", enquanto categoria, só viria a se consolidar com a cultura de consumo que floresceu a partir de meados do século XX, com "[...] o desmantelamento das instituições tradicionais, com destaque para a crise do modelo familiar patriarcal burguês" (ENNE, 2010, p. 18). Para outros pesquisadores, esse processo ganharia velocidade quando os rituais, direitos e demandas jovens passassem a emergir na vida social pelo seu status como consumidores (MACHADO, 2011).

Vemos assim que, por ocupar um espaço liminar na constituição do indivíduo, a noção de "juventude", muitas vezes, é alvo de projeções da própria sociedade (mais ou menos universalizantes, mais ou menos tendendo à particularização) que não dizem necessariamente respeito às demandas, desejos e particularidades dos indivíduos jovens. Nesse sentido, vemos comumente, nos discursos sobre a juventude, uma certa ambivalência entre liberdade e controle. Por um lado, as pessoas jovens são geralmente relacionadas às ideias de vulnerabilidade, dependência, inconstância e ausência de pensamento crítico autônomo; por outro lado, são mostradas como símbolos de vanguarda, resistência, criatividade, ousadia, pertencimento e experimentação (MACHADO, 2011), indicando processos de subjetivação significativamente distintos, ainda que ancorados em entendimentos de épocas de vida que as caracterizariam.

Ao se distanciar da ideia sociobiológica do período em que se é jovem como um tempo a ser determinado (as indicações sendo muito variadas), e ao aproximar-se dela como fenômeno historicamente singular, Abramo (1997) sugere uma certa polarização. A partir de uma perspectiva histórica, jovens seriam individualistas desesperançados integrados ao sistema, vítimas socialmente excluídas, rebeldes causadores da desordem urbana ou ainda pessoas compartilhadoras, com esperança em um futuro que supere as expectativas frustradas da geração anterior. Para a pesquisadora, entre hedonismo e desregramento social, acabariam sendo negligenciados como interlocutores porque, "[...] como encarnação de impossibilidades, eles nunca poderão ser vistos, e ouvidos e entendidos, como sujeitos que apresentam suas próprias questões, para além dos medos e esperanças dos outros" (p. 32). Seu lugar de interlocução é, no entanto, real e aponta para seu papel nas lutas políticas de seu tempo e de suas comunidades.

A respeito desse aspecto, na introdução de uma edição especial sobre o desenvolvimento cívico juvenil, Flanagan e Christens (2011) explicam como o processo de socialização é determinante na sua constituição política. Os pesquisadores constatam que o interesse por assuntos políticos tende a ser gerado pela controvérsia, contestação e discussão, de modo que as pessoas jovens que recebem estímulos na infância e adolescência para trabalhar colaborativamente e debater eventos políticos com pares e adultos tendem a se mostrar agentes ativas na vida adulta. Nesse sentido, os autores ressaltam a riqueza inerente à heterogeneidade de encontros e interações de ordem geracional, social, cultural ou racial. Mais: além dos traços relacionados às personalidades individuais que contribuem para a orientação de valores, alguns inegáveis aspectos da socialização no envolvimento político de jovens são os recortes de classe e de raça/etnia nas oportunidades cívicas disponíveis. Outro fator psicossociológico diretamente ligado à responsabilidade social, apontado pelos pesquisadores é o nível de "incorporação social", ou seja, o sentimento de solidariedade e o processo de identificação da criança até a puberdade, durante a fase de desenvolvimento social, que influenciarão diretamente sua capacidade de empatia com outros, transcendendo o interesse próprio e gerando conexão com o bem-estar de seus pares.

VIOLAÇÕES BÁRBARAS: OLHARES JOVENS

Outros autores também refletem sobre a implicação política das juventudes. Sobre a relação entre desenvolvimento de jovens e políticas participativas, Middaugh, Clark e Ballard (2017) afirmam que "[...] *civic activities that are peer based and youth led may increase youth connection and engagement* [...] *by providing youth with opportunities to influence the social context*" (p. S128).[68] Avançando outra nova noção etária a respeito da época em ocorreria a "juventude", os pesquisadores revelam ainda que, nos Estados Unidos, 41% da população jovem com idade entre 15 e 25 anos faz uso de mídias digitais como ferramentas de engajamento cívico moderno, para encontrar, compartilhar, discutir e mobilizar seus pares politicamente. Afirmando que grandes transformações cognitivas ocorrem no período entre a adolescência média (por volta dos 15 anos) e a emergente vida adulta (em torno de 24 anos), indicam que é preciso levar em conta que jovens na faixa dos 15 anos, à época da publicação de seu artigo, já haviam nascido com a Web 2.0[69] e as redes digitais, tendo pouca ou nenhuma experiência de vida sem alguma forma de conexão pela internet. Ou seja, para jovens dessa faixa etária (sem contar com os que ainda vivem processos do que se convencionou chamar de "exclusão digital"), a informação é abundante, a comunicação, constante, e os limites entre público e privado se confundem (MIDDAUGH; BOWYER; KAHNE, 2016). Isso nos leva a refletir sobre o papel das comunidades digitais no processo de engajamento cívico das pessoas jovens conectadas dos dias de hoje, sobretudo após o grande impacto que as tecnologias passaram a ter depois do início da pandemia de COVID-19.

Web 2.0, engajamento e degeneração política das trocas

Cerca de duas décadas após o surgimento de novas ferramentas de trocas interativas, integradas à rede internacional de computadores conhecida como Web 2.0, testemunhamos hoje certo ofuscamento das relações entre vida pessoal, privada, e manifestações a respeito da política, de ordem do público. Devido aos mecanismos de agregação de conteúdo, visibilidade e

---

[68] "[...] atividades cívicas baseadas em pares e conduzidas por jovens podem contribuir para o aumento da conexão e engajamento [...] ao oferecer aos jovens oportunidades de influenciar seus contextos sociais" (tradução nossa).

[69] Song (2010) explica que a Web 2.0, inicialmente, foi tratada normativamente como algo melhor que a Web 1.0, com base em suas características técnicas, abordagem que, com o tempo, passou a ser tratada de informativa para participativa, relacionada ao fenômeno das comunidades virtuais. Adotando uma perspectiva ancorada na perspectiva cultural de produção de significações, que integra as noções de campos e de *habitus* de Bourdieu (1997 *apud* SONG, 2010), propõe, com definição, que a Web 2.0 seja considerada um conjunto de atributos em que entram avanços tecnológicos, novos modelos de negócios e hábitos entendidos como modo personalista de engajamento, com ramificações sociais e políticas.

compartilhamento conferidos aos novos espaços que surgiram com a Web 2.0, que poderíamos considerar "semiprivadas", conversas pessoais e ações aparentemente banais passaram a ter uso político. Sob essa perspectiva, passaram a ser considerados atos engajados, por exemplo, a montagem, desmontagem e remontagem da realidade a partir do "remix"[70] de diferentes formas de textos culturais (DUMITRICA, 2014).

Stornaiuolo e Thomas (2017) lembram, a esse respeito, que *"Increasingly, youth and young adults are using social media to position themselves and their experiences at the center of the culture, often through a variety of artistic and expressive practices"* (p. 343).[71] Podemos citar, como exemplo, o uso de *hashtags*. Essas balizas que inserem códigos digitais na produção de árvores temáticas em diversas plataformas, inauguradas pelo Twitter, constituem um sistema de indexação que permite encontro rápido de informações de forma descentralizada, mas coordenada, viabilizando a conexão de múltiplas narrativas sobre o mesmo assunto em tempo real. Outra forma de ativismo on-line é a mediada pelas comunidades de fãs, experiências midiáticas compartilhadas que apresentam oportunidades concretas para jovens se engajarem em causas coletivas e desenvolverem habilidades para fins cívicos e políticos. Também vemos, no uso de redes digitais, um processo reivindicatório mediante a construção de contranarrativas. Essas ocupam espaços midiáticos alternativos para circular autorrepresentações juvenis, em contraposição aos tradicionais nos quais não se veem representados, a fim de obter voz e visibilidade on-line para uma determinada causa, muitas vezes identitária (STORNAIUOLO; THOMAS 2017).

De uma maneira geral vimos, nas últimas décadas, discursos entusiastas a respeito do potencial das mídias digitais se ampliando em processos de luta pela democracia, sob diferentes perspectivas e campos de estudo. Embora na opinião de alguns cientistas políticos mais críticos às promessas do ciberespaço as redes sociais sejam consideradas formas confusas e dispersas de engajamento na participação política, o discurso das pessoas jovens sobre seu potencial geralmente revela percepções ampliadas da própria noção de engajamento. As redes sociais seriam espaços múltiplos e conectados que encorajariam a participação em pequena escala por meio do consumo e da propagação de conteúdos políticos em múltiplos dispositivos, como sugerem pesquisas na área.

---

[70] Para Russo e Coppa (2012, on-line), "[...] *remix, which originated as a term in hip-hop and disco subcultures, is based on sampling: taking excerpts of one or more existing works and recombining them into a new work.*" ("[...] remix, termo que se originou das subculturas do hip-hop e disco, está fundada na amostragem: extraem-se trechos de um ou mais trabalhos e os recombina em uma nova obra" (tradução nossa).

[71] "[...] cada vez mais jovens estão usando mídias sociais para posicionarem a si e suas experiências no centro da cultura, geralmente através de uma variedade de práticas artísticas e expressivas" (tradução nossa).

A título de exemplo, citamos o engajamento na construção discursiva das mídias sociais nas eleições municipais de 2010, em Calgary, no Canadá, estudada por Delia Dumitrica (2014). A pesquisa levou-a à conclusão de que se trata de uma transformação social mais ampla em que surgem "políticas personalizadas", nas quais o engajamento consiste em escolhas pessoais, valores e estilos de vida compartilhados nas redes sociais do indivíduo. A pesquisadora sugere que as construções discursivas juvenis, na participação em redes, revelam um pensamento "sonhador" e um *etos* democrático. Por trás da crença de que "todo mundo está nas redes sociais", reside um desejo genuíno de fazer parte de uma comunidade, de ter direito de acessar e compartilhar informações consideradas relevantes, de criar conexões com políticos e outros cidadãos. Ainda assim, o engajamento tradicional entre jovens se encontra limitado, entre outras razões, pela dificuldade de acesso à informação política, pela falta de dados relevantes e compreensíveis, de vínculos afetivos com a política ou mesmo de oportunidades reais de ser ouvido e fazer a diferença. Assim, as mídias sociais digitais parecem cumprir um papel de "alívio" para tais problemas, ao prometerem conveniência, conexão e informações aparentemente completas.

No entanto, apesar dessas perspectivas mais positivas, situações de conflito e linguagem agressiva, que eram relativamente comuns em debates políticos nas redes sociais, passaram a tomar dimensões preocupantes, em diversos países do mundo, notadamente nos que se viram diante de escolhas de líderes populistas de extrema direita que emergiram em meio ao ressurgimento de discursos fascistas e neonazistas. Processos agressivos e violentos on-line podem levar à redução da confiança nos processos políticos, à avaliação negativa de instituições e à produção de efeitos amortecedores no interesse das pessoas, em participar de conversas políticas via plataformas digitais ou na política de uma maneira geral (MIDDAUGH; BOWYER; KAHNE, 2016).

Apatia política e desengajamento

Observamos que os estudos, de uma maneira geral, constatam apatia das pessoas jovens em relação aos processos políticos, e isso vem de longe. Segundo uma pesquisa realizada, em 2003, por três instituições de pesquisa junto a jovens brasileiros de 15 a 24 anos de idade (CRITERIUM, 2003), 15% afirmaram participar de associações, fóruns e agremiações políticas, e 85%, ainda que declarassem não participar, indicaram que gostariam de viver experiências junto a instituições dessa natureza. A pesquisa também mostra que as juventudes têm interesse secundário por discussões político-eleitorais. No estudo, o tema "política" aparece em décimo lugar na pauta de interesses de brasileiros dessa faixa etária, muito atrás de educação, oportunidade de emprego, cultura e lazer, saúde e corpo, família e relacionamentos amorosos. Em outra pesquisa, com 2.579 jovens de 12 a 30 anos de nove regiões metropolitanas brasileiras (MTV BRASIL, 2008), a política é mencionada por apenas 9% deles, em 24º lugar na indicação de preferências, a música, o futebol e a carreira aparecendo nos primeiros lugares. Mais recentemente, estudo realizado por três universidades fluminenses sobre jovens no Brasil indicou a política em último lugar na lista de preferências (SILVA *et al.*, 2021). Mais sugestivo, essa pesquisa indica que 39% dos 1.740 jovens entrevistados pessoalmente não votaram, e 79% dizem nem mesmo conversar sobre política. Os pesquisadores dizem acreditar que esse fato pode estar relacionado à percepção de corrupção, indicada por 26% das pessoas, somente atrás da violência (40%) como fator de preocupação, e que, ainda que declarem "[...] acreditar na importância da existência de debates em uma sociedade democrática [...] se mostram desanimados com a atual realidade política do país" (p. 7).

Ainda que o Tribunal Superior Eleitoral comemore um aumento de 47,2% no número de jovens entre 18 e 20 anos que tiraram título de eleitor em 2022, comparativamente a 2018 (ELEIÇÕES..., 2022), as pesquisas apresentam registros sólidos de uma estabilidade do desengajamento das pessoas relativamente a processos políticos nas duas últimas décadas. Esse fenômeno poderia ser explicado como uma forma de apatia, no sentido que Simmel (1973) confere a esse termo. O pesquisador analisa a atitude juvenil *blasée* relacionada à sociedade moderna pós-industrial, em que a apatia seria uma estratégia de sobrevivência cognitiva diante dos múltiplos estímulos proporcionados pela vida nas metrópoles. Ou seja, diante de tantos estímulos e cobranças vividos em um tempo que, segundo Bauman (1998), é de colapso da modernidade, o desengajamento seria uma atitude de negação à participação em práticas políticas fundadas em um paradigma que não mais responderia à produção de subjetividades no contemporâneo.

Nesse mesmo sentido, Mark Strama (1998) acredita que a falta de participação das pessoas jovens na política não é tanto apatia, mas sim uma resposta ao sistema político que, na perspectiva deles, está corrompido. O pesquisador observa ainda que, ao investigar a ausência nas urnas nas eleições norte-americanas de 1996, as pessoas jovens passaram a substituir o envolvimento com o sistema político pela participação em trabalhos comunitários e voluntários. Para o autor, isso acontece por diferentes razões: jovens não acreditam que possam fazer alguma diferença por meio de participação no sistema político tradicional; não conectam suas pequenas ações cotidianas com um movimento social mais geral; tendem a encontrar maior satisfação ao servir necessidades mais imediatas de suas comunidades e consideram o lado político das questões sociais inacessível e intratável.

Machado (2011) também apresenta alguns motivos pelos quais as pessoas jovens dos anos 2010 se afastariam da participação política. Aspectos relevantes desse problema seriam a falta de sintonia com os atuais discursos e práticas da política convencional, cristalizados no senso comum pela imagem da corrupção e um modelo de comunicação política que não dialoga com as culturas juvenis. Na busca de respostas, Machado nota uma ausência de perspectivas utópicas nos referenciais ideológicos da juventude de hoje, cujo imaginário e valores estão muito ligados à competitividade estratégica e ao pragmatismo exacerbado. Como muitas pessoas jovens desconhecem caminhos para uma ação política efetiva, a combinação do desencanto pelos modelos clássicos de representação com visões de mundo autocentradas levaria ao que a autora identifica como uma "nova paisagem de expressão política" que "[...] se baseia em uma lógica que não é a garantia do bem-estar social, e sim da expressão dos desejos privados, que, postos em interação, sensibilizam para adesão coletiva" (MACHADO, 2011, p. 93).

Ao investigar o desengajamento a fim de observar como jovens se sentem a respeito de líderes políticos e entender por que algumas de suas comunidades são menos interessadas e engajadas em política do que outras, a pesquisadora Heather Bastedo (2015) nos fornece algumas pistas interessantes a respeito da mesma década. Em uma pesquisa realizada, entre 2012 e 2013, com 170 jovens de 15 a 28 anos no Canadá, identificou que os mais engajados criticam a política de uma maneira geral, mas buscam se informar e se envolver, motivados por assuntos de ordem nacional e interessados em compreender como a máquina política funciona. Já os menos engajados se interessam majoritariamente por assuntos locais, não possuem clareza sobre como tomar uma boa decisão e, por não se sentirem representados, optam por não participar.

Kitanova (2020), por exemplo, a partir de uma perspectiva europeia, aponta para o fato de o engajamento político variar de acordo com a tradição democrática dos países e de a participação política tomar diversas formas. A pesquisadora aponta, por exemplo, que países, como a Alemanha, a Eslováquia, a Eslovênia, a Irlanda, a Letônia, o Luxemburgo e a República Tcheca, tenham níveis de engajamento juvenil baixo em processos políticos formais (contrastando com os encontrados em países como a França), mas que, ainda assim e paradoxalmente, apresentam níveis mais altos de participação em organizações. Pesquisas dessa natureza confirmam, de certa forma, percepções de estudos realizados na década de 2010. Bastedo (2015) já chamava atenção ao fato de jovens buscarem canais alternativos de expressão e ação política, como participar de protestos, assinar petições on-line, participar de comunidades virtuais ou realizar trabalhos voluntários, mais do que filiar-se a um partido ou votar. O interesse em se engajar seria de ordem pessoal, portanto as questões políticas que teriam maior capacidade de mobilização seriam aquelas próximas ao seu cotidiano. O trabalho da pesquisadora revela "[...] *the overall importance of establishing a connection for both political interest and engagement. From it we can begin to appreciate why there has been a rise in non-traditional forms of participation among youth*" (p. 662).[72]

Na verdade, o problema da participação política além de ser muito complexo, parece não ser facilmente compreensível. Weiss (2020) é enfática em situar a problemática da participação política em termos de definição porque as mais antigas, citadas na literatura, não correspondem às novas modalidades juvenis de participação nos dias de hoje. Ao defini-la em novos termos, chegamos à conclusão de que o fenômeno da "não participação" não tem sido discutido de maneira apropriada. De fato, de acordo com Binder e colaboradores (2021), as indicações de que jovens saíram dos trilhos da política convencional não significariam que tenham virado as costas para a participação, mas que encontraram novos caminhos para manifestar seu engajamento.

Esses estudos, embora limitados, sugerem mais problemas que respostas. Nosso interesse em investigar o envolvimento de jovens com a política, para melhor compreender os debates contemporâneos sobre o uso de mídias digitais para fins políticos e problematizar a participação política, nos levou a perceber que essas temáticas estão inter-relacionadas. Como veremos mais adiante, as pessoas que colaboraram com nossa pesquisa nos permitiram identificar suas percepções, explorar os usos que fazem de ferramentas digitais com finalidades políticas e problematizar suas experiências a respeito da participação cidadã nas redes sociais.

---

[72] "A importância geral de estabelecer uma conexão tanto para o interesse político quanto para o engajamento. A partir disso, podemos começar a levar em consideração o porquê de ter havido um aumento nas formas não tradicionais de participação entre jovens" (tradução nossa).

OS SENTIDOS DA PARTICIPAÇÃO E ENGAJAMENTO

Para trabalhar a noção dos sentidos que jovens coconstroem a respeito do que consistiria a participação política e o engajamento em atividades dessa natureza, consideramos apropriado retomar a discussão de Weiss (2020) sobre definições (de participação política, de participação juvenil, de engajamento e assim por diante), a partir das quais buscou problematizar as premissas que levam pesquisadores a se questionar sobre esses temas. A autora destaca que a literatura pendula entre o que chama de "representantes do paradigma do desengajamento", que sustentam suas teses em dados, como baixa participação em eleições e em partidos políticos e pouco interesse pela política tradicional, e os representantes do "paradigma do engajamento", que, mais otimistas, apontam novas formas de participação política, notadamente digitais, mais sedutoras e à disposição (redes sociais, música etc.). A autora identifica pesquisadores que afirmam que o mundo on-line não passaria de ilusão, outros para quem produziria participação expressiva, além dos que, perplexos com múltiplas aproximações, apontam o risco de se estender demais a noção de participação política (WEISS, 2020).

A partir de uma perspectiva ecológica dos sentidos, na qual integramos a mecânica do modelo da troca de valores proposto por Jean Piaget (1961), podemos tratar dessa problemática, não com uma interpretação categórica de "sim", a juventude participa, é engajada, ou "não", não participa, é desengajada, mas refletindo sobre as diversas dimensões do vivido que medeiam as interações dos indivíduos em contextos comunitários específicos. Em uma mesma comunidade, por exemplo, várias maneiras de jovens lidar com problemas políticos podem se manifestar, sendo muito difícil determinar definitivamente o que seria o *etos* político de cada um deles ao responder a questões relacionadas com seus vividos particulares, ainda que, em contextos gerais que a todos afetam, possam se identificar tendências. Atitudes de "participação" e "não participação", de "engajamento" e "desengajamento" se alternam, se misturam. Não nos esqueçamos de que os sentidos desses processos, que não podem ser considerados polaridades, mas problemáticas complexas que envolvem tanto o indivíduo como seu meio socioambiental, não são, necessariamente, os que os sistemas políticos e acadêmicos convencionaram.

Como já tratado em outros capítulos deste livro, a inscrição da vida ocorre em corpos, situados em meios ambientes naturais e socioculturais. As pessoas, em seu fluir genético-social e histórico, estabelecem relações umas com as outras e com o meio, bem como constroem laços que começam com a família, estendem-se a grupos, comunidades mais amplas e sociedades. A vida é um processo que corre em permanente fluxo temporal. Ao longo da vida, começando com as relações familiares, estabelecem-se trocas que implicam poderes de uns sobre os outros: dos pais sobre as crianças, de docentes sobre discentes, de sacerdotes sobre discípulos, de políticos sobre eleitores e governados. Há uma transição, na vida, da naturalidade heterônoma do poder dos pais sobre sua filiação para uma progressiva dissipação dessa realidade da infância em função da aquisição da autonomia cognitivo-moral; as pessoas jovens que se tornam adultas se dão conta de que podem contestar. A partir daí, elas têm a possibilidade de exercer sua autonomia, de não somente impor relações heterônomas a outros, mas também de sofrê-las. As estruturas sociais são particularmente hierárquicas e coativas, ainda que tenham sido geradas em contextos de exercício de autonomia (como assembleias democráticas), mostrando a complexidade da problemática ética, na medida em que as pessoas estão imersas em relações em que ambas as possibilidades (autônoma e heterônoma) se exercem em alternância, na vida privada e pública. Originalmente, a palavra "poder", do latin *potere* (NASCENTES, 1966, p. 593), significava o que é calcado nas formas (vasos, recipientes), indicando posses. Historicamente, dentro dos parâmetros da civilização, várias maneiras de possuir se constituíram, desde a posse de crianças por pais, até a tutela que, já em adultos, se estabeleceu, por exemplo, sobre escravos, para os quais, em vez de certidões de nascimento, se outorgavam títulos de propriedade a seus donos. Como se sabe, a sociedade capitalista contemporânea de consumo é fundada na ideia de possuir, de ter o poder sobre a posse. Já a palavra "político", do grego *politikós* (NASCENTES, 1966, p. 596), trata do que é relativo ao governo das cidades e estados, ou seja, da *polis*, como eram nomeadas as cidades-estado gregas. A conexão entre a "posse" de algo à "cidade" ou "estado", tornou a ideia de "poder político" da ordem da luta pelo domínio, seja do privado como do público. É essa relação, aliás, que configura a oposição entre não participação política (encerra-se no privado) e a participação política (abre-se ao público). No entanto, o contemporâneo traz a novidade de se pensar politicamente as ações da esfera privada com a mesma qualidade daquelas do espaço público. No que tange ao engajamento, pode ocorrer tanto em situações de não participação (por exemplo, engajar-se em *não* votar) como de participação; já o desengajamento, só pode ocorrer depois que se engajou em uma perspectiva ou outra.

Os sentidos que se configuraram historicamente sobre a ideia do coletivo são necessariamente relacionados à política como prática de exercício do poder. Emergem, portanto, socioculturalmente, por meio de imagens de mundo das práticas políticas de grupos, comunidades ou sociedades pelo controle, pela posse dos Estados e, descendentemente, de todo tipo de instituições e organismos que a eles se subordinam. Os corpos que vivem nesses coletivos têm capacidades orgânico-simbólicas em que várias dimensões concorrentes produzem os sentidos particulares de suas vidas que consubstanciam políticas subjetivas. Cognições e afecções modelam as possibilidades de comunicação desses sentidos, das conexões sensóriomotoras até as múltiplas linguagens que permitem processos de adaptação psicossocial. Podemos falar de muitos sentidos que o corpo produz na sua existência linguageira, inclusive os do político, que são particularmente complexos e especificamente humanos. Os grupos humanos, que são da ordem do coletivo (conjuntos de corpos que, com suas políticas subjetivas, constroem campos intersubjetivos psicossociais), enfrentam, depois de tempos imemoriais, inescapáveis lutas pelo poder — ou ações submissas que validam a luta de quem lidera. Nesse processo histórico de milênios, instauraram-se formas culturais mediante os hábitos, as *morales*, palavra latina significando "costumes". Esses integram, portanto, não somente os percursos subjetivos, mas notadamente as histórias coletivas e são, essencialmente, campos de disputas e de lutas (por exemplo, a guerra cultural da extrema direita contramanifestações identitárias). Lembrando Karl Marx, a obtenção de condições materiais de existência por sujeitos e grupos demanda conquista e controle que se disputam por meio de processos de adaptação psicossocial histórico-cultural imbricados nas estruturas econômicas (CAMPOS, 2015, 2017). Com isso, o poder do dinheiro se institui, bem como o do controle das instituições de Estado, além de outras estruturas conectadas, por exemplo, a religião e outras formas e valores culturais que produzem poderes políticos. Nas disputas pelo poder, uns obtêm sucesso, outros não. Os sentidos que emergem em um caso ou no outro, ou seja, que vão do domínio à submissão, da ação à passividade, da governança colonial à cidadania colonizada, estão imbricados em manifestações cognitivas e afetivas que implicam juízos morais, decisões fundadas em costumes em que a ética pode ou não emergir. A produção de sentidos do político se traduz, na vida humana, no cotidiano, como processo de aderência a ou afastamento de ideias e/ou ideologias, de acordo com sentimentos morais que produzem nos sujeitos-cidadãos. Esses sentimentos, que se traduzem em satisfação pelo domínio do outro ou por ser dominado, são expressões idênticas, na ordem inversa, ao sentimento de contrariedade (da insatisfação de dominar ou de impor domínio).

Se há algo óbvio nos processos envolvendo poder político é que demanda participação e engajamento. Tomemos, antes, a problemática do engajamento e do desengajamento, dentro dos paradigmas de que fala Weiss (2020), que está relacionado ao que motiva ou desmotiva, entusiasma ou não. Engajar-se, por exemplo, com uma música sertaneja que debate problemáticas políticas por meio da música (como a famosa "Supera", novo feminismo da falecida cantora Marília Mendonça) pode causar prazer simbólico, produzir sentimentos de gratidão para com a autora (como se viu em seu enterro, em novembro de 2021) e a consequente valorização não somente de seu papel sociopolítico-cultural, mas também de virada nas relações socioafetivas patriarcais narradas na canção. É, em si, participação política, mas pode engajar ou não as mulheres e outras pessoas que a valorizaram. Uma canção sertaneja que narre histórias de amor (como "Tudo que você quiser", de Luan Santana), aparentemente afastada da problemática política, também pode causar prazer e fazer emergir gratidão, levando igualmente à valorização do artista e do choramingo da letra. No entanto, dificilmente poderíamos chamar o engajamento dos fãs com a música de "participação política", ainda que a ação de virar as costas às estruturas do Estado e ficar ouvindo música pudesse ser considerada por alguns participação política. Trata-se, na verdade, não de definir "participação", mas do que se considera "participação política".

Inversamente, pode-se ter insatisfação e desvalorização em ambos os exemplos que acabamos de explorar (Marília Mendonça e Luan Santana), levando ou não ao engajamento. Da mesma maneira, engajar-se com um partido político, uma associação de bairro, um grupo de estudos, um time de futebol, que proponham ações, pode igualmente causar prazer simbólico, produzir sentimentos de gratidão para com o coletivo e consequente valorização de seu papel sociopolítico-cultural e das ideias em jogo. Pode, no entanto, causar o contrário. Nem todas essas formas de engajamento poderão ser consideradas participação política, embora todas possam sê-lo. Quanto ao paradigma da não participação e do desengajamento, se os exemplos de formas de engajamento mencionados não derivassem da participação nem faria sentido deles falar. No entanto, poderiam levar ao desengajamento se tivesse havido antes participação e engajamento. Como no caso da música, podem tanto causar satisfação e valorização, como insatisfação, descontentamento, contrariedade e desvalorização.

VIOLAÇÕES BÁRBARAS: OLHARES JOVENS

Na verdade, tanto no caso da "participação" como na problemática do "engajamento", é preciso esclarecer o que entendemos por uma coisa ou outra. Nossa proposta aqui é definir ambos em termos de *intenção* e dos *valores* que estão em jogo. A *intenção* de uma ação validaria, em si, o que seria uma participação (do âmbito individual ao coletivo, do privado ao público) e o consequente engajamento (ou desengajamento por desistência após ter-se engajado). Além disso, os *valores* de uma ação intencional definiriam os sentidos do político. Compreender a emergência dos sentidos do político, da participação e da não participação, de engajamento ou desengajamento, é muito complexo. O político, do ponto de vista exclusivamente subjetivo, só se torna tal quando a ação for intencional e buscar comunicar valores. Pode ser coercitivo, pode ser cooperativo, pode transitar em zona de ambiguidade. Já o político, em termos da esfera pública, do Estado, na prática de seu funcionamento em função de sua estrutura, é da ordem do coercitivo. Um Estado, para tratar do público, dos assuntos da cidade, só funciona por meio da lei ou pela imposição violenta da tirania. Em certos modelos políticos, legalistas, pode funcionar também por meio da tirania da lei (entendida como mecanismo de coerção violento, mas legalizado). Poderíamos pensar na política sem luta pelo poder, a partir de acordos, da busca de processos de argumentação razoável, como propõe o ideal democrático de Habermas (1987a, 1987b). No entanto, quem não participa e não se engaja parece nem se importar com essa possibilidade (não tem a *intenção* e não propõe *valores*).

Chegamos assim a uma constatação muito simples: antes de debatermos se os sentidos do político junto a jovens podem ser determinados, é necessário compreendermos o lugar das disputas para eles (tanto das políticas no sentido de luta instrumental pelo poder quanto por meio do diálogo cooperativo). Instituições partidárias, eleições, manifestações de rua e outros mecanismos usuais de disputa política podem transitar, se deslocar para outros territórios. A ideia de não participação somente poderia ser sustentada se os sentidos que jovens pudessem ter de suas existências não ultrapassassem conscientemente a ideia de que o coletivo pudesse ser objeto de transformação. Também ocorreria no caso de estarem fortemente ancorados em instâncias de subjetivação radicalmente individualistas, não intencionais e sem consciência de valores. Quanto ao desengajamento, só se *des*-engajariam se já tivessem se engajado.

Seria a não participação, o desengajamento político resultado de um estado de ambiguidade a respeito de um cultivo exacerbado do individual ou de ativismo no público? Que relação tem o interesse em si e/ou o interesse no coletivo com estados de satisfação e/ou de contrariedade? O isolamento e o afastamento das estruturas de governança social podem ser considerados ações (particip-*ação*)? Como compreender a não participação como efetiva ação sobre as estruturas de funcionamento da sociedade? Poderíamos falar de apatia? As respostas a essas questões não parecem se resumir à mecânica das trocas — se satisfatórias, insatisfatórias ou ambíguas — que apresentamos ao falar do modelo das trocas de Piaget que integramos à ecologia dos sentidos. Podemos, talvez, intuí-las pensando nas interações das ecologias dos sentidos porque, para falarmos deles, precisamos perceber quais *valores* são intercambiados, como, onde, quando e o que significam. Ao falarmos de *valor*, falamos de *ética*.

Nas trocas a respeito das disputas de poder político e do lugar de jovens nelas, a questão não é da ordem do sentimento moral, mas da ética social, relacionada à vontade e à motivação para a ação. Ou seja, as construções socioargumentativas — por partidos, redes sociais ou a partir de músicas que se cantam ou roupas que se vestem — estão relacionadas tanto às intenções subjetivas (vontade, finalidade, objetivo) quanto às moldagens simbólicas dos contextos culturais (crenças, traços, hábitos). Habermas (1987a, 1987b) verá o poder na maneira como as interações entre o mundo subjetivo e o sistema social, por meio da administração dos governos e do dinheiro, fazem com que o segundo colonize o primeiro. Ao considerar o sujeito e seu entorno no contexto comunicativo, sugere que somente a possibilidade de diálogo democrático pode forjar relações éticas no político. Perguntamo-nos aqui, portanto: que diálogos se podem estabelecer hoje nas relações entre comunidades jovens e o poder político?

Na multiplicidade de comunidades, de grupos, gangues e galeras, teríamos de discutir não somente os diálogos de cada uma delas, mas também as interações entre elas no sentido de buscar compreender o que prevalece hoje. Durante os anos 1960, em todo mundo, muitas "juventudes" transformadoras emergiram –— e dentro delas grupos de jovens os mais variados — fazendo valer de pautas de costumes que marcaram o que se convencionou chamar de "geração hippie". Formularam políticas sociais, transformações nos processos de subjetividades. Paralelamente, outras juventudes, não identificados com as pautas identitárias, envolveram-se em processos revolucionários marcados por estratégias de tomada do poder do Estado por organizações políticas. Sem grandes transformações identitárias, lutaram pelo poder político, até pelas armas. Às vezes se era um pouco hippie, às vezes um pouco revolucionário naqueles tempos. Pensar processos de participação e não participação política em cada caso, e em suas formas de engajamento, só pode ocorrer em termos das complexas ecologias daquela época. Hoje, no Brasil, junto às pessoas jovens que colaboraram com nossa pesquisa, o que acontece? Quais seriam seus sentidos do político? Como poderíamos compreender suas atitudes de engajamento e desengajamento? Como essas pessoas, entre as que conversaram conosco no período pós-impeachment de Dilma Rousseff, entendiam essas questões em plena pandemia de COVID-19 e em meio ao pandemônio de índole totalitária que o povo brasileiro elegeu, uns pelo voto consciente e intencional e outros não?

De qualquer modo, a ecologia dos sentidos, como ferramenta teórica de análise das relações de comunicação em sua progressão permanente, parece-nos promissora para compreender interações de grupos e relações sociais, como as das pessoas jovens de baixa renda que vivem hoje uma era de incertezas e brutalidades. Leva em conta o subjetivo, o "domínio do mundo vivido" que modela a esfera privada graças ao desenvolvimento da aprendizagem individual em função das vivências; o social, o "domínio do histórico" que completa o processo de aprendizagem, mas modelando a ação no espaço público, e o objetivo, que corresponde ao "domínio do universo físico", das coisas que são compartilhadas, necessárias para a sobrevivência (CAMPOS, 2015, 2017). É precisamente essa abordagem subjetivo-social--objetiva à qual iremos recorrer para pensar as conversas que tivemos com essas pessoas jovens fluminenses a respeito das imagens de mundo que coconstruíram a respeito do poder político e de seu lugar no coletivo por meio de suas percepções e experiências de engajamento e da participação política nas redes sociais.

DESIGN DO ESTUDO

Método

Para explorar os sentidos do político junto a jovens de baixa renda do Grande Rio, consideramos que a melhor estratégia seria a adoção da entrevista como método. Como o trabalho se desenvolveu ao longo do período que vai do pós-impeachment da ex-presidenta Dilma Rousseff até o auge da pandemia de COVID-19, buscamos, na primeira etapa, um primeiro mergulho fazendo uso de entrevistas semiestruturadas. Nesse caso, o pesquisador formula perguntas previamente a respeito do tema, que são posteriormente exploradas, buscando deixar o entrevistado à vontade. Desse modo, permite-se que o processo possa ser encaminhado em outras direções (MANZINI, 2012; JOHNSON, 2001), sem perda do foco organizado em torno das questões pré-estruturadas. Na segunda etapa, encaminhada no auge da pandemia de COVID-19, mantivemos a abordagem fundada em entrevistas. No entanto, alteramos o procedimento para que pudessem ser exploradas com mais adequação. Adotamos as entrevistas semiestruturadas em profundidade, ferramenta que amplificou o escopo da entrevista semiestruturada e permitiu que se explorassem mais adequadamente as questões de interesse da pesquisa (MORRIS, 2015), complementando-se a segunda etapa com uma retomada da primeira.

Escolha das pessoas jovens participantes da pesquisa

Para explorar os sentidos do político, desenvolvemos a pesquisa com jovens de baixa renda moradores do Grande Rio da faixa etária entre os 18 a 35 anos, população descrita no capítulo "Panorama das juventudes". Como indicado previamente, jovens foram contatados para responder a um questionário do tipo *survey*, relacionado com vários temas cujos resultados não foram diretamente usados neste capítulo. No entanto, foram convidados a responder se se disponibilizariam para entrevistas. Na primeira etapa, entre as dezenas de jovens que concordaram, estabelecemos contato primeiramente com 14 deles, para uma rodada inicial de entrevistas semiestruturadas por meio de videochamadas via Facebook, gravadas com a devida autorização. Utilizamos nove dessas entrevistas para fins deste estudo. Após essa primeira rodada, entre novembro e dezembro de 2017, foi feita uma pausa para avaliação preliminar desses primeiros dados, entre os meses de maio e agosto de 2018. Com essas informações, na segunda rodada da primeira etapa, 12 novas entrevistas foram realizadas, dessa vez em profundidade. Esses participantes, oriundos de jovens contatados por e-mail, foram entrevistados por meio de trocas de áudio por WhatsApp, entre setembro e outubro de 2018, totalizando 21 entrevistas utilizadas na primeira etapa deste estudo.[73] Cabe precisar a facilidade proporcionada pela realização virtual das entrevistas, informada por pesquisas em que a integração de redes sociais e outras ferramentas foi explorada com foco em trabalhos específicos utilizando-se o Facebook (MANN; STEWART, 2001; LARA; CAMPOS, 2016).

Para chegarmos ao número de entrevistas selecionadas, utilizamos o recurso metodológico conhecido como ponto de saturação para balizar análise dos dados. Essa técnica, descrita em detalhes por Glaser e Strauss (1967), é aplicada quando a repetição de informações indica que novos dados já não estão mais emergindo. Não se trata de um critério objetivo: o ponto de saturação considera os limites empíricos trazidos pelos dados, a teoria escolhida para análise e, especialmente, a subjetividade e a sensibilidade dos pesquisadores responsáveis pela análise.

Com base na experiência desenvolvida na primeira etapa no período pós-impeachment da ex-presidenta Dilma Rousseff, procedemos ao processo de seleção para a segunda etapa no auge e arrefecimento da pandemia de COVID-19. Jovens que se disponibilizaram para entrevistas na primeira etapa foram contatados novamente, e cinco entrevistas foram realizadas. Nas duas etapas, procedimentos éticos autorizados foram seguidos para garantia da confidencialidade dos dados e do anonimato dos participantes.[74]

Instrumentos de pesquisa

No caso deste estudo, como apresentado na subseção a respeito do método de pesquisa, esse se confunde com os instrumentos. Como já explicitado, foi adotada, na primeira etapa, a entrevista semiestruturada e, na segunda, a entrevista semiestruturada em profundidade Ambas são instrumentos de pesquisa qualitativos e, em casos específicos, podem

---

[73] Cabe mencionar que a segunda leva de entrevistas da primeira etapa foi realizada durante o período eleitoral de 2018 para a presidência, uma das mais intensas e dramáticas da história do país. Essa não foi uma escolha intencional, mas sem dúvida reverberou nas respostas de entrevistados sobre política e uso de redes sociais, tanto positiva quanto negativamente.

[74] O CAAE de n.º 50100415.6.0000.5582 foi emitido pelo Conselho de Ética do CFCH da UFRJ, no dia 4 de novembro de 2015.

funcionar como método — como no caso da adoção da pesquisa em profundidade, tradicional no uso de processos de história oral e biografias) — ainda que não se apliquem ao contexto desse estudo. Morris (2015), explora a pertinência de, em situações em que não seja possível realizar pesquisas em profundidade, de se adotar as entrevistas semiestruturadas em profundidade. De certa forma, essas permitem que se vá mais além do que com as semiestruturadas, embora não completem todos os requisitos clássicos da entrevista em profundidade: sua realização presencial. Por conta da pandemia de COVID-19, adotou-se a estratégia de se realizar as entrevistas pela internet.

Estratégia de análise e interpretação de dados

Primeira etapa

A partir da codificação e análise dos conteúdos das 21 entrevistas realizadas, articuladas com as leituras prévias realizadas para fins de revisão de literatura, foi possível problematizar, na etapa pós-impeachment da ex-presidenta Dilma Rousseff, o processo de produção de sentidos do engajamento e da participação política, de modo a ampliar nossa percepção sobre o tema. A análise foi realizada com base na releitura e reflexão a respeito das conversas estabelecidas com as pessoas participantes, relacionando-as com as dimensões da ecologia dos sentidos. Apoiando-nos em seus pressupostos teóricos, decidimos proceder à análise organizando as narrativas dos encontros em três categorias que chamamos aqui, instrumentalmente, de "dimensões": percepções sobre o que é política para essas pessoas jovens (dimensão subjetiva), o uso de redes sociais para fins políticos (dimensão social/interativa) e suas próprias experiências, em suas vidas, com política (dimensão objetiva). Por "subjetivo" compreendemos a forma como as percepções a respeito do vivido político são expressas; por "social/interativo" como essas percepções são instrumentalizadas em ações políticas concretas, nem que sejam apenas um *post*; por "objetivo", como as percepções e ações afetam o comportamento jovem no mundo.

Segunda etapa

Na segunda etapa, durante a pandemia de COVID-19, a codificação e a análise foram realizadas a partir do conteúdo de cinco entrevistas. Como no caso da primeira etapa, foi problematizado, com aprofundamento bem mais intenso, o processo de produção de sentidos do engajamento e da participação política.

"NÃO VALE A PENA DISCUTIR"

As categorias de análise a partir das quais os conteúdos foram interpretados foram as mesmas três da etapa anterior (subjetiva, social/interativa e objetiva).

"NÃO VALE A PENA DISCUTIR"

Primeira etapa

Percepções sobre política

De forma geral, a maior parte das pessoas que colaboraram conosco declarou que a política se encontra em *"pequenas ações do cotidiano"*[75], como um *"agir de forma politicamente correta"* e *"cumprir com suas obrigações no dia a dia"*. Ao manifestar essas opiniões, geralmente o fizeram em termos de valores do que seria "certo" ou "errado". Ou seja, discutiram política em termos de *"o que é melhor para o todo"*, revelando certa percepção da responsabilidade de viver em sociedade. Nesse sentido, alguns jovens também falaram sobre política em termos de *"organização da sociedade"*, na forma de regras e leis que teriam a função de equalizar diferenças e garantir o bem-estar coletivo.

Nas conversas que entretivemos, houve os que se manifestaram afirmando que a política está diretamente relacionada ao poder, seja no sentido de *"governar o povo"*, entendido como um mecanismo de coação, seja de *"participar em decisões"*, contribuindo para uma dinâmica de cooperação. Levando em conta essa polaridade coação-cooperação, muitos afirmaram a importância do voto como forma de exercer a cidadania e influenciar politicamente, enquanto outros mencionaram a participação em manifestações, mesmo que nunca a elas tivessem ido. Alguns ressaltaram ainda a importância da garantia de liberdade para se informar, se posicionar e se mobilizar por meio de redes digitais.

Várias pessoas também declararam que *"política está para além do governo"*. Para elas, são consideradas ações políticas tanto a busca por conhecimento em fontes diversas quanto o compartilhamento de informações úteis (como a respeito da abertura de inscrições para um pré-vestibular comunitário, citada como exemplo). De maneira geral, muitos reconheceram a importância do diálogo de ideias para a formação de opinião política. Entre os temas socialmente considerados de teor político, citaram machismo, racismo, homofobia, aborto, meio ambiente, economia, refúgio político, segurança pública e promoção da igualdade.

---

[75] As falas das pessoas entrevistadas, a partir desse ponto, são colocadas entre aspas.

Por outro lado, chamou-nos atenção o fato de alguns jovens terem declarado não saber dizer exatamente o que seria política, por ser algo *"muito amplo"* e/ou por não se sentirem aptos a produzir formulações sobre o assunto. Outros disseram que consideravam a política corrompida, vendo-se desesperançados, desconfiados dos políticos em geral e/ou sem interesse em se engajar mais efetivamente em atividades políticas.

Uso de redes sociais

O desafio de se expressar politicamente nas redes sociais esteve bem presente em praticamente todas as interações que estabelecemos. Ainda que todas as pessoas jovens tenham considerado as redes sociais tóxicas, algumas declararam fazer uso delas como espaço público de debate, revelando que gostam de *"polemizar"* e *"tretar"* com *posts* e debates. No entanto, é de nota que muitas revelaram optar por não se expor nas redes sociais de forma pública, preferindo falar sobre política em mensagens privadas e/ou pessoalmente.

Entre as pessoas que alegaram não postar sobre política no Facebook especificamente, houve os que declararam não o fazer por ser *"muito público"* e terem medo de se expor e/ou por preferir falar por outros meios, alegando que *"levantar bandeira dá problema"*. Outras apontaram a alta intolerância que percebem nas relações estabelecidas por meio das redes e a falta de credibilidade da informação. Ressaltaram ainda fenômenos contemporâneos, como o das *fake news* (criação e circulação de notícias falsas por meio de ferramentas digitais com o objetivo de confundir o público e descredibilizar um determinado assunto ou pessoa) e da "pós-verdade" (afirmação de uma determinada opinião sem embasamento na realidade ou rigor científico que acaba sendo tomada como verdade pela sua exaustiva repetição).

Algumas pessoas jovens comentaram ter achado interessante o fato de muitas das conversas conosco terem sido estabelecidas por meio de WhatsApp, considerando estarem, assim, contribuindo socialmente a partir de uma *"forma inovadora de usar as redes sociais"*. Além disso, mesmo as que declaradamente fazem uso de ferramentas, como Instagram, Twitter e, principalmente, Facebook, para acessar e compartilhar informações políticas, constataram o grande nível de desgaste que pode ser causado quando se usam esses meios para se posicionar. Insistiram no fato de que é necessário ter disposição para debater perante a diversidade de opiniões. Outras (ao menos as que conversaram conosco durante o período eleitoral), para além da toxidade, classificaram o ambiente político da internet como *"saturado"* ou *"apelativo"*.

Já as que fazem uso direto das redes sociais para fins políticos afirmaram postar ativamente sobre temas manifestamente dessa natureza ou de utilidade pública, assim como assinar petições on-line, comentar em publicações de pares e utilizar recursos, como fotos de perfil e *hashtags* temáticas. Além disso, é interessante notar que, embora metade das pessoas jovens com quem trocamos ideias tenha declarado não postar ativamente conteúdos a respeito de política, muitas ainda usam as redes sociais para acessar informações e para se comunicar interpessoalmente a respeito der assuntos de interesse público por meio de mensagens privadas. Uma das jovens entrevistadas nota, inclusive, que se sente bem ao postar conteúdos de teor cívico nas redes por estar, por um lado, ajudando quem se beneficiar da informação e, por outro, abrindo oportunidade de promover seu trabalho e a si mesma como sujeito político.

Experiências em política

Quando buscamos saber se consideravam que suas ações se traduziam em fazer política, a maioria manifestou-se positivamente. Por outro lado, é curioso observar que, apesar de algumas pessoas terem expressado um entendimento de que "política está para além do governo", muitas, de acordo com as narrativas, parecem não ter conseguido articular essa dimensão cívica à sua práxis cotidiana, não compreendendo como "engajadas" algumas atividades que já realizaram. Por exemplo, mais especificamente na primeira leva de conversas, algumas não relacionaram o uso de redes sociais e ações voltadas a questões que afetam o cotidiano (por exemplo, o engajamento em ações em defesa do meio ambiente) como atos políticos.[76]

Participantes da segunda leva de entrevistas declararam estar votando pela primeira vez na época em que conversamos sobre o tema de engajamento e participação política, demonstrando interesse e preocupação em se informar para escolher bem suas candidatas e candidatos. Embora tenham apresentado exemplos de engajamento em seus círculos sociais mais próximos para além das eleições, de forma geral, todos consideraram os pleitos um momento político importante. Manifestaram que, ao parti-

---

[76] Uma hipótese é de que o formato das conversas, em que introduzimos os temas paulatinamente, possa ter contribuído, de alguma forma, para que se expressassem da maneira como o fizeram, ainda que não possamos saber ao certo.

cipar do processo eleitoral, se sentiam de alguma forma responsáveis pelo futuro do país. Nessa perspectiva, ressaltaram a importância de se manter informados a respeito de candidatos pelas mídias tradicionais, por meio de redes sociais e em conversas com seus pares.

Sobre esse aspecto, as pessoas jovens relataram que interagem a respeito de assuntos políticos em família, no trabalho, organizações religiosas, escolas e universidades. Uma forte relação entre política e educação, revelada neste estudo, chamou-nos atenção, pois muitas disseram ter tido contato com discussões em sala de aula e que aprenderam sobre questões políticas com seus professores. Um dos jovens, ao relatar a experiência de participar de uma manifestação em defesa do Programa Jovem Aprendiz[77], comentou a dificuldade de conciliar o trabalho com a faculdade, sugerindo que o governo deveria investir mais em projetos educativos articulados com o universo profissional, alegando que, no ensino médio, *"é tudo muito raso, se você não abrir a cabeça não sai do lugar"*, reforçando assim o papel de formação crítica inerente à educação cidadã.

Muito curiosamente, nenhuma pessoa declarou ter vinculação a um partido político, embora algumas afirmassem que, de uma maneira geral, haviam tido experiências militantes em diferentes contextos, como no movimento estudantil, em organizações religiosas, manifestações, petições on-line e nas redes sociais. Sobre participação em manifestações e atos públicos especificamente, algumas relataram nunca terem participado por medo de violência policial e/ou proibição dos pais, mas que, de forma geral, consideravam importante que esse tipo de ação fosse realizado na sociedade. Já as que declararam ter participado disseram ter tido uma "sensação boa" de "estar ajudando". Também declararam que se motivavam a se engajar quando se viam representados em figuras exemplares.

Sobre a não participação na política, algumas pessoas jovens argumentaram que estavam ligadas à falta de tempo e/ou costume, por não ser um tema (aparentemente) tão presente no cotidiano. Uma das jovens nos confidenciou que "[...] *as pessoas estão muito cansadas da política, mas esquecem que afeta a vida delas também"*. Outra alegou que "[...] *o povo não conhece os seus direitos"* e que ela mesma só foi se informar sobre direitos civis ao estudar para concursos. Outro argumento levantado para a não participação foi a espera de que *"alguém"* faça algo *"grande"* para então se engajar, como se a

---

[77] Baseado na Lei de Aprendizagem 10.097/2000, o Programa tem como objetivo promover inclusão social e profissional oferecendo formação técnico-profissional a jovens contratados pelas empresas de médio e grande porte.

mobilização política dependesse de muito conhecimento ou experiência que essas pessoas jovens ainda não possuem. Curioso foi notar algumas falas em tom de justificativa, revelando um possível sentimento de culpa por não se manifestarem mais politicamente. Várias pessoas jovens declararam ter vontade de se envolver mais no futuro.

No que tange ao envolvimento político-institucional, algumas declararam expressamente que não entrariam em um partido nem teriam interesse em se candidatar por não se sentirem *"preparadas"* ou por falta de interesse nesse tipo de atuação. A maior parte relatou sentir desconforto com debates sobre temas políticos, denunciando a intolerância e a persuasão que marcaram as eleições presidenciais de 2018. Muitas manifestaram mal-estar com *"verdades absolutas"* e afirmaram que *"não vale a pena discutir"*, pois *"cada um tem a sua ideologia"*. Outras disseram que se posicionam somente quando é necessário e/ou são de fato escutados, seja por não se sentirem preparadas, por terem medo da opinião alheia ou por preferirem se preservar.

Segunda etapa

Política partidária

No que diz respeito ao envolvimento em política institucional, observamos que, no período do pós-impeachment da ex-presidenta Dilma Rousseff, havia uma certa vontade de distanciamento de partidos e descrença em eleições. Ainda que, de maneira geral, essa posição tenha se mantido, curiosamente, na etapa de auge e arrefecimento da pandemia de coronavírus, um dos jovens defendeu a ideia de candidaturas avulsas e apartidárias — coerente com propostas de desmantelamento institucional da política — na crença de que *"qualquer um civil, um civil comum, como eu por exemplo"* poderia se eleger sem partidos. Explicando o caso de um tio que havia se candidatado por um partido e atribuindo de *"excuso [a]"* a *"questão político-partidária"*, afirmou que, em uma candidatura avulsa,

> [...] *por ser senhor de si, você consegue, tendo um pouco de persuasão, convencer os seus pares; e como eu acredito que a política é a arte do convencimento, eu não preciso de partido a ou b, de legenda a ou b, para poder estar convencendo alguém, certo? Eu vou expor a minha ideia, vou expor meu pensamento e quem me acompanha, quem me admira ou quem compactua com o mesmo tipo de pensamento que eu, vai me dar a projeção que eu necessito para chegar, seja no cargo de vereador ou seja no cargo de presidente da república.*

Políticas sociais e direitos

À pandemia de coronavírus — notadamente a CPI da COVID — foi atribuída a capacidade de levar alguns jovens a aumentar o "[...] *interesse em estar um pouco mais engajado politicamente*" a fim de "*reafirmar a* [...] *visão política do que está acontecendo na conjuntura nacional*". Nas entrevistas, ouvimos tanto relatos sobre o processo de crescente aceitação da vacina, o uso do auxílio emergencial e o respeito às diretrizes de isolamento social por parte de seus pares, como também percepções sobre a gestão da pandemia por parte dos governos federal e locais. Muitos avaliam como "*ruim*" a coordenação da campanha de vacinação e o uso da verba pública na montagem dos hospitais de campanha, além de denunciarem a demora na liberação do auxílio emergencial e valor muito baixo em relação ao custo de vida:

> [...] *nós tínhamos como administrar a pandemia, mas não foi interesse* [...] *ter uma boa administração de uma condução de pandemia que privilegiasse e enfatizasse a vida* [...] *foi bem proposital, pensando em todos os termos, desde considerar o que era essencial, que não era essencial* [...] *acho que falharam e falharam conscientes de que estavam falhando*".

Por outro lado, alguns relataram não se sentirem afetados pelas políticas públicas no dia a dia — nem em termos de programas sociais nem no sentido da abertura em espaços de participação — e que o apoio mútuo costuma ser a saída de sobrevivência para pessoas em situações de falta de renda:

> [...] *pessoas ajudam pessoas; não tem nenhuma entidade pública aqui que fale sobre saúde, que fale sobre COVID-19 e, desde não existir nem uma associação de um bairro, desde eu conseguir conversar com um vereador aqui do meu bairro; é uma coisa muito em sonho ainda aqui, não é uma cultura pra gente.*

No que diz respeito às políticas econômicas de trabalho e renda, a situação pandêmica afetou diretamente diversos deles. Embora alguns tenham relatado ter conseguido oportunidades de renda em trabalhos, como motorista de aplicativo e na área da tecnologia da informação — campos cuja oferta vimos aumentar durante o período de isolamento social —, outros relataram situações desde o fechamento de empreendimentos próprios, dificuldade de participar de processos seletivos na modalidade on-line, demissão de emprego, não efetivação do estágio e falta de oportunidades de trabalho em sua área de estudo, gerando maior desmotivação e, consequentemente, desengajamento na participação cidadã. Nas palavras de um deles: "[...] *eu tenho acesso a um emprego, tem pessoas que nem tem acesso ao emprego*".

Com relação às consequências da política sobre a economia, uma das jovens entrevistadas se refere a uma necessidade de adaptação e reinvenção constante para conseguir alguma renda. Denunciando o retorno da fome e o aumento de pessoas em situação de rua, inclusive na própria família, a jovem relata como a desigualdade social e o descaso público agravaram a situação de pessoas que já viviam na linha da pobreza.

> *Fiquem bem esclarecidos: a pandemia afetou e muito a desigualdade social. Pessoas que já não tinham o que comer, ficaram muito mais sem ter o que comer. Literalmente. E a conquista do pão de cada dia, a conquista de ter uma posição social, de ter uma comunicação, de ter acesso à informação se isolou muito mais ainda. Estamos ilhados. Os pobres ficaram ilhados! Eu me sinto ilhada e olha que eu consigo interagir no meu dia a dia.*

Para alguns jovens, no entanto, as perdas econômicas causadas pela política do governo durante a pandemia são mais amplas, pois comprometem até direitos constitucionais:

> *Eu acredito que a gente tem um futuro bem desafiador, sabe? De tentar parar os retrocessos, todos os retrocessos que nós tivemos nos últimos anos, principalmente, em termos de pandemia e tentar reconstruir o que a gente perdeu, enquanto direitos também.*

Acesso à educação

Nesse sentido, a perda de direitos parece ter também afetado jovens em função da incidência da política brasileira sobre o acesso à educação. Muito se fala sobre a educação ser uma saída possível para melhorar os níveis de engajamento da juventude em atividade cívicas e políticas. De fato, o isolamento social fez com que aumentassem as ofertas de cursos, capacitação e conteúdos educativos on-line. Embora o recolhimento não tenha afetado a todas as pessoas e que as oportunidades criadas tenham sido aproveitadas por muitas, um dos jovens entrevistados relata o impacto negativo que o isolamento social e o ensino à distância teve sobre a vida dos universitários: "*a gente perdeu* [...] *totalmente com essa coisa de ensino à distância* [...] *eu acho que isso foi uma perda enorme*".

Na contramão da crítica ao isolamento, outro jovem, reverberando propostas do governo reforçando o distanciamento da escola, via na educação domiciliar, ou *homeschooling*, uma oportunidade em termos de política pública.

> *Se isso fosse um modelo de estado, isso seria muito mais natural, vamos dizer assim. Porque foi muito abrupta essa mudança. Do 100% presencial para o 100% à distância, entendeu? Ninguém estava acostumado com isso.*

Embora a evasão escolar já fosse uma realidade mesmo antes da pandemia, para alguns a não adesão ao formato à distância se deu por falta de políticas capazes de promover a implantação de uma infraestrutura em termos de tecnologia, incentivo e suporte. Para eles, o governo deveria usar a situação da pandemia como aprendizado para o enfrentamento de outras crises no futuro, investindo no desenvolvimento de aplicativos para o ensino a distância e em modelos de aprendizagem autodirigida apoiados pela figura do tutor, que seria uma espécie de "padrinho científico", baseado na paixão por ensinar.

De forma geral, muitos percebem como "desastrosa" a gestão político-administrativa da pandemia pelo governo federal, pois gerou ainda mais insegurança e desmotivação. *"Foi a experiência mais bizarra que eu vivenciei nos meus poucos 23 anos de vida. [...] O capeta existe porque botar a pandemia para rolar no governo [menciona o inominável] só pode ser obra do capeta. Esta é a percepção que eu tenho."* Nessa linha, alguns comentaram narrativas controversas em torno da pandemia, como as que apontaram pastores que relacionaram fé com imunização, ou as que levaram a disputas em torno da apropriação política da CPI da COVID.

> *Aquela CPI partiu de algo bom para... Ela foi sequestrada, temos que classificar assim. Ela foi sequestrada pelo viés político, infelizmente. Está se usando, ambos os lados, tá, ambos os lados. Está se usando como palanque político.*

NOVAS PARTICIPAÇÕES, ENGAJAMENTOS OUTROS

Do pós-impeachment...

A pesquisa, na fase que convencionamos chamar de pós-impeachment da ex-presidenta Dilma Rousseff, revelou novas percepções e novos olhares diante da perspectiva de engajamento e de participação política, e de como compreendê-la. O engendramento de novas atitudes provocou interrogações

VIOLAÇÕES BÁRBARAS: OLHARES JOVENS

sobre as interações sociais que as pessoas jovens fluminenses de baixa renda que colaboraram conosco, hoje, estabelecem em seu viver em sociedade. Vimos que muitas delas (mas não todas) entendem "política" em um sentido usual, tradicional, não percebendo que muitas de suas ações, mesmo individuais, podem ser compreendidas como integralmente políticas. Ao manifestar suas opiniões em termos de reconhecer, nas relações sociais, valores do que seria "político", demonstram satisfação com suas ações, esperando reconhecimento, como no caso de jovens que tiveram a oportunidade de votar pela primeira vez. Quando desvalorizam o que consideram "político", mostram-se insatisfeitas, negam reconhecimento social da política, engendrando falta simbólica. Em muitos casos, permanecem em uma zona de indeterminação sobre seu "lugar político". Nesses casos, parece-nos importante bem definir o que seja político em relação ao engajamento e à participação, não por uma questão acadêmica, mas em função do procedimento ético de reconhecimento das diferentes maneiras de se posicionar a respeito das relações dos sujeitos e de suas produções nos variados contextos sociais em que o poder político se apresenta. Quando pensamos na economia das trocas simbólicas (PIAGET, 1961; HABERMAS, 1987a, 1987b; CAMPOS, 2015, 2017), a questão se coloca em termos do que faz sentido para jovens e de como se posicionam, intencionalmente, em função de seus valores, dentro do processo interativo. Nos contextos específicos de ação cidadã intencional juvenil, a concepção ético-moral dos complexos processos das trocas, na política dita tradicional, torna-se coerente com a noção de Habermas (1987a, 1987b) segundo a qual os acordos comunicativos podem, potencialmente, proporcionar saídas para a violência da colonização interior (que é a introjeção da coação), de um lado, e para a invasão social do sistema pelo autoritarismo, de outro. No entanto, trata-se aqui de avançar a noção de comportamento ético-moral em função não somente das trocas políticas tradicionais, mas também das interações nos atuais contextos contemporâneos em que o sequestro do público pelo privado global — antes neoliberal e hoje iliberal — desequilibrou as ecologias de sentidos, produzindo não "apatia", mas reorganizações de forças jovens que se aglutinam em outros campos — da música aos esportes — às vezes ameaçando, mas muitas vezes simplesmente coexistindo nos campos de lutas e disputas das forças brutais do capitalismo.

Bastedo (2015) já havia sugerido que o que chamou de "desengajamento" seria resultado da falta de um sentimento de pertencimento juvenil em relação à política. Ou seja, ao considerarem as ações tradicionais engendradoras de insatisfação, produzem sentimentos de que a sociedade lhes "deve" algo, portanto não podem participar dessas formas consagradas. Ou seja, a percepção evocada por Strama (1998) a respeito do desengajamento de jovens seria mais uma questão de descrença do que de apatia de fato, o que parece coincidir com as manifestações das pessoas que colaboraram conosco na etapa pós-impeachment da ex-presidenta Dilma Rousseff. Essas questões são muito importantes quando consideramos que os mecanismos de acordo não são mais os que as juventudes de décadas passadas tiveram à disposição. Os usos distintos das redes sociais no tocante à política evoca estudos a respeito de experiências de jovens com discursos de poder em mídias participativas. Como revelado na nossa pesquisa, Middaugh, Bowyer e Kahne (2016) também concluíram que, embora jovens não participem "ativamente" (segundo a noção usual que se dá a esse advérbio) da política, a exposição constante aos espaços conflituosos das redes sociais pode ter um efeito amortecedor. A ansiedade produzida teria efeitos sobre o juízo juvenil na diminuição de seu interesse em participar em conversas políticas on-line ou na política tradicional de maneira geral, desviando seu potencial cívico para outros campos, como a música. Raps e funks engajados é o que não falta.

Mesmo para as pessoas jovens que participam ativamente de espaços de política "tradicional", por meio de redes sociais, há uma reapropriação multilinguagem dos dispositivos digitais que remete a variados aspectos imbricados no processo interativo de produção de sentidos na zona de troca de imagens de mundo (CAMPOS, 2015, 2017), em que as ideias são disputadas pelos interagentes. Entre as pessoas da etapa pós-impeachment da ex-presidenta Dilma Rousseff, houve casos de exercício do potencial "cooperativo" da internet, com a emergência do sentimento de valorização. Isso nos remete, por exemplo, às conclusões encontradas por Dumitrica (2016) a respeito da participação de jovens canadenses no período eleitoral, para quem o engajamento, como consequência de práticas sociais, estaria ligado a três fatores. Inicialmente, a partir de sentir, ser parte de uma comunidade, de identificar-se com um conjunto de valores comunitários. Esse fator encontra apoio no estudo de Flanagan e Christens (2011), quando destacam os aspectos do desenvolvimento cognitivo do sujeito que poderiam contribuir para uma maior participação cívica. Para os autores, receber estímulos na juventude para debater eventos com pares e adultos e contribuir para sua comunidade reforça sua identidade, sentimento de pertencimento e percepção como agentes de transformação social. Outro fator seria o acesso e a possibilidade de compartilhamento da informação, colocando em evidência a dimensão "cooperativa" do engajamento cívico. Finalmente, o terceiro fator remete à comunicação com políticos e outros cidadãos. Lembremos

VIOLAÇÕES BÁRBARAS: OLHARES JOVENS

que, na nossa pesquisa, as pessoas participantes se remeteram à representação de figuras exemplares, corroborando a afirmação de que figuras públicas com atuação no mundo virtual, que busquem dialogar com jovens, exercem uma contribuição singular no seu processo de identificação com suas comunidades e a política. As "lives" chamadas "Aula de Política", organizadas pela cantora Anitta e a apresentadora de TV Gabriela Prioli, disponibilizadas no YouTube e visualizadas por centenas de milhares de pessoas (provavelmente jovens, em sua maioria), são exemplos desse processo.

Parece-nos importante, ainda, destacar a importância que jovens deram ao seu envolvimento com instituições educativas, no que tange à formação de cidadãos conscientes. Esses sentimentos de valorização não implicam para eles, necessariamente, subordinação a projetos de escolas de "progressistas" ou de "esquerda", mas sobretudo de espaços de troca e debate argumentativo de exame da pretensão à validade das ideias para adoção coletiva. Trata-se de um ponto crítico, especialmente com a ascensão de movimentos de perseguição ideológica nos contextos educacionais. Em projetos, como o "Escola Sem Partido"[78], exemplo citado por participantes de nossa pesquisa, por trás do discurso da neutralidade, escondem-se ataques à formação de pensamento crítico e autônomo por meio da educação, ancorando as premissas em crenças, e não em análise de fatos. Esses últimos, por mais interpretáveis que sejam em suas múltiplas versões, não se confundem com crenças. Para confrontar processos não críticos dessa natureza, muitas pessoas nos confidenciaram acreditar no potencial do ativismo digital que, como já pontado por pesquisadores, pode promover o rompimento de desigualdades educativas (STORNAIUOLO; THOMAS, 2017).

...à pandemia

A questão do engajamento e da participação política, no que diz respeito à educação, parece indicar um ponto crítico na vivência das pessoas jovens, sobretudo na fase da pandemia. Os testemunhos indicaram uma defasagem na aprendizagem daqueles que dependeram do ensino à distância para dar continuidade à sua formação. Entre os relatos, encontramos críticas

---

[78] O movimento "Escola Sem Partido" entende-se como "[...] iniciativa conjunta de estudantes e pais preocupados com o grau de contaminação político-ideológica das escolas brasileiras, em todos os níveis: do ensino básico ao superior" (ESCOLA SEM PARTIDO, 2016 *apud* MIGUEL, 2016, p. 594). Para Miguel (2016), trava uma luta discursiva com as forças progressistas da sociedade (avançando a misoginia e a homofobia contra os movimentos feministas e em defesa de minorias de gênero). Frigotto (2016) vai além afirmando ser um movimento que nutre o ódio e não tolera a presença de visões de mundo diferentes ou antagônicas às que propõe.

à falta de participação de colegas nos trabalhos e pouco envolvimento do corpo docente e administrativo das instituições de ensino para lidar com a sobrecarga gerada sobre poucas e poucos estudantes mais engajados. Tais desequilíbrios, presentes já nas relações presenciais, se aprofundaram na pandemia, levando a uma desmotivação mais saliente no que diz respeito à dedicação aos estudos, com reflexos na vida cidadã.

Em termos das ecologias dos sentidos que se produziram nessas interações, podemos ver como certos ambientes de natureza tecnológica, associados a políticas públicas, podem, em vez de promover relações cooperativas entre jovens, fazer emergir desconfortos e sentimentos de abandono, de insatisfação. Tão grave quanto aquelas são as percepções de que a falta de cuidado provém também da parte dos docentes, acentuando diferenças sociais e sentimentos de desprezo. Esses sentimentos reforçam como a dimensão da politização pode encontrar uma conotação negativa — sobretudo quando a população não se vê beneficiada, seja nos campos da educação, da saúde, da economia, da cultura e da administração pública em geral — pelas articulações políticas que acontecem em uma Brasília suspeita. A capital do país, para as pessoas jovens, parece simbolizar um local cada vez mais distante, reforçando a sensação de impunidade, corrupção e morosidade da coisa pública.

A esse respeito, Bastedo (2015) explica que a dinâmica de se interessar por algo é de ordem pessoal, portanto as questões políticas que motivariam jovens seriam aquelas próximas ao seu cotidiano. Por essa razão, segundo a "teoria do ciclo de vida", jovens não se interessariam por política porque ela, aparentemente, não toca suas vidas diretamente até serem mais velhos (BASTEDO, 2015). Em termos históricos, se as gerações mais velhas costumam depositar sua esperança de melhoria no futuro no idealismo e na motivação, supostamente característicos da juventude, talvez o momento de pandemia apresentasse um cenário um pouco menos esperançoso, indicando que vivemos um momento histórico em que a falta das buscas utópicas de que fala Machado (2011) reflete o olhar de outra geração. Essas buscas, da ordem de sonhos coletivos de cooperação, parecem não ter mais espaço na contemporaneidade que, talvez, tenha dado lugar a perspectivas mais pragmáticas. Corroborando essas perspectivas, ao mesmo tempo que enumeram os impactos — positivos e negativos — da política em suas vidas, em tempos de pandemia, os jovens que entrevistamos reconhecem que, nos últimos dois anos de crise sanitária, "[...] *muita coisa influenciou na vida social [pois] têm coisas que nós levaremos anos para poder restabelecer ou ter uma mudança*".

E agora José?

Observamos, diante de todas essas considerações — tendo em vista as grandes dificuldades de sobrevivência das pessoas jovens em meio às consequências políticas da pandemia —, uma consciência renovada de classe que não encontra desdobramentos em ações políticas, justamente pelos desafios para preencher os meios de atender às suas necessidades básicas. Sob a perspectiva da teoria da ecologia dos sentidos, essas condições materiais de existência, aliadas a imagens de mundo construídas a partir de sensações de escassez, abandono, solidão e medo, levam a um *etos* político baseado na falta de perspectiva relacionada ao espaço público, mais ancorado na esfera privada (HABERMAS, 2003). Campos (2017) nos atenta que as interações discursivas, em espaços público-privados (caso da maioria das plataformas digitais) nos quais cidadãos podem se engajar racionalmente sobre assuntos relevantes para o bem comum, podem se dar em processos mais próximos à ideia de "agir comunicativo", ou "cooperação", ou daquela que ocorre em circunstâncias nas quais se adota um "agir instrumental", ou processo de "coação" manipulativa. Mais: de ambas emergem afetos que modulam seus juízos sobre suas vidas. Tais complexos processos interativos integrando interesses públicos e privados fizeram com que, durante a pandemia, a percepção de falta de perspectiva tomasse formas variadas, próximas às noções usualmente recorrentes na literatura científica sobre jovens, de desengajamento e não participação política, problematizadas por Weiss (2020).

As vivências relatadas em tempos de pandemia parecem corroborar a posição do autor no que diz respeito à participação política juvenil diante das novas formas de ação e atuação, notadamente por meio das redes sociais e educativas em que estiveram submersos. Certamente não poderíamos falar de "participação" ou "não participação", assim como não poderíamos afirmar a existência de "engajamento" ou de "desengajamento". As teses opostas que se digladiam na literatura, discutidas (WEISS, 2020), apontam, na verdade, para a complexidade das interações. Dentro da nossa perspectiva, só poderíamos buscar identificar as ambíguas participações, e não participações, e incertos engajamentos e não engajamentos, em função de momentos em que umas se alternam às outras e em que uns se alternam aos outros, em movimentos interativos de trocas ocorrentes nas dinâmicas das complexas ecologias de sentidos que envolvem as diferentes camadas que compõem a sociedade brasileira. Os discursos das pessoas refletem zonas híbridas e ambíguas até pelo fato de várias delas fazerem comentários paradoxais que seriam, para muitas, tidos politicamente como de "direita" e de "esquerda", ao mesmo tempo.

MUNDOS DIGITAIS, NOVAS POLÍTICAS?

Diante das avaliações a respeito de suas vivências, entendemos que vale destacar a descrença na política institucional como fruto de um momento de crise global do capitalismo, que também tem consequências para as percepções das pessoas jovens no Brasil. Também vale reforçar como a polarização política que vem se construindo, nacional e internacionalmente, fez com que algumas até se afastassem de debates nas redes sociais, não somente "políticos", mas também de todos aqueles que lhes parecessem ameaçadores. Para contrabalancear, consideramos relevante afirmar que, apesar de tudo, essas pessoas jovens entendem a importância da política, ainda que não se sintam motivados a se engajarem em suas manifestações tradicionais, optando por viverem intencionalmente suas vidas na crença de que o que são, o que fazem e como interagem seja inerentemente político. Não podemos excluir participações em outras searas, inclusive nos mundos digitais, em que transformações sociais são promovidas por trocas entre eles, mesmo não sendo "políticas" no sentido tradicional do termo ou mesmo que jovens ignorem completamente a ideia do "político" (como é o caso do exemplo que demos a respeito da falecida cantora Marília Mendonça).

Nesse sentido, é preciso ressaltar as perspectivas nas quais o engajamento político objetivo estaria diretamente ligado à motivação cívica de ordem subjetiva, o que passa por oportunidades sociais de interação disponíveis:

> Scholarly attention to the collective actions of young people working to make their schools or their nations more inclusive may yield new insights into ways that people fulfill the human need to belong. [...] Moreover, understanding why young people engage in civic work may expand theories of motivation and purpose. (FLANAGAN; CHRISTENS, 2011, p. 8).[79]

Contribuindo para essa reflexão, a perspectiva construtivista-crítica da ecologia dos sentidos (CAMPOS, 2017) engloba a ética discursiva como a compreende Habermas (1987a, 1987b), baseada nos processos argumentativos cooperativos, nas situações em que as interações sociais inerentes à comunicação proporcionariam uma tomada de consciência subjetiva que permitiria ao indivíduo compreender as questões morais e éticas que

---

[79] "[...] a atenção de intelectuais para a ação coletiva de jovens trabalhando para tornar suas escolas ou suas nações mais inclusivas podem produzir novos *insights* sobre a necessidade humana de pertencimento [...] Além disso, compreender a razão pela qual jovens se engajam em trabalhos cívicos pode expandir as teorias sobre motivação e propósito" (tradução nossa).

VIOLAÇÕES BÁRBARAS: OLHARES JOVENS

envolvem seu meio e objetivá-las na forma de um engajamento crítico em busca por mudanças sociais e políticas. No entanto, essa perspectiva que contrapõe o espaço público à esfera privada deve ser compreendida como essencialmente processual, sem o que não poderíamos discutir as ambiguidades relacionadas às múltiplas maneiras de se entender como a juventude "participa" e se "engaja", sobretudo no mundo híbrido digital. A ecologia dos sentidos entende a produção de reflexões sobre o funcionamento da sociedade e as consequentes negociações para a ação política como um verdadeiro "jogo de equilibração", por meio de "[...] interações comunicativas entre os valores afetivos e morais de indivíduos, grupos ou sociedades" (CAMPOS, 2017, p. 383). Nesse processo de equilibração, surgem mecanismos para lidar com existências em que a interpenetração do espaço público e da esfera privada, na maioria das vezes, não pode ser dissociada.

Uma das jovens que colaborou na primeira fase de nossa pesquisa reconhece que há um desinteresse geral na política (entendida no sentido tradicional), mas observa uma interessante diferença geracional, afirmando que as pessoas jovens, na verdade, estão cada vez mais ativas (leia-se "participativas"), e não cada vez mais desengajadas. Para ela, a *geração mais velha* (que supomos estar entre a dos *baby boomers* e a da chamada "geração X") é que teria uma maior aversão à política, uma vez que o acesso à informação era antes limitado, por isso não tinha tanta possibilidade de participação. A distância era real. Já as gerações mais novas (as Y e Z que conviveram com o mundo digital nas suas vidas) têm maior acesso às "novas" tecnologias e, portanto, possibilidades de se informar e de agir mais amplas.

Mesmo no que tange a jovens, social e economicamente, desfavorecidos, o contexto contemporâneo contribuiria para um certo "espírito de revolução". Sabemos que essa dinâmica é, na realidade, mais complexa. No entanto, consideramos muito interessante observar como as próprias pessoas jovens se situam em uma perspectiva temporal, especialmente as provindas de classes sociais que, historicamente, tiveram acesso limitado à tecnologia por conta da escassez de recursos. O fato é que, com a ampliação de horizontes de conhecimentos trazida pelos universos digitais, as visões de mundo delas acabam por produzir novos sentidos, até por conta das fraturas polarizadas do contemporâneo. Com isso, o sentimento de pertencimento a seus grupos, comunidades e sociedades, é igualmente ampliado. Ainda que suas razões, afetos e juízos engendrem inserções limitadas na política "tradicional", mas, por assim dizer, virtualmente ilimitadas, a complexidade de suas vivências hoje no mundo, no país e no Rio de Janeiro não pode ser circunscrita a formas de ativismo político nem à inserção no mundo digital. Nesses novos jeitos de pensar a cidadania e o cidadão-cidadã, a individualidade e o indivíduo, a sociedade e o social, o presencial e o virtual, jovens criam caminhos nunca dantes explorados.

REFERÊNCIAS

ABRAMO, H. W. Considerações sobre a tematização social da juventude no Brasil. *Revista Brasileira de Educação*, [s. l.], n. 6, p. 25-36, 1997.

BASTEDO, H. Not 'one of us': understanding how non-engaged youth feel about politics and political leadership. *Journal of Youth Studies*, [s. l.], v. 18, n. 5, p. 649-665, 2015. DOI: https://doi.org/10.1080/13676261.2014.992309.

BAUMAN, Z. *O mal-estar da pós-modernidade.* Rio de Janeiro: Zahar, 1998. 276 p.

BINDER, A.; HEISS, R.; MATTHES, J.; SANDER, D. Dealigned but mobilized? Insights from a citizen science study on youth political engagement. Journal of Youth Studies, [s. l.], v. 24, n. 2, p. 232-249, 2021. DOI: https://doi.org/10.1080/13676261.2020.1714567.

CAMPOS, M. N. *Navegar é preciso. Comunicar é impreciso.* São Paulo: Edusp, 2017. p. 504.

CAMPOS, M. N. *Traversée*: essai sur la communication. Berna: Peter Lang, 2015. 390 p.

CRITERIUM Assessoria de pesquisa. *Projeto Juventude. Perfil da juventude brasileira.* [S. l.]: Instituto Cidadania, Instituto de Hospitalidade: SEBRAE, 2003. 93 p. Disponível em: https://fpabramo.org.br/wp-content/uploads/2010/02/perfil_juventude_brasileira.pdf. Acesso em: 15 jul. 2023.

DUMITRICA, D. Imagining engagement: youth, social media, and electoral processes. *Convergence*: The International Journal of Research into New Media Technologies, [s. l.], v.22, n. 1., p. 35-53, 2014. DOI: https://doi.org/10.1177/1354856514553899.

ELEIÇÕES 2022: crescem números de jovens e idosos aptos a votar. *TSE*, Brasília, 19 jul. 2022. Disponível em: https://www.tse.jus.br/comunicacao/noticias/2022/Julho/eleicoes-2022-crescem-numeros-de-jovens-e-idosos-aptos-a-votar. Acesso em 15 jul. 2023.

ENNE, A. L. Juventude como espírito do tempo, faixa etária e estilo de vida: processos constitutivos de uma categoria-chave da modernidade. *Comunicação, Mídia e Consumo*, [s. l.], v. 7, n. 20, p. 13-35, 2010. DOI: https://doi.org/10.18568/cmc.v7i20.203.

FLANAGAN, C. A.; CHRISTENS, B. D. Youth civic development: Historical context and emerging issues. *New Directions for Child and Adolescent Development*, [s. l.], v. 134, p. 1-9. 2011. DOI: https://doi.org/10.1002/cd.307.

FRIGOTTO, G. "Escola Sem Partido": Imposição da mordaça aos educadores. *E-Mosaicos*, [s. l.], v. 5, n. 9, p. 11-13, 2016. DOI: https://doi.org/10.12957/e-mosaicos.2016.24722.

GLASER, B. G.; STRAUSS, A. L. *The discovery of grounded theory*: strategies for qualitative research. Nova York: Aldine de Gruyter, 1967. 271 p.

HABERMAS, J. *Mudança estrutural da esfera pública*: investigações quanto a uma categoria da sociedade burguês. 2. ed. Rio de Janeiro: Tempo Brasileiro, 2003. 397 p.

HABERMAS, J. *Théorie de l'agir communicationnel*: pour une critique de la raison fonctionnaliste. v. 2. Paris: Fayard, 1987b. 480 p.

HABERMAS, J. *Théorie de l'agir communicationnel*: rationalité de l'agir et rationalisation de la société. v. 1. Paris: Fayard, 1987a. 448 p.

JOHNSON, J. M. In-depth interviewing. *In*: GUBRIUM, J. R.; HOLSTEIN, J. A. (ed.). *Handbook of interview research*: context & method. Thousand Oaks: Sage, 2001. p. 103-119.

KITANOVA, M. Youth political participation in the EU: Evidence from a cross--national analysis, *Journal of Youth Studies*, [s. l.], v. 23, n. 7, p. 819-836, 2020. DOI: https://doi.org/10.1080/13676261.2019.1636951.

LARA, M. G. J.; CAMPOS, M. N. Les amitiés brisées, Facebook et les élections brésiliennes 2014. *TrajEthos*, [s. l.], v. 11, n. 55, p. 105-146, 2016. Disponível em: http://www.trajethos.ca/files/7414/8202/4102/LARA_CAMPOS_TrajEthos_51.pdf. Acesso em: 15 jul. 2023.

MACHADO, M. *Consumo e politização*: discursos publicitários e novos engajamentos juvenis. Rio de Janeiro: Mauad X, 2011. 236 p.

MANN, C.; STEWART, F. Internet interviewing. *In*: GUBRIUM, J. R.; HOLSTEIN, J. A. (ed.). *Handbook of interview* research: context & method. Thousand Oaks: Sage, 2001. p. 603-627.

MANZINI, E. J. Uso da entrevista em dissertações e teses produzidas em um programa de pós-graduação em educação. *Revista Percurso* - NEMO, [s. l.], v. 4, n. 2, p. 149-171, 2012. Disponível em: https://periodicos.uem.br/ojs/index.php/Percurso/article/view/49548. Acesso em: 15 jul. 2023.

MIDDAUGH, E.; BOWYER, B.; KAHNE, J. U suk! Participatory media and youth experiences with political discourse. *Youth & Society*, [*s. l.*], v. 49, n. 7, p. 902-922, 2016. DOI: https://doi.org/10.1177/0044118X16655246.

MIDDAUGH, E.; CLARK, L. S.; BALLARD, P. J. Digital media, participatory politics, and positive youth development. *Pediatrics*, [*s. l.*], v. 140, n. Supplement 2, S127-S131, 2017. DOI: https://doi.org/10.1542/peds.2016-1758q.

MIGUEL, L. F. Da "doutrinação marxista" à "ideologia de gênero" – Escola Sem Partido e as leis da mordaça no parlamento brasileiro. *Revista Direito e Práxis*, [*s. l.*], v. 7, n. 3, p. 590-621, 2016. Disponível em: https://www.redalyc.org/pdf/3509/350947688019.pdf. Acesso em: 15 jul. 2023.

MORRIS, A. *A practical introduction to in-depth interviewing*. London: Sage, 2015. 160 p.

MTV BRASIL. *Dossier Universo Jovem MTV/2008*. [*S. l.*]: MTV, 2008. 78 p. Disponível em: https://p.download.uol.com.br/mtv/Dossie.pdf. Acesso em: 15 jul. 2023.

NASCENTES, A. *Dicionário etimológico resumido*. São Paulo: Instituto Nacional do Livro, 1966. Disponível em: https://archive.org/details/DICIONARIOETIMO-LOGICORESUMIDODALINGUAPORTUGUESAANTENORNASCENTES/page/n607/mode/2up. Acesso em: 15 jul. 2023.

PIAGET, J. Les opérations logiques et la vie sociale. *In*: PIAGET, J. *Études sociologiques*. Genève: Droz, 1961, p. 143-171.

RUSSO, J. L.; COPPA, F. Fan/remix video (a remix). *Transformative Works and Cultures*, [*s. l.*], v. 9, 2012. DOI: https://doi.org/10.3983/twc.2012.0431.

SILVA, A. B. P.; BRENNER, A. K.; LEVY, A. P.; PINHEIRO, D.; RIBEIRO, E.; LIMA, E. S.; PERES, J. P. S.; PRATA, J. M.; PEREIRA, M. FARAH NETO, M.; PEREGRINO, M.; CARRANO, P. C. R.; NOVAES, R.; PENSO, V. *Resumo executivo*: pesquisa Juventudes no Brasil 2021. Rio de Janeiro: Fundação SM – Observatório da Juventude na Íbero América, 2021. 20 p. Disponível em: http://www.fundacaosmbrasil.org/cms/wp-content/uploads/2021/10/Resumo_Pesquisa_Juventudes_no_Brasil.pdf. Acesso em: 15 jul. 2023.

SIMMEL, G. A metrópole e a vida mental. *In*: VELHO, O. G. (org.). *O fenômeno urbano*. Rio de Janeiro: Zahar, 1973. 133 p.

SONG, F. Wu. Theorizing Web 2.0. A cultural perspective. *Information, Communication & Society*, [*s. l.*], v. 13, n. 2, p. 249-275, 2010. DOI: https://doi.org/10.1080/13691180902914610.

STORNAIUOLO, A.; THOMAS, E. E. Disrupting Educational Inequalities Through Youth Digital Activism. *Review of Research in Education*, [s. l.], v. 41, n. 1, p. 337-357, 2017. DOI: https://doi.org/10.3102/0091732X16687973.

STRAMA, M. Overcoming cynicism: youth participation and electoral politics. *National Civic Review*, [s. l.], v. 87, n. 1, p. 71-78, 1998. DOI: https://doi.org/10.1002/ncr.87106.

WEISS, J. What is youth political participation? Literature review on youth political participation and political attitudes. *Frontiers in Political Science*, [s. l.], v. 2, n. 1, 2020. DOI: https://doi.org/10.3389/fpos.2020.00001.

NEM-NEM OU SEM-SEM?

Rosangela de Carvalho
Milton N. Campos[80]

Este estudo teve início, em 2018, no período de turbulência política que antecedeu e desembocou no pós-impeachment da ex-presidenta Dilma Rousseff. Em meio à desordem instaurada nesse período, nos aproximamos de jovens fluminenses de baixa renda para ouvi-los e buscar compreender seus sentidos por meio de suas percepções, fundadas em expressões cognitivas, afetivas e de ordem ético-moral.

Uma viagem realizada em dois tempos. O primeiro percurso foi feito, entre 2018 e 2019, após o impeachment, e o segundo, entre 2020 e 2022, ao longo da pandemia do COVID-19. Não foi propriamente uma surpresa encontrarmos um cenário decadente de oportunidades de trabalho para jovens de baixa renda do Rio de Janeiro, ao compararmos os processos compreendidos entre esses dois períodos. No entanto, foi triste, decepcionante e revoltante ver como ficaram à deriva, engavetando sonhos em troca de oportunidades pífias de obtenção do mínimo, por meio de seu trabalho, ou pior, não encontrando nem mesmo essas oportunidades, estando entregues que estavam a uma situação de pobreza, sem encontrar a porta que os levaria de volta à dignidade e à cidadania.

No estudo que apresentamos neste capítulo, buscamos incentivar, a partir de processos de conversas, portanto, vozes de jovens de baixa renda e de profissionais da área de gestão de pessoas no contexto de trabalho fluminense. Como se poderá constatar mais adiante, essas vozes emergiram, em um primeiro momento, por meio de entrevistas mais orientadas em função das nossas dúvidas e, em segundo momento, por meio de conversas nas quais buscamos construir laços de confiança mais sólidos que nos permitissem ir mais fundo. Fizemos a leitura do que aprendemos com as percepções que as pessoas jovens compartilharam conosco em suas interações, buscando compreender o contexto comunitário de suas práticas profissionais e os sentidos que emergiram da ecologia das trocas que estabelecem em seu meio. Sua disponibilidade em compartilhar suas experiências, conhecimentos e ideias foi, com certeza, o ponto mais significativo do sucesso deste empreendimento.

---

[80] Milton N. Campos obteve auxílio da FAPERJ. Projeto n.º 2104842016.

Ao longo de nossa pesquisa, foram compartilhados aspectos diversos dos vividos de jovens e profissionais de gestão de pessoas que aceitaram conversar conosco a respeito de relações de trabalho dentro do contexto dos desmandos da política brasileira e do estado do Rio de Janeiro. Vimos a dificuldade de lidar com conceitos generalistas, como o de "geração", e outros, como o de jovens "Nem-Nem", que colocam vidas em balaios únicos, de forma indiscriminada. Foi fundamental, para que pudéssemos compartilhar aqui como lemos e analisamos o processo resultante da pesquisa, o entendimento de que não falamos de uma só juventude em um território ou de juventudes em diversos, mas de jovens específicos em contextos bem definidos que experimentam o mundo e a sociedade de formas diferentes.

Agora, convidamos você, leitor, para conosco percorrer esses vividos. Esperamos que, para além do deleite de uma leitura que, acreditamos, seja interessante e engajante, possamos plantar uma semente de esperança. Em função do que aprendemos em nosso estudo, não podemos ter outra atitude senão a de esperar que políticas públicas — e mesmo privadas — possam ser desenvolvidas de modo a fortalecer o acesso da pessoa jovem ao trabalho digno. Somente assim, jovens cidadãos alijados da sociedade no que tange aos benefícios que deveriam ter, por conta do ideal de igualdade e de sonhos de democracia que nos movem, poderiam encontrar oportunidades reais de se filiar socialmente, de construir novos espaços para suas vidas.

JOVENS, TRABALHO, OPORTUNIDADES

Geração X, Y, Z e onde fica a periferia?

Ao falarmos de jovens fluminenses de baixa renda da cidade do Rio de Janeiro, é importante explicar onde e como se encontram situados no cenário de rótulos que não os incluem e que, de uma forma ou de outra, asseguram-lhes o lugar de "quase dentro", nas trincheiras da periferia. Não usamos o termo "periferia" somente para nos referir a uma localização geográfica ou para ressaltar questões sociais. Tratamos como periferia os bairros distantes ou territórios desprovidos de condições básicas de saneamento, transporte, atendimento à saude, escolas, entre outros; entendemos o termo como bairros que estão fora do grande centro ou como "bolsões de pobreza", "cortiços" e "favelas" nele inseridos (CHAUI, 2008). Assim, nossa reflexão bem serviria para jovens de baixa renda do Brasil ou mesmo de muitos outros locais do mundo, mas nos ativemos exclusivamente aos fluminenses, guardando nossa pretensão de estender a reflexão para territórios mais amplos que tornariam difícil a apreensão de contextos específicos de trabalho.

Antes de tratarmos a noção de "geração" em suas diversas derivações categóricas (*baby boomers*, *Millenials* etc.), incluindo as mais comumente aplicadas ao mercado de trabalho (X, Y, Z etc.), fundamental para darmos sequência às nossas reflexões, apresentaremos uma breve reflexão sobre questões que tocam os termos "inclusão" e "exclusão" sociais. O termo "exclusão social" ganhou amplitude em sua utilização, sobretudo no tocante à pobreza, a partir da década de 1990 (FONSECA, 2014). Entretanto, a aplicação do termo de forma generalizada oculta nuances relacionadas a diversas facetas de possibilidades de alguém se encontrar à margem da sociedade, ainda que "estar à margem" não signifique estar fora, mas sim estar privado do conjunto de direitos democráticos de cidadania. A exclusão social pressupõe um posicionamento do indivíduo como totalmente isolado da sociedade, o que não corresponde com exatidão a uma possibilidade real, pois sempre restará algum contato social em que interações com outrem ocorram, ainda que sejam com um agente social do Estado (CASTEL, 2014).

A pobreza se apresenta como um dos fatores determinantes da vulnerabilidade social e do que poderia ser entendido como uma situação de "exclusão social". No entanto, nem mesmo a pobreza pode ser considerada a partir de um ponto de vista único, pois tem facetas diferenciadas de existência. Castel (1997) referencia níveis qualitativamente diferentes de pobreza, a saber:

> [...] pobreza integrada, que é uma pobreza trabalhadora; a indigência integrada, que depende das ações de socorro, ligadas à inserção comunitária; a indigência desfiliada, marginalizada ou excluída, que não encontra um lugar nem na ordem do trabalho, nem na ordem comunitária (p. 25-26).

Estar à margem da sociedade implica, portanto, estar *dentro* dela, em estado de vulnerabilidade no tocante ao trabalho e à inserção relacional. Quando essa dupla ausência acontece, o sujeito encontra-se em uma situação de desfiliação, deixando de estar filiado ao sistema social (CASTEL, 1997). É importante ressaltar essa nuance de diferenciação, pois os mapas que declaram a existência de uma "juventude" ocupada e desocupada, de alguma forma, ocultam a população de jovens ocupados que ainda permanecem em estado de vulnerabilidade pela ausência de recursos suficientes para suprir suas necessidades vitais individuais e familiares.

Desde o pós-impeachment da ex-presidenta Dilma Rousseff, o Brasil passou a ser insistentemente vilipendiado pelos governos que se seguiram por conta de políticas públicas perversas de desfinanciamento de programas sociais de educação, saúde, habitação, cultura e, também, mas não menos importante, de trabalho, notadamente os que propiciariam maior oferta a jovens do país. O que se viu, desde 2016, foi um progressivo desmantelamento do sistema de proteção social ao trabalho, com a redução de oportunidades de emprego e incremento do estado de pobreza e/ou vulnerabilidade de sua população jovem, entre 18 e 24 anos, que passou a conviver com taxas de desemprego dramáticas, acima de 20% (TAXA..., 2022). A abrangência dessa situação torna-se ainda mais relevante na medida em que afeta de maneira mais brutal a população jovem da periferia, com baixa renda familiar e todos os agravantes de segregação sociopolítica e econômica, além da cultural presente na sociedade neoescravocrata brasileira no que concerne ao sexo e gênero, à raça e etnia e à religião, entre outros.

O sistema de produção capitalista passou por grandes mudanças desde o advento da chamada "globalização", hoje confrontado por divisões provocadas pelo retorno à cena internacional da extrema direita de orientação totalitária iliberal. O monopólio das marcas das gigantes do mercado, por exemplo, impacta fortemente as questões sociais. Políticas governamentais a serviço de projetos internacionais, com colaboração de setores atrasados das elites tupiniquins que controlam o Congresso Nacional e outros poderes da República, são instituídas para atender demandas e necessidades dessas instituições que constituem, em grande parte, o mercado financeiro e o capital produtivo do país. Como consequência natural, as empresas nacionais de setores mais progressistas e empreendedores de pequeno porte — sem falar no conjunto das classes e grupos sociais — se esforçam para dar conta das "exigências de mercado" (IAMAMOTO, 2013, p. 332).

O "mercado", essa entidade impalpável, não age apenas como eminência parda da República, mas se enraiza também em campos simbólicos das linguagens. A noção de "geração", por exemplo, por conta do mercado, tornou-se de "gerações". Esse termo implica orientação mercadológica, de cunho administrativo, que busca atender, de forma prioritária, as demandas dos segmentos de marketing e da psicologia organizacional (MACHADO, 2011). Por conta desse e de outros motivos, a noção de "geração" tem levantado controvérsias e divergências, amplamente discutidas por diversos autores. Uma maneira de analisar o termo seria definir uma "geração" com base em questões exógenas como fatos históricos, crises econômicas

VIOLAÇÕES BÁRBARAS: OLHARES JOVENS

significativas, conflitos e guerras, além de fatores endógenos como origem e desenvolvimento (CORSTEN, 1999). Alguns grandes marcos históricos, por exemplo, podem contribuir para a formação de uma identidade geracional: o período entre guerras (1920), a massificação de protestos (1960), as conexões em rede (1990) (FEIXA; LECCARDI, 2010). Podemos também pensar as gerações a partir de grupos etários, que agregam indivíduos na mesma faixa (VIANA, 2012).

É importante notar que a dedicação na identificação das gerações vem acompanhada do descritivo de perfis que incluem características de comportamentos, atitudes e padrões sobre os quais os autores se debruçam a fim de identificar modelos de gestão, adaptação e desenvolvimento de seus componentes ao mercado, seja no trabalho ou no consumo. É interessante e pertinente notar que os rótulos derivados das categorias geracionais fundamentam ações de marketing e comerciais, bem como as políticas de gestão de pessoas nas corporações, e nelas têm sua origem, ainda que tenham começado a ser utilizados em outros contextos.

Em um breve histórico dessas categorias geracionais, podemos começar pela Geração *Baby Boomers*, composta por jovens nascidos no período após a Segunda Guerra Mundial (de meados dos anos de 1940 até os anos 1960). As pessoas jovens dessa geração vivenciaram um período econômico próspero, marcado por investimentos governamentais significativos (KAPIL; ROY, 2014), culminando em um perfil motivado, otimista e dedicado ao trabalho, com valorização do status, demonstração de lealdade e comprometimento, incluindo a busca pelo crescimento profissional nas corporações (COMAZZETTO *et al.*, 2016). Os *Baby Boomers* foram seguidos pela Geração X (nascidos entre meados da década de 1960 e início da década de 1980), quando jovens cresceram em meio a eventos políticos relevantes como a Guerra do Vietnã, a queda do Muro de Berlim e o fim da Guerra Fria. Segundo Comazzetto e colaboradores (2016), a Geração X foi responsável pela implementação de mudanças no modelo familiar, em que a mulher / mãe fortaleceu sua presença no meio social, passando a integrar o mercado de trabalho. Já a Geração Y, ou Geração do Milênio (*Millenials*), a primeira geração digital, inclui os indivíduos nascidos entre 1980 e 1995 (BENCSIK; HORVÁTH-SCIKÓS; JUHÁSZ, 2016). Essa geração foi impactada pelas fortes mudanças tecnológicas ocorridas (KAPIL; ROY, 2014), resultando em características marcantes de criatividade e inovação (COMAZZETTO *et al.*, 2016), dada a demanda contínua de adapatação aos novos meios de lazer e interação social, por meio virtual. A Geração Z foi a que sucedeu a Geração Y, apesar de ambas compartilharem a entrada no mundo digital, ainda que de formas diversas, com tecnologias diferentes. Nos últimos anos, o advento de inovações tecnológicas digitais de informação marcou a constituição das pessoas jovens da Geração Z, como é mais comumente intitulada, marcada por outras tentativas de nomeação. Assim, outras nomenclaturas foram pensadas para a identificação de jovens que já nasceram sob o signo de um mundo permanentemente conectado, tais como: "Geração Facebook", "Geração Digital", "Switchers", "Geração Net", entre outros (CSOBANKA, 2016). Os autores divergem quanto à data padrão que delimita o início da constituição da Geração Z oscilando a partir de 1991 (KAPIL; ROY, 2014), entre 1995 e 1996 (BOLSER; GOSCIEJ, 2015; ROEPE, 2017) ou ainda se iniciando no ano 2000 (BENNETT; PITT; PRICE, 2012). Há entretanto, em todos os autores, uma convergência conceitual relacionada ao fato de que essa Geração Z se constituiu a partir do aparecimento da conexão via web, com a ampliação das capacidades de navegação pela internet para a comunicação interpessoal. Essas pessoas jovens têm, para Kapil e Roy (2014), por característica principal a utilização massiva dos meios de comunicação digital, pois estão sempre conectadas; para Bencsik, Horváth-Scikós e Juhász (2016), são dotadas de ambições e gostam de desafios. Há estudos que as identificam como portadores de uma visão de futuro muito otimista com um perfil de investimento em empreendedorismo e traço comportamental de autoconfiança (IORGULESCU, 2016). Por serem, em sua maioria, descendentes da Geração Y, guardam consigo também algumas características comuns à geração de seus pais, como a lealdade, a determinação e a responsabilidade (CHILLAKURI; MAHANANDIA, 2018). Além disso, relacionam-se muito por meio de mídias virtuais, possuem senso de imediatismo e demonstram atenção com questões relacionadas à diversidade e um sem-número de causas sociais (KAPIL; ROY, 2014). São tidas, ainda, como multitarefas e dotadas de uma habilidade diferenciada de interagir com os recursos do universo virtual.

Nos últimos anos, a discussão sobre como integrar e gerenciar jovens da Geração Z, no mercado de trabalho, tem sido presente nos grandes eventos nacionais e internacionais na subárea de administração empresarial de gestão de pessoas, bem como na literatura especializada no assunto. No tocante à gestão de pessoas, Chillakuri e Mahanandia (2018) dizem ser possível notar o desafio e a oportunidade de reinvenção do local de trabalho e políticas para dar conta dessa nova geração. É nesse ponto que se inicia nosso desconforto com olhar pessoas jovens de maneira generalizada, definindo-as pelos traços característicos do conceito mercadológico de gerações. Tal olhar exclui a percepção da diversidade de juventudes existentes em um

VIOLAÇÕES BÁRBARAS: OLHARES JOVENS

território tão amplo quanto o estado do Rio de Janeiro, territórios ainda maiores, como o Brasil e outras regiões e países do mundo. O problema é que a chegada dessas pessoas ao mercado de trabalho se dá por caminhos e bagagens diversos e, na realidade, dependendo dos contextos, notadamente socioeconômicos, gerações Z dissemelhantes emergem. As oportunidades nas áreas da cultura, nutrição, saúde, educação e outras, emergindo do contexto sociopolítico-econômico, fazem com que as pessoas jovens se apresentem ao mercado de formas diferentes. Para aqueles que chegam dentro do padrão estabelecido pelas características da Geração Z, as corporações se esforçam para construir políticas de gestão que assegurem sua retenção como talentos promissores. Trata-se, para Kapil e Roy (2014), de pessoas permanentemente conectadas com tecnologias digitais que se sentem confortáveis no convívio com esses ambientes. Além disso, como assinalam Bencsik, Horváth-Scikós e Juhász (2018), elas lidam com essas plataformas de forma ágil, ambiciosa e desafiadora, apresentando comportamentos e hábitos culturais privilegiados, pois pertencem, frequentemente, às classes médias e altas. Entretanto, o mesmo não ocorre com outras que, apesar de estarem na mesma faixa etária, não correspondem às características predefinidas pelo conceito de Geração Z, pois pertencem a grupos sociais menos providos de recursos, renda e formação educacional, bem como trazem consigo comportamentos e hábitos das culturas das periferias e favelas.

Assim, não poderíamos perder a oportunidade de ressaltar a dimensão dos desafios na geração de oportunidades equitativas de desenvolvimento profissional e filiação social para todas as pessoas jovens constituídas pela diversidade de bagagens adquiridas na produção de sentidos que derivam da ecologia de seus vividos. Para tanto, apontamos a formação de rótulos e de perfis que, por si só, mantêm focalizados os interesses dos empregadores e os olhares das lideranças em um grupo privilegiado de jovens. Deixam-nas assim aos cuidados de políticas públicas e privadas de pretensa inclusão e amparo ao qual se associam (como o Programa Jovem Aprendiz que, ainda que bem formulado no papel, carece da efetiva prática no mercado; ou como outros programas dessa natureza), sem nelas investir, reciclando a desigualdade.

Políticas no papel que agonizam na prática

É possível identificarmos leis e decretos que pretensamente apoiam jovens, de forma equitativa, com vistas a promover seu ingresso no mercado de trabalho ou seu desenvolvimento de forma mais ampla. Podemos citar aqui a promulgação da Lei n.º 12.852, de 5 de agosto de 2013 (BRASIL, 2013) pela ex-presidenta Dilma Rousseff, na qual consta o Estatuto da Juventude, que versa sobre os direitos bem como as políticas públicas para esse grupo social e para o Sistema Nacional de Juventude (SINAJUVE). Essa Lei traz, em si, valores notáveis que promovem a busca pela autonomia das pessoas jovens, sua participação social e política, bem-estar, integralidade do seu desenvolvimento, respeito à diversidade, segurança, cultura, entre outros. Anteriormente, em 2005, houve a criação da Secretaria Nacional de Juventude, "[...] órgão responsável por articular as diferentes políticas dos ministérios e o Conselho Nacional de Juventude, órgão consultivo com membros do poder público e da sociedade civil" (PRADO; SILVA; SILVESTRINI, 2020, p. 708). Outras iniciativas são igualmente importantes e bem redigidas, como o Projovem e o Programa Jovem Aprendiz. Ambas buscam o desenvolvimento das pessoas jovens e sua inserção na cultura, no trabalho e na sociedade. Esses programas, apesar de bem concebidos, encontram muitas dificuldades para serem implementados com efetividade.

Um estudo que versa sobre o Projovem, ouvindo as vozes de adolescentes que participaram do projeto na cidade de Natal, no Rio Grande do Norte, revelou questões que dificultam o êxito nos resultados (CAMPOS; PAIVA, 2018). Apesar de ser bem avaliado pelos adolescentes que demonstraram reconhecimento pela importância do projeto, Campos e Paiva (2018, p. 25) assinalaram algumas dificuldades, como "[...] a falta de recursos para a realização das atividades; demissões dos profissionais; a estrutura dos prédios, entre outras", que operam como empecilhos aos bons resultados. Da mesma forma, o Programa Jovem Aprendiz encontra barreiras em sua implementação, desde questões relativas ao processo seletivo, que muitas vezes deixa de fora jovens da periferia, passando por problemas com sua integração, até a forma como a gestão e o suporte necessários são aplicados para sua permanência, além do estigma de que o projeto não passa de mera obrigação legal (SANTOS; MAGRO; MORGAN, 2021), produzindo fraco ou nulo engajamento da parte das empresas contratantes. Nesta reflexão, não podemos deixar de citar Marilena Chaui (2008, p. 71) quando afirma que, "[...] para os grandes, a lei é privilégio; para as camadas populares, repressão". Como aponta a filósofa, as leis atendem prioritariamente aos interesses e privilégios da classe dominante, sendo transgredidas elogiosamente pelos usuários de mecanismos delinquentes, como o famoso "jeitinho brasileiro" que as torna inúteis e inócuas, sobretudo para aqueles que mais dependem delas. Falar desses programas de apoio às juventudes é extremamente necessário para que possamos compreender como a falseta das oportunidades transforma as pessoas jovens e pobres em transgressoras, desinteressadas, violentas e marginalizadas. Ou seja, a inversão iliberal da noção histórica do que se convencionou chamar de "guerra bárbara" pelas classes capitalistas internacionais, mencionada no capítulo "As guerras bárbaras iliberais", faz com que os que são acusados de "bárbaros" por setores perversos das elites dominantes brasileiras (pobres, negros, indígenas, as pessoas diferentes) sejam, na verdade, vítimas da sua barbaridade violenta e, muitas vezes, assassina. As pessoas jovens vulneráveis não se enquadram totalmente no perfil competitivo daquele descrito como pertencendo à Geração Z, portanto são apartadas das oportunidades, ainda que leis, no papel, promovam inocuamente que elas devam ser cuidadas e integradas nos ambientes de trabalho, na escola e em instituições socioeconômicas de apoio.

Ora, se não são integradas pelos programas legais e não encontram a oportunidade de obtenção de um trabalho que lhes permita seu desenvolvimento profissional com perspectivas de um futuro melhor, os indicadores daquelas pessoas jovens que não trabalham e não estudam acabam por aterrissar em estatísticas da dor. Ou seja, reforçam-se socialmente, no Brasil, os mecanismos de exclusão social de quem está à margem, na periferia, dos quais fala Castel (2014), mas também os de repressão impeditiva de acesso à igualdade, mencionados por Chaui (2008).

OS SENTIDOS DAS GERAÇÕES

Nem-Nem, NEET, NLFET... Rótulos, discriminações

Muitas são as tentativas de se caracterizar jovens em tempos diferentes e propor categorias geracionais. Como vimos, elas seguem padrões relacionados, de um lado, a interesses de mercado e, de outro — ao menos recentemente — à inserção de suas vidas nos mundos virtuais propiciados pelas tecnologias digitais. Em nossa crítica às propostas de gerações letradas (X, Y, Z...), levantamos o fato de que questões de ordem sociopolítica-econômica são raramente nelas integradas, não trazendo em si, portanto, a possibilidade de definições que propiciem melhor explicação dos contextos em que vivem as pessoas jovens na sociedade brasileira, dita democrática. Os elevados indicadores de desemprego delas fomentam a necessidade de se propor novas maneiras de se entender as "gerações", de modo a permitir análises sobre as razões que levam, por exemplo, ao aumento exponencial de jovens que não trabalham. Tal proposta de inclusão da problemática do emprego pode soar, muitas vezes e para muitos (notadamente os que discriminam jovens pobres), como uma necessidade de explicar o inexplicável, ou seja, de contabilizar na sua conta a impossibilidade de inserção no mercado de trabalho.

Assim, surgem categorias explicativas, como *"NEET – young people who are neither in employment nor in education or training"*[81] (OSE; JENSEN, 2017, p. 155), e *"NLFET – young people who are neither in employment nor in education or training [...] even in periods of economic growth, when more jobs are available"*[82] (p. 148). No Brasil, completam os autores, jovens NEET são conhecidos como "Nem-Nem", guardando o mesmo significado de jovens que não trabalham, não estudam e não estão em treinamento. Os indicadores revelam que a quantidade de jovens considerados Nem-Nem é alarmante. No Rio de Janeiro, o percentual desses jovens teve um acréscimo importante passando de 23,98%, em 2019, para 26,8%, em 2020 (UF..., [2021?]). Esses indicadores apontam para mais de um quarto da população jovem, entre 15 e 29 anos, em 2020, à margem do mercado de trabalho. As estatísticas nacionais são ainda piores. Segundo Neri (2021, p. 15), entre jovens desocupados, em 2020, as taxas "compondo o segundo elemento dos nem nem" foram ampliadas pela pandemia: 37,64% na faixa de 25 a 29 anos, 50,92% na de 20 a 24 anos e 84,24% na faixa de 15 a 19 anos; entre jovens que não estudam, as taxas em 2020, somadas à evasão escolar causada pela pandemia, chegaram a 84,95% das pessoas jovens de 25 a 29 anos, 69,73% de 20 a 24 anos e 22,16% entre as de 15 a 19 anos. Para essas juventudes, a ausência de uma segurança quanto ao futuro remete a uma perspectiva de continuidade das desigualdades sociais (SILVA JUNIOR; MAYORGA, 2021). No caso de jovens pobres vulneráveis, trata-se de um problema crônico, visto que constituem a maior parte desse grupo. A questão de jovens não estarem trabalhando nem estudando, que pode ser aumentada em função do gênero, em muitos casos, pode não ser uma escolha, e sim uma condição, uma vez que "[...] ser mulher jovem e ser uma jovem pobre aumenta exponencialmente as chances de viver a experiência de não trabalhar e não estudar" (p. 7).

Cabe ainda ressaltar que as pessoas jovens tendem a ser mais afetadas com o desemprego do que as de outras faixas etárias, sendo também mais rapidamente impactadas, no mercado de trabalho, pelas oscilações econô-

---

[81] "NEET – jovens que não estão trabalhando, estudando ou em treinamento" (tradução nossa).

[82] "NLFET – jovens que não estão trabalhando, estudando ou em treinamento [...] mesmo em períodos de crescimento econômico, quando há mais empregos disponíveis" (tradução nossa).

micas. Suas dificuldades vão, na verdade, ainda mais além, pois têm uma maior tendência à rotatividade no trabalho e a ocupar posições informais de trabalho (CORSEUIL; FRANCA; POLOPONSKY, 2020). Essa situação, que afeta muito mais quem vive na pobreza, amplifica-se de maneira significativa em função da origem étnico-racial. Infelizmente, para coroar as estatísticas dessa desigualdade, em 2019, a taxa das pessoas jovens pardas Nem-Nem desocupadas no Brasil, que já era dramática afetando 51,31%, passou para 61,37% em 2020, um crescimento de 10,06%. Entre as pessoas jovens pretas, a situação foi ainda pior: de 46,39%, em 2019, para 57,40% em 2020, um aumento de 11,01% (NERI, 2021).

Quando se buscam categorias que identificam os perfis de jovens como superdotados ou incapacitados para o mercado de trabalho, cria-se um paradigma de que a pobreza é também a marca do despreparo, da violência, da impossibilidade de adaptação às instituições, solidificando um estigma de rejeição que se espalha por todos os tipos de acesso ao emprego, até mesmo nos processos seletivos. Ora, torna-se desnecessário tecer mais comentários se tomamos a opinião de um dos jovens que entrevistamos na primeira etapa da pesquisa: "[...] *a oportunidade tem que ser dada, para ser aproveitada*". Um olhar mais crítico nos permitiria, talvez, criar uma nova nomenclatura para essas pessoas jovens, para além dos Nem-Nem: os Sem-Sem. Tal categoria geracional indicaria jovens contemporâneos que não têm acesso: à educação de qualidade; ao saneamento básico nas muitas localidades onde moram; à segurança por conta de estarem imersos em ambientes violentos, frequentemente sem a presença do Estado; à nutrição, pois lhes falta alimentação que colabore com seu desenvolvimento; à internet ou a equipamentos adequados para aproveitar os recursos de aprendizagem on-line; entre outras mazelas que afetam as populações vulneráveis que também poderiam agregar outras violações a seus direitos. De fato, uma nomenclatura geracional mais transparente talvez delineasse de maneira clara essa condição de desfiliação social que grita, na prática, por ações mais efetivas.

Sentidos que vão do presente ao futuro

Com base na discussão anterior, e dada nossa inquietação diante das dificuldades que a população de jovens fluminenses de baixa renda encontra para solidificar sua presença no mercado de trabalho, buscamos compreender suas especificidades. Para tanto, orientamos nosso estudo no sentido de fazer emergir das próprias pessoas jovens como identificam seus problemas em relação ao acesso ao emprego e meios de subsistência, como expressam suas percepções e quais sentidos resultam de seus vividos nas comunidades de prática do meio social de trabalho em que estão inseridas.

O cenário à época em que a pesquisa foi iniciada, logo no começo de 2018, ainda reverberava grande turbulência política provocada tanto pelo impeachment da ex-presidenta Dilma Rousself quanto pela ação do governo de Michel Temer. Esse ano de eleições foi marcado por instabilidade política resultante de acusações de conluio do presidente e políticos com empresários que se articularam para a eliminação de direitos trabalhistas, como ficou demonstrado com a reforma da Consolidação das Leis do Trabalho de 2017 (que, entre outras coisas, permitia salários abaixo do piso ou do salário-mínimo, tirava os sindicatos de cena com o fim da contribuição sindical e do acompanhamento das entidades nas rescisões de contrato e, em caso de ação trabalhista, impunha aos funcionários o pagamento dos custos advocatícios se perdessem o processo). Ao aumento de incertezas e dúvidas sobre o futuro das relações de trabalho no Brasil e da eficácia das medidas para a geração de emprego, agregou-se a corrida eleitoral, iniciada em 2017. Estendendo-se para além de 2018, a campanha acirrou-se com o alvoroço em Brasília. A degeneração da situação do país atingiu em cheio o novo governo que se seguiu, em meio às revelações de uma revista sobre a suposta luta contra a corrupção que levou o ex-presidente Luiz Inácio Lula da Silva à prisão. *The Intercept* apresentou provas de "[...] *clear misconduct and political bias by the judge and prosecutors*" (FISHMAN; VIANA; SALEH, 2021, s/p)[83], ao longo da Operação Lava-jato, apoiada ativamente pelos governos pós-impeachment de Dilma Rousseff.

O pano de fundo desse período de desesperança crescente para as pessoas jovens, no que tange ao mercado de trabalho, pôde ser empiricamente verificado nos indicadores crescentes de desemprego e descrédito no futuro a partir do início do processo de deposição da ex-presidenta Dilma Rouseff, tais como o aumento do índice de jovens entre 15 e 29 anos que não estudam e não se encontram ocupados, referenciados na categoria "jovens Nem-Nem", passando de 21,8%, em 2016, para 23,0%, em 2017, e mantendo-se nesse indicador para 2018. Ainda nesse grupo, 2,4 milhões de jovens gostariam de iniciar sua jornada profissional, e mais da metade (57,4%) expressava seu desânimo, informando como principais dificuldades

---

[83] "[...] claro desvio de conduta e viés político pelo juiz e procuradores" (tradução nossa).

na busca por emprego a ausência de oportunidades profissionais na sua localidade (39,6%) e a não obtenção de trabalho adequado (10,7%) (IBGE, 2019). No cenário da violência contra jovens no Brasil, os índices também foram alarmantes em 2018. Neles, encontramos 30.873 jovens vítimas de homicídio, perfazendo um total de 53,3% dos homicídios no Brasil, cuja média nacional alcançou a taxa de 60,4 homícidios para cada 100 mil jovens. Cabe ressaltar que, no Rio de Janeiro, essa taxa foi crescente no período e alcançou a 96,5 homicídios de jovens em 100 mil, ficando entre os nove estados com maior taxa de homícidios juvenis no Brasil (CERQUEIRA *et al.*, 2020). Esse foi o cenário de guerra bárbara contemporânea, em que os bárbaros foram setores importantes da elite nacional, associados ao Estado, contra pessoas jovens fluminenses, mais precisamente as de baixa renda com as quais colaboramos para compreender sua situação.

Refletindo sobre todos os aspectos já citados no tocante às proposições de categorias que produzem conjuntos únicos de jovens sob o guarda-chuva do conceito mercadológico de gerações, ou ainda, no tocante às classificações — que julgamos serem cruéis — as quais enquadram jovens em estigmas de pobreza, marginalidade e outros substantivos dos quais decorrem adjetivos deploráveis, nos debruçamos diante do desafio de captar, sob as lentes da produção de sentidos, o juízo que jovens de baixa renda da cidade do Rio de Janeiro produzem a respeito do trabalho que realizam, as percepções que significam suas contribuições e o impacto na formação profissional, exercido sobre eles, pelas políticas de gestão. Paralelamente, optamos por ouvir "o outro lado", buscando alguns profissionais da área de gestão de pessoas de algumas instituições e segmentos de mercado diferenciados, a fim de saber como vivenciam a presença e a contribuição de jovens no ambiente corporativo e como percebem suas próprias atuações profissionais quanto à implementação de políticas e práticas para sua inclusão no mercado de trabalho.

Olhando teoricamente essa realidade

Imbricamos duas teorias distintas na busca não somente de compreender a problemática geracional relativa ao acesso ao trabalho de jovens pobres do Rio de Janeiro, mas também de propor novos olhares que pudessem explicar de maneira mais adequada para onde vão seus sentidos em tempos de grandes dificuldades. Pensamos, assim, em uma senda para além das faixas etárias, nos orientando para problemáticas de ordem sociopolítica e econômica que afetam os sentidos nas ecologias do viver e para as das comunidades onde as práticas do trabalho se realizam.

No que se refere aos sentidos, partimos do quadro explicativo da ecologia dos sentidos, uma teoria construtivista-crítica da comunicação que fundamenta os princípios da produção de sentidos nas trocas e vivências que se dão nas ecologias do desenvolvimento humano e social, ou seja, tanto no âmbito individual quanto no coletivo (grupos e sociedades) (CAMPOS, 2017). Perpassando o *logos* (cognição), o *patos* (afetividade) e o *etos* (ética e moral), a teoria compreende a comunicação como um processo tanto genético quanto histórico. Assim, os vividos que resultam das trocas entre a dimensão interna (os indivíduos) e a dimensão externa (o meio ambiental e social) resultam na possibilidade de juízos ético-morais serem expressos sobre as interações, sobre as ações e seus valores. Trata-se, portanto, de uma "tradução do *logos* e do *patos*, pelo *etos*" (p. 374). Com um olho na produção dos sentidos, nos foi possível acessar as percepções de jovens e de profissionais do setor de gestão de pessoas e, assim, buscar identificar as dimensões cognitivas, afetivas e ético-morais traduzidas pelas memórias das experiências que nos comunicaram (suas imagens de mundo), decorrentes das ecologias orgânico-simbólicas de seus vividos no ambiente corporativo.

Na busca dos sentidos de jovens e gestores relativamente ao trabalho, tivemos que focar o fato de que suas experiências se dão em comunidades. Assim, encontramos, na teoria das Comunidades de Prática, o princípio de que as pessoas, ao longo da vida, participam de diversas delas, simultaneamente ou não. As comunidades de prática referem-se às praticas sociais, nas quais estão implícitos o fazer e o interagir com outras pessoas, outros membros comunitários. Essas interações resultam em aprendizados e transformações operadas nos sujeitos, que moldam dessa maneira suas identidades, cocriando e coconstruindo também identidades comunitárias fundadas nas práticas coletivas (WENGER, 1998). A teoria das Comunidades de Prática nos permitiu olhar para as experiências vividas por jovens e gestores, permitindo-nos identificar seus aprendizados e, por consequência, como foram impactados e transformados no meio social do trabalho.

Na confluência das duas teorias produzimos, então, um quadro explicativo a respeito das experiências de jovens de baixa renda e profissionais da área da gestão de pessoas nos contextos das práticas de suas vidas pro-

VIOLAÇÕES BÁRBARAS: OLHARES JOVENS

fissionais, que se fez mais claro e útil com a associação de outro que nos permitiu acessar, para além das práticas das comunidades que buscamos conhecer, os sentidos que as interações entre as pessoas e seu meio produziam. Ou seja, estudamos as ecologias dos sentidos das práticas emergindo das comunidades profissionais em que interagiram jovens fluminenses de baixa renda e gestores habituados a contratá-los em diferentes empresas.

DESIGN DO ESTUDO

Método

Adotamos uma abordagem qualitativa exploratória, embora tivéssemos o objetivo de obter resultados explicativos a respeito da situação sobre a qual nos debruçamos. Definir pesquisa qualitativa pode resultar em um grande desafio, principalmente se tivermos como objetivo final encontrar uma única definição que atenda a maioria dos pesquisadores de campo (FLICK, 2008). Um dos grandes diferenciais é o potencial e a capacidade de produzir uma grande quantidade de dados, possibilitando ao pesquisador a análise e categorização destes, bem como a leitura interpretativa que conduz aos resultados (POPE; ZIEBLAND; MAYS, 2000).

No levantamento bibliográfico que realizamos com foco no tema relacionado a jovens e mercado de trabalho, encontramos muitas pesquisas que trataram de questões sobre a educação, o desemprego, as diferentes gerações, as culturas, a conexão midiática e os relacionamentos pelas mídias sociais, entre outros. No entanto, pareceu-nos clara a quase ausência de trabalhos explorando os sentidos das pessoas jovens de baixa renda quando vinculadas ao mercado de trabalho. Por essa razão, julgamos apropriado empreender uma pesquisa exploratória (GIL, 2002) para melhor compreender os contextos de sua ocorrência, optando pelo método do estudo de caso longitudinal. O estudo de caso qualitativo em ciências humanas e sociais, como método de pesquisa, é aplicado há muitas décadas, em disciplinas diversas (CRESWELL, 2014), notadamente nas relacionadas com as ciências humanas e sociais, a psicologia e a sociologia entre elas, com o objetivo de "[...] *to contribute to our knowledge of individual, group, organizational, social, political and related phenomena*" (YIN, 2009, p. 4).[84] Trata-se de um método, na maior parte dos casos, exploratório, que tem

---

[84] "[...] contribuir para nosso conhecimento a respeito de fenômenos individuais, de grupo, organizacionais, sociais, políticos e outros relacionados a eles" (tradução nossa).

como objetivo descrever situações individuais ou de grupo. A dimensão longitudinal foi adotada pelo fato de a pesquisa buscar compreender o processo específico de uma época traumática, relacionada com problemas únicos que as pessoas jovens tiveram de enfrentar para se inserir no mercado de trabalho.

Muitas vezes, infelizmente, a ideia do que seja um "caso" é tida de maneira estreita, muitas vezes por pesquisadores que não exploraram a literatura de maneira extensa. Por exemplo, pensar que casos se restringem a eventos em contextos mercadológicos (exemplo do caso da empresa X ou um "case", compreendido como uma marca, uma empresa, um processo de consumo), educativos (exemplo do caso da escola Y ou um contexto de violência em uma favela ou outra localidade) ou comunicativos (exemplo do caso da influenciadora Z ou de artistas que se articulam pela internet ou outras mídias). No entanto, como sugerido por Yin (2009), a noção de caso em pesquisa qualitativa pode cobrir contextos problemáticos amplos e variados em que se busca descrevê-los ou também explicá-los (como e por quê). O autor ressalta que se trata de um método de pesquisa empírica que "[...] *investigates a contemporary phenomenon in depth and within its real-life context, especially when the boundaries between phenomenon and context are not clearly evident*" (p. 18)[85], o que se encaixa perfeitamente no objeto do presente estudo: caso da "experiência" de jovens e gestores (fenômeno) em situação de trabalho (contexto). Cabe mencionar que os estudos de caso se caracterizam pela liberdade de uso de uma pluralidade de instrumentos de pesquisa necessários para a coleta de informações "[...] *with data needing to converge in a triangulating fashion*" (p. 18)[86].

Nesse sentido, tomamos o caso da problemática da geração atual de jovens de baixa renda com más perspectivas de empregabilidade no período entre o pós-impeachment da ex-presidenta Dilma Rousseff e a pandemia, produzindo insegurança em seu futuro, porque lidamos com um "problema de um grupo social" que ocorre em determinados contextos que produzem "fenômenos" afetando comportamentos, sentimentos e emissão de juízos, o que sugere "questionamentos". Na nossa proposta, estudamos o fenômeno específico de produção de sentidos de jovens fluminenses de baixa renda nas relações de trabalho em suas comunidades de prática.

---

[85] "[...] investiga um fenômeno contemporâneo em profundidade e dentro de um contexto da vida real, especialmente quando as fronteiras entre o fenômeno e o contexto não são totalmente evidentes" (tradução nossa).

[86] "[...] com a necessidade de fazèr convergir os dados de maneira triangulada" (tradução nossa).

Escolha das pessoas jovens participantes da pesquisa

O projeto inicial foi ousado. Planificamos trabalhar com os três segmentos de mercado, a saber: comércio, indústria e serviços. Entretanto, tivemos que fazer adequações, pois esbarramos no que entendemos ser o "medo de falar", sobretudo dos gestores que consultamos nas empresas. Cabe voltar aqui ao cenário que vivemos em 2018 com fortes mudanças políticas e o aprofundamento de posicionamentos polarizados entre esquerda e direita, além do aumento contínuo dos índices de recessão no mercado de trabalho. Os ânimos acirrados, não propriamente em discussões políticas, mas em agressões políticas, associados à diminuição de ofertas de emprego, parecem ter silenciado as vozes dos executivos da área de gestão de pessoas, culminando em demonstrações de tensão tanto no tocante a serem entrevistados quanto no de convidarem profissionais de suas empresas para tal. Tivemos um elevado contingente de recusa aos nossos convites iniciais.

Diante disso, criamos alguns indicadores para guiar nossa busca de jovens para participar da pesquisa, realinhando nossa estratégia inicial.[87] O primeiro indicador adotado foi o da faixa etária, definida entre 18 e 24 anos (completos até 2019). Essa faixa etária foi escolhida por encontrar conformidade com a proposta para as já citadas pessoas jovens da Geração Z, ou seja os nascidos a partir de 1995 (BOLSER; GOSCIEJ, 2015; OZKAN; SOLMAZ, 2015; ROEPE, 2017). O segundo indicador tomou por base a renda individual. Com grande parte da população do Rio de Janeiro encontrando-se em faixas de renda abaixo de dois salários-mínimos, o Guia Trabalhista (2019), que publica periodicamente os pisos salariais do país, dava como menor salário no estado o valor de R$ 1.238,11. A referência de salário-mínimo no Brasil, a partir de primeiro de janeiro de 2019, era de R$ 998,00. Dessa forma, nosso indicador de renda se fixou em um salário bruto igual ou menor a um salário-mínimo e meio, na referência nacional, perfazendo um total de R$ 1.497,00, tomado como o valor máximo para a remuneração bruta das pessoas jovens participantes da pesquisa, o que indicava padrão de baixa renda. O terceiro indicador foi quanto à ocupação, ou seja, elas deveriam estar vinculadas formalmente a uma instituição de mercado. Quanto aos

---

[87] O acesso às pessoas jovens que participaram da pesquisa específica reportada neste capítulo, assim como o conjunto de procedimentos, foi autorizado pelo Comitê de Ética do CFCH da UFRJ, por meio do Certificado de Ética de n.º 12585919.6.0000.5582, de 11 de julho de 2019. A cobertura ética também se fez por meio do CAAE de n.º 50100415.6.0000.5582, de 4 de novembro de 2015.

profissionais de gestão de pessoas que participaram da pesquisa, o critério adotado foi ser um profissional formalmente contratado por uma instituição em que desempenhasse cargo nessa área.

As pessoas participantes foram selecionadas com base na técnica "bola de neve", "[...] refere-se à ampliação da rede de casos conhecidos externamente, usando indicados por aqueles que estão na amostra existente" (OLSEN, 2015, p. 35). A técnica da "bola de neve" (*snowball*) é aplicada por ondas, nas quais os sujeitos da primeira onda são escolhidos para indicar os que serão recrutados para a pesquisa. Estes, consistem na segunda onda de indicações, que pode ser seguida ainda de outras ondas, ampliando a rede (ETIKAN; ALKASSIM; ABUBAKAR, 2016). Construímos uma pequena rede com apenas a primeira e segunda ondas. A amostra foi composta de sete jovens (sendo, por autodeclaração, quatro jovens do sexo masculino e três do feminino). Já os profissionais de gestão de pessoas foram convidados diretamente, dentro de um quadro de amostragem conveniente. Essa técnica de amostragem supõe que os participantes de uma pesquisa sejam de fácil acesso e próximos do pesquisador (JAGER; PUTNICK; BORNSTEIN, 2017). Os gestores que contatamos, dentro da perspectiva dessa estratégia, faziam parte de lista de contatos da primeira autora deste capítulo. Foram seis os gestores convidados, dos quais três declinaram e três aceitaram participar (que se autodeclararam do sexo feminino).

Na segunda etapa, relativa à pandemia, a amostragem foi realizada, como já explicitado em capítulos anteriores ("Panorama das juventudes", "Pescaram lixo na rede", "21 tons de medo", "De mal a pior", "Participação e engajamento nas redes" e "Educação, redes e preconceito"), em função de respostas de aceitação espontâneas à participação, por meio de entrevistas, de jovens que haviam respondido ao questionário do tipo *survey* que orientou a maior parte dos estudos deste livro. É importante esclarecer que nesta pesquisa específica sobre trabalho, a primeira etapa, como foi apresentado na subseção anterior, ocorreu com outras pessoas jovens, além de gestores, por meio de aplicação exclusiva da estratégia de amostragem da bola de neve. Adotamos a estratégia de buscar sujeitos da primeira etapa global que responderam ao questionário geral por não termos conseguido recontatar as pessoas jovens que participaram exclusivamente da primeira etapa específica desse nosso estudo — que haviam respondido a questões relativas ao mercado de trabalho, mas cujos dados não foram utilizados por não estarem relacionados com a problemática específica dos nem-nem.

VIOLAÇÕES BÁRBARAS: OLHARES JOVENS

Mesmo entre as pessoas jovens que haviam concordado em participar da primeira etapa de *survey* da pesquisa geral, obtivemos respostas positivas de apenas cinco delas, apesar de termos lançado e relançado convites várias vezes. Ou seja, a estratégia da segunda etapa foi derivada da amostragem conveniente adotada para se acessar as pessoas jovens de baixa renda que participaram da primeira etapa coletiva de *survey*. Apesar de não termos obtido sucesso em conseguir a colaboração de mais jovens, resolvemos nos fixar naqueles que haviam concordado em contribuir, pois sinalizavam uma multiplicidade de traços que foram explorados por entrevistas semiestruturadas em profundidade, técnica que autoriza um uso restrito de sujeitos.

Instrumentos de pesquisa

Na primeira etapa, as entrevistas foram realizadas por diálogos em mídia virtual, com utilização de comunicação por meio de WhatsApp. Inúmeros pesquisadores se debruçaram nas últimas décadas sobre a possibilidade de se usar redes sociais para entrevistas e diversas experiências de pesquisa já foram documentadas. Partimos de sugestões dadas por Deakin e Wakefield (2014), que apontaram diversas vantagens fazendo uso de Skype, que, tecnicamente, possui as mesmas caracteríasticas que o WhatsApp em contexto de entrevistas individuais. Todas as comunicações foram feitas por meio de áudios, de modo que as reflexões sobre o conteúdo permitissem levar em conta as expressões, as entonações de voz, os silêncios e outras informações que transparecem emoções. Não houve interrupções na realização das entrevistas, de forma a preservar a continuidade e o envolvimento com os temas trabalhados, à exceção de uma entrevista com um jovem que teve duração de três horas e 53 minutos, demandando uma interrupção. Todas as entrevistas foram transcritas, na íntegra. Na segunda etapa, as entrevistas foram realizadas por meio da plataforma virtual Zoom, gravadas em áudio e vídeo e, posteriormente, também transcritas na íntegra.

A pesquisa se fundamentou na análise dos resultados oriundos da aplicação de entrevistas semiestruturadas na primeira etapa e semiestruturadas em profundidade na segunda etapa. Nas semiestruturadas contamos com um roteiro básico de perguntas que foi utilizado de forma flexível, em conformidade com o desenvolvimento do diálogo, caso a caso, que serviu como um guia para que todos os temas relevantes fossem abordados com todos os participantes. As entrevistas semiestruturadas são organizadas de modo a permitir uma certa maleabilidade nas conversas com os participantes, mas mantendo uma direção relacionada aos pontos específicos que o pesquisador deseja cobrir (MANZINI, 2012). Na segunda etapa, partimos para um processo em profundidade que contou apenas com um roteiro de temas, sendo a narrativa dos entrevistados o guia fundamental do desenrolar dos diálogos. Essa técnica está a meio caminho entre as entrevistas semiestruturadas e as entrevistas em profundidade na medida em que essas últimas demandam, além do que fizemos, diversos encontros para a construção de laços de maior intimidade com os entrevistados (MORRIS, 2015).

Estratégias de análise e interpretação de dados

Na pesquisa qualitativa, para além de codificar e tematizar os dados, faz-se necessário organizar o conteúdo buscando um significado maior, por meio de unidades de interpretação e abstração (CRESWELL, 2014). A estratégia de categorização e análise dos dados encontrou critérios seme-lhantes nas duas etapas da pesquisa, cabendo aqui a ressalva de que a segunda visou mais especificamente à observação das mudanças e/ou semelhanças identificadas, comparativamente à analise da primeira, com foco exclusivo em jovens, sob os efeitos críticos da pandemia do COVID-19.

Primeira etapa

Amparados pelas teorias da ecologia dos sentidos (CAMPOS, 2017) e das Comunidades de Prática (WENGER, 1998), identificamos categorias em dois grupos distintos e complementares. A análise dos dados considerou o cenário socioeconômico, político e cultural do país e do Rio de Janeiro no período da pesquisa. Por conta do cenário de turbulência e incertezas no pós-impeachment da ex-presidenta Dilma Rousseff, tornou-se necessário considerar também as nuances próprias das instituições onde estavam inseridos os participantes da pesquisa.

As categorias identificadas, apesar de serem nomeadas de forma idêntica (identidade, significado e aprendizagem — decorrentes da teoria das Comunidades de Prática; expressões avaliativas cognitivo-afetivas de satisfação ou insatisfação, e de juízo ético-moral — decorrentes da teoria da ecologia dos sentidos), tiveram focos diferenciados. Isto é, com relação aos elementos de reflexão que as pessoas jovens nos ofereceram, objetivamos refletir com base na vivência delas, nas interações nos ambientes de traba-

VIOLAÇÕES BÁRBARAS: OLHARES JOVENS

lho e na sua relação com as atividades laborativas propriamente ditas. Na reflexão que fizemos das declarações de profissionais da área de gestão de pessoas, objetivamos analisá-las com foco na sua vivência, no tocante à sua prática e interação com jovens de baixa renda, no ambiente institucional.

A fim de assegurar o aprofundamento necessário ao estudo, nos debruçamos sobre as entrevistas que transcrevemos em cinco etapas dedicadas à análise e interpretação: (1) de cada entrevista realizada com as pessoas jovens; (2) do conjunto das entrevistas com elas; (3) de cada entrevista realizada com profissionais da área de gestão de pessoas (4) do conjunto dessas últimas entrevistas. Por fim (5), a última etapa consolidou os dados, integrando os resultados obtidos com jovens e profissionais. Essa divisão trouxe clareza e o detalhamento necessários ao incremento de qualidade dos resultados da pesquisa.

Segunda etapa

A segunda etapa da pesquisa ocorreu, entre 2020 e 2022, em meio à pandemia do COVID-19, quando os vividos da população global foram abruptamente modificados mediante intervenções de *lockdown*, com isolamento social, além de todos os sentimentos e as emoções, como o medo e o luto na perda de entes queridos. Nesse período, o aumento avassalador do desemprego e a lenta, tardia e frágil atuação do Estado no cuidado de suas cidadãs e cidadãos macularam histórias de vida de jovens no Brasil. Nas entrevistas semiestruturadas em profundidade, buscamos compreender, de maneira mais precisa, as expectativas com relação ao trabalho, em suas múltiplas facetas. O procedimento, após a transcrição, também observou um processo de etapas: (1) análise e interpretação de cada entrevista realizada com jovens; (2) análise e interpretação do conjunto das entrevistas com jovens.

Triangulação

A última etapa do processo de pesquisa consistiu em triangular, de maneira longitudinal, os resultados da primeira e da segunda etapas, de modo a compreender as transformações que a história promoveu nos vividos de jovens fluminenses de baixa renda no que diz respeito ao trabalho. A triangulação é um processo comparativo de combinação em que se busca obter confirmações entre as diversas fontes de dados para verificar se há convergência nos resultados, usualmente aplicado em estudos de caso (YIN, 2009). Tipicamente, a triangulação é associada a um processo de análise teórica (CAMPBELL *et al.*, 2018), que é o que adotamos, ainda que possa também ser exclusivamente empírico. Embora não tenhamos entrevistado pessoas responsáveis por gestão na segunda etapa, por não termos obtido sucesso nas nossas tentativas, consideramos na triangulação, que focou essencialmente as pessoas jovens.

OPORTUNIDADES DE TRABALHO E FILIAÇÃO SOCIAL

A problemática do trabalho foi reconfigurada depois das obras de Karl Marx, na relação essencial que tem com a reprodução do capital por intermédio da mais-valia, que o capitalista coleta a mais do valor de uso de mercadorias, para além do valor do trabalho requerido para a sua produção, um "[...] *trick [that] has at last succeeded; money has been converted into capital*" (MARX, 1982, p. 301).[88] Esse "a mais", que se torna capital do capitalista, deixa de ser pago ao trabalhador e relega-o à pobreza, contexto que Max Weber explora, em seu estudo sobre a lógica do capitalismo moderno em função da cultura protestante, citando Pieter de la Cour que teria dito que "*people only work because and so long as they are poor*" (WEBER, 2001, p. 24).[89] No contexto da pobreza fluminense e brasileira, em que a destituição completa dos meios de sobrevivência está sempre pairando sobre a maioria da população, o acesso ao trabalho passa longe da análise crítica dos economistas para se tornar uma tábua de salvação capaz não somente de levar dignidade a jovens, mas também acesso à realização de sonhos, contextualizados na desigualdade. As pessoas participantes da primeira etapa da pesquisa, apesar de baixa renda, são jovens que já foram filiados ao mercado de trabalho. Inseridos em condições de trabalho menos relevantes, acabam exercendo atividades que podem ou não trazer desenvolvimento profissional. Há algo em comum entre as pessoas jovens entrevistadas por nós: apesar de recursos pequenos, os sonhos são grandes. Falam em aprovação em concursos, formação em diversas áreas acadêmicas, realização de mestrados e/ou doutorados, viagens, empreendimentos como microempresários. São sonhos de participação no que é parte da vida em sociedade. Nada demais! Sonhos, que nas classes médias, são o de ser ou viver como capitalistas (MARILENA..., 2014), e nas propriamente capitalistas são projetos de maior

---

[88] "[... truque que finalmente deu certo; o dinheiro converteu-se em capital" (tradução nossa).

[89] "[...] as pessoas só trabalham porque e enquanto elas são pobres" (tradução nossa).

acumulação do capital. Entretanto, na periferia, os sonhos estão colados no chão da sobrevivência: enfrentam barreiras que transpõem o esforço e investimento individuais para se tornarem realidade. Alguns poucos conseguem, na maioria das vezes apoiados e amparados por iniciativas privadas ou intervenções do Terceiro Setor, caracterizado por atividades que partem da iniciativa privada sem objetivo de lucro. No entanto, a maioria fica com a saudade de algo que deveria ter sido. Apresentamos, a seguir, os relatos e indicadores de sonhos e desencantos.

Primeira etapa

Influência positiva ou negativa da liderança nos vividos de jovens

A atuação mais presente ou mais ausente de líderes na gestão de jovens foi relatada como de grande impacto, tanto no tocante à sua identificação com a atividade laborativa quanto nos vividos resultantes das relações interpessoais no ambiente de trabalho. Para jovens que relataram a presença e o acompanhamento da liderança no seu dia a dia, pôde-se observar uma maior facilidade no estabelecimento da identidade em relação ao trabalho, com valor atribuído ao exercício profissional, bem como a influência do líder na construção dos projetos de formação e aprendizagem. Quando ouvimos de um jovem relatos como "[...] é... *eu acho que a minha importância é bem grande ali. Ontem mesmo, o chefe me chamou pra conversar, falando que é... que eu tinha muito que crescer, sabe, mas ele confiava muito no meu trabalho e tal, mas é... é isso... eu acho que eu tenho uma importância muito grande ali*", nos remetemos imediatamente à edificação de um perfil de autoestima e autoconfiança, além do valor percebido e identificado relativamente à sua contribuição profissional.

Outro aspecto importante, também decorrente das relações interpessoais e de liderança, foi o relato de cinco jovens com atribuição de valor ao fato de trabalharem com pessoas de mais idade. Os relatos foram entusiasmados: "[...] *trabalhar com eles, assim, até porque eles são bem mais velhos do que eu mesmo, mas pra mim tá sendo... tá sendo maravilhoso*" e "[...] *eu acho que é bom, porque a gente adquire conhecimento do lado profissional, até mesmo da vida né, e mais amadurecimento mais rápido*". Interessante notar que os dois jovens que não mencionaram valor a trabalhar com pessoas de mais idade foram também aqueles que estavam distantes de seus líderes. A ausência da liderança ou simultaneidade de líderes com dispersão de acompanhamento implicou redução de valor quanto ao trabalho realizado e atribuição de menos valia da experiência profissional.

Gestão de Pessoas? Ou não tem, ou atua muito pouco...

Os relatos mais presentes foram concernentes à ausência de atuação da área de gestão de pessoas ou por não existir ou por ser meramente burocrática (contratos, documentação etc.). Os treinamentos são informais, na maioria dos testemunhos sobre as práticas do dia a dia do trabalho, com pouco acompanhamento ou mensuração de resultados. Os aprendizados mais citados pelas pessoas participantes foram relativos ao desenvolvimento de competências para o relacionamento interpessoal e no tocante à comunicação, incremento da responsabilidade, compreensão e paciência com o próximo e comportamentos relativos à ética social (como se comportar em ambientes formais).

Gratidão! Eu tenho um emprego

As pessoas jovens entrevistados ressaltam enfaticamente a gratidão que têm por estarem colocadas no mercado de trabalho, reconhecendo serem privilegiadas por essa condição, dada a dificuldade percebida quanto à inserção em ambientes profissionais. Para elas, o trabalho traz possibilidade de progresso na vida pessoal. É o meio de subsistência e de alcançar sonhos: "[...] *é através desse trabalho que eu tô conseguindo ter as minhas coisas*"; "[...] *é muito importante nesse momento da minha vida, para eu alcançar os meus objetivos, eu estou almejando algo superior, então até eu terminar a primeira etapa dos meus estudos, ele tá sendo a prioridade*". Trabalhar em uma empresa que cumpre o compromisso de pagar no dia certo é muito importante para essas pessoas. As insatisfações são calcadas na pressão que recebem para realizar as tarefas, sobrecarga de trabalho em alguns momentos e, sobretudo, os abusos em relação à obrigatoriedade de estender a carga horária sem compensação das horas ou pagamento adicional. Outro relato importante revelou vividos ético-morais de injustiça quando, em processos internos de seleção com vista a promoções, perdem as oportunidades para profissionais percebidos como menos competentes, mas com fortes indicações de superiores da organização.

Podemos observar expressões de alegria e sentimentos gratificantes, bem como o bem-estar nos sentidos produzidos a partir das interações e trocas com o meio social do trabalho, sobretudo quando são reconhecidos e valorizados. O oposto também ocorre quando interagem com atitudes de menos valia para o seu trabalho, bem como quando se dão conta da ausência de oportunidades para crescerem profissionalmente nas instituições em que se encontram.

Falta de políticas de gestão para jovens de baixa renda

Profissionais da área de gestão de pessoas foram unânimes em apontar a ausência de políticas específicas para lidar com jovens de baixa renda nas organizações em que trabalham, pois "[...] *não há uma avaliação formal do trabalho do jovem e eu identifico isso como uma grande lacuna*", "[...] *eu vejo muitas empresas colocarem o jovem para... sei lá... ler manual, fazer coisas que não têm nada a ver com o que ele esteja fazendo naquele momento, ou não dar a atenção adequada*".

Todos informaram estar administrando o Programa Jovem Aprendiz nas empresas. No entanto, afirmam não ter objetivos específicos para com o programa a não ser o efetivo cumprimento da lei. Quanto às cotas percentuais exigidas, relatam que "[...] *acaba que a gente fica num papel de cumprir cotas*". Mesmo assim, revelam que utilizam parâmetros de perfil da Geração Z para a contratação de jovens dessa faixa, o que exclui, em grande parte, a possibilidade de ingresso de alguém que venham da periferia.

Importante notar que, para além dos embarreiramentos técnicos das pessoas jovens de baixa renda, tais como pouco conhecimento de planilhas como Excel, limitações de vocabulário ou ainda dificuldades na comunicação oral e escrita, os aspectos comportamentais e culturais são os mais evidenciados como sentidos produzidos, de ordem ético-moral, para a não contratação. A constatação de que não há nenhum investimento no treinamento de líderes para a orientação deixa essas pessoas jovens à deriva. Deixa-as também dependentes do estilo e de habilidades já adquiridos, ou não, por líderes. Assim, além de terem que vencer processos seletivos cujo perfil de contratação está longe de ser alcançado, quando conquistam uma posição de trabalho, são destituídas do apoio necessário à integração e ao desenvolvimento profissional na prática laborativa.

Acredito que pode ser feito, só que não é feito!

Quando os gestores são questionados sobre o que a área de gestão de pessoas poderia efetivamente fazer por elas, de forma a integrá-las como força produtiva nas organizações, surgem ideias maravilhosas de treinamentos, acompanhamentos, dinâmicas de reflexão e eventos. No entanto, esses mecanismos são notadamente estirpados das organizações por paradigmas culturais de não inclusão, na medida em que julgam que *"eles são diferentes"*, *"não sabem se comportar"*, *"dão muito trabalho"*. Essas expressões são corriqueiras quando falamos da periferia, das pessoas desfiliadas ou pseudofiliadas da sociedade e do trabalho. Cabe também ressaltar os relatos demonstrando pouco interesse, da parte das organizações, em investir recursos nesses projetos. Por outro lado, há relatos de que todos esses efeitos são minimizados quando a liderança atua com efetividade na gestão dessa juventude, sendo muito facilitada e rápida sua adaptação e integração com a equipe.

Faz-se mister ressaltar que essa realidade de ineficiência não pode ser aqui atribuída a todas as organizações, e sim a parte delas, como identificado pela pesquisa. O que podemos assegurar é que os indicadores (já citados) de jovens pobres que se encontram desfiliados ou pseudofiliados no mercado de trabalho é significativo e preocupante.

Segunda etapa

Adapte-se, Camaleão!

Se a desigualdade social já era um problema antes da pandemia, com o advento do COVID-19, o cenário ficou ainda pior. Jovens de baixa renda que se encontravam filiados ao mercado de trabalho, ocupando atividades mais operacionais, acabaram demitidos, ficando à deriva em um momento tão crucial. Ao ouvirmos de um jovem "[...] *que a desigualdade social ficou muito mais abrangente, ficou muito mais explícita, e eu senti na pele muito, muita política no dia a dia, e a pandemia isolou muito mais as pessoas que já tinham uma desigualdade social"* e que "[...] *antes da pandemia, eu tinha um emprego tranquilo*[90], *depois da pandemia... [risos]"*, é possível notarmos sentidos expressos por juízos ético-morais que tocam o abandono explícito do Estado em relação a essa população. Se já era difícil antes, ficou ainda pior. Ficou evidente também que alguns jovens tiveram que se submeter a trabalhos mais operacionais e com menor possibilidade de aprendizagem e desenvolvimento, atividades cuja dificuldade encontra-se muito abaixo das competências existentes, tornando-as de baixo índice motivacional e

---

[90] Por emprego tranquilo, a jovem que faz o relato refere-se a um emprego com carteira assinada, dentro das regras legais da CLT.

de aprendizado, ficando o desempenho restrito unicamente a criar possibilidades para ter renda.

Nesse ponto, a formação de uma identidade profissional torna-se completamente comprometida. Não se trata mais de ser quem você é ou quem pode ser, profissionalmente. Trata-se apenas de se render ao que surge como trabalho para assegurar o básico para a sobrevivência pois "[...] *a gente tem que ser uma metamorfose ambulante, como dizia Raul Seixas, assim, um ano atrás você tá com um outro trabalho e hoje você tem que se adaptar ao que você pode pra ter uma renda".* "A gente tem que ser uma lagartixa, um lagarto, camuflando a todo momento."

Gestores que vão de mal a pior

Se antes alguns líderes já se faziam ausentes, com a pandemia o cenário não melhorou. Quando questionados sobre como veem seus líderes, obtivemos juízos como "[...] *o contato que eu tenho com líderes é uma coisa muito rasa".* O mundo on-line também rompeu a privacidade das pessoas jovens. Se o racismo estrutural já era uma barreira a ser vencida nos processos seletivos, as de baixa renda se tornaram ainda mais vulneráveis quando tiveram que expor suas casas como fundo de telas de entrevistas de seleção. Quando questionadas sobre essas entrevistas, informaram ser obrigatória a abertura de câmeras. A experiência de fazer entrevistas on-line foi relatada como *"super estranha",* porque

> [...] *quando eu fazia qualquer tipo de entrevista de forma presencial eu meio que gostava de estar naquele ambiente de sala, de estar olhando no olho do recrutador, de estar me expressando e não é a mesma coisa, assim de forma remota, de forma on-line.*

A entrevista por meio virtual dificulta ainda mais o desempenho das pessoas jovens de baixa renda em processos seletivos porque "[...] *de certa forma prejudica na minha avaliação, na minha entrevista",* seja porque os recursos de internet são limitados, seja pelo nível de exposição.

Vulnerabilidade e racismo estrutural: barreiras para jovens de baixa renda

A pobreza é mais um ítem na cesta de preconceitos estruturais. A busca por uma oportunidade de trabalho, para jovens de baixa renda, transforma-se facilmente em uma odisseia. O preconceito quanto à pobreza se ramifica no racismo, no bairrismo, no modismo. Se a pessoa mora longe, é um empecilho porque o transporte se torna caro e, dependendo do bairro, há associação à marginalidade, à violência etc. Se reside em favelas, idem. Se a roupa do dia da entrevista não agrada ao entrevistador, cai na malha da apresentação pessoal. Mas, espera! Isso não pode ser feito, porque é discriminação! Mas quem controla? Os motivos pelos quais uma entrevistada ou entrevistado não foi contratado raramente são revelados. A verdade é que a vulnerabilidade anda mais perto das pessoas pobres, dos negros e pardos, das mulheres. Como bem nos disse um jovem entrevistado: "[...] *a vulnerabilidade é uma coisa muito existente e presente, em todos esses aspectos, de ética, de racismo e de posição financeira*". Vulneráveis e vulnerabilizados por seus líderes, entrevistadores, ou parceiros de trabalho, o fato é que

> [...] *a desigualdade abrange muito as pessoas pretas, então quando a gente fala de pobreza a gente tá falando de negros, porque a gente é 56% da população né? então a gente não é minoria, a gente é maioria e o governo não investe em educação e saúde porque é um racismo estrutural, porque a maioria das pessoas que são pobres, são negras.*

Diante das dificuldades, não há como resistir infinitamente. Manter-se otimista quando tudo o que já era difícil, ficou ainda pior com a pandemia: "[...] *eu era otimista, hoje em dia eu não sou mais, porque* [...] *eu vivi alguns preconceitos*".

Quando os sonhos se tornam ainda mais distantes

A pandemia trouxe muitas restrições para a população pobre. Quando o mundo se torna literalmente virtual, temos uma exclusão automática das pessoas mais pobres que não têm acesso às redes de internet ou a equipamentos com qualidade para o mundo on-line. O estudo ficou mais complicado, pois a "[...] *internet é uma coisa muito difícil ainda e, fazer uma faculdade presencial, eu também vejo muito na parte financeira porque eu não conseguiria ter gastos com locomoção*". Ora, se não se tem recursos para se deslocar e não se tem recursos para ter uma internet com qualidade, se é automaticamente desconectado do mundo. Um *lockdown* social pleno de simbolismos. Assim ficaram muitos das pessoas jovens de baixa renda ou sem renda.

Sonhos que já eram distantes foram se tornando muito difíceis de serem realizados, pois, como muitos, um dos jovens com quem conversamos relatou acreditar

VIOLAÇÕES BÁRBARAS: OLHARES JOVENS

> [...] *que a pandemia prejudicou muito os meus planos, os meus objetivos. Eu pensava que logo depois que eu estaria formado eu conseguiria um emprego na minha área de forma fácil e já faz um ano que eu tô aí nessa procura e não acho. Eu estou desacreditado, na verdade a palavra é essa, super desacreditado.*

O impacto se deu na fome, na carreira, nos estudos, nos afetos, nos medos, na vida de uma forma geral, mas o desamparo público fez doer mais na população de baixa renda.

Ainda assim, para alguns há esperança. Uma das jovens nos disse: "[...] *eu penso em ser professora*"; mas o sonho logo se despedaça quando volta à sua realidade e reflete sobre a realidade do trabalho:

> [...] *eu penso coisas básicas, tentar se desenvolver dentro da empresa* [...] *eu vejo oportunidades dentro da empresa e tentar ampliar em cargos dentro* [...] *básicos mesmo, como hoje em dia que eu tenho uma visão, não porque eu tenho uma visão limitada, é porque é o que tem pra mim, nas mãos, hoje em dia.*

Assim, aos poucos, vão se camuflando dentro do que se faz possível, mas isso é muito pouco para quem sonha os sonhos de um futuro com realizações de carreira, de empreendimento, de uma vida melhor. Ou para quem simplesmente fala mais do que de um sonho, desejando aquilo que deveria ser um direito: "[...] *eu me vejo tendo estabilidade financeira, trabalhando em algo que eu goste*".

GERAÇÃO ESQUECIDA, GERAÇÃO ABANDONADA

Do pós-impeachment...

O processo de impeachment da ex-presidenta Dilma Rousseff desmantelou sonhos e esperanças por um futuro melhor. A crise política instaurada, a partir de então, plantou a insegurança nas mentes e nos corações das pessoas jovens de baixa renda do Rio de Janeiro. Como olhar para o futuro com as informações truncadas e falsas verdades que foram, sistematicamente, sendo apresentadas? Como olhar para o futuro quando os governos que se seguiram expressavam desinteresse em manter os incentivos à inserção no trabalho existentes até então? Refletindo sobre essa problemática a partir do olhar da Teoria das Comunidades de Prática (WENGER, 1998), que foca a construção de identidades individuais e sociais capazes de produzir signifcados pertinentes às vidas que possam fazer emergir aprendizagens pertinentes, só podemos chegar à conclusão de que as ecologias dos sentidos de jovens de baixa renda, nas suas relações práticas, em comunidade, foram desequilibradas pelas forças que deveriam buscar o equilíbrio social. As várias comunidades de prática nas quais estavam imersas as pessoas com as quais colaboramos não produziram interações sociais adequadas para elas. Seu poder de transformação dos sujeitos, na verdade, em vez de levar a transformações construtivas, aprofundou processos de aprisionamento ancorados nas estruturas desequilibradas da sociedade brasileira — racismo, discriminação social, econômica, de gênero... Mais do que serem aviltadas intelectualmente pela guerra da informação, que setores importantes das elites bárbaras brasileiras utilizam contra o povo na busca de manutenção de seus privilégios, foram degradados em suas perspectivas de trabalho, de educação e de vida. Suas comunidades de prática transformaram-se em processos de neoescravidão simbólica. Um jovem entrevistado na segunda etapa do projeto, quando solicitado a falar de como se sentia antes do impeachment da ex-presidenta Dilma Rousseff, nos disse que antes se sentia "[...] *bem mais acolhido, explicitamente bem mais acolhido, não sei se devido às políticas de incentivo à tirada de desigualdade e tentar integrar as pessoas com renda baixa, talvez por isso*".

Ainda assim, nessa etapa da pesquisa, as pessoas jovens ainda tinham um desejo de manter vivos seus sonhos, ousados ou não, para os recursos que tinham. Seus sentidos de insatisfação diante da vida por conta dos bloqueios de acesso ao trabalho digno e a meios de subsistência, paradoxalmente ainda conviviam com traços de suas práticas que acendiam luzes de esperança. Estavam imersos em ecologias de sentidos (CAMPOS, 2017) indicativas, ao menos, de possibilidades de trocas significativas nas comunidades de prática em que estavam inseridos. Do ponto de vista cognitivo, aprendiam mesmo que não muito; do afetivo, construíam gradativamente identidades profissionais, ainda que rasgadas pelo preconceito; do ético-moral, teciam seus juízos na experiência de suas comunidades de prática. Ou seja, embora as brutalidades que se manifestaram fortemente nesse período, que apresentamos na seção anterior, tenham progressivamente iniciado o roubo histórico do futuro juvenil por setores das elites associados aos governos que se seguiram ao impeachment, ainda havia espaços de busca de aprendizado em contextos significativos de construção de identidade. Por exemplo, jovens entrevistados nesse período revelaram o orgulho de estarem trabalhando e de se sentirem buscando seu futuro de alguma forma, fosse pelo trabalho, fosse pelo estudo. Seus sonhos estavam lá. Os sentidos, produzidos por seus vividos denotavam a crença em possibilidades, ainda que o medo e a incerteza fossem os vilões da visão de futuro. No entanto, o crescente aumento dos índices de desemprego ameaçou as pessoas com quem trocamos ideias, não somente pela possibilidade de serem demitidas ou de não conseguirem oportunidades de trabalho, mas também pela sobrevivência mesmo. Essa característica é, na verdade, o que diferencia as pessoas jovens de baixa renda das demais. A falta de oportunidade ou de investimento no desenvolvimento deles impacta suas vidas, sua sobrevivência, produz fome, retira moradias e abala famílias. Em outras palavras, afeta as condições mais básicas da dignidade humana.

...à pandemia

A pandemia chegou açodando os destroços da crise política instaurada no período pós-impeachment da ex-presidenta Dilma Rousseff, em meio a um sem-número de violações de direitos, como avaliam muitos movimentos sociais brasileiros, sindicatos e centrais sindicais. Com ela, os indícios de abandono juvenil em busca de trabalho acabaram se tornando a norma. As mudanças, demandadas pelos modos de viver, produziram percepções ancoradas em cognições, afetos e juízos ético-morais fazendo emergir sentidos de abandono e de desesperança que impactaram, de forma definitiva, a avaliação que tinham de suas vidas e seu futuro. Se antes se sentiam mais cuidados, agora nos falavam em crenças nas quais

> [...] *as pessoas com renda baixa estão um pouco mais esquecidas, ou talvez tenham poucos programas para desenvolver, né, tirar as pessoas da pobreza, mas hoje, eu me sinto muito mais... a gente se sente um pouco mais... é... esquecido.*

Cremos mesmo que a palavra "esquecido" seja aplicada de forma ingênua, pois, com a pandemia, a pobreza foi acentuada e mais do que "esquecida", foi abandonada. As políticas para o auxílio a essa população que foi violentamente extirpada do mercado de trabalho pelas políticas neoliberais e, depois, iliberais, foram tardias tanto no tocante ao acesso à subsistência básica como à saúde. A fome, que tinha virado zero, passou a ter índices. A saúde passou a produzir morte. Isso, para não falarmos no aguçamento da crise econômica mundial incrementado pela Guerra entre Ucrânia e Rússia que, incontestavelmente, pouco afeta as classes sociais mais providas de recursos (que, muito frequentemente, lucram com a guerra, como o agronegócio e a indústria de armas, que contribuíram para o financiamento da campanha do governo iliberal que tomou o poder em 2018), mas frequentemente avassala a vida daquelas que se encontram na pobreza.

As pessoas jovens fluminenses de baixa renda, participantes de nossa pesquisa, demonstraram claramente a percepção de que houve um andar para trás, uma perda real tanto no que se refere a ter que se colocar em trabalhos para os quais se encontram mais qualificados do que a demanda quanto a colocar seus sonhos em prateleiras, tomando emprestadas outras possibilidades de dimensões infinitamente menores de realização. Os sentidos das ecologias orgânico-simbólicas de seu viver foram dominados por forças brutais que, na volúpia pela ampliação de lucros e exercício iliberal do poder, produziram desequilíbrio sociopolítico, econômico e cultural, e as coagiram, a ponto de fazer com que suas práticas nas comunidades profissionais ou se dissipassem pela falta de acesso ao emprego ou se distanciassem pela internet, afetando suas identidades e impedindo aprendizagens.

Se o que antes havia no aprendizado decorrente do contato com gestores, com a realização das tarefas laborativas propriamente ditas e com o relacionamento interpessoal com as equipes de trabalho era significativo para as pessoas jovens, o mundo remoto as afastou. Para além das mudanças que foram globais, restou, no Brasil e no Rio de Janeiro, na opinião de jovens, a submissão a um governo confuso, desbaratado, despreparado pois

> [...] é uma verdadeira bagunça, sinceramente, uma verdadeira bagunça porque eu considero que quem tá como o presidente, atualmente, não me representa em nada. Aquele cara é... na minha opinião... governa só para os ricos, para as classes A e B. E, em relação a valores morais, em relação a respeito, ele vai muito na contramão, né, do que a Dilma, acho que na minha opinião, representava na época.

DO LUGAR DE NEM-NEM AO DE SEM-SEM

Nossa pesquisa corrobora a importância da compreensão da diversidade de juventudes que coabitam espaços em um mesmo tempo. Ao falarmos em juventudes, é preciso considerar especificidades culturais, sociais e históricas (MANNHEIM; YNCERA, 1993). Essas nuances devem ser vistas para que as políticas públicas e privadas possam abranger todas as juventudes, favorecendo oportunidades para todo mundo. Assim, concordamos que tentar caracterizar a "juventude" com base no conceito mercadológico de "gerações" torna desigual o tratamento entre jovens de classes mais abastadas que tiveram acesso a múltiplos recursos para seu pleno desenvolvimento e as pessoas pobres de baixa renda que fizeram seus caminhos com maiores dificuldades e menores oportunidades. Afinal, dificilmente as pessoas jovens de baixa renda serão enquadradas nos perfis da Geração Z, como descritos por Bencsik, Horváth-Scikós e Juhász (2016), Kapil e Roy (2014), e Segran (2016), que explicam que são vistas como usuárias exímias de tecnologias e mídias virtuais, além de serem portadoras de forte ambição, entre outras características.

Percebemos com clareza, em nossa pesquisa que, na primeira etapa, as pessoas participantes estavam confiantes em suas projeções de futuro, fosse em um caminho de desenvolvimento de carreira, em uma nova profissão ou em algum empreendimento. Essa observação vai ao encontro de uma característica descrita por Iorgulescu (2016) quando, em seus estudos, descreveu expressões de extremo otimismo para jovens da tal Geração Z. É possível que as pessoas jovens de nossa pesquisa e as da Geração Z preconizada pela autora romena tenham algo em comum, pois vivem em um mesmo tempo. O que não podemos é tornar comum o que se refere somente a algumas delas, como a segunda etapa da pesquisa corroborou com testemunhos dramáticos de ampliação do desencanto com o futuro.

Importante ressaltar as expressões de sentidos que apontam uma grande valorização dos estudos e da formação acadêmica. Há uma expressão muito forte, que emergiu junto às pessoas jovens de baixa renda do Rio de Janeiro, de desejo de aprender, se formar, ter uma profissão alicerçada por seus diplomas. É como se a formação, a conclusão de um curso, o saber de uma língua estrangeira os elevasse efetivamente na escala de estratificação social, aumentando também as possibilidades de um futuro melhor. Entretanto, com a sobrecarga de horários de trabalho (horas muitas vezes não compensadas ou remuneradas, como já fizemos questão de ressaltar), associada ao temor do desemprego, esses sonhos de estudo vão se encolhendo e ficando para trás, cedendo lugar à labuta que poderá se perpetuar ao longo de suas vidas.

Ao longo da pesquisa, notamos a importância da atuação da área de gestão de pessoas, com foco na integração e no desenvolvimento profissional de jovens. Essa evidência encontra eco em pesquisas (IORGULESCO, 2016; LANIER, 2017) que reforçam a importância do relacionamento entre líderes e jovens tanto para a sua integração às equipes profissionais quanto ao seu aprendizado.

Se as pessoas jovens de baixa renda ou à margem do mercado de trabalho formam um grande contingente da categoria Nem-Nem (nem trabalham, nem estudam), esta pesquisa pretende evidenciar que rótulos como esse apenas as imergem em outras designações preconceituosas, como as de "marginais", "criminosos", "traficantes", e estigmatizadoras, como as atribuídas a crianças pobres de rua, consideradas "vermes", "baratas", "cachorros vira-lata" e "pequenos monstros" (CAMPOS; LEITE, 2013). Tais representações odiosas, na maioria das vezes provindas de setores das classes média e alta, frequentemente surgem nas mídias e em comentários na internet reagindo a notícias sobre jovens e sua condição de vulnerabilidade e pobreza. Tais caracterizações etiquetam essas pessoas muito mais como jovens Sem-Sem, ou seja, sem nada, ao abandono, *"pessoas [...] esquecidas"*, como um de nossos entrevistados colocou, do que Nem-Nem. Por se encontrarem efetivamente sem apoio do Estado, sem recursos, sem escola de qualidade, sem meios de se deslocar, sem acesso à alimentação adequada, à cultura, a bons empregos, ou seja, sem oportunidades, sem caminhos para a realização de seus sonhos, sem perspectivas de transformar seus desejos e ambições em projetos de vida, nada mais lhes resta que a dor do abandono. Para muito além de Nem-Nem, essas pessoas jovens são, efetivamente, Sem-Sem.

Além disso, se o mercado de trabalho, guiado por seus executivos e gestores de pessoas, mantiver a tentativa de olhar para jovens colocando-os, todos, em um único mapa descritivo, certamente os privilégios de classe serão mantidos. Pouco ou nada teremos a oferecer a jovens pobres para o desenvolvimento e progresso em suas vidas. Será mesmo necessário um caminho tão árduo para conquistar um futuro melhor? Um futuro mais próspero? Um lugar ao sol capaz de aquecer vidas dignas das conquistas mais básicas da cidadania?

Sem esforço, sem investimento, esse caminho não será aberto. Fundamentalmente, abrir portas está a cargo da iniciativa pública por meio de investimentos reais na formação em educação e no acesso à saúde, à moradia e ao trabalho. No entanto, em um Estado capitalista como o Brasil, também é responsabilidade da iniciativa privada. Nossa pesquisa sugere fortemente que urgem investimentos essenciais, com foco importante na formação de líderes preparados, capazes de cumprir o papel de mentores de jovens pobres, de modo a viabilizar sua inserção em ambientes de trabalho. Outras pesquisas, com foco em jovens Nem-Nem e Sem-Sem do Brasil, precisam ser desenvolvidas a fim de aprofundarmos o conhecimento necessário para a construção de caminhos que tirem essas pessoas da condição de abandono em que se encontram. O Estado brasileiro tem a responsabilidade de oferecer pertencimento e filiação a pessoas jovens pobres dessa geração de modo a torná-las verdadeiras cidadãs da sociedade brasileira que, dita democrática, ainda carece de sê-la.

REFERÊNCIAS

BENCSIK, A.; HORVÁTH-SCIKÓS, G.; JUHÁSZ, T. Y and Z Generations at workplaces. *Journal of Competitiveness*, [s. l.], v. 8, n. 3, p. 90-106, 2016. DOI: https://doi.org/10.7441/joc.2016.03.06.

BENNETT, J.; PITT, M.; PRICE, S. Understanding the impact of generational issues in the workplace. *Journal of Managerial Psychology*, [s. l.], v. 308, n. 8, 2012. DOI: https://doi.org/10.1108/02632771211220086.

BOLSER, K.; GOSCIEJ, R. Millennials: Multi-generational leaders staying connected. *JPC - Journal of Practical Consulting*, [s. l.], v. 5, n. 2- Winter, p. 1-9, 2015. Disponível em: https://www.regent.edu/acad/global/publications/jpc/vol5iss2/BolserGosciej.pdf Acesso em: 15 jul. 2023.

BRASIL. *Lei Nº 12.852, de 5 de agosto de 2013*. Institui o Estatuto da Juventude e dispõe sobre os direitos dos jovens, os princípios e diretrizes das políticas públicas de juventude e o Sistema Nacional de Juventude – SINAJUVE.. Brasília, DF: Presidência da República, 2013. Disponível em: https://www.planalto.gov.br/ccivil_03/_ato2011-2014/2013/lei/l12852.htm. Acesso em: 15 jul. 2023.

CAMPBELL, R.; GOODMAN-WILLIAMS, R.; FEENEY, H.; FEHLER-CABRAL, G. Assessing triangulation across methodologies, methods, and stakeholder groups: the joys, woes, and politics of interpreting convergent and divergent data. American Journal of Evaluation, [s. l.], v. 41, n. 1, p. 125-144, 2021. DOI: https://doi.org/10.1177/1098214018804195.

CAMPOS, C. C. de A.; PAIVA, I. L. Programa Nacional de Inclusão de Jovens: Possibilidades e contribuições na perspectiva dos adolescentes participantes. *Fractal*: Revista de Psicologia, [s. l.], v. 30, n. 1, p. 22-29, 2018. DOI: https://doi.org/10.22409/1984-0292/v30i1/1460.

CAMPOS, M. N. *Navegar é preciso. Comunicar é impreciso.* São Paulo: Edusp, 2017. p. 504.

CAMPOS, M. N.; LEITE, L. C. Ils ont volé le français qui agonisait: L'argumentation de la violence. *Trajethos*, [s. l.], v. 2, n. 1, p. 55-70, 2013. Disponível em: https://trajethos.ca/files/8214/2196/2965/CAMPOS_Leite_TrajEthos21.pdf. Acesso em: 15 jul. 2023.

CASTEL, R. A. dinâmica dos processos de marginalização: da vulnerabilidade a "desfiliação". *Caderno CRH*, [s. l.], v. 10, n. 26-27, p. 19-40, 1997. DOI: https://doi.org/10.9771/ccrh.v10i26.18664.

CASTEL, R. A. Los riesgos de exclusión social en un contexto de incertidumbre. *Revista Internacional de Sociologia* - RIS, [s. l.], v. 72, n. Extra 1, p. 15-24, 2014. DOI: https://doi.org/10.3989/ris.2013.03.18.

CERQUEIRA, D.; BUENO, S.; ALVES, P. P.; LIMA, R. S.; SILVA, E. R. A.; FERREIRA, H.; PIMENTEL, A.; BARROS, B.; MARQUES, D.; PACHECO, D.; LINS, G. O. A.; LINO, I. R.; SOBRAL, I.; FIGUEIREDO, I.; MARTINS, J.; ARMSTRONG, K. C.; FIGUEIREDO, T. S. *Atlas da violência* 2020. Brasília, DF: Ministério da Economia: Instituto de Pesquisa Econômica Aplicada, 2020. 91 p. Disponível em: https://www.ipea.gov.br/atlasviolencia/download/24/atlas-da-violencia-2020. Acesso em: 15 jul. 2023.

CHAUI, M. S. Cultura e democracia. *Crítica y Emancipación*, [s. l.], v. 1, p. 53-76, 2008. Disponível em: http://bibliotecavirtual.clacso.org.ar/ar/libros/secret/CyE/cye3S2a.pdf. Acesso em 15 jul. 2023.

CHILLAKURI, B.; MAHANANDIA, R. Generation Z entering the workforce: the need for sustainable strategies in maximizing their talent. *Human Resource Management International Digest*, [s. l.], v. 26, n. 4, p. 34-38, 2018. DOI: https://doi.org/10.1108/HRMID-01-2018-0006.

COMAZZETTO, L. R.; VASCONCELLOS, S. J. L.; PERRONE, C. M.; GONÇALVES, J. A geração Y no mercado de trabalho: Um estudo comparativo entre gerações. *Psicologia Ciência e Profissão*, [s. l.], v. 36, n. 1, p. 145-157, 2016. DOI: https://doi.org/10.1590/1982-3703001352014.

CORSEUIL, C. H. L.; FRANCA, M. P.; POLOPONSKY, K. A inserção dos jovens brasileiros no mercado de trabalho num contexto de recessão. *Dossiê Juventude e Trabalho - Novos Estudos CEBRAP*, [s. l.], v. 39, n. 3, p. 501-520, 2020. DOI: https://doi.org/10.25091/s01013300202000030003.

CORSTEN, M. The time of generations. *Time & Society*, [s. l.], v. 8, n. 2-3, p. 249-272, 1999. DOI: https://doi.org/10.1177/0961463X99008002003.

CRESWELL, J. W. *Investigação qualitativa e projeto de pesquisa*: escolhendo entre cinco abordagens. 3 ed. Porto Alegre: Penso, 2014. 341 p.

CSOBANKA, Z. E. The Z generation. *Acta Technologica Dubnicae*, [s. l.], v. 6, n. 2, p. 63-76, 2016. DOI: https://doi.org/10.1515/atd-2016-0012.

DEAKIN, H.; WAKEFIELD, K. Skype interviewing: Reflections of two PhD researchers. *Qualitative Research*, [s. l.], v. 14, n. 5, p. 603-616, 2014. DOI: https://doi.org/10.1177/1468794113488126.

ETIKAN, I.; ALKASSIM, R; ABUBAKAR, S. Comparison of snowball sampling and sequential sampling technique. *Biometrics & Biostatistics International Journal*, [s. l.], v. 3, n. 1, p. 6-7, 2016. DOI: https://doi.org/10.15406/bbij.2016.03.00055.

FEIXA, C.; LECCARDI, C. O conceito de geração nas teorias sobre juventude. *Sociedade e Estado*, [s. l.], v. 25, n. 2, p. 185-204, ago. 2010. DOI: https://doi.org/10.1590/S0102-69922010000200003.

FISHMAN, A.; VIANA, N.; SALEH, M. "Keep it confidential". The secret history of U.S. involvement in Brazil's scandal-wracked Operation Car Wash. *The Intercept*, 2020. Disponível em: https://theintercept.com/2020/03/12/united-states-justice-department-brazil-car-wash-lava-jato-international-treaty/. Acesso em: 15 jul. 2023.

FLICK, U. *Introdução à pesquisa qualitativa*. 3. ed. Porto Alegre: Penso, 2008. 408 p.

FONSECA, Z. Exclusão-inclusão: circularidade perversa no Brasil contemporâneo. *Trabalho, Educação e Saúde*, [s. l.], v. 12, n. 2, p. 231–252, 2014. DOI: https://doi.org/10.1590/S1981-77462014000200002.

GIL, A. C. *Como elaborar projetos de pesquisa*. 4. ed. São Paulo: Atlas, 2002. 175 p.

IAMAMOTO, M. V. O Brasil das desigualdades. *Ser Social*, [s. l.], v. 15, n. 33, p. 261-384, 2013. DOI: https://doi.org/10.26512/ser_social.v15i33.13051.

IBGE. *Síntese de indicadores sociais*: uma análise das condições de vida da população brasileira - 2019. Estudos & Pesquisas, Informação Demográfica e Socioeconômica, 40. Rio de Janeiro: IBGE, 2019. 128 p. Disponível em: https://biblioteca.ibge.gov.br/visualizacao/livros/liv101678.pdf. Acesso em: 15 jul. 2023.

IORGULESCU, M.-C. Generation Z and its perception of work. *Cross-Cultural Management Journal*, [s. l.], v. XVIII, n. 1, p. 47-54, 2016. https://seaopenresearch.eu/Journals/articles/CMJ2016_I1_6.pdf. Acesso em 15 jul. 2023.

JAGER, J.; PUTNICK, D. L.; BORNSTEIN, M. H. More than just convenient: the scientific merits of homogeneous convenience samples. *Monographs of the Society for Research in Child Development*, [*s. l.*], v. 82, n. 2, p. 13-30, 2017. DOI: https://doi.org/10.1111/mono.12296.

KAPIL, Y.; ROY, A. A critical evaluation of Generation Z at workplaces. *International Journal of Social Relevance & Concern*, [*s. l.*], v. 2, n. 1, p. 10-14, 2014. Disponível em: https://ijournals.in/wp-content/uploads/2017/07/IJOURNAL_CAMERA_READY.pdf.

Acesso em 15 jul. 2023.

LANIER, K. 5 things HR professionals need to know about Generation Z. *Strategic HR Review*, [*s. l.*], v. 16, n. 6, p. 288–290, 2017. DOI: https://doi.org/10.1108/SHR-08-2017-0051.

MACHADO, M. *Consumo e politização*: discursos publicitários e novos engajamentos juvenis. Rio de Janeiro: Mauad X, 2011. 236 p.

MANNHEIM, K.; YNCERA, I. S. DE LA. El problema de las generaciones. *Revista Española de Investigaciones Sociológicas*, [*s. l.*], n. 62, p. 193-242, 1993. DOI: https://doi.org/10.2307/40183643.

MANZINI, E. J. Uso da entrevista em dissertações e teses produzidas em um programa de pós-graduação em educação. *Revista Percurso - NEMO*, [*s. l.*], v. 4, n. 2, p. 149-171, 2012. Disponível em: https://periodicos.uem.br/ojs/index.php/Percurso/article/view/49548. Acesso em: 15 jul. 2023.

MARILENA Chaui – Eu odeio a classe média (fala completa). [*S. l.: s. n.*], 2014. 1 vídeo (20 min). Publicado pelo canal Fayvit. Disponível em: http://www.youtube.com/watch?v=fdDCBC4DwDg. Acesso em: 15 jul. 2023.

MARX, K. [1867]. *Capital. A critique of political economy.* v. 1. Middlesex: Penguin Books, 1982. 1.141 p.

MORRIS, A. *A practical introduction to in-depth interviewing*. Londres: Sage, 2015. 160 p.

NERI, M. Juventude, educação e trabalho. Impactos da pandemia nos Nem-Nem. Rio de Janeiro: *FGV Social*, 2021. Disponível em: https://www.cps.fgv.br/cps/bd/docs/TEXTO-Pandemia-Jovens-Nem-Nem_Sumario-Marcelo_Neri_FGV_Social.pdf. Acesso em: 15 jul. 2023.

OLSEN, W. *Coleta de dados*: debates e métodos fundamentais em pesquisa social. Porto Alegre: Penso, 2015. 232 p.

OSE, S. O.; JENSEN, C. Youth outside the labour force - Perceived barriers by service providers and service users: A mixed method approach. *Children and Youth Services Review*, [s. l.], v. 81, p. 148-156, 2017. DOI: https://doi.org/10.1016/j.childyouth.2017.08.002.

OZKAN, M.; SOLMAZ, B. The changing face of the employees – Generation Z and their perceptions of work (A study applied to university students). *Procedia Economics and Finance*, [s. l.], v. 26, p. 476-483, 2015. DOI: https://doi.org/10.1016/S2212-5671(15)00876-X.

POPE, C.; ZIEBLAND, S.; MAYS, N. Qualitative research in health care. Analysing qualitative data. *BMJ*, [s. l.], v. 320, p. 114-116, 2000. DOI: https://doi.org/10.1136/bmj.320.7227.114.

PRADO, A. C. DA S. A.; SILVA, C. R.; SILVESTRINI, M. S. Youths, work and culture in neoliberal rationality times. *Cadernos Brasileiros de Terapia Ocupacional*, [s. l.], v. 28, n. 2, p. 706-724, 2020. DOI: https://doi.org/10.4322/2526-8910.ctoARF1846.

RJ ESTABELECE novos pisos salariais – Válidos a partir de 01/01/2019. *Guia Trabalhista*, [2019?]. Disponível em: https://www.guiatrabalhista.com.br/tematicas/piso_estadual_rj.htm. Acesso em: 15 jul. 2023.

ROEPE, L. R. 5 Ways Gen Z can ask their manager for help with communication skills. *Forbes*, Jersey City, 28 mar. 2017. Disponível em: https://www.forbes.com/sites/lisaroepe/2017/03/28/5-ways-gen-z-can-ask-their-manager-for-help-with-communication-skills/?sh=49ad792b7bb2. Acesso em: 15 jul. 2023.

SANTOS, J. D.; MAGRO, M. L. P. D.; MORGAN, A. Desafios para a inserção e permanência dos alunos nas empresas vinculadas ao Programa Jovem Aprendiz do Senac Chapecó, SC. *Navus* – Revista de Gestão e Tecnologia, [s. l.], v. 11, p. 1-15, 2021. https://navus.sc.senac.br/index.php/navus/article/view/1557/pdf. Acesso em: 15 jul. 2023.

SEGRAN, E. Your guide to Generation Z: The frugal, brand-wary, determined anti-millennials. *Fast Company*, 8 set. 2016. em: https://www.fastcompany.com/3062475/your-guide-to-generation-z-the-frugal-brand-wary-determined-anti-millen. Acesso em: 15 jul. 2023.

SILVA JUNIOR, P. R. da; MAYORGA, C. Análise Lexical sobre o/a jovem nem-nem no documento Trabalho Decente e Juventude / OIT. *Revista Subjetividades*, [s. l.], v. 21, n. 3, p. 1-14, 2021. DOI: https://doi.org/10.5020/23590777.rs.v21i3.e11349.

TAXA de desemprego entre os mais jovens está acima de 20% desde 2016. *G1 Jornal Nacional*, Rio de Janeiro, 30 mar. 2022. Disponível em: https://g1.globo.com/jornal-nacional/noticia/2022/03/30/taxa-de-desemprego-entre-os-mais-jovens-esta-acima-de-20percent-desde-2016.ghtml. Acesso em: 15 jul. 2023.

UF – % Nem entre Jovens 15 a 29 anos - 2014.4 / 2019.4 / 2020.4. FGV Social – Centro de Políticas Sociais, [2021?]. Disponível em: https://cps.fgv.br/mapa-uf-nem-nem-entre-jovens-15-29-anos-20144-20194-20204. Acesso em: 15 jul. 2023.

VIANA, N. Regime de acumulação, gerações e juventude. *Revista Espaço Acadêmico*, [*s. l.*], v. 11, n. 129, p. 56-67, 2012. Disponível em: https://periodicos.uem.br/ojs/index.php/EspacoAcademico/article/view/15727/8637. Acesso em 15 jul. 2023.

WEBER, M. [1930]. *The protestant ethic and the spirit of capitalism.* Londres: Routledge, 2005. 271 p.

WENGER, E. *Communities of* Practice: learning, meaning and identity. 18. ed. Nova York: Cambridge University Press, 1998. 336 p.

YIN, R. K. *Case study research*: design and methods. 4. ed. Thousand Oaks: Sage, 2009. 217 p.

EDUCAÇÃO, REDES E PRECONCEITO

Leonardo Viana[91]
Ibis Marlene Alvarez Valdivia
Milton N. Campos

Bem antes de chegar a se tornar foco de produção de *fake news* (LOPEZ-BORRULL; VIVES-GRÀCIA; BADELL, 2018), o aparecimento da internet, no mundo e no Brasil, veio envolto de otimismo. Desenvolvida, em seus primórdios, por diversos consórcios internacionais envolvendo os Estados Unidos (ARPANET), a França (CYCLADES), a Suíça e o Reino Unidos (EIN – Rede Europeia de Informática), além de outros países, como Austrália, Espanha e estados nórdicos, a rede de computadores, no campo da educação, foi vista como possibilitadora de produção de conhecimentos em universidades que, já reconhecidas por seu mérito acadêmico, poderiam ampliá-la chegando a lugares remotos (NISKIER, 1999). O que, há três décadas, era um novo horizonte tornou-se, ao longo do tempo, notadamente durante a pandemia de COVID-19, uma realidade incontornável. O potencial anteriormente identificado de poder auxiliar regiões mais distantes na qualificação da mão de obra, conseguir fixá-la em sua própria localidade, evitando deslocamentos aos grandes centros urbanos para aprender (SILVA, 2010; HERNANDES, 2017), passou a ser palavra de ordem no início dos anos 2020.

Consciente das possibilidades da internet, e com o propósito de ampliar a oferta e a formação profissional de jovens por meio de cursos e programas de ensino superior no país, o governo brasileiro instituiu, em 2006, a Universidade Aberta do Brasil (UAB). O objetivo central da medida foi desenvolver a modalidade de educação à distância (BRASIL, 2006) levando instrução pública para a capacitação de milhares de pessoas, notadamente professores do ensino básico, de modo a melhorar a qualidade do sistema educativo público do país. Atualmente conhecida como "ensino remoto" — termo utilizado para evitar que as novas modalidades educativas que emergiram com as dificuldades da pandemia de COVID-19 fossem confundidas com o acrônimo EaD — a educação a distância, na verdade, tem dado

---

[91] Para fins da realização da pesquisa, Leonardo Viana obteve auxílio, por meio de bolsa de estudos de doutorado saduíche, da CAPES, órgão ligado Ministério da Educação, realizado na Universitat Autónoma de Barcelona. Milton N. Campos obteve auxílio da FAPERJ. Projeto n.º 2104842016.

contribuições importantes para a sociedade, apesar de estar envolta em uma série de controvérsias, no mais das vezes, ancoradas em preconceitos construídos, por diversas razões, ao longo do tempo. Compreender a produção de preconceitos relativos aos usos da internet na educação, associados à EaD, foi o objetivo central do estudo que apresentamos neste capítulo. Aqui reportamos o que aprendemos com esta pesquisa, iniciada no período pós-impeachment da ex- Dilma Rousseff e completada em 2021 e 2022, quando houve o auge e arrefecimento da pandemia de COVID-19 no Brasil.

Nos anos que se seguiram à implantação da UAB, segundo uma pesquisa pioneira realizada pela Confederação Nacional da Indústria (CNI), 79% da população consultada afirmou concordar, total ou parcialmente, que os cursos on-line seriam uma solução para o Brasil poder levar educação a mais pessoas, ainda que 92% dos respondentes declarassem nunca ter realizado estudos a distância (CONFEDERAÇÃO NACIONAL DA INDÚSTRIA – CNI, 2014). Dados a favor de uma tal empreitada, à época, não faltavam. De acordo com a Secretaria de Comunicação do Governo Federal, em 2016, mais da metade da população brasileira já estava conectada à internet, acessando a rede a partir de suas residências (BRASIL, 2016). O uso significativo e a ampla capilaridade da internet indicavam, portanto, terreno propício para a expansão da EaD. Apesar desses indícios, estatísticas recentes — publicadas anualmente, com acesso restrito a usuários do sistema "gov.br", pelo Instituto Nacional de Estudos e Pesquisas Educacionais Anísio Teixeira (INEP) —, além de serem incompletas, não possibilitam o estabelecimento de quadros comparativos compreensíveis entre educação a distância e presencial. Quando fizemos buscas no site do governo federal para atualizar dados, à época do fechamento deste livro, em novembro de 2022, as informações que emergiram sobre educação a distância provinham, em sua maioria, da década de 2010 quando o país foi governado por Luiz Inácio Lula da Silva e Dilma Rousseff. A falta de transparência, se não impede, torna quase impossível a tarefa de se saber se houve investimentos na área durante a pandemia. Com certeza, as ações — ou melhor, inações — recentes da administração federal não devem ter contribuído para que a produção simbólica de grande resistência à EaD (SILVA, 2010; VIANA, 2011) tenha melhorado. As resistências não vêm somente da obscuridade do governo de extrema-direita iliberal do Brasil, mas também de setores à esquerda, fundadas em percepções pouco alinhadas com a realidade dos fatos e ancorada em preconceitos ideológicos, como o de associá-la, necessária e exclusivamente, a interesses capitalistas excusos em detrimento dos processos educativos oferecidos por instituições públicas.

VIOLAÇÕES BÁRBARAS: OLHARES JOVENS

Curiosamente, à parte os embates ideológicos envolvendo a discussão a respeito da integração de tecnologias digitais na educação, até as novas gerações eram portadoras de uma grande carga de preconceitos e medos. Nem mesmo os chamados "nativos digitais", que nasceram na era da internet e seriam a promessa de um futuro em que a educação também poderia fluir remotamente por meio da tecnologia, com mais chances de superar barreiras, foram capazes de resistir à carga negativa associada à EaD. Assim como as gerações que os precederam; apesar do uso intensivo das redes, as pessoas jovens pareciam resistir à integração de tecnologias digitais nas interações educativas (PRENSKY, 2001; ALVAREZ; GUASCH; ESPASA, 2009; FUNDAÇÃO TELEFÔNICA VIVO, 2016).

Para buscar compreender tal realidade, adotamos como ferramenta teórica a noção de representação social para acessar as ideias que jovens fluminenses de baixa renda construíram a respeito da educação a distância. O Brasil é hoje um país completamente conectado: 100% dos domicílios nacionais têm acesso à internet, segundo a Pesquisa Nacional por Amostra de Domicílios Contínua (PNAD), realizada, em 2021, pelo Instituto Brasileiro de Geografia e Estatística (IBGE, 2022). Parece, portanto, estranho que, em tal contexto, haja preconceito e resistência à EaD, notadamente no ensino superior, em que pese a experiência coletiva com a poandemia de COVID-19. Esse fator, muitas vezes, impede o acesso das juventudes a maneiras facilitadoras de formação educativa totalmente a distância, mas também por meio modalidades alternativas, como o ensino híbrido, que integra as modalidades remota e presencial (CAMPOS, 2004; ALVAREZ; OLIVERA-SMITH, 2013).

ENTRE A DESCONFIANÇA E A TECNOLOGIA

Construiu-se, na cultura brasileira, a ideia de que o ensino formal desenvolvido no ciberespaço não teria o mesmo valor do que o tradicional, baseado no intercâmbio pedagógico em aulas presenciais. Por conta de uma série de construções históricas, entre as quais apontaremos algumas mais adiante, setores significativos da população não valorizam estudos realizados a distância; subestimando-os e desqualificando-os, quando comparados aos presenciais (CNI, 2014). Exemplos de negatividade relacionados a essa modalidade na época do impeachment da ex-presidenta Dilma Rousseff são os resultados de uma pesquisa coordenada por uma entidade sem fins lucrativos que, em 2016, entrevistou adolescentes e jovens adultos até 24 anos, constatando, entre outros aspectos, que uma maioria de 93% dos respondentes não queria fazer ou não faria cursos a distância ou semipresenciais (FUNDAÇÃO TELEFÔNICA VIVO, 2016). Aos pesquisadores, as pessoas jovens manifestaram preocupação e receio de um possível não reconhecimento social dos diplomas de estudos concluídos na modalidade EaD, produzindo sentimentos de medo e preconceito?

Resistência e preconceito

Há mais de uma década, Litto e Formiga (2009) já haviam tratado do preconceito com a educação a distância, considerando-o infundado e expresso por negatividade irrazoável. Corrêa e Santos (2009), em pesquisa do mesmo teor, sugeriram que a percepção afetiva da maioria dos alunos era negativa. Nesse estudo constataram que 79% dos alunos de cursos presenciais para os quais existia a opção de EaD avaliaram-na negativamente. O estudo mostrou que pessoas que nunca passaram por uma experiência de aprendizado a distância expressaram desprezo explícito por essa modalidade educativa, qualificando-a com adjetivos pejorativos, como "absurda", "incompleta", "engano" (enganosa), "superficial" e "antissocial". Mais preocupante ainda foi a constatação de que muitos alunos que frequentaram cursos a distância, mesmo com resultados positivos, também expressavam uma visão negativa. Essas percepções parecem não ter se modificado uma década depois. Pesquisa recente, com milhares de jovens fluminenses de baixa renda, sugere facetas ocultas que revelariam preconceito com a EaD. Esta investigação leva a resultados similares, indicando uma visão negativa, ruim, relacionada não somente a indivíduos específicos, mas também a representações sociais ancoradas na população em geral. Em diversos casos, sugere demérito não só da modalidade de EaD, como também depreciação de quem a escolhe (VIANA, 2020).

É possível que tais preconceitos derivem da história da EaD no Brasil. O ensino a distância foi popularizado, em seus primórdios, por meio da implantação de cursos profissionalizantes de baixo valor acadêmico, voltados para um público de baixa renda, como eletrônica básica, costura, mecânica, suplementos, entre outros (VIANA, 2011). No entanto, falamos aqui de um tempo em que os materiais desses cursos eram enviados pelo correio. Hoje, popularmente, diz-se de um mau profissional que "[...] obteve o diploma por correspondência" (FERREIRA; VALÉRIO; SOUZA, 2010, p. 149). Nos tempos atuais, no entanto, as ofertas de cursos são muito mais extensas,

VIOLAÇÕES BÁRBARAS: OLHARES JOVENS

abarcando programas de ensino superior completos. Ao revisar os motivos a respeito de quem se interessa pela EaD, verifica-se que estão relacionados com a conveniência do horário e flexibilidade, na medida em que a maior parte das pessoas que buscam estudar nessa modalidade é de trabalhadores (ABED, 2016). Para muito pesquisadores, a motivação parece estar ligada a fatores, como necessidades pessoais, habilidades, interesses e estilos de aprendizagem (FERREIRA; VALÉRIO; SOUZA, 2010; OLIVEIRA; AARRE-NIEMI-JOKIPELTO; SOARES, 2015; SILVA; PEIXOTO; PACHECO, 2017). A possibilidade de conciliar trabalho e estudo costuma pesar na decisão. Ainda assim, conhecia-se, até antes da pandemia de COVID-19, que tornou essa modalidade de estudos lugar comum, um processo significativo de evasão da universidade a distância no Brasil. Para alguns autores, trata-se de uma utilização instrumental (SANTOS, 2006) já que, muitas vezes, não é escolhida como a primeira nem como a melhor opção. No plano social, os alunos que abandonam os estudos a distância relatam sentir-se afetados pela qualidade da interação com seus tutores, pois a falta da convivência diária com outros colegas os leva a se sentir isolados (AQUINO, 2016; CIDRAL *et al.*, 2018). Já em relação às competências, a adaptação a novos modelos de aprendizagem e a falta de domínio da tecnologia poderiam ser outros fatores influenciadores das avaliações negativas da EaD (UMEKAWA; ZERBINI, 2015; AQUINO, 2016).

Essas questões são muito sérias e relativas a contextos socioculturais. Os resultados das pesquisas realizadas em meados dos anos 2010 reafirmam as avaliações de Corrêa e Santos (2009) quanto à necessidade de se pensar em adaptar a modalidade EaD a métodos pedagógicos mais atuais. De acordo com os fundamentos pedagógico-metodológicos da proposta desses autores, coerente com pesquisas internacionais realizadas, bem antes dos anos 2000, nos países escandinavos, Canadá e Estados Unidos, os professores que anteriormente exerciam um papel centralizador como provedores e intermediários do conhecimento, de controle na sala de aula, na modalidade virtual passariam a exercer função de facilitadores dos conhecimentos diante de uma maior autonomia e responsabilização dos alunos; ou seja, uma pedagogia centrada nos discentes promovendo a coconstrução dos conhecimentos em rede (SCARDAMALIA; BEREITER, 2006; LAFERRIÈRE, 2017). Pesquisas realizadas no Canadá destinadas a facilitar o acesso aos conteúdos e à construção de conhecimentos dão conta de vários tipos de trabalho de facilitação pedagógica em ambientes virtuais, como tutoria e moderação, com efeitos nas escolhas de técnicas pedagógicas. A construção de diferentes cenários, como simulações de situações reais, desenvolvimento de estratégias de revisão científica por pares e processos de argumentação em rede, são alguns dos exemplos (CAMPOS, 2004). Tais empreendimentos pedagógicos propiciam avanços cognitivos na aprendizagem, em termos cognitivos. Ou seja, a adequação das ferramentas tecnológicas na integração de processos ensino-aprendizagem, principalmente nos casos da modalidade híbrida — presencial e a distância (HARASIM, 2017), há muito tempo, foi reconhecida pela comunidade científica internacional, e continua a sê-lo em tempos de pandemia (BONK, 2020).

Por que então há preconceitos no Brasil? Ferreira e colaboradores (2010) afirmam que as transformações nos modelos criam espaços de desconforto que geram preconceitos, na medida em que mudam a cultura nos ambientes acadêmicos, geralmente distante da realidade do trabalho que os discentes, já formados, devem enfrentar. Questionando tal resistência, certos pesquisadores defendem a ideia de que a educação a distância criaria oportunidades, tanto para na academia quanto para a formação contínua, para quem já estivesse no mercado e desejasse aprimorar seus conhecimentos e ainda para quem enfrentasse barreiras para cursar o ensino presencial (MARCHISOTTI; OLIVEIRA; LUKOSEVICIUS, 2017). Alguns estudos de duvidosa seriedade científica têm disseminado a ideia de que a EaD funcionaria como uma "segunda chance" para pessoas que não conseguiram terminar seus estudos no "tempo esperado" (SCHLICKMANN *et al.*, 2009). Seriam, nesse sentido, estudos deficientes, associados a "remendos", produzindo profissionais "inferiores" àqueles que se formam em modalidades tradicionais de ensino presencial. Tais estudos geradores de preconceitos, fundados em conclusões acríticas, devem, na nossa opinião, ser denunciados por se amparar em ideologias que, no mais das vezes, são classistas, racistas e misóginas, já que tradicionalmente são as populações desfavorecidas, de maioria afrodescendente e de mulheres com dupla jornada de trabalho que acabam buscando na EaD uma saída para a injustiça educativa a que foram relegadas pela história tecnoescravocrata brasileira.

Em relação ao problema da resistência, existem várias abordagens que foram sistematizadas no modelo conhecido como Unified Theory of Acceptance in the Use of Technology – UTAUT (VENKATESH *et al.*, 2003). Segundo o modelo, a resistência poderia estar vinculada a dimensões, distribuídas entre fatores individuais e/ou sociais. Albertin e Brauer (2012), em um estudo realizado no Brasil, adaptaram esse modelo teórico para estudar a resistência à EaD em organizações empresariais, propondo as dimensões

VIOLAÇÕES BÁRBARAS: OLHARES JOVENS

de autoeficácia, competência em Tecnologias da Informação e da Comunicação (TIC), expectativas de desempenho e de esforço, influência social, condições facilitadoras, interatividade e comunicação interna. Resultado de extensa revisão bibliográfica, as dimensões propostas por esses pesquisadores validam a existência de fatores que produzem resistência à EaD.

Há fatores, na construção de percepções negativas relacionadas à EaD, que independem da problemática do desempenho acadêmico, mas nele interferem. Castaman e Rodrigues (2020), em uma pesquisa exploratória junto a estudantes gaúchos durante a pandemia de COVID-19, quando o ensino remoto se tornou a solução da preservação do sistema educativo durante a crise sanitária, acreditam que as dificuldades do dia a dia produzem negatividade. O estudo aponta que mais da metade dos discentes consultados têm dificuldade de compreender os conteúdos, de organizar o tempo e conseguir prestar atenção às aulas. Esse resultado nos remete à problemática, largamente apontada na literatura científica, de percepção de fraco desempenho que a inexperiência de docentes com EaD, aliada à adoção de pedagogias inapropriadas e às precárias condições tecnológicas, produz, levando a sentimentos negativos.

Dados concretos de adoção de processos de ensino-aprendizagem virtuais, no entanto, apontam para questões de estrutura pedagógica. Estudo comparativo realizado por Silva (2010), em cursos oferecidos por universidades fluminenses dotadas de centros de ensino remoto (disciplinas de Ciências ensinadas em cursos de Administração), por exemplo, não encontrou diferenças notáveis entre o desempenho de discentes no ensino presencial e a distância. Conclusão semelhante foi apontada anteriormente em estudo realizado por Cacique (2000), em Minas Gerais, ao comparar o curso de Métodos de Produção e Controle de Aguardente Artesanal presencial com um equivalente não presencial via internet; da mesma forma, mas com resultado mais positivo, na Universidade Rural do Rio de Janeiro (UFRRJ) o curso de Administração no Exame Nacional de Desempenho do Estudante (ENADE) oferecido a distância obteve nota média superior ao mesmo curso presencial. No ranking divulgado, esse curso obteve a nota máxima. Segundo Moore e Kearsley (2007), a resistência dos alunos poderia estar associada a uma representação incorreta da realidade segundo a qual as demandas acadêmicas de formação por meio da EaD seriam menores comparativamente ao ensino presencial. Uma pesquisa realizada pela Associação Brasileira de Educação a Distância (ABED) corroborou a tese de Moore e Kearsley sobre expectativas equivocadas de parte dos discentes. O estudo da ABED (2016) indicou que, em 2015, a taxa de evasão nos cursos de EaD foi de 40%, maior que a do sistema tradicional de ensino presencial quando, às vezes, se passa contrário.

Em suma, os estudos que apresentamos, apesar de seletivos e limitados, deixam poucas dúvidas sobre a relevância da problemática da negatividade, mais especificamente relacionadas ao preconceito e resistência. Para se pensar em transformações pedagógicas que contemplem o que as tecnologias digitais têm a oferecer de positivo é preciso uma revolução de atitudes e comportamentos que, muito possivelmente, a adoção generalizada das tecnologias começou a produzir por conta da pandemia de COVID-19. As representações sociais sobre a EaD, de jovens brasileiros de baixa renda que têm a opção de acessar os estudos universitários por meio dessa modalidade, foi o foco da pesquisa que realizamos e ora apresentamos. Especificamente, buscamos refletir sobre o hiato entre os preconceitos que podem influenciar na resistência à EaD na época em que a primeira etapa da pesquisa foi realizada, e aqueles identificados no auge e arrefecimento da pandemia de COVID-19, entre 2021 e 2022. Além disso, partimos de uma abordagem teórica específica a respeito das representações sociais por razões instrumentais, pela sua facilidade de aplicação, para ampliá-la em seguida, de maneira significativa, na direção de uma perspectiva interpretativa com o objetivo de buscar apreender os sentidos que a educação produz em jovens, quando se dá de maneira remota, à distância.

OS SENTIDOS DO APRENDER MEDIADO

Os sentidos das trocas educativas

Os processos educativos configuram-se, essencialmente, como trocas intersubjetivas que ocorrem em contextos comunicativos. A teoria da ecologia dos sentidos (CAMPOS, 2007, 2015, 2017) parte do pressuposto de que que as ações dos sujeitos no mundo são complexas porque se constituem em contextos em que sistemas abertos naturais e culturais. Neles concorrem inúmeras dimensões afetadas tanto pelos sujeitos (cognições, afetividade e emoções, juízos) quanto pelo meio ambiente em que vivem (local, geografia e economia que definem as condições materiais de existência), ancoradas no processo histórico. Consideramos também, nas relações entre as pessoas e a natureza, produções humanas de objetos e processos, como as tecnologias de mediação que permitem aos sujeitos de, a partir de suas "lentes", compreenderem-se a si e construirem imagens de si, das coisas do mundo e das próprias ferramentas mediadoras, em função de suas estruturas modeladoras. Ou seja, as relações intersubjetivas produzem caminhos diferentes, dependendo da presença ou não de "lentes" tecnológicas — enquanto processos perceptivos mediados — e em função das especificidades de cada uma delas. Neste estudo, tratou-se de buscar compreender os sentidos de coconstruções entre os sujeitos entre si e o mundo ambiental, considerando o último no contexto de ferramentas de mediação que interferem na coprodução das comunicações, de modo a fazer emergir as percepções a respeito de contextos mediados a distância para fins educativos e a consequente construção de imagens de mundo e eles relacionadas. A pesquisa não foi realizada, portanto, sobre processos específicos de educação realizados a distância, mas sobre as ideias que jovens fluminenses de baixa renda têm sobre a possibilidade de se educar de maneira remota.

As ecologias dos sentidos, como é da natureza dos sistemas biológico-culturais abertos, fluem em processos de equilibração que se constituem em trocas humanas, comunicativas. O termo "mecânicas simbólicas" poderia se aplicar a essas trocas porque tem dimensões tanto orgânico-biológicas como sociossimbólicas. Nos processos ecológicos dos sentidos, suas dimensões interagem (integrativamente) em busca de equilíbrio comunicativo que, rompido pelas diversas ciscunstâncias dos vividos existenciais e dos contextos de ocorrência de eventos sócio-ambientais, produz adaptações sempre provisórias e progressivas. Poderíamos traduzir a produção de imagens do mundo, decorrente desse processo, como "representações em ação", próximas ao sentido dado por Varela (1996) às enações. Não entendemos a noção de "representação" pelo significado abstrato descorporeificado de algo, mas como uma memória viva latente que é permanentemente ativada pelas circunstâncias do vivido. É, portanto, processual e, nos seres humanos, essencialmente cultural. Em seu fluir perpétuo, pelo fato de as representações em ação estarem relacionadas com a produção de sentidos, emergem das experiências existenciais dos sujeitos que podem ser entendidas como representações individuais (PIAGET, 1977), mas também de experiências vividas em relações de grupo — representações socializadas (GRABOVSCHI, 2011) — ou ainda experiências compartilhadas no agir social — representações sociais (MOSCOVICI, 1989). As duas últimas demandam a intersubjetividade explícita das trocas por meio do compartilhamento de ideias, ideologias, crenças, relacionadas com sentimentos ético-morais dos sujeitos que, em função das relações de poder instauradas na sociedade, nos territórios onde vivem, produzem os sentidos do viver, com consequentes tomadas de posição diante dos contextos culturais do vivido (CAMPOS, 2015, 2017).

No processo de trocas, as ecologias vão se traduzir, em momentos específicos de seu fluir, em estados de equilibração resultantes da prevalência de sentimentos autônomos de cooperação que produzem satisfação, sentimentos de valorização do outro e gratidão. Podem também produzir estados resultantes da prevalência de coações fundadas em mecanismos de exercício de poder que fazem emergir dificuldades, insatisfações, sentimentos de desvalorização e de ressentimento. Por conta de circunstâncias próprias à tecnologia (dificuldades de acesso, de sinal etc., mas também possibilidades novas de melhoria dos processos educativos), as representações em ação juvenis a respeito de formas de educação se realizam a partir de ferramentas digitais, como lentes de mediação, e de memórias prévias que incidem nos juízos. Essas representações acabam por produzir tendências, seja à coconstrução positiva de ideias, valorizadas por conta da satisfação das pessoas jovens, seja à coconstrução negativa de ideias, desvalorizadas por conta de sua insatisfação. No caso das representações em ação de preconceito e resistência, a pesquisa que desenvolvemos quis compreender os processos de produção das manifestações de insatisfação.

Representações sociais em ação

A teoria das representações sociais nasce de uma proposição alternativa à prevalência das abordagens behavioristas em psicologia social. Apresentada por Serge Moscovici (2004), no início dos anos de 1960, em uma tese explorando as ideias do senso comum que as pessoas tinham a respeito da psicanálise, propõe-se a estudar a dimensão simbólica de construções coletivas como compartilhamentos de significados que constituem ideologias. Segundo Sá (1996), são três as correntes principais e complementares da teoria das representações sociais: "processual", que integra discurso às práticas para compreendê-las como ideologias prevalentes na sociedade, mais alinhada à proposta inicial de Moscovici (JODELET, 2005); "estrutural", chamada de teoria do núcleo central, por buscar identificar quantitativamente as representações sociais centrais e periféricas em um campo problemático (ABRIC, 2016), e "societal", ligada à chamada Escola de Genebra que, apoiada no pensamento de Bourdieu, enfoca a posição social do indivíduo como determinante e a do grupo como preponderante na produção de representações sociais (DOISE, 2002).

Para que possamos compreender os sentidos do aprender mediado, a abordagem mais adequada dentro da perspectiva da teoria das representações sociais, ecologicamente falando, é a processual. No estudo que realizamos, no entanto, a primeira etapa foi ancorada principalmente em dados quantitativos, com a adoção da abordagem estrutural. Essa adoção, em um primeiro momento, foi realizada por permitir o tratamento estatístico dos dados na medida em que utilizamos uma ferramenta capaz de trazer medidas à tona. Na segunda etapa, fechamos o processo de análise transitando da abordagem estrutural para a processual, integrando ambas as perspectivas na teoria da ecologia dos sentidos. Nessa última, o compartilhamento simbólico, as imagens de mundo que coconstroem configurações de sentidos podem ser entendidas como representações em ação (CAMPOS, 2015, 2017).

Como é de conhecimento notório em psicologia social, os estudos sobre representações sociais tiveram como foco produções discursivas, em sua maioria, trazidas por técnicas tradicionais das ciências sociais, como entrevistas, anotações de campo, observação tradicional, observação participante etc. (SPINK, 1996; REIS; BELLINI, 2011). No entanto, essas formas de trabalho artesanal de tratamento de dados, não automatizadas, ancoradas em processos interpretativos na construção das pesquisas (MARKOVÁ, 2003), foram, de certa maneira, desafiadas por abordagens inspiradas no movimento cibernético de orientação cognitivista, fundadas em sistemas matematizáveis (SÁ, 2002). Sá (1996) explica que, servindo-se de dados dessa natureza para se buscar compreender as representações sociais, surge o grupo francês Midi (Université de Montpellier), liderado por Jean-Claude Abric (2016), que, com a colaboração posterior de autores, como Flament, Moliner, Guimelli e outros, propõe o enfoque estrutural das representações ou teoria do núcleo central. O autor explica ainda que Abric uniu uma metodologia sistematizada e o princípio experimental, consolidando a primeira tentativa laboratorial de se trabalhar a ideia de representações sociais (SÁ, 1996). Essa abordagem possui três fundamentos: as representações sociais são elementos de sistemas sociocognitivos estruturados e organizados; a estrutura completa de uma representação social é constituída de dois subsistemas: um núcleo central e um sistema periférico; conhecer o conteúdo de uma representação social no modelo estruturante não implica uma definição completa: é necessária a identificação de um núcleo central que propiciará a identificação dos laços que unem entre si os elementos do conteúdo complexo que reagem à sua transformação na periferia (MAZZOTTI, 2002).

A proposta estrutural das representações sociais, na prática, traduz-se, de forma geral, na sistematização de replicações de palavras-chave por parte de indivíduos de um grupo, por meio da técnica de coleta de dados discursivos denominada "Técnica de Associação Livre de Palavras (TALP)", que apresentamos na próxima seção deste capítulo. Nela, o pesquisador pode interrogar os sujeitos sobre determinadas imagens mentais de ideias (REIS; BELLINI, 2011). Depois, à medida que são replicadas, identifica-se seu núcleo central e periferia, de acordo com o números de vezes que a mesma palavra foi evocada pelo grupo (SÁ, 1996; MAZZOTTI, 2002).

Visto que a matematização das ideias as congela em um determinado momento e, ao mesmo tempo, permite buscar indícios de representações sociais, na primeira etapa buscamos, para compreender os sentidos do aprender a distância enquanto processo, trabalhar, em um momento posterior, a maneira como são compartilhadas as imagens de mundo; ou seja, como se coconstroem realidades junto às pessoas jovens fluminenses de baixa renda que colaboraram conosco na pesquisa. Assim, na segunda etapa de análise e interpretação final, como já mencionamos, a abordagem qualitativa da teoria da ecologia dos sentidos permitiu integrar as reflexões derivadas dos resultados da primeira fase, na busca dos sentidos da educação a distância que emergiram ao longo da segunda etapa.

DESIGN DO ESTUDO

Método

Como já mencionado, realizamos uma investigação exploratória com jovens fluminenses de baixa renda, integrando aspectos quantitativos e qualitativos, com o objetivo de compreender a transformação, ao longo do tempo, de suas percepções a respeito do ensino a distância, seus sentidos sobre o aprender e a educação. Foram integrados, dessa maneira, instrumentos de medida e de levantamento de narrativas. Adotamos o estudo de caso coletivo longitudinal, método com fundamento empírico que busca explorar contextos que interessam a grupos específicos que precisam ser melhor conhecidos sistemática e intensivamente (HEALE; TWYCROSS, 2018). Tais abordagens quantitativo-qualitativas têm a vantagem de permitir que os dados quantitativos sejam tratados de maneira a orientara exploração de questões a partir de dados qualitativos a respeito de contextos que necessitam ser melhor compreendidos (YIN, 2009). O caso coletivo específico, aqui, consiste no reconhecimento da existência de processos educativos a distância, por meio dos quais buscamos explorar o entendimento de um grupo de sujeitos a respeito de seu próprio aprendizado. Assim, na primeira etapa, quantitativa, foram levantados dados provenientes de palavras e/ou termos escolhidos, intencionalmente indicados pelas pessoas jovens no período pós-impeachment da ex-presidenta Dilma Rousseff. Na segunda etapa, tendo em mãos escolhas e indicações sugerindo representações sociais específicas do processo de aprendizado por meio do ensino a distância em um momento no tempo, buscamos, a partir de entrevistas semiestruturadas em profundidade (MORRIS, 2015), apreender seus sentidos refletindo sobre narrativas coletadas no auge da pandemia de COVID-19. Como convém a um estudo de caso, as informações recolhidas foram trianguladas no final do processo. Explicamos o processo na subseção de análise e interpretação dos dados.

Escolha das pessoas jovens participantes da pesquisa

A estratégia de amostragem das pessoas jovens de baixa renda, na primeira etapa, corresponde à que foi adotada nos capítulos "Pescaram lixo na rede", "21 tons de medo" e "De mal a pior", explicada no capítulo "Panorama das juventudes".[92] No que se refere especificamente a este capítulo, lembremos primeiramente que a primeira fase da pesquisa foi realizada na época do pós-impeachment da ex-presidenta Dilma Rousseff. Nesse tempo, a possibilidade de ocorrer uma pandemia seria vista com incredulidade. Em segundo lugar, as pesquisas mencionadas nos capítulos anteriores, incluindo esta, partiram todas de um questionário guarda-chuva de tipo *survey* em que 10.427 jovens do Grande Rio com renda máxima de 1.320 reais, em 2019, foram convidados a participar por e-mail, dos quais 265 responderam; dentre eles, foram validados 248 (FREITAS *et al.*, 2000; FRICKER JR., 2012). Esse instrumento quantitativo, detalhado no capítulo "Panorama das juventudes", foi enriquecido com algumas questões qualitativas que abordaram, naquela época, vários temas relacionados com as vivências juvenis. Entre os temas,

---

[92] O acesso às pessoas jovens que participaram da pesquisa, assim como o conjunto de procedimentos, foi autorizado pelo Comitê de Ética do CFCH da UFRJ, por meio dos Certificados de Ética de n.º 50100415.6.0000.5582, de 4 de novembro de 2015, e de n.º 04553218.0.0000.5582, de 21 de fevereiro de 2019.

alguns foram organizados em seções focando na problemática da educação, notadamente na do ensino a distância. A partir dos resultados dessas seções, viabilizamos a primeira etapa deste estudo. Por conta disso, cabe ressaltar que ele lança um olhar especial visto que a busca de se estudar a distância era, na época, realmente uma opção aberta a um número restrito de pessoas de um grupo social bem específico tentando articular trabalho e estudos.

A orientação na primeira etapa (coerente com a perspectiva de Abric) foi híbrida, à medida que os conhecimentos que emergiram do questionário quantitativo foram aprofundados na segunda etapa. Adotamos uma estratégia de amostragem intencional por critério (GLASER; STRAUSS, 1967). Dentre as pessoas jovens de baixa renda que queriam entrar em cursos preparatórios buscando uma chance de melhorar de vida e que haviam respondido ao questionário, conseguimos contatar, quatro anos depois, cinco que haviam se disponibilizado para entrevistas e tinham interesse no tema da educação a distância, adotada massivamente durante a pandemia de COVID-19. Esse procedimento permitiu aprofundar as percepções de jovens com ideologias bastante diferentes, quanto a como se transformaram, ao longo do tempo, suas opiniões a respeito da EaD.

Instrumentos de pesquisa

Os procedimentos para acessar as representações sociais em ação juvenis foram, portanto, na primeira etapa, ordenados a partir das explicações apresentadas no capítulo "Panorama das juventudes", em que foram expostas as estratégias adotadas para a preparação do questionário quantitativo. Diferentemente das outras pesquisas realizadas a partir desse instrumento, apresentadas nos capítulos "Pescaram lixo na rede", "21 tons de medo" e "De mal a pior", não foram utilizadas, para este estudo específico, questões de múltipla escolha ou de intensidade segundo as escalas de Likert. Como dissemos, decidimos pela utilização da TALP, que consiste em pedir às pessoas participantes que escrevam palavras ou expressões que lhes vêm à mente como reação às questões apresentadas (ABRIC, 2016). Esse procedimento associativo, amplamente utilizado em pesquisas sobre representações sociais, teve um comando norteador — "Escreva cinco palavras ou expressões que lhes vêm à mente diante da expressão 'educação à distância'" — que seguiu o modelo consagrado em estudos anteriores sobre esse mesmo tema (podendo ser também uma questão), em outros contextos (SANTOS, 2006; MARCHISOTTI; OLIVEIRA; LUKOSEVICIUS, 2017).

Na segunda etapa, partimos das representações sociais identificadas sobre a educação e aprendizado por meio do uso das tecnologias a respeito do ensino à distância, adotada amplamente como resposta à pandemia de COVID-19. Confrontamos as representações sociais identificadas no período pós-impeachment de Dilma Rousseff e as representações sociais em ação do período pandêmico a partir de entrevistas virtuais (DEAKIN; WAKE-FIELD, 2014; JANGHORBAN; ROUDSARI; TAGHIPOUR, 2014; KOHL; GOTZENBRUCKER. 2014; LARA; CAMPOS, 2016), com a utilização de vídeoconferências utilizando a ferramenta Zoom, complementada, quando necessário, com contatos adicionais realizados por meio de WhatsApp (para esclarecimento de pontos das entrevistas, para validação das narrativas etc.). Os encontros foram organizados de modo a permitir a realização de entrevistas semiestruturadas em profundidade. Todas as entrevistas por Zoom tiveram duração de cerca de duas horas cada e, em alguns casos, foram complementadas com conversas assíncronas por meio do WhatsApp. Esse tipo é mais amplo que a técnica da entrevista semiestruturada usual, em que se buscam respostas para questões previamente preparadas, com espaço limitado para transitar fora delas (MANZINI, 2012). No caso das entrevistas semiestruturadas em profundidade, permitimo-nos uma grande latitude para não somente aprofundar os temas previamente pautados, mas também para ir bem além deles (MORRIS, 2015). Entramos nos assuntos sugerindo temas. Por exemplo: "Muitos jovens, na primeira etapa, apresentaram receios e resistência à educação à distância. Fale para a gente o que pensa disso". "Quatro anos se passaram. Explore as transformações nas percepções dos jovens com a pandemia. Fale o que lhe vem à cabeça." Com a adoção dessa abordagem (ABRIC, 2016), buscamos ampliar a noção de representações sociais para entendê-las em contextos de ação de modo a acessar os sentidos do aprender à distância em tempos de pandemia de COVID-19, graças ao desenvolvimento progressivo das tecnologias de comunicação.

Estratégia de análise e interpretação de dados

Na primeira etapa, na fase pós-impeachment, obtivemos resultados com a aplicação da TALP, indicando tendências relacionadas às percepções das pessoas a respeito da educação a distância a partir de termos que sugeririam possíveis representações sociais conforme a perspectiva de Abric (2016). Em seguida, a integramos com a adaptação que Albertin e Brauer (2012) fizeram da UTAUT, teoria unificada de aceitação e uso de tecnologia (VENKATESH *et al.*, 2003), analisando os resultados de acordo com as categorias de autoeficácia, competência em TIC, expectativas de desempenho e de esforço, influência social, condições facilitadoras, interatividade e comunicação interna.

Já na segunda etapa, na fase da pandemia, narrativas a respeito do tema emergiram de entrevistas semiestruturadas em profundidade.

Primeira etapa

Na primeira etapa, foi adotado um processo de lematização para agrupar palavras semelhantes (sinônimos) inscritas na plataforma pelas pessoas jovens de baixa renda que colaboraram com a pesquisa, seguindo critérios semânticos em correspondência com categorias previamente definidas. Esse tipo de técnica de agrupamento é amplamente utilizado em estudos que utilizam a metodologia estrutural das representações sociais como uma análise prototípica (WACHELKE; WOLTER, 2011). Seguindo esse procedimento, foram obtidas cerca de 990 palavras-chave.

Esse primeiro passo permitiu obter a frequência de incidência de palavras semelhantes com suas equivalentes. Na análise complementar, quando relacionamos as sugestões de representações sociais com o modelo teórico UTAUT adaptado de Albertin e Brauer (2012), os dados resultantes da análise descritiva (fase dois) foram importados para um software específico para a realização de uma análise temática mais sofisticada. Especificamente, o segundo passo foi utilizar o sistema denominado IRaMuTeQ – *Interface de R pour les analyses multidimensionnelles de textes et de questionnaires*. Esse procedimento é baseado na teoria dos gráficos (MARTELETO, 2001), que permite identificar e representar visualmente as palavras com mais evocações. Por meio da análise de semelhanças, realizou-se um cálculo global e aproximado dos conjuntos lexicais de cada bloco. Os resultados dessa análise são apresentados na forma de nuvem de palavras, obtidos com uso do software IRaMuTeK (MORENO; RATINAUD, 2015). Ou seja, foram quatro fases de análise dos dados: palavras evocadas/"representações".

Segunda etapa

Como em outros capítulos deste livro, na segunda etapa, concentramos esforços para estabelecer paralelos entre os dados quantitativos obtidos na primeira etapa, de modo a aprofundar criticamente nossa avaliação da produção dos sentidos, nesse caso do aprender e da educação com o uso de tecnologias à distância. Para tanto, jovens que haviam indicado palavras-chave referentes ao tema no questionário da primeira etapa e haviam dado sua autorização para entrevistas ainda no período pós-impeachment da presidenta Dilma Rousseff encontraram-se conosco para conversar (entrevistas semiestruturadas em profundidade). As pessoas revelaram, na segunda etapa, seus sentimentos relativamente aos problemas que afetaram seu aprendizado, no período do auge da pandemia de COVID-19, expressando seus anseios, angústias e juízos a respeito da educação a distância.

O processo de análise inspirou-se parcialmente em atividades básicas propostas por Glaser e Strauss (1967) quando apresentaram a teoria fundamentada (*grounded theory*) há cerca de meia década. Quando foi proposta, buscava originalmente a construção de teorias empiricamente ancoradas nos dados, ou seja, deles emergindo, em vez de interpretá-los com a ajuda de teorias a eles estrangeiras. Sua importância residiu no fato de ter sido um marco, dentro da tradição da pesquisa qualitativa, na busca de rigor metodológico. Desde então, passou por inúmeras revisões, a primeira proposta por Corbin e Strauss (2014), que questionaram a possibilidade de se fazer emergir uma teoria sem qualquer contaminação prévia provinda de teorias já conhecidas dos pesquisadores. Na verdade, propuseram um método de tratamento de dados qualitativos emergentes cujo significado poderia ser desvelado de diversas formas, construindo teorias ancoradas em outras. Muitos pesquisadores, portanto, passaram a usar a teoria fundamentada, mas não necessariamente respeitando os princípios propostos pelos seus primeiros idealizadores. Dizemos, aqui, que a adotamos *parcialmente*, na medida em que nos alinhamos mais à perspectiva de Corbin e Strauss, articulando-a à perspectiva construtivista desenvolvida mais tarde (MILLS; BONNER; FRANCIS, 2006), que prevê um vai e vem dos dados e os construtos dos próprios pesquisadores. Na prática, significa obedecer a um processo cuidadoso de leitura e releitura para a categorização intuitiva dos temas emergentes. A partir de uma primeira categorização, podem-se seguir tantas quantas o pesquisador julgar necessário.

Em nosso caso, esse processo iniciou-se com a transcrição integral das pesquisas em profundidade. Foi feito duas vezes, restringindo-se à primeira etapa de análise originalmente proposta, denominada "codificação aberta". De acordo com esse procedimento, na primeira rodada, fizemos emergir os temas para propor categorias e, na segunda, os revisamos de modo a solidificá-las. Ao final, uma vez realizado esse processo, confrontamos as categorias que emergiram na segunda etapa das entrevistas com os resultados da primeira etapa, indicativos de representações sociais, obtidos de modo quantitativo. Após esse procedimento, procedemos à interpretação a partir de uma teoria preexistente, a ecologia dos sentidos.

Triangulação

O confronto dos dados de ambas as etapas foi realizado por meio de um processo de triangulação. Como é o caso em pesquisas dessa natureza, analogamente ao que já apresentamos nos capítulos "Pescaram lixo na rede", "21 tons de medo" e "De mal a pior", todos os dados quantitativos da primeira etapa e as narrativas provindas das entrevistas da segunda etapa foram triangulados para construir uma interpretação rigorosa dos resultados. Conforme explica Yin (2009), toda vez que obtemos dados de fontes disparatadas — comum em estudos de caso, únicos ou coletivos, focados em pessoas/situações específicas ou grupos/campos temáticos —, e de outras formas de pesquisa que apelam para diferentes fontes, a triangulação é o processo mais adequado, para fins de análise qualitativa dos resultados. Trata-se de uma estratégia de interrelacionamento por meio de um procedimento de categorização dos resultados que nos permite buscar conhecimentos coerentes fornecidos por diferentes instrumentos.

PRECONCEITO E RESISTÊNCIA À EAD: UMA REALIDADE

Primeira etapa

Os resultados da fase descritiva exploratória permitiram identificar fatores pessoais e contextuais que poderiam estar relacionados ao preconceito ou à resistência em relação à EaD, das pessoas jovens fluminenses que colaboraram conosco. Conforme observado anteriormente, o modelo UTAUT foi utilizado para esta análise (VENKATESH *et al.,* 2003) adaptado por Albertin e Brauer (2012). O segundo bloco de resultados mostrou os resultados da análise de semelhanças, obtida por meio do sistema IRaMuTeQ.

Análise descritiva exploratória

As representações sociais evocadas pelas pessoas jovens de baixa renda que colaboraram conosco estão divididas entre as dimensões "Fatores pessoais" (f = 264, 56%) e "Fatores sociais" (f = 226; 44%).

Fatores pessoais

Nesta dimensão, "Expectativas de esforço" e "Expectativas de desempenho" foram as categorias que registraram o maior número de evocações (63% e 37% respectivamente). Em relação à resistência à EaD, o "Esforço" se destaca. Associado a isso, as evocações "Disciplina" (f = 31, 2ª posição) e "Dificuldade" (f = 22, 3ª posição) aparecem na primeira posição. Contrastando com essas duas categorias, surpreende encontrar a evocação "Fácil" (f = 21), colocada na quarta posição. Encontramos, com menos frequência, algumas sugestões de representações sociais que poderiam estar relacionadas ao "Esforço", como "Dedicação" (f = 16, 7ª posição), "Organização" (f = 14, 9ª posição); "Compromisso" (f = 13, 10ª posição) e "Paciência" (f = 7, 15ª posição). Em relação aos termos associados às "Expectativas de desempenho", destaca-se a palavra-chave "Direcionamento" (f = 21, 4ª posição). As demais evocações pertencentes a essa dimensão registraram frequências baixas, aparecendo nas últimas posições na análise multidimensional. Referimo-nos a "Determinação" (f = 13, 10ª posição), "Responsabilidade" (f = 13, 10ª posição) e "Autonomia" (f = 9, 13ª posição). Os resultados sugerem que as expectativas de sucesso em EaD parecem ser afetadas por possíveis representações de "Insegurança" (f = 13, 10ª posição), "Medo" (f = 9, 13ª posição) e "Dúvida" (f = 9, 13ª posição). Consequentemente, foi encontrada uma baixa frequência no que se refere explicitamente à "Aprendizagem" (f = 11, 11ª posição).

Fatores contextuais

Na dimensão referente aos fatores contextuais, destacam-se as sugestões de representações sociais associadas às "Condições facilitadoras", como "Flexibilidade" (f = 37, 1ª posição), "Distância" (f = 22, 3ª posição) e "Barato" (f = 21, 4ª posição). Outros termos que também poderiam ser relacionados às facilidades oferecidas pela EaD, ainda que em menor proporção, são o "Tempo" (f = 17, 6ª posição), a "Internet" (f = 16, 7ª posição) e o "Computador" (f = 13, 10ª posição). Nessa segunda dimensão, foi incluída a categoria "Influência Social", que indicou baixa frequência de evocações (f = 40,19%), destacando-se "Oportunidade" (f = 18, 5ª posição) e "Sem reconhecimento" (f = 22, 4ª posição). Da mesma forma, no que diz respeito à "Interação", destacamos as evocações "Sem interação" (f = 6, 14ª posição) e "Disponibilidade" (f = 7, 15ª posição).

Análise de semelhanças

A respeito desse ponto, relembramos que, na fase final da análise dos dados, foi utilizado um software que permitiu uma análise multidimensional em busca de semelhanças (SARDINHA, 2000). A partir do volume de palavras rastreadas, foram estruturados conjuntos de diferentes dimensões, conforme mostra a Figura 1 a seguir.

Figura 1 – Análise multidimensional – sistema IRaMuTeQ

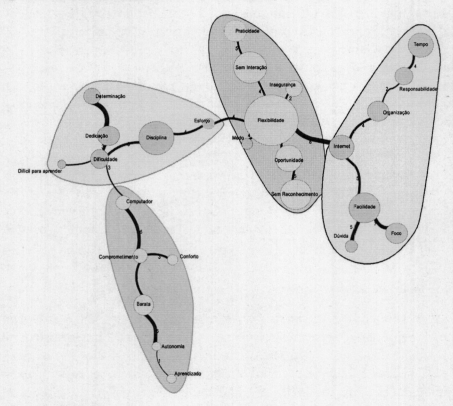

Fonte: Viana (2020)

Quatro nuvens de palavras foram formadas. Na primeira, maior, localizada à direita da Figura 1, podemos ver que os termos "Facilidade" e "Internet" aparecem conectados, sugerindo que muitas das pessoas pesquisadas mencionaram ambas as evocações. Em outro nível de representação, a "Facilidade" está conectada a "Foco" e "Dúvida". Da mesma forma, as evocações "Organização", "Responsabilidade" e "Tempo" foram conectadas à de "Internet". As evocações representadas na segunda nuvem parecem um tanto contraditórias. O termo "Flexibilidade" está relacionado à tecnologia, especificamente à "Internet". Porém, apesar dessa associação, mostra-se também ligada a "Sem interação", "Insegurança", "Medo" e "Oportunidade". Esse último, apesar de aparentemente positivo, possui forte relação com "Não reconhecimento". Na terceira nuvem, nota-se uma forte relação de "Esforço pessoal" com sugestões de representações correspondentes a fatores pessoais, como "Dedicação", "Determinação" e "Disciplina" (essa última evocação, preponderante). Há marcada conexão dessa nuvem com a segunda, cujo núcleo central é claramente "Flexibilidade". Na quarta nuvem, proporcionalmente menor, a evocação "Barata" ocupa a posição de núcleo central, concorrendo com ela "Autonomia", "Conforto", "Compromisso" e também "Aprendizagem".

Concluindo, embora em menor medida do que as correspondentes a "Fatores Pessoais", os termos indicativos de representações sociais associados aos "Fatores Contextuais" aparecem, neste estudo, como um núcleo mais bem estruturado.

Segunda etapa

Surpreendentemente, nas entrevistas semiestruturadas em profundidade, as questões que foram indicadas na primeira etapa do pós-impeachment de Dilma Rousseff não foram retomadas em sua maioria, ainda que certas categorias negativas tenham reemergido. As pessoas jovens de baixa renda que compartilharam suas percepções quanto à problemática do ensino e da educação a distância quiseram discutir temas que, forçoso é constatar, levantavam dimensões diferentes, talvez produzidas pela chegada da pandemia de COVID-19.

Questões problemáticas foram levantadas aos processos pandêmicos de ensino, relacionados à intervenção de ferramentas a distância pela internet. Um dos jovens de baixa renda que compartilhou suas percepções conosco manifestou grande decepção com o nível afetivo das interações, apresentando um juízo crítico relativamente à modalidade:

> *A nova geração de alunos que entrou aí eu não faço ideia de quem*
> *é, eu não conheço o rosto de ninguém, não sei o nome de ninguém,*

> *eu não consigo ajudar ninguém porque você, como veterano da faculdade, é seu dever de ajudar as pessoas mais novas e a gente não consegue fazer isso, não tem esse contato.*

Outro jovem apresentou críticas à fase de transição, apontando a má implementação, pelo Estado, do presencial à EaD, durante a pandemia:

> *[...] é um ensino EÀD praticamente [...] poucos alunos usufruíram dos modelos que a prefeitura fez... poucas pessoas fizeram [...] foi do 100% presencial pro 100% à distância. [...] pelo fato da pessoa não ter o hábito, de não conhecer aquilo, tudo aquilo que não conhecemos causa um desconforto [...] a gente não vai estar lidando de forma natural com aquilo, mas se fosse um projeto de Estado acho que seria mais natural.*

A modalidade foi colocada em questão do ponto de vista do aprendizado, quando comparada ao ensino presencial. Um dos pontos de partida parece ter sido a falta de infraestrutura para dispor das facilidades da internet, o que teria impedido jovens de baixa renda de buscar saber de cursos a distância que certas universidades públicas oferecem.

> *Não cheguei a explorar, mas também se eu explorasse eu não teria acesso. [...] É uma realidade que todos ainda não têm. É por isso que são características e pontos que muitas pessoas não conseguem ter ação, porque elas não têm nem a plataforma para interagir [...] eu acho extremamente cansativo, eu não consigo sentar na frente do computador para assistir aula, acho péssimo. Então eu acabei tendo que puxar menos matérias na faculdade, acho que as que eu puxei, eu estou rendendo bem pior do que eu rendia no ensino presencial.*

As críticas em relação ao ensino à distância também cobriram outras dimensões:

> *Mas essa questão da educação em si, eu percebi que tivemos retrocesso, principalmente o material didático também. Então bastante informações que antigamente apareciam nos livros começaram a desaparecer, principalmente nas ciências humanas, na História, Geografia, começaram a... algumas informações começaram a não aparecer mais Sociologia, Filosofia, por aí vai...*

A dificuldade afetiva não se manifestou apenas com a imposição da distância física dos colegas, mas também em relação à situação de vulnerabilidade de jovens de baixa renda que conversaram conosco a respeito da educação a distância, apontando problemas, como o da evasão escolar.

"Estamos em 2021. Foi até o final de 2020, e a evasão escolar aumentou, significa-tivamente". "Tem gente que larga.... eu acredito que eu não, que eu principalmente e meus colegas de classe e turma larguem essa corrida." Além da evasão, mas relacionado a ela, jovens de baixa renda manifestaram sentimentos de terem tido uma formação pior que a de jovens classificados acima do padrão de classe média alta: *"[...] déficit na educação [...] a gente tem que estudar o dobro do nosso tempo para competir com alunos que estudaram a vida toda em colégios particulares e tiveram melhores professores".* Outras dificuldades concorreram, como a de se manter na escola somente para garantir benefícios econômicos proporcionados ao Estado:

> *[...] eu consegui perceber que alguns alunos se mantiveram na escola, mas, por conta dessa questão da segurança, de ter o benefí-cio, por exemplo, do próprio Bolsa Família, porque é uma questão importante, porque se o aluno simplesmente sumir da escola ele corre o risco de perder o benefício.*

Problemas de ordem política também foram arrolados como impedi-tivos de se educar de maneira apropriada, relacionando o ensino a distância com falta de qualidade:

> *Primeiro a falta de incentivo, da importância de ir à escola, de tar recebendo esse conhecimento. Eu acho que isso também é proposital, principalmente pra um governo, né? Que se você quer, dependendo da forma que você está governando... Você precisa que a população não seja escolarizada, ou sendo escolarizada, não tenha conheci-mento. Então, isso pelo menos eu penso que é uma forma proposital de se governar, né? Se dominar um povo.*

Outras dimensões de manipulação política, em relação ao acesso aos conhecimentos, também foram apontadas:

> *[...] não deveria ser assim [...] queria que quando isso não acontece, quando esse conhecimento não nos é dado, quando é dado de uma maneira específica para um fim, como fim político, por exemplo, de se dominar aquela população [...] há ali uma violação do direito.*

Um dos jovens manifestou suas posições quanto ao ensino a distância, confrontando-o com propostas presenciais de outra natureza, reverberando propostas do governo iliberal brasileiro:

> *[...] um dos pontos que eu com certeza militaria seria o projeto* homeschooling, *da pessoa poder educar os seus filhos [...] em casa mesmo, educar, os próprios pais, sabe? educar seus filhos. Eu tenho*

> *recordações nostálgicas muito felizes de quando meu pai sentava comigo e com meu irmão pra ensinar o dever mesmo tendo que trabalhar pra caramba* [...] *eu acho esse modelo muito interessante.*

Triangulando os resultados

Pode-se verificar que as percepções ancoradas nas cognições, afetos e juízos ético-morais a respeito da educação a distância produziram sentidos de natureza diferente, até porque os instrumentos quantitativos da primeira etapa e os qualitativos da segunda diferem muito nas possibilidades que apresentam para a manifestação das opiniões. De uma maneira geral, muitas percepções de jovens de baixa renda são ainda negativas. Por exemplo, entre os fatores pessoais da análise descritiva exploratória levantados na primeira etapa, pudemos apreender que, na segunda etapa, emergiram sentimentos de "Insegurança" e "Dúvida", além de problemas apontados com "Aprendizagem" (esses menos aparentes na primeira etapa). Já com os fatores contextuais, houve uma inversão, pois o que era considerado positivo, na primeira fase, foi considerado negativo na segunda, como as menções à "Internet" e "Computador".

No caso da análise de semelhanças da primeira etapa, em que representações sociais foram associadas em grupos de nuvens de palavras, as narrativas compartilhadas na segunda etapa parecem estar mais correlacionadas às evocações da segunda nuvem que, como mencionado anteriormente, já tinham sido consideradas. A "Flexibilidade", que se mostrava relacionada à "Internet", estava associada, entre outras, a "Sem interação" e "Insegurança", percepções manifestadas pelas pessoas jovens de baixa renda da segunda etapa. Da mesma maneira, mas inversamente ao sentido positivo da primeira etapa, "Oportunidade" aparece como um sentimento ambíguo, com matizes de negatividade. Ou seja, de maneira geral, a maioria das sugestões de representações sociais se manifesta de modo ambíguo, pois, se, na primeira etapa, havia um pouco mais de positividade no olhar a educação a distância, na segunda aquilo que estava mais associado a preconceitos ficou mais evidente. As menções negativas, com dúvidas sobre a qualidade do ensino remoto e as experiências ruins vividas durante a pandemia, parecem ter-se configurado como um processo de reforço à sua má reputação. Ainda que a geração jovem tenha podido continuar os estudos durante a fase pandêmica, mesmo que de forma precária, as percepções coletivamente coconstruídas se manifestaram de maneira negativa. Isso,

VIOLAÇÕES BÁRBARAS: OLHARES JOVENS

embora as razões desses sentimentos tenham pouco ou nada a ver com a modalidade, mas muito mais sobre como é implementada e gerenciada. Apesar disso, é possível enxergar um otimismo em avaliar a EaD como algo bom no futuro, uma relação abstrata de um porvir romantizado pela evolução tecnológica. Compreende-se também que, por razões manifestadas nos encontros da fase da pandemia relacionados aos acessos de jovens de baixa renda a ensino de qualidade, boa parte deles relaciona a EaD a cursos ofertados por empresas privadas, cujo interesse é o lucro, e não a formação. Ou seja, não nos admira que ainda existam preconceitos em relação ao ensino a distância, pois, paradoxalmente, em vez de terem sido aliviados durante a pandemia, foram reforçados pela péssima qualidade ofertada pelas instituições educativas públicas às quais tiveram acesso.

FLEXIBILIDADE, DISCIPLINA, DIFICULDADE

Do pós-impeachment...

De maneira geral, percebemos uma produção de sentidos de resistência à EaD por parte de jovens que se expressaram após o impeachment da ex-presidenta Dilma Rousseff, coerente com estudos semelhantes ao nosso, realizados na década de 2010 (FUNDAÇÃO TELEFÔNICA VIVO 2016; SILVA, 2010; VIANA, 2011). O conteúdo das evocações sugerem influência de fatores tanto pessoais quanto contextuais na resistência à EaD, corroborando as conclusões da pesquisa de Albertin e Brauer (2012).

Em relação à dimensão pessoal, o esforço necessário para se estudar a distância parece constituir fator influente nos sentidos produzidos que levam jovens a apresentar resistência à EaD. Na pesquisa, houve poucas evocações que poderiam estar relacionadas às expectativas de esforço, apenas a disciplina, com maior destaque. Por outro lado, outras qualidades que seriam decisivas no comportamento de esforço exigido pelos estudos a distância (por exemplo, dedicação, organização e comprometimento) estiveram pouco presentes nas sugestões de representações sociais sobre a EaD. Esse resultado parece sugerir a manutenção do preconceito que leva a representar a educação a distância como fator de oportunidade para pessoas dedicadas (por exemplo, trabalhadores que estão no mercado e querem aprimorar seus conhecimentos) ou com limitações (MARCHISOTTI; OLIVEIRA; LUKOSEVICIUS, 2017), ou seja, de seu uso instrumental já que, para a maioria das pessoas jovens, as representações sociais da EÀD como tendo "qualidade inferior" são comuns

(SCHLICKMANN, 2009). A incidência negativa desses fatores sobre elas, como sugerem as pesquisas de Santos (2006), fazem com que a EaD seja mais adotada em caso de necessidade, sem ser a primeira opção, usada para resolver algum problema cotidiano como a falta de tempo. Infere-se disso que as demandas por ela são minimizadas, pois muitas são as expressões que associam o preconceito generalizado de facilidade a menos rigor do ensino ministrado por meio da EaD (GOMES, 2013).

Conforme apontam Moore e Kearley (2007), os alunos desconhecem que precisam ter o mesmo comprometimento exigido nos cursos presenciais, com a diferença de que terão maior autonomia e, consequentemente, lhes será exigida maior responsabilidade. É preocupante notar que as sugestões de representações sociais associadas às expectativas de desempenho não evidenciem atitudes teoricamente essenciais, para sua implementação bem--sucedida, como determinação, responsabilidade e autonomia, mas denotem a possível influência de fatores pessoais, como necessidades, habilidades, interesses e estilos de aprendizagem, na produção de sentidos por meio da EaD, que acabam por fazer emergir resistências.

Na análise de semelhanças, o esforço pessoal, por meio da dedicação, da determinação e da disciplina, apresentou interrelação encorajadora, indi-cando, nesse caso, maior coerência com o que se espera de discentes capazes de serem bem-sucedidos na EaD. Isso corrobora o que sugerem as represen-tações sociais associadas às condições que facilitam seu sucesso, encontradas na dimensão contextual, como a flexibilidade no que se refere à distância, ao tempo e à internet, que podem ser interpretadas como fatores contribuintes para a participação das pessoas jovens nesse tipo de ensino universitário. O encorajamento e as expectativas do Estado, derivadas da expansão da inter-net (BRASIL, 2006), que se tornaram ainda mais fortes durante a pandemia de COVID-19, são, no entanto, ainda precários. Os resultados da pesquisa corroboram estudos anteriores indicando que a população brasileira não vê a educação pela internet com bons olhos (CONCEIÇÃO; SILVA; EUZE-BIO, 2011; VIANA, 2011; CORRÊA; SANTOS, 2009), o que se mantinha no pós-impeachment da ex-presidenta Dilma Rousseff. A maioria das pessoas jovensde baixa renda que colaboraram conosco subestimou e desqualificou os estudos a distância ("Sem reconhecimento") durante a primeira etapa da pesquisa. A partir da abordagem qualitativa adotada na segunda etapa, durante a pandemia de COVID-19, observamos diferenças quando ampliamos o entendimento da noção de representações sociais dentro do quadro estru-tural, para representações sociais em ação, em uma perspectiva processual.

Logo, de maneira geral, poderíamos entender os sentimentos de resistência e preconceito à EaD como mecanismos simbólicos das ecologias de sentidos de jovens fluminenses. As indicações nos levam a crer que a resistência é um mecanismo de assimilação (objetivação) do processo de produção de sentidos que leva ao preconceito, que se consolida em um processo de acomodação (ancoragem). Assim, nesse processo, as pessoas jovens mostram-se insatisfeitas com as possibilidades que se lhe apresentam relativamente à EaD. Por estarem insatisfeitas, desvalorizam a modalidade e sentem-se não contempladas pelo que oferta. Isso produz um desequilíbrio social no que tange à integração das tecnologias ao ensino. Por outro lado, na contramão dessa tendência, misturam-se ambiguamente, em menor medida, sentimentos opostos. Ou seja, de satisfação por terem a EaD disponível, valorizando certas qualidades e delas usufruindo. No movimento fluido entre essas duas tendências, na época do pós-impeachment da ex-presidenta Dilma Rousseff, o que vimos foi a prevalência da negatividade, ou seja, de resistência e preconceito.

...à pandemia

Apesar de as pessoas jovens com as quais conversamos terem falado da EaD oferecida por instituições públicas, a crise econômica gerada pela pandemia poderia as estar motivando a buscar sua formação em entidades de baixo custo. Em um artigo publicado pela *Folha de São Paulo* pelo blog "Sou Ciência", denominado "Quanto vale uma graduação de 99 reais para nossa juventude" (MINHOTO *et al.*, 2022), os autores afirmam que cursos superiores de baixo nível têm sido ofertados na modalidade EaD por 20 dólares/mês por entidades de ensino privadas. Essa informação levanta uma questão que poderia estar no cerne de representações sociais da EaD, relacionada às manifestações das pessoas jovens que compartilharam suas experiências. Elas não estariam se dando conta de que o acesso a cursos privados de má qualidade poderia prejudicá-las e que sua geração, ainda que dispensando poucos recursos, não ganharia uma real qualificação e competitividade de mercado, apesar da obtenção de um diploma. Nesse sentido, compreendemos que as pessoas jovens estejam sendo vítimas de uma forma de violência intelectual causada pela publicidade intensiva de grandes conglomerados educacionais privados, sem falar no fato de que é o governo federal que os autoriza a funcionar.

Essa lógica de oferta de EaD desqualificada também pode ser observada ao longo do processo de que vai do pós-impeachment da ex-presidenta Dilma Rousseff à pandemia de COVID-19, na Tabela 1 a seguir.[93]

Tabela 1 – Resumo da análise temática

	Representações sociais (*)	Frequência	Posição
Fatores pessoais		264 (56%)	
	Disciplina	31	2ª
	Dificuldade	22	3ª
	Facilidade	21	4ª
	Dedicação	16	7ª
	Organização	14	9ª
Expectativas de esforço	Comprometimento	13	10ª
	Dificuldade para aprender	11	11ª
	Esforço	10	12ª
	Conforto	9	13ª
	Comodidade	6	14ª
	Complicado	6	14ª
	Paciência	7	15ª
Subtotal		166 (63%)	
	Foco	21	4ª
	Determinação	13	10ª
	Responsabilidade	13	10ª
Expectativas de desempenho	Insegurança	13	10ª
	Aprendizado	11	11ª
	Autonomia	9	13ª
	Medo	9	13ª
	Dúvida	9	13ª
Subtotal		98 (37%)	
Fatores contextuais		206 (44%)	

---

[93] Em nossa pesquisa, supusemos que as palavras evocadas fossem indicativas de representações sociais (ABRIC, 2004) e as agrupamos de acordo com a classificação sugerida por Albertin e Brauer (2012).

	Flexibilidade	37	1ª
	Distância	22	3ª
	Barata	21	4ª
Condições facilitadoras	Tempo	17	6ª
	Internet	16	7ª
	Praticidade	15	8ª
	Computador	13	10ª
	Acessibilidade	6	14ª
Subtotal		147 (72%)	
Influência Social	Sem reconhecimento	22	4ª
	Oportunidade	18	5ª
Subtotal		40 (19%)	
Interatividade	Sem interação	6 (3%)	14ª
Comunicação interna	Bom	6	14ª
	Disponibilidade	7	15ª
Subtotal		13 (6%)	

Fonte: Viana (2020)

Segundo nossa avaliação, existe uma visão da educação a distância que é romantizada por alguns jovens, ao mesmo tempo que manifestam o contrário ao apresentar percepções negativas, relacionadas com o desconhecimento de seu *modus operandi*. Outros acreditam que, durante a pandemia, como vimos, a modalidade teria sido uma espécie de "quebra-galho" sem qualidade, com implicações negativas sobre os discentes. Podemos estabelecer uma correlação qualitativa, nesses casos, pois a percepção da natureza instrumental apresentada por jovens de baixa renda do pós-impeachment era de que poderiam fazer um curso universitário a distância mesmo classificando a modalidade como "sem reconhecimento". Há outras pessoas que, contraditoriamente, disseram apreciar o modelo remoto de trabalho intermediado por computador, mas rejeitam a ideia de ficar em frente a uma tela para assistir às aulas.

Todas essas questões revelam uma extrema complexidade que vai além do aprovar ou desaprovar a modalidade do ensino a distância. Essa constatação está relacionada a problemas clássicos, indicados na literatura. Por exemplo, Tomás e colaboradores (2022), em pesquisa realizada durante a pandemia, indicam que, mesmo com a aceleração da tecnologia que ocorreu, o ensino remoto ainda afeta grupos mais jovens que relataram frequente falta de concentração, enquanto os mais velhos destacaram dificuldades de ordem tecnológica. Sim, a tecnologia evoluiu durante a pandemia. No entanto, as plataformas que passaram a ser utilizadas no Brasil (Google Classroom, oferecida gratuitamente, é uma delas) não necessariamente respondem às melhores práticas de como um ser humano precisa interagir para aprender conteúdos de maneira significativa. Mais do que isso, sugerem a propagação de representações sociais relacionadas à implantação de um modelo mercantil perverso que prejudica economicamente as pessoas jovens, cega os olhos de quem utiliza a EaD no Brasil, muitas delas docentes que precisariam receber formação adequada e serem alfabetizadas tecnologicamente (até para debater escolhas de plataformas pertinentes ao processo ensino-aprendizagem).

Poucas mudanças

Os depoimentos das pessoas jovens de baixa renda nos trouxeram narrativas que, na maior parte dos casos, ou não retomaram ou trouxeram lateralmente questões levantadas na primeira etapa com base na avaliação quantitativa que foi realizada. De maneira geral, confirmaram os resultados presentes na literatura reforçando a ideia de preconceitos múltiplos envolvendo a modalidade da educação à distância (CONCEIÇÃO; SILVA; EUZEBIO, 2011; VIANA, 2011; CORRÊA; SANTOS, 2009), em sua maioria relacionados com problemas de acesso às tecnologias, de implantação pedagógica e até de interesses políticos manipulativos iliberais tanto do governo federal, como do estado do Rio de Janeiro e de municípios fluminenses, associados a empresas privadas. A pandemia de COVID-19, como se sabe, trouxe um aumento exponencial do uso das redes para a formação educativa, reforçando as dificuldades históricas de acesso das populações vulneráveis. De maneira bastante contundente, a pesquisa sugere que as condições desenvolvidas, ao longo da pandemia, poderiam ser consideradas um divisor de águas a respeito da maneira como progrediram as estratégias de educação a distância a partir do pós-impeachment da ex-presidenta Dilma Rousseff.

ENSINO A DISTÂNCIA PARA TRANSFORMAR A EDUCAÇÃO?

O objetivo do estudo foi explorar representações sociais, de modo a acessar os possíveis sentidos da educação a distância construídos por jovens fluminenses de baixa renda que têm a opção de acessar os estudos universitários por meio dessa modalidade. Pudemos verificar, na primeira etapa, indícios de preconceitos que poderiam estar influenciando a resistência em se optar por esse caminho, que pudemos validar parcialmente durante a segunda etapa qualitativa. Os resultados obtidos, como pudemos ver na segunda etapa da pesquisa, nos permitiram observar que, embora as percepções das pessoas jovens se amparem na tendência de uso e aplicação de tecnologias digitais para a educação remota como reprodução virtual do ensino presencial (PIMENTA, ROSSO, SOUZA, 2019), sentimentos de resistência e juízos de preconceito ainda estão subjacentes nas práticas educativas a distância. Vimos também que, apesar desse contexto, a pandemia de COVID-19 trouxe novas perspectivas.

Para Moore (2020), especialista em tecnologias aplicadas à educação, com foco no ensino a distância, a questão não se resume ao uso, mas a se buscar transformações que tracem, a partir dos velhos modos de se ensinar e aprender, novos e melhores caminhos. O pesquisador afirma que é possível evitar que, apesar das contigências tecnológicas, a educação a distância se limite a uma extensão virtual dos campi. Ainda segundo Moore, deve-se aproveitar as possibilidades que ela oferece, contando, notadamente, com a necessidade de se formar lideranças pedagógicas que ajam proativamente para evitar que se copie o ensino tradicional na modalidade virtual e informem os gestores de políticas públicas.

Acreditamos que este estudo, apesar dos limites, tenha explorado questões correntes relacionadas com os complexos problemas da educação diante da possibilidade de uso e aplicação de plataformas de ensino à distância, notadamente a partir do mapeamento de representações sociais e dos mecanismos de produção de sentidos que fizemos. O advento da pandemia trouxe uma oportunidade interessante para debatermos o problema do uso massivo das tecnologias aplicadas ao ensino, ainda que tenha ocorrido de maneira atabalhoada, despreparada, sem recursos e politicamente aproveitada por dois lados de uma mesma moeda: de um lado, empresas inescrupulosas e, de outro, projetos de desmantelamento (privarizantes) da educação nacional em função de ideologias extremistas iliberais. Certamente, para se proceder a estratégias de melhoria da qualidade e aproveitamento adequado das tecnologias digitais em um mundo cada vez mais enredado na internet é preciso combates. Fala-se muito em luta pela educação. Talvez tenha chegado a hora de se falar em luta pela educação a distância sem preconceitos, em função de projetos significativos nacionais.

REFERÊNCIAS

ASSOCIAÇÃO BRASILEIRA DE ENSINO À DISTÂNCIA. *Censo EAD.BR. Relatório analítico de educação a distância no Brasil 2015*. Curitiba: Intersaberes, 2016. Disponível em: https://abed.org.br/arquivos/Censo_EAD_2015_POR.pdf. Acesso em: 15 jul. 2023.

ABRIC, J. C. *Pratiques sociales et répresentations*. Paris: Presses Universitaires de France, 2016. 312 p.

ALBERTIN, A. L.; BRAUER, M. Resistência à educação a distância na educação corporativa. *Revista de Administração Pública*, [s. l.], v. 46, n. 5, p. 1367-1389, 2012. Disponível em: https://bibliotecadigital.fgv.br/ojs/index.php/rap/article/view/7147/5698. Acesso em: 15 jul. 2023.

ALVAREZ, I.; GUASCH, T.; ESPASA, A. University teacher roles and competencies in online learning environments: A theoretical analysis of teaching and learning practices. *European Journal of Teacher Education*, [s. l.], v. 32, n. 3, p. 321-336, 2009. DOI: https://doi.org/10.1080/02619760802624104.

ALVAREZ, I. M.; OLIVERA-SMITH, M. Learning in social networks: Rationale and ideas for its implementation in Higher Education. *Education Sciences*, [s. l.], v. 3, n. 3, p. 314-325, 2013. DOI: https://doi.org/10.3390/educsci3030314.

AQUINO, R. S. *Um estudo do ensino de Educação a Distância na Universidade de Brasília*. 2016. 88 f. Dissertação (Mestrado em Economia e Gestão do Setor Público) – Universidade de Brasília, Brasília, 2016. Disponível em: https://repositorio.unb.br/bitstream/10482/22956/1/2016_RoseanedeSouzaAquino.pdf. Acesso em: 15 jul. 2023.

BIELSCHOWSKY, C. E. Qualidade na educação superior a distância no Brasil: Onde estamos, para onde vamos? *EaD em Foco* – Revista Científica em Educação a Distância, [s. l.], v. 8, n. 1, 2018. DOI: https://doi.org/10.18264/eadf.v8i1.709.

BONK, C. J. Pandemic ponderings, 30 years to today: Synchronous signals, saviors, or survivors? Distance Education, [s. l.], v. 41, n. 4, p. 589-599, 2020. DOI: https://doi.org/10.1080/01587919.2020.1821610.

BRASIL. *Decreto nº 5.800, de 8 de junho de 2006*. Dispõe sobre o Sistema Universidade Aberta do Brasil. Brasília, DF: Presidência da República, 2006. Disponível em: http://www.planalto.gov.br/ccivil_03/_Ato2004-2006/2006/Decreto/D5800.htm. Acesso em: 15 jul. 2023.

VIOLAÇÕES BÁRBARAS: OLHARES JOVENS

BRASIL. *Pesquisa Brasileira de Mídia - 2016.* Relatório Final. Empresa responsável: IBOPE Inteligência. Brasília, DF: Presidência da República, 2016. 162 p. Disponível em: https://dadosabertos.presidencia.gov.br/dataset/f4fc01c9-60f6-4ec8-841a-eaf76ed37bf9/resource/6ec5a4d4-df81-4868-8d4d-e25dfa8c3541/download/prataprivado_secomsipop1.-pesquisasdados-abertos2016f2fpesquisa-brasileira-de-midia-2016relatori.pdf Acesso em: 15 jul. 2023.

CACIQUE, A. Educação à distância: Uma experiência comparativa. *Educação e Tecnologia,* [s. l.], v. 5, n. 2, p. 47-51, 2000. Disponível em: https://seer.dppg.cefetmg.br/index.php/revista-et/article/view/10/7. Acesso em: 15 jul. 2023.

CAMPOS, M. N. *Traversée*: essai sur la communication. Berna: Peter Lang, 2015. 390 p.

CAMPOS, M. N. *Navegar é preciso. Comunicar é impreciso.* São Paulo: Edusp, 2017. p. 504.

CAMPOS, M. N. Ecology of meanings: a critical constructivist communication model. *Communication Theory,* [s. l.], v. 17, n. 4, p. 386-410, 2007. DOI: https://doi.org/10.1111/j.1468-2885.2007.00304.x.

CAMPOS, M. N. *L'intégration des forums de discussion dans l'enseignement supérieur.* Les dossiers du CEFES. Montréal: CEFES - Université de Montréal, 2004. 87 p.

CASTAMAN, A. S.; RODRIGUES, R. A. Distance Education in the COVID crisis - 19: an experience report. *Research, Society and Development,* [s. l.], v. 9, n. 6, p. e180963699, 2020. DOI: https://doi.org/10.33448/rsd-v9i6.3699.

CIDRAL, W. A.; OLIVEIRA, T.; FELICE, M. D; APARICIO, M. E-learning success determinants: Brazilian empirical study. *Computers & Education,* [s. l.], v. 122, p. 273-290, 2018. DOI: https://doi.org/10.1016/j.compedu.2017.12.001.

CNI. *Retratos da sociedade brasileira*: educação a distância. v. 15. Brasília, DF: Confederação Nacional da Indústria, 2014. 16 p. Disponível em: https://arquivos.portaldaindustria.com.br/app/conteudo_18/2014/06/09/6289/RetratosdaSociedadeBrasileira-Educaoadistncia.pdf Acesso em: 15 jul. 2023.

CONCEIÇÃO, S.; SILVA, B. D.; EUZEBIO, M. S. P. Representações sociais de docentes e alunos sobre educação a distância online: Resistência e/ou preconceito? *In*: CONGRESSO INTERNACIONAL DE AVALIAÇÃO EM EDUCAÇÃO, 2., 2011, Braga, Portugal. *Actas* [...]. Braga: Universidade do Minho, 2011. v. 1, p. 1256-1275.

CORRÊA, S. C.; SANTOS, L. M. M. Preconceito e educação a distância: Atitudes de estudantes universitários sobre os cursos de graduação na modalidade a distância. *ETD-Educação Temática Digital*, [s. l.], v. 11, n. 1, p. 273-297, 2009. Disponível em: https://periodicos.sbu.unicamp.br/ojs/index.php/etd/article/view/926/pdf_111. Acesso em: 15 jul. 2023.

DEAKIN, H.; WAKEFIELD, K. Skype interviewing: Reflections of two PhD researchers. *Qualitative Research*, [s. l.], v. 14, n. 5, p. 603-616, 2014. DOI: https://doi.org/10.1177/1468794113488126.

DOISE, W. Da psicologia social à psicologia societal. *Psicologia, Teoria e Pesquisa*, [s. l.], v. 18, n. 1, p. 27-35, 2002. Disponível em: https://www.scielo.br/j/ptp/a/y94K6BGPXHq7zm6HdnhrFMt/?format=pdf&lang=pt. Acesso em: 15 jul. 2023.

FERREIRA, A.; VALÉRIO, J. N. S.; SOUZA, G. C. A educação a distância nas organizações: A percepção sobre o e-learning em uma grande empresa nacional. *EaD em Foco* – Revista Científica em Educação a Distância, [s. l.], v. 1, n. 1, 2010. DOI: https://doi.org/10.18264/eadf.v1i1.6.

FREITAS, H.; OLIVEIRA, M.; SACCOL, A. Z.; MOSCAROLA, J. O método de pesquisa *survey*. *Revista de Administração*, [s. l.], v. 35, n. 3, p. 105-112, 2000.

FRICKER Jr, R. D. Sampling methods for web and e-mail surveys. *In*: FIELDING, N.; LEE, R. M.; BLANK, G. (ed.). *The SAGE Handbook of online research methods*. Londres: Sage, 2012. p. 195-216.

FUNDAÇÃO TELEFÔNICA VIVO. *Juventude conectada 2*. São Paulo: Fundação Telefônica Vivo, 2016. 247 p. Disponível em: https://fundacaotelefonicavivo.org.br/wp-content/uploads/pdfs/Juventude-Conectada-2016.pdf. Acesso em 15 jul. 2023.

GLASER, B. G.; STRAUSS, A. L. *The discovery of grounded theory*: strategies for qualitative research. Nova York: Aldine de Gruyter, 1967. 271 p.

GOMES, L. F. EAD no Brasil: Perspectivas e desafios. *Avaliação*: Revista da Avaliação da Educação Superior, Campinas, v. 18, n. 1, p. 13-22, 2013. Disponível em: https://www.scielo.br/j/aval/a/8GbQ8WCyB5qGM44ZY4MGj4J/?format=pdf&lang=pt. Acesso em: 15 jul. 2023.

GRABOVSCHI, C. *L'alimentation selon l'âge et la culture*: une analyse logico-naturelle des représentations construites par des enfants canadiens/québécois et roumains. 2011. 582 f. Tese (Doctorat en sciences humaines appliquées) – Université de Montréal, Montréal, 2011. Disponível em: https://papyrus.bib.umontreal.ca/

xmlui/bitstream/handle/1866/6042/Grabovschi_Cristina_2011_these.pdf?sequence=4&isAllowed=y. Acesso em: 15 jul. 2023.

HARASIM, L. *Learning theory and online technologies*. Nova York: Routledge, 2017. 212 p.

HEALE, R.; TWYCROSS, A. What is a case study? *Evidence Based Nursing*, [*s. l.*], v. 21, n. 1, p. 7-8, 2018. DOI: https://dx.doi.org/10.1136/eb-2017-102845.

HERNANDES, P. R. A Universidade Aberta do Brasil e a democratização do Ensino Superior gratuito. *Ensaio*: Avaliação e Políticas Públicas em Educação, [*s. l.*], v. 25, n. 95, p. 283-307, 2017. DOI: https://doi.org/10.1590/S0104-40362017002500777.

IBGE. Tabela 7307 – Domicílios e moradores, por situação de domicílio e existência de utilização da Internet no domicílio. *Pesquisa nacional por amostra de domicílios contínua anual 2021* (atualizado em 16 set. 2022), 4º trimestre. Rio de Janeiro: IBGE, 2022. Disponível em: https://sidra.ibge.gov.br/tabela/7307#resultado. Acesso: 15 jul. 2023.

JANGHORBAN, R.; ROUDSARI, R. L.; TAGHIPOUR, A. Skype interviewing: The new generation of online synchronous interview in qualitative research. *International Journal of Qualitative Studies on Health and Well-Being*, [*s. l.*], v. 9, n. 1, 24152, 2014. DOI: https://doi.org/10.3402/qhw.v9.24152.

JODELET, D. *Loucuras e representações sociais*. Petrópolis: Vozes, 2005. 391 p.

KOHL, M. M.; GOTZENBRUCKER, G. Networked technologies as emotional resources? Exploring emerging emotional cultures on social network sites such as Facebook and Hi5: a trans-cultural study. *Media, Culture & Society*, [*s. l.*], v. 36, n. 4, p. 508-525, 2014. DOI: https://doi.org/10.1177/0163443714523813.

LAFERRIÈRE, T. Les défis de l'innovation selon la théorie de l'activité. *Canadian Journal of Education*, [*s. l.*], v. 40, n. 2, p. 1-30, 2017. Disponível em: https://www.jstor.org/stable/90010104. Acesso em: 15 jul. 2023.

LARA, M. G. J.; CAMPOS, M. N. Les amitiés brisées, Facebook et les élections brésiliennes 2014. *TrajEthos*, [*s. l.*], v. 11, n. 55, p. 105–146, 2016. Disponível em: http://www.trajethos.ca/files/7414/8202/4102/LARA_CAMPOS_TrajEthos_51.pdf. Acesso em: 15 jul. 2023.

LITTO, F. M.; FORMIGA, M. (org.). *Educação a distância*: o estado da arte. São Paulo: Pearson Education do Brasil, 2009. 461 p.

LOPEZ-BORRULL, A.; VIVES-GRÀCIA, J.; BADELL, J.-I. Fake news, ¿amenaza u oportunidad para los profesionales de la información y la documentación? *El profesional de la Información*, [s. l.], v. 27, n. 6, p. 1346-1356, 2018. DOI: https://doi.org/10.3145/epi.2018.nov.17.

MANZINI, E. J. Uso da entrevista em dissertações e teses produzidas em um programa de pós-graduação em educação. *Revista Percurso - NEMO*, [s. l.], v. 4, n. 2, p. 149-171, 2012. Disponível em: https://periodicos.uem.br/ojs/index.php/Percurso/article/view/49548. Acesso em: 15 jul. 2023.

MARCHISOTTI, G. G.; OLIVEIRA, F. B.; LUKOSEVICIUS, A. P. A representação social da educacão a distância sob o olhar dos brasileiros. *Ensaio*: Avaliação e Políticas Públicas em Educação, [s. l.], v. 25, n. 96, p. 743-769, 2017. Disponível em: https://www.scielo.br/j/ensaio/a/fTn8RZchSfmzcXQj799xTfy/abstract/?lang=em. Acesso em: 15 jul. 2023.

MARKOVÁ, I. *Dialogicality and social representations*: the dynamics of mind. Cambridge: Cambridge University Press, 2003. 244 p.

MARTELETO, R. M. Análise de redes sociais - aplicação nos estudos de transferência da informação. *Ciência da informação*, [s. l.], v. 30, n. 1, p. 71-81, 2001. Disponível em: https://revista.ibict.br/ciinf/article/view/940/977. Acesso em: 15 jul. 2023.

MAZZOTTI, A. J. A abordagem estrutural das representações sociais. *Psicologia da Educação*, [s. l.], n. 14-15, p. 17-37, 2002. Disponível em: https://revistas.pucsp.br/index.php/psicoeduca/article/view/31913. Acesso em: 15 jul. 2023.

MILLS, J.; BONNER, A.; FRANCIS, K. Adopting a constructivist approach to grounded theory: Implications for research design. *International Journal of Nursing Practice*, [s. l.], v. 12, n. 1, p. 8-13, 2006. DOI: https://doi.org/10.1111/j.1440-172X.2006.00543.x.

MINHOTO, M. A.; SMAILI, S.; ARANTES, P.; BIELSCHOWSKY, C. Quanto vale uma graduação de R$ 99,99 para nossa juventude? *Folha de São Paulo*, 29 jul. 2022. Disponível em: https://www1.folha.uol.com.br/blogs/sou-ciencia/2022/07/quanto-vale-uma-graduacao-de-r-9999-para-nossa-juventude.shtml. Acesso em: 15 jul. 2023.

MOORE, M. G. eLearning and the transformation of higher education. *In*: MILLER, G. E.; IVES, K. S. (ed.). *Leading the e-learning transformation of higher education*. Sterling: Stylus Publishing, 2020. p. 3-22.

MOORE, M. G.; KEARSLEY, G. *Educação a Distância*: uma visão integrada. São Paulo: Cengage, 2007. 424 p.

VIOLAÇÕES BÁRBARAS: OLHARES JOVENS

MORENO, M.; RATINAUD, P. *Manual uso de IRAMUTEQ.* Versión 0.7 alpha, v. 2. [*S. l.: s. n.*], 2015. 28 p.

MORRIS, A. *A practical introduction to in-depth interviewing.* Londres: Sage, 2015. 160 p.

MOSCOVICI, S. Des représentations collectives aux représentations sociales: éléments pour une histoire. *In:* JODELET, D. (dir.) *Représentations sociales.* Paris: Presses Universitaires de France, 1989. p. 79-103.

MOSCOVICI, S. *La psychanalyse, son image et son public.* Paris: Presses Universitaires de France, 2004. 512 p.

NISKIER, A. *Educação a distância:* a tecnologia da esperança. Rio de Janeiro: Loyola, 1999. 416 p.

OLIVEIRA, G. P.; AARRENIEMI-JOKIPELTO, P.; BOAVENTURA, R. S. Significant changes in the environment and in teaching methodology of an e-learning discipline to avoid dropouts in a course at the Federal Institute. *In:* INTERNATIONAL CONFERENCE COGNITION AND EXPLORATORY LEARNING IN DIGITAL AGE, 1., 2015, Manooth, Ireland. *Proceedings* [...]. Manooth: IADIS, 2015. p. 297-300.

PIAGET, J. *La naissance de l'intelligence chez l'enfant.* Nêuchatel-Paris: Delachaux et Niestlé, 1977. 370 p.

PIMENTA, A. M.; ROSSO, S. D.; SOUSA, C. A. L. A reprodução educacional renovada: Dualidade intrainstitucional no programa Universidade Aberta do Brasil. *Educação e Pesquisa,* [*s. l.*], v. 45, 2019. DOI: https://doi.org/10.1590/s1678-4634201945187362.

PRENSKY, M. Digital natives, digital immigrants. *On the Horizon,* [*s. l.*], v. 9, n. 5. p. 1–6, 2001. DOI: https://doi.org/10.1108/10748120110424816.

REIS, S. L. A.; BELLINI, M. (2011). Representações sociais: teoria, procedimentos metodológicos e educação ambiental. *Acta Scientiarum. Human and Social Sciences,* [*s. l.*], v. 33, n. 2, 149-159, 2011. DOI: https://doi.org/10.4025/actascihumansoc.v33i2.10256.

SÁ, C. P. Representações sociais: teoria e pesquisa do núcleo central. *Temas em Psicologia,* [*s. l.*], v. 4, n. 3, 19-33, 1996. Disponível em: http://pepsic.bvsalud.org/scielo.php?script=sci_arttext&pid=S1413-389X1996000300002&lng=pt&nrm=iso&tlng=pt. Acesso em: 15 jul. 2023.

SÁ, C. P. *Núcleo central das representações sociais*. Petrópolis: Vozes, 2002. 189 p.

SANTOS, J. V. V. *As representações sociais da educação a distância*: uma investigação junto a alunos do ensino superior a distância e a alunos do ensino superior presencial. 2006. 329 f. Tese (Doutorado Interdisciplinar) – Universidade Federal de Santa Catarina, Florianópolis, 2006. Disponível em: https://repositorio.ufsc.br/xmlui/bitstream/handle/123456789/89218/236473.pdf?sequence=1&isAllowed=y. Acesso em: 15 jul. 2023.

SARDINHA, T. B. Análise multidimensional. *DELTA* – Documentação de Estudos em Linguística Teórica e Aplicada, [s. l.], v. 16, n. 1, p. 99-127, 2000. DOI: https://doi.org/10.1590/S0102-44502000000100005.

SCARDAMALIA, M.; BEREITER, C. Knowledge building: theory, pedagogy, and technology. *In*: SAWYER, K. (ed.). *Cambridge Handbook of the Learning Sciences*. Nova York: Cambridge University Press, 2006. p. 97-118.

SCHLICKMANN, R; MELO, P. A.; HARGER, C. A.; DALMAU, M. B. L; COSTA, A.; MICHELAN, L. Fatores determinantes na opção do aluno pela modalidade a distância: Um estudo nos cursos de graduação em administração das universidades catarinenses. *In*: ENCONTRO DE ADMINISTRAÇÃO DA INFORMAÇÃO, 2, 2009, Recife. *Anais* [...]. Recife: ANPAD, 2009, p. 1-16.

SILVA, A. *Estudo comparativo entre a metodologia do ensino a distância no âmbito do Consórcio CEDERJ e a presencial com enfoque nas disciplinas de contabilidade dos cursos de Administração da UFRRJ*. 2010. 193 f. Dissertação (Mestrado em Contabilidade) – Universidade do Estado do Rio de Janeiro, Rio de Janeiro, 2010. Disponível em: https://www.bdtd.uerj.br:8443/bitstream/1/8136/1/Dissertacao_Ailson_Ferreira_da_Silva.pdf. Acesso em: 15 jul. 2023.

SILVA, K.V.; PEIXOTO, J.; PACHECO, A.S.V. Quem são os diplomados a distância em regiões não-metropolitanas do Brasil? Um estudo de caso do curso de administração a distância da Universidade Federal de Santa Catarina. *Semina*: Ciências Sociais e Humanas, [s. l.], v. 38, n.1, p. 81-92, 2017. DOI: https://doi.org/10.5433/1679-0383.2017v38n1p81.

SPINK, M. J. P. Representações sociais: questionando o estado da arte. *Psicologia & Sociedade*, [s. l.], v. 8, n. 2, p. 166-186, 1996.

TOMÁS, M. C.; NEVES, O. F.; FENSTERSEIFER, L.; CHAGAS, G. A. Ensino remoto fora da pandemia: Quem cursaria? Um estudo de caso em uma universidade comunitária. *EaD em Foco. Revista Científica em Educação a Distância*, [s. l.], v. 12, n. 2, 2022. DOI: https://doi.org/10.18264/eadf.v12i2.1679.

UMEKAWA, E. E. R.; ZERBINI, T. Evasão e persistência em ações educacionais a distância: Análise do perfil discente. *Revista Psicologia: Organizações e Trabalho*, [s. l.], v. 15, n. 2, p. 188-200, 2015. DOI: http://dx.doi.org/10.17652/rpot/2015.2.517.

VARELA, F. J. *Introduction aux sciences cognitives*. Paris: Seuil, 1996. 144 p.

VENKATESH, V.; MORRIS, M. G; DAVIS G. B.; DAVIS, F. D. User acceptance of information technology: Toward a unified view. *MIS Quarterly*, [s. l.], v. 27, n. 3, p. 425-478, 2003.

VIANA, L. G. *Determinantes da resistência à educação a distância (EAD)*: uma pesquisa com alunos do Curso de Administração da UFF. 2011. 111 f. Dissertação (Mestrado de Sistemas de Gestão) – Universidade Federal Fluminense, Niterói, 2011. Disponível em: https://app.uff.br/riuff/bitstream/handle/1/17409/Dissertacao%20%20Leonardo%20Viana.pdf?sequence=1&isAllowed=y. Acesso em: 15 jul.2023.

VIANA, L. G. *Ágora*: um novo olhar sobre representações sociais no contexto de preconceitos contra a educação à distância. 2020. 320 f. Tese (Doutorado em Psicossociologia de Comunidades e Ecologia Social) – Universidade Federal do Rio de Janeiro, Rio de Janeiro, 2020. Disponível em: http://pos.eicos.psicologia.ufrj.br/wp-content/uploads/2020_Tese_Doutorado_Leonardo_Viana.pdf. Acesso em: 15 jul. 2023.

WACHELKE, J.; WOLTER, R. Critérios de construção e relato da análise proto-típica para representações sociais. *Psicologia*: Teoria e Pesquisa, [s. l.], v. 27, n. 4, p. 521-526, 2011. Disponível em: https://periodicos.unb.br/index.php/revistaptp/article/view/18341. Acesso em: 15 jul. 2023.

YIN, R. K. *Case study research*: design and methods. 4. ed. Thousand Oaks: Sage, 2009. 217 p.

FOREWORD[94]

This book highlights a fundamental choice that people at our time are compelled to contemplate and ultimately make, whether they realize it or not: the choice between kindness and violence. Mired in daily minutia – political and personal – petty squabbles and short-term sensations we fail to recognize that the ultimate dilemma facing us as individuals and citizens is this: will we hate and push away, or will we respect and try to understand the Other who thinks and lives differently and yet inhabits together with us this same historical time and social space. This decision is particularly important for young people whose choices will shape not only their personal fate, but the fate of countries and the whole planet. The authors of the research presented in this work show us that the choice between love and hate, kindness, and violence, is particularly critical in a large, multicultural, economically and politically polarized nation such as Brazil. Whereas in North America and Europe commentators talk about culture wars mostly in a figurative sense, the wars raging in Brazil are cultural and yet violent and bloody. They take victims on daily basis and many among these victims are young lives cut short by brutality fueled by hate. New definitions of what it means to be human and deserving of life and happiness seem to have emerged in Brazilian culture. As the authors alert us, these definitions are reminiscent of the boundaries between white colonizers and native population, between masters and slaves, all these types of relations that have precedents and conceptual and attitudinal traces in Brazilians' national memory. By virtue of this turbulent clash between social groups and cultures within Brazilian society, the country has become one of the prominent fronts where the struggle between love and hate is taking place globally. Thus, Brazil is a precursor, a pathbreaker, and where that path is headed will affect humanity at large.

This is probably why, intuitively or rationally, many of us have been fixated on the political developments in Brazil over the last decade. Our sense of justice was painfully offended when we saw President Dilma Rousseff impeached on dubious premises by lawmakers who had long trails of corruption and political conniving on their public records. Our souls squirmed as we followed the take-over of Brazilian society by the forces

---

[94] Prólogo original em inglês, apresentado em sua versão traduzida no início do livro.

of military authoritarianism that unashamedly espoused fascist ideology pitting social groups and classes against each other and denying humanity to those who dared to vie for human rights, equity, and respect or for the protection of precious natural resources. The choice of hate and the shadow of the darkest times in Brazilian history were so shockingly pronounced in these policies that the fear of impending dictatorship, massive repression and bloodshed was gripping. But these are only the general strokes captured by the view from outside, the contours of the big picture discerned in international news. The book the reader is looking at delves into the intimate spaces and everyday lives of those who live in that hateful atmosphere day to day. It aims to trace their meaning-making processes, to understand their strategies of survival and to find the germs of hope, the hope that spilled out of personal spaces onto the Brazilian public stage with the narrowest of victories of Luiz Inácio Lula da Silva in the most recent presidential elections. As president Lula is being inaugurated in his post at the time of writing, the progressive world is about to breathe a sigh of relief and to allow the hope for the future of Brazil, and possibly of the world at large to grow.

Apart from being politically pertinent, this collection is academically fascinating. For everyone who has ventured into the tricky and time-consuming exercise of qualitative interviewing, it is clear that the authors have accomplished a significant research feat. To approach and convince people who feel disappointed, downtrodden, and bitter to open up with their thoughts and feeling to an academic researcher is difficult even close to improbable. It must have taken a great deal of tact, humility, and human empathy to make disadvantaged youth from the favelas of Rio de Janeiro feel safe, comfortable, and respected so as to participate in the research. But then as the author note, this study has given these young people the chance to speak up, to claim their place in the conversation concerning the social and political development of their country. This book takes these voices seriously and makes a step toward amplifying them above the noise of institutional wranglings and party politics. It recognizes in them a generational voice reeling over issues like educational and job opportunities, housing, and personal security, yet at the same time it captures the disparate notes and nuances sounding within it. It takes stock of the distorted picture of the social world produced by elite-controlled mass media and intentional manipulation via digital channels. Many young people's sense-making efforts are often absorbed by and subjugated to the false realities created by these sources. Hence their feeling of marginalization, anomie, and helplessness in the context of the brutality of their lived experience and the conceptual confusion created by the ideological manipulators.

One of the admirable features of this collection is that it stares complexity and contradiction boldly in the face. The young people it portrays for us are neither victims nor heroes, neither dopes nor visionaries. They are complex human beings navigating existential insecurities and conflicting narratives on daily basis. That is where the authors' notion of "ecologies of meanings" offers a fine tool for sorting out the processes shaping disadvantaged youths' views of society and their positioning and reaction to it. These ecologies, we are told, have cognitive, affective, and moral-ethical dimensions. They are ecologies because they are inseparable from the physical, social, and discursive environment in which people are immersed and because the meanings that constitute them feed off each other, intersect and form complex chains. Mapping these ecologies allows the researchers to achieve something that has always challenged the academe: to start showing how immediate lived experience meshes with media-made realities, with images, narratives, propaganda, and civic education to construct social imaginaries and personal identities.

Bringing to the fore the thoughts, feelings, and aspirations of marginalized people with understanding and care is as much an important political project as it is an academic one. The close attention to the inhabitants of the "concentration favelas" as the authors refer to the pockets of poverty, violence and despair that blemish the magnificent face of touristy Rio de Janeiro is impressing upon us that these people matter. As such, it is a direct challenge to the illiberalism and the screaming economic injustice that Brazil's powerful elites have tried to normalize, especially hard in the past four years. No, it is not normal to disenfranchise, exclude from citizenship, terrorize, and dehumanize those living on the margins, the authors insist. There cannot be an illiberal democracy or illiberal morality or illiberal social and economic progress. Illiberalism pushes a society down the slope to dictatorship, violent suppression, and bloody conflicts. While in less economically and politically polarized countries this trend can be temporarily bent and obfuscated, Brazil's favelas feature its most vivid illustration. The fear, the misery and despair and ultimately, the blood of their young inhabitants on the pavement powerfully underscore it.

Finally, I will come back to the notion of ecologies of meanings to examine with its help the web of meanings woven by the contributors to this collection. Along the cognitive dimension we find a deep understanding of the intricacies of Brazil's history and the complex tangle of its contemporary social and political realities. Along the affective dimension, a swell of love, grief, and anger flows through every chapter. The moral-ethical dimension is anchored in a longing for justice, humanity, and care for the protagonists of the research with whom the authors have attempted to establish a true dialogue guided by the principles of communicative ethics. In this capacity, the book is not only an enlightening source of information for Brazilians and outsiders alike, but also a moral beacon for academics, politicians and all agents endowed with resources and authority enabling them to make a stand against violence and barbarity.

Calgary (Canada), January 5, 2023.
Maria Bakardjieva
Professor
Department of Communication, Media and Film
University of Calgary, Canadá

SOBRE OS AUTORES

Aline Andrade de Carvalho

Doutora em Psicossociologia de Comunidades e Ecologia Social pelo Programa EICOS do Instituto de Psicologia da Universidade Federal do Rio de Janeiro (UFRJ). Mestre em Indústrias Criativas pela Université Paris 8, Vincennes – St. Denis. Graduada em Comunicação – Estudos de Mídia pela Universidade Federal Fluminense (UFF). Atua na área da cultura em contextos comunitários envolvendo jovens. Possui interesse em pesquisas sobre juventude, engajamento e processos comunitários.

Orcid: 0000-0003-0729-8172

Almir Fernandes dos Santos

Doutor e mestre em Psicossociologia de Comunidades e Ecologia Social pelo Instituto de Psicologia da UFRJ. Pós-graduado, lato sensu, em Análise de Sistemas pelo Instituto Brasileiro de Administração Municipal (IBAM) e em Engenharia de Produção pela Pontifícia Universidade Católica do Rio de Janeiro (PUC-Rio). Graduado em Administração de Empresas. Professor de Análise de Sistemas, Ciência da Computação e coordenador da Pós-graduação em Especialização em Gerência de Projetos da UNICARIOCA. Possui interesse em processos comunicativos, lógica natural e projetos comunitários em comunidades provindas de contextos sociais diversos.

Orcid.: 0000-0003-0035-0732

Cristiano Henrique Ribeiro dos Santos

Doutor e mestre em Comunicação e Cultura pela Escola de Comunicação da UFRJ, onde atua como professor e diretor da mesma faculdade, além de ser pesquisador e coordenador do Laboratório de Estudos em Comunicação Comunitária (LECC). Graduado em História pelo Instituto de Filosofia e Ciências Humanas da Universidade do Estado do Rio de Janeiro (UERJ). Possui interesse em pesquisas sobre as relações entre a comunicação e religiões de matriz africana, neopentecostalismo e política.

Orcid: 0000-0002-7923-3872

Fabiane Proba

Doutora em Psicossociologia de Comunidades e Ecologia Social pelo Instituto de Psicologia da UFRJ, com doutorado sanduíche na Università Degli Studi di Bergamo, Itália. Mestre em Comunicação pela UERJ. Atualmente realiza pesquisa de pós-doutorado no Programa Doutor Empreendedor da Fundação de Amparo à Pesquisa do Estado do Rio de Janeiro (FAPERJ), tendo fundado a start-up "Affect Comunicações e Jogos Digitais". Graduada em Comunicação Social pelas Faculdades Integradas Hélio Alonso. Possui interesse em pesquisas sobre interações em rede com uso de jogos digitais.

Orcid: 0000-0002-0988-1233

Ibis Marlene Alvarez Valdivia

Doutora em Psicologia Educacional pela Universidad de la Habana. Mestre e graduada em Psicologia pela Universidad Central "Marta Abreu" de Las Villas, Cuba. É professora titular do Departamento de Psicologia Básica, Evolutiva e Educacional da Faculdade de Psicologia da Universitat Autònoma de Barcelona, Espanha, além de dirigir um programa de doutorado interinstitucional em Psicologia Educativa na instituição. Possui interesse em pesquisas sobre estratégias de ensino e aprendizagem.

Orcid: 0000-0002-3250-3214

Leonardo Viana

Doutor em Psicossociologia de Comunidades e Ecologia Social pelo Instituto de Psicologia da UFRJ, com estágio de doutorado sanduíche na Universitat Autònoma de Barcelona, Espanha. Mestre em Gestão e Pós-graduação em Estratégia pela UFF. Graduado em Desenho Industrial pela UNICARIOCA. Atua em comunicação digital (*user experience*, interação e percepção), no Centro de Ciências e Educação Superior à Distância do Estado do Rio de Janeiro (CEDERJ). Possui interesse em representações sociais e metodologias para estudo de populações em contextos digitais, como a educação a distância.

Orcid: 0000-0002-5568-664X

Milton N. Campos

Livre-docente em Comunicação, doutor em Psicologia, mestre em Comunicação e graduado em Jornalismo pela Universidade de São Paulo (USP). Realizou estágios pós-doutorais nas universidades British Columbia, Simon Fraser e Calgary, no Canadá, Neuchâtel, na Suíça, e UFRJ, no Brasil. É professor honorário da Université de Montréal, Canadá. Atualmente colabora com a UFRJ como professor-pesquisador junto à Escola de Comunicação e o Programa de Pós-graduação em Psicossociologia de Comunidades e Ecologia Social do Instituto de Psicologia. Desenvolveu a abordagem crítico-construtivista da ecologia dos sentidos, com pesquisas sobre processos comunitários presenciais e digitais em rede.

Orcid: 0000-0003-3051-3985

Nathália Ronfini

Doutoranda e mestre em Psicossociologia de Comunidades e Ecologia Social pelo Programa EICOS do Instituto de Psicologia da UFRJ. Graduada em Comunicação Social com habilitação em Jornalismo pela mesma universidade. Atua na área da comunicação jornalística e publicitária, especialmente no setor de relações públicas e assessoria de imprensa. Possui interesse em pesquisas sobre jovens e juventudes, nudes e empoderamento feminino.

Orcid: 0000-0001-6545-5127

Rosangela de Carvalho

Doutoranda e mestre em Psicossociologia de Comunidades e Ecologia Social pelo Programa EICOS do Instituto de Psicologia, UFRJ. Graduada em Psicologia pela Universidade Gama Filho (UGF). É diretora e consultora na Efficacia Assessoria Ltda., atuando na formação e desenvolvimento de profissionais, em contextos de psicologia organizacional e do trabalho. Possui interesse em pesquisas com foco em juventudes, sobretudo jovens de baixa renda e seus vividos em relação ao mercado de trabalho, comunicação e liderança.

Orcid: 0000-0001-9473-2939

ÍNDICE DE ASSUNTOS

Achille Mbembe 52, 137
Afeganistão 47, 60
Ailton Krenak 52
Anitta 270
Anos
 1940 283
 1950 126, 242
 1960 242, 256, 283, 328
 1970 93, 242
 1980 48, 65-66, 93, 243, 283
 1990 93, 215, 235, 243, 281, 283
 1995 91, 283-284, 295
 2000 37, 45, 48-49, 56, 64, 70, 81-82, 86-87, 92, 99, 101, 120, 123-124, 126, 133, 161-162, 178, 203, 213, 217-218, 220, 228, 231, 235, 237, 239-240, 243, 264, 284, 293, 314-315, 317, 323, 325, 331, 338, 351-352, 356
 2010 13, 36-38, 48-49, 61-62, 65, 67, 70-71, 79, 86, 126, 131, 136, 138, 162-163, 165, 175, 177, 205, 230, 243, 245, 247, 249-250, 276, 278, 283, 315, 319-320, 322-325, 343, 352, 356
 2020 11, 35, 43-44, 47, 63, 66, 78, 86, 89, 105, 113, 115-116, 118, 121, 123-124, 126, 129-131, 159-162, 165, 168-169, 171, 173-174, 200, 203-204, 206, 209, 211-212, 214-215, 219, 228, 230, 235-237, 239-240, 249-251, 254, 273, 276-279, 286, 288-289, 291, 299, 314-315, 317-319, 322, 324-325, 338, 341, 347, 349-351, 354, 357
Século XX 35-36, 79, 132, 243
Século XXI 35, 44, 67, 94, 166, 207
Austrália 38, 319
Bárbaros 287, 291
 Elite nacional 126, 291
 Elites brasileiras 48, 199, 230

Brasil 9, 13, 17-20, 29-30, 32-34, 36, 38-39, 41-48, 50-53, 58-59, 63, 66-67, 70-71, 76, 86, 89-93, 97, 111-112, 115-118, 122-123, 125-126, 129-130, 133, 137, 149, 158-162, 164-165, 167-170, 173-177, 181, 183-184, 187, 193, 195, 197-198, 202-213, 217, 224, 228-229, 231-232, 234, 236-241, 248, 257, 273, 275, 278, 280, 282, 285-291, 295, 299, 310, 312-313, 315, 319-324, 344, 348, 350-353, 355-356, 365

Ameaças 13, 15, 41, 51, 77, 132, 134, 140, 149, 151-152, 155-157, 159, 200, 210, 229

Perigo comunista 51

Apartheid 29, 45, 52

Genocídio 35, 45, 159, 212

Ativismo judiciário 35, 209

Baby do Brasil 158

Brasília 9, 63-64, 71, 119, 161, 165-166, 202-203, 205-206, 240, 272, 276, 313-314, 350-351

Corrupção 18, 48, 58, 135, 156, 207, 209, 211, 219, 221-224, 226, 229, 248-249, 272, 290

Impunidade 132, 211, 272

Morosidade 272

Brutalidade colonial 51

CAPES 11-12, 74, 89, 167, 241, 319

Bolsas de demanda social 74

CLT 304

Conferência Rio+20 95, 116

Congresso Nacional 223, 230-231, 282

Conselho Nacional da Juventude 138

Constituição de 1988 33-35, 41, 44, 46, 48, 51, 93, 167-168, 212, 231, 234

Capitalismo 40-42, 48, 50-51, 129, 137-138, 197, 199, 213, 237, 269, 273, 300

Democracia 9, 19, 33, 35, 37, 40-42, 44, 50-51, 59, 61, 129, 133, 149, 157, 192, 199, 208-212, 216, 224, 231, 234, 238-239, 246, 280, 314

Democracia liberal 40

VIOLAÇÕES BÁRBARAS: OLHARES JOVENS

Instabilidade 155, 169, 290

Lei da Anistia 50, 59

Democracia 9, 19, 33, 35, 37, 40-42, 44, 50, 51, 59, 61, 129, 133, 149, 157, 192, 199, 208-212, 216, 224, 231, 234, 238, 239, 246, 280, 314

Direita iliberal 169

Esquerdas 51

Farsa 39, 47

Novo liberalismo 33, 34, 40-42, 44, 50

Tensões intracapitalistas 51

Desequilíbrio 89, 114, 117, 175, 176, 195, 198, 199, 207, 214, 230-232, 310, 345

Desigualdade 13, 15, 30, 33, 42, 45, 52, 125, 126, 158, 165, 167, 169, 191, 196, 198, 203, 205, 211, 266, 267, 285, 289, 300, 304, 306, 308

Desigualdade social 13, 191, 266, 267, 304

Devastação ambiental 44, 116, 131, 211

Protestos 36, 37, 39, 70, 71, 94, 116, 214, 234, 250, 283

Dilma Rousseff 9, 13, 17, 25, 26, 33-36, 38, 46, 50, 59, 69, 70, 75, 76, 78-80, 83, 89, 98, 101, 105, 112-115, 125, 131, 139, 144, 150, 151, 154, 155, 157, 167-169, 171, 177, 180, 181, 183, 185, 186, 195, 196, 207, 208, 210, 214, 216-218, 220-224, 227, 229, 257, 259, 260, 265, 268-270, 279, 282, 286, 290, 294, 298, 307-309, 320, 321, 331, 333, 335, 339, 343-346, 348, 359

Impeachment 13, 17, 34, 36, 38, 42, 46, 50, 59, 69, 75, 78, 89, 113, 115, 125, 150, 151, 167, 171, 210, 212, 221, 279, 290, 307, 308, 321, 343

Ditadura militar 42, 93

Lei da Anistia 50, 59

Economia 35, 49, 63, 64, 68, 86, 111, 119, 164, 202, 203, 212, 221, 225, 235, 236, 239, 261, 266, 269, 272, 314, 326, 350

Baixa renda 9, 13-15, 25-27, 30, 31, 34-36, 44, 49, 53, 59, 61, 74, 76-78, 80, 81, 89, 91, 93, 95, 97-99, 106, 109, 112, 114-118, 125, 130, 167, 169, 170, 176, 178, 180-186, 188, 195-199, 201, 210, 213, 215-217, 224, 229, 233, 234, 241, 257, 258, 268, 279, 280, 282, 290, 291, 293-297, 299, 300, 303-312, 321, 322, 326, 327, 330-332, 334, 336, 339-344, 347-349, 365

Escravidão 10, 33, 45, 48, 126, 127, 145, 151, 175, 229

Educação 11, 13, 15, 18, 19, 23, 27, 45, 60, 75, 77, 89, 94, 99, 105-107, 109, 110, 113, 118, 119, 122, 124, 129, 165-167, 175, 187, 188, 192, 197, 204, 211, 217, 224, 229, 241, 248, 263, 264, 267, 271, 272, 275, 277, 282, 285, 289, 293, 296, 306, 308, 312, 315, 316, 319-322, 324-328, 330, 332, 333, 335, 339-344, 347-357, 364

Acesso 15, 27, 29, 32, 36, 37, 45, 52-54, 60, 61, 63-66, 68-75, 77, 87, 89, 91, 92, 94, 98, 117-124, 126, 131, 138, 139, 151, 155, 157, 160-167, 170, 178, 187, 189, 192, 198, 200-206, 211, 217, 226, 230, 231, 235-240, 247, 266, 267, 270, 275-278, 280, 287, 289-291, 295, 296, 300, 306, 308-318, 320, 321, 323, 328, 331, 340, 341, 343, 345, 348, 350-357

Ensino à distância 81, 267, 271, 333, 340, 349, 350

Escola sem partido 271, 276, 277

Evasão escolar 267, 288, 340, 341

Eleições 18, 42, 44, 45, 76, 168, 207, 234, 235, 247, 248, 251, 255, 263, 265, 276, 290

Elites 19, 29, 34, 35, 43, 44, 47-50, 52, 58-61, 130, 158, 167, 199, 209, 210, 214, 215, 230-232, 234, 239, 282, 287, 308, 361

Injustiça 14, 19, 39, 49, 148, 149, 152, 153, 157, 158, 160, 230, 302, 324

Políticos 17, 20, 26, 27, 37, 40, 43, 51, 58, 81, 93, 117, 129, 136, 146, 152, 169, 207, 208, 210, 215, 217-220, 222-235, 241, 244, 246-253, 255, 260-264, 270, 274, 283, 290, 294, 348

Sórdidas 42, 157

Escravidão

Estrutural 151, 187, 190, 277, 305, 306, 328-330, 334, 344, 354

Carne negra 45

Extermínio 32, 52, 97, 127, 159, 160, 169, 176, 180, 181, 186, 187, 196, 198-200, 204, 211, 214, 225, 228, 229

Opressão 14, 15, 37, 127, 157, 189, 229

Tortura 44, 45, 48, 59, 127, 145

Estado 9, 11, 14, 26, 27, 29, 40, 44-54, 58-60, 66, 75-77, 89, 93, 108, 110, 112, 114, 116, 126, 127, 129-132, 136, 137, 139, 146-148, 151, 155, 157-161, 168, 171-176, 181, 183, 184, 196, 198, 199, 201, 204, 213, 214, 222-224, 227, 230-232, 234, 235, 243, 252-256, 267, 280-282, 285, 289, 291, 295, 299, 304, 312, 313, 315, 340, 341, 344, 348, 353, 356, 363, 364

Desresponsabilização 126

Ética 11, 20, 30, 32, 56, 65, 73, 98, 99, 135, 136, 139, 163, 178, 186, 191, 210, 218, 228, 230, 252, 253, 256, 259, 274, 292, 295, 302, 306, 331

Deterioração 35

Êxodo rural 126

Extrema direita 41, 43, 44, 50, 116, 131, 158, 167, 169, 171, 234, 235, 247, 253, 282

Exercício do ódio 169

Ideologia 18, 42, 44, 48, 86, 128, 133, 207, 213, 235, 265, 277

Totalitarismo 41, 58, 129, 162, 201, 231, 236

Valores ultraconservadores 44

Fernando Collor de Mello 50

Impeachment 13, 17, 34, 36, 38, 42, 46, 50, 59, 69, 75, 78, 89, 113, 115, 125, 150, 151, 167, 171, 210, 212, 221, 279, 290, 307, 308, 321, 343

Fernando Henrique Cardoso 34, 42, 50, 168

Genocídio 35, 45, 159, 212

Indígena 180

Golpe militar 93, 192

1964 93

Governo 9, 25, 26, 33-35, 38, 39, 41, 42, 46-48, 50, 51, 66, 75, 111, 112, 115, 116, 125, 131, 146, 158, 159, 167-169, 171, 173, 183, 187, 192, 193, 197, 199, 202, 204, 207-210, 212, 214, 221-223, 225, 227, 228, 231, 239, 252, 261, 263, 264, 267, 268, 290, 306, 310, 319, 320, 341, 345, 348

Índole totalitária 199, 212, 213, 229, 231, 257

Governo eleito em 2018 48, 125

Devastação ambiental 44, 116, 131, 211

Elogio da tortura 44

Extrema direita 41, 43, 44, 50, 116, 131, 158, 167, 169, 171, 234, 235, 247, 253, 282

Gabinete do ódio 210

Gestão assassina 44

Iliberalismo 9, 19, 33, 40-42, 44, 48, 51, 60, 169, 198, 212, 228

Insultos 44, 234

Ministério paralelo da saúde 210

Nazifascismo 44, 231

Política de ameaças 229

Política de extermínio 159

Resistência democrática 229, 232

Terrorismo 42

Governos pós-impeachment 290

Desmantelamento 49, 58, 59, 129, 136, 155, 168, 210, 211, 214, 228, 243, 265, 282, 349

Habitação 126, 156, 282

Favelas 18-20, 46, 49, 52, 53, 59, 60, 68, 89, 114, 118, 126, 130-132, 157-160, 166, 172, 183, 193, 198, 230, 235, 280, 285, 306, 360, 361

Políticas públicas 13, 90, 94, 124, 126, 130, 156, 168, 197, 266, 271, 280, 282, 285, 286, 311, 313, 349, 353, 354

Remoções 60, 128, 130, 132, 134, 139, 147, 149, 160

Indígenas 29, 30, 35, 45, 125, 182, 211, 231, 287

Inferno ambiental 116

Injustiça 14, 19, 39, 49, 148, 149, 152, 153, 157, 158, 160, 230, 302, 324

Favelas de concentração 19, 52, 53, 59, 118, 130, 132, 157, 158, 160, 198

Neocorte imperial 34, 52, 157, 158

Palácios do asfalto 52, 53, 59, 157, 158

Jovens 9, 10, 13-15, 17-20, 25-27, 29-39, 42, 44, 46, 47, 49, 51-54, 57-61, 66, 73-85, 89-101, 103, 105-118, 123-126, 128, 133-140, 142, 145-161, 165, 167-172, 174-188, 192, 193, 195-202, 206-208, 210, 212, 215-217, 219-230, 232-235, 240-252, 255-276, 279-314, 318, 319, 321, 322, 326-328, 330-336, 339-345, 347-349, 363, 365

Cidadania 19, 37, 45, 60, 128-130, 132, 133, 140, 147, 149, 152, 155, 156, 158, 162, 163, 208, 210, 223, 224, 226, 227, 236, 237, 253, 261, 275, 276, 279, 281, 312

Desigualdade 13, 15, 30, 33, 42, 45, 52, 125, 126, 158, 165, 167, 169, 191, 196, 198, 203, 205, 211, 266, 267, 285, 289, 300, 304, 306, 308

Periferia 110, 111, 161, 164, 190, 193, 280, 282, 287, 301, 303, 304, 330

Luiz Inácio Lula da Silva 9, 18, 42, 44, 46, 50, 116, 168, 290, 320, 360

Marina Silva 116

Michel Temer 75, 106, 116, 168, 171, 208, 209, 217, 218, 220-223, 227, 290

Desequilíbrio 89, 114, 117, 175, 176, 195, 198, 199, 207, 214, 230-232, 310, 345

Moradia 15, 19, 23, 26, 45, 60, 75, 78, 79, 83, 86, 125-130, 132, 134, 137-140, 142, 144-148, 151-153, 155-157, 159, 165, 166, 175, 200, 211, 224, 230, 312

Governo de Dilma Rousseff 131, 221

Governo Lula 131

Moraes Moreira 158

Mulheres 43, 47, 100, 129, 138, 174, 175, 183, 209, 211, 254, 306, 324

Feminicídio 211

Violência doméstica 211

Negação de direitos 186, 190

À educação 13, 15, 45, 110, 211, 224, 264, 267, 271, 289, 333, 349, 350, 357

À moradia 45, 60, 126, 130, 137, 140, 148, 151, 152, 155, 157, 159, 165, 200, 211, 224, 230, 312

À saúde 14, 45, 106, 187, 211, 214, 224, 228, 234, 309, 312

À vida 52, 61, 106, 211, 234

Anistia Internacional 131, 160, 211, 228, 235

Ao emprego 211, 266, 289, 290, 310

Brutalidade policial 211

Comunidades tradicionais 211

Desaparecimentos forçados 211

Econômicos e sociais 136, 211

Liberdade de expressão 133, 211

Meio ambiente 26, 55, 60, 89, 90, 93-99, 101, 102, 104-118, 122, 123, 125, 126, 142, 200, 240, 261, 263, 326

Negros 29, 46, 49, 79, 159, 160, 174, 193, 287, 306

Neoescravidão simbólica 308

Neoliberalismo 33, 50, 169, 209, 228, 243

Novos Baianos 158

Operação Lava-jato 43, 290

Pandemia 9, 10, 13, 25-27, 33-35, 43, 44, 46, 48, 49, 51, 52, 59, 60, 63, 71, 75, 76, 78-80, 83, 84, 97, 98, 100-102, 105, 109, 112, 114, 116, 117, 125, 131, 139, 140, 142, 144, 150-158, 162, 165-168, 171, 177, 179-181, 186, 187, 192, 196, 197, 199, 202, 203, 205, 207, 208, 210, 211, 213-215, 217, 219-221, 225-230, 233, 234, 236, 240, 245, 257-260, 265-268, 271-273, 279, 288, 294, 296, 298, 299, 304-307, 309, 316, 319, 320, 323-326, 331-335, 339, 340, 342-349, 356

CPI 9, 43, 71, 166, 168, 205, 208, 211, 240, 265, 268

Crise sanitária 272, 325

Extermínio deliberado 211

Homicídios dolosos 46, 47, 171

Política deliberada de contaminação 168

Universidades públicas 99, 168, 178, 340

Violência 10, 13-15, 17, 19, 20, 23, 25, 26, 29, 32-34, 36, 39, 45-50, 58, 63, 64, 74, 75, 78, 79, 81, 83, 90, 110, 111, 119, 125, 126, 130, 132, 135, 139, 147, 155, 157, 159, 160, 167-176, 178, 179, 181-188, 190-200, 202, 203, 205, 206, 211, 225, 228, 230-232, 234, 248, 264, 269, 289, 291, 294, 306, 314, 345

Pandemia de COVID-19 9, 25, 33-35, 44, 46, 48, 49, 51, 52, 60, 75, 76, 78-80, 83, 84, 97, 98, 101, 102, 105, 109, 112, 114, 117, 125, 131, 139, 140, 144, 150, 153, 154, 157, 167, 168, 179-181, 196, 197, 199, 207, 210, 213-215, 217, 219-221, 225, 228-230, 234, 245, 257-260, 319, 320, 323, 325, 326, 331-333, 335, 339, 344, 346, 348, 349

CPI 9, 43, 71, 166, 168, 205, 208, 211, 240, 265, 268

Crise das vacinas 210

Gestão 9, 44, 108, 114, 115, 125, 168, 187, 199, 201, 208, 211, 215, 228, 265, 268, 279, 283-286, 291-293, 295, 296, 299-304, 311, 317, 350, 357, 364

Vacinação 156, 157, 187, 226, 266

Pária ambiental 116, 125

Pária sanitário 208

Partido Verde 93

Patologia psicossocial 234

Extrema direita 41, 43, 44, 50, 116, 131, 158, 167, 169, 171, 234, 235, 247, 253, 282

Negação de direitos 186, 190

Redes sociais 13, 15, 27, 35-37, 39, 49, 52, 59, 68, 90, 94-96, 107, 112, 113, 115, 117, 122, 123, 128, 133, 139, 140, 142, 148-150, 153-157, 163, 169, 183, 210, 223, 224, 229, 231-234, 241, 242, 246, 247, 250, 251, 256-264, 269, 270, 273, 297, 354

Periferia 110, 111, 161, 164, 190, 193, 280, 282, 287, 301, 303, 304, 330

Bolsões de pobreza 19, 280

Cortiços 166, 230, 280

Favelas 18-20, 46, 49, 52, 53, 59, 60, 68, 89, 114, 118, 126, 130-132, 157-160, 166, 172, 183, 193, 198, 230, 235, 280, 285, 306, 360, 361

Periferias 93, 108, 114, 126, 131, 132, 216, 285

Exclusão social 126, 161, 281, 287

Pobreza 19, 39, 51, 60, 122, 131, 161, 162, 165, 167, 168, 173, 175, 183, 191, 203, 205, 211, 266, 279-282, 289, 291, 300, 306, 309, 310, 312

Poder Legislativo 220

Polarização 51, 68, 151, 207, 210, 234, 244, 273

Iliberalismo 9, 19, 33, 40-42, 44, 48, 51, 60, 169, 198, 212, 228

Política 13, 14, 18, 26, 27, 34, 35, 37-39, 41, 44, 58, 66, 68, 71, 74-76, 81, 86, 93, 94, 97, 110, 113, 116, 124, 137, 144, 156, 159, 161, 164, 165, 168, 176, 184, 187, 189, 196, 201, 207, 208, 210, 212-221, 223-235, 237, 239, 241, 242, 244-255, 257, 258, 260-275, 279, 280, 286, 290, 304, 307, 309, 341, 363

Corrupção 18, 48, 58, 135, 156, 207, 209, 211, 219, 221-224, 226, 229, 248, 249, 272, 290

Políticas públicas 13, 90, 94, 124, 126, 130, 156, 168, 197, 266, 271, 280, 282, 285, 286, 311, 313, 349, 353, 354

Conluios das elites 130

Desigualdade 13, 15, 30, 33, 42, 45, 52, 125, 126, 158, 165, 167, 169, 191, 196, 198, 203, 205, 211, 266, 267, 285, 289, 300, 304, 306, 308

Estatuto da Juventude 94, 286, 313

Necropolítica 137, 138, 200, 214

Programa Jovem Aprendiz 77, 80, 264, 285, 286, 303, 317

Projovem 94, 118, 138, 286

Proteção do capital 130

SINAJUVE 286, 313

Povo brasileiro 9, 33, 36, 45, 51, 130, 158, 168, 215, 234, 257

Desterrado 49

Programas ambientais 94, 111

Reino de Portugal 29

Relações de trabalho 14, 280, 290, 295

Rio de Janeiro 9-11, 18, 19, 26, 27, 29-32, 35, 36, 38, 39, 46, 47, 52, 59, 61, 66, 68, 75-79, 86, 89, 90, 93, 94, 108, 112, 118, 120, 122, 123, 125-127, 130-132, 160-166, 170-176, 184, 190, 193, 194, 196, 198, 201-207, 218, 222, 223, 235, 240, 241, 275-280, 285, 288, 291, 292, 295, 298, 307, 310, 311, 315, 316, 318, 325, 348, 353, 355-357, 360, 361, 363, 364

Assembleia Legislativa 223

Comunidade do Horto Florestal 9, 26, 78, 79, 126, 127, 132, 134-140, 146, 150, 153, 154, 156-159, 165

Luiz Fernando Pezão 75, 218, 220, 222, 223

Marcelo Crivella 223

Neocorte 34, 52, 59, 157, 158

Pezão 75, 218, 220, 222, 223

Região metropolitana 30, 31, 35, 76, 82, 89, 190, 241

Sérgio Cabral 75, 218, 220, 222, 223

Wilson Witzel 171, 206

Sabotagem

Iliberalismo 9, 19, 33, 40-42, 44, 48, 51, 60, 169, 198, 212, 228

Sentidos 13-15, 18-20, 25, 26, 29-32, 34-36, 49, 51, 53-60, 73, 75, 76, 81, 83-85, 92, 95-99, 101-103, 105, 114, 117, 125, 128, 134-137, 139, 141-154, 156, 175, 176, 178-181, 196, 198-201, 207, 208, 212-217, 220, 221, 228-230, 232-234, 241, 242, 251, 253, 255-258, 260, 269-275, 279, 285, 287, 289-293, 295, 298, 299, 302-304, 308-311, 326-331, 333, 335, 336, 342-345, 348, 349, 365

Vulgaridade 234

Seu Jorge 45

Sociedade de extermínio 214

Sociedade neoescravocrata 229, 282

Supremo Tribunal Federal 199, 209, 210

Tecnocolonização 52, 60, 125

Território violado 35

Totalitarismo 41, 58, 129, 162, 201, 231, 236

Extrema direita 41, 43, 44, 50, 116, 131, 158, 167, 169, 171, 234, 235, 247, 253, 282

Iliberal 11, 19, 25, 26, 40-42, 44, 46, 59, 76, 111, 115, 116, 168, 169, 183, 192, 199-202, 207, 209, 210, 213, 229, 235, 269, 282, 287, 310, 320, 341

Desmantelamento da democracia 211

Universidade Federal do Rio de Janeiro 9, 32, 120, 123, 165, 357, 363

Violência 10, 13-15, 17, 19, 20, 23, 25, 26, 29, 32-34, 36, 39, 45-50, 58, 63, 64, 74, 75, 78, 79, 81, 83, 90, 110, 111, 119, 125, 126, 130, 132, 135, 139, 147, 155, 157, 159, 160, 167-176, 178, 179, 181-188, 190-200, 202, 203, 205, 206, 211, 225, 228, 230-232, 234, 248, 264, 269, 289, 291, 294, 306, 314, 345

Capitalismo 40-42, 48, 50, 51, 129, 137, 138, 197, 199, 213, 237, 269, 273, 300

Desigualdades sociais 48, 90, 168, 288

Escravidão 10, 33, 45, 48, 126, 127, 145, 151, 175, 229

Estado de guerra 173

Injustiças raciais 48

Internacional 11, 33, 39, 42, 43, 47, 48, 51, 91, 92, 97, 107, 117, 131, 133, 160, 169, 208, 211, 228, 235, 245, 282, 314, 324, 351

Linha da pobreza 131, 167, 168, 266

Mortalidade violenta 175

Violência totalitária 50

Canadá 11, 20, 173, 247, 249, 323, 362, 365

Université de Montréal 351, 352, 365

Capitalismo

    Globalização 282

    Interesses imobiliários 132

    Liberalismo clássico 34, 40, 128, 209

       Democracia 9, 19, 33, 35, 37, 40-42, 44, 50, 51, 59, 61, 129, 133, 149, 157, 192, 199, 208-212, 216, 224, 231, 234, 238, 239, 246, 280, 314

    Liberdade individual 40, 41

    Mercado 27, 40, 45, 63, 90, 91, 121, 126, 235, 281-291, 293-297, 300, 302, 304, 309, 312, 314, 324, 343, 345, 365

    Neoliberalismo 33, 50, 169, 209, 228, 243

       Negação de direitos 186, 190

       Totalitarismo 41, 58, 129, 162, 201, 231, 236

    Neoliberalismo econômico 209, 228

       Terceirização 209

    Opressão 14, 15, 37, 127, 157, 189, 229

    Violência 10, 13-15, 17, 19, 20, 23, 25, 26, 29, 32-34, 36, 39, 45-50, 58, 63, 64, 74, 75, 78, 79, 81, 83, 90, 110, 111, 119, 125, 126, 130, 132, 135, 139, 147, 155, 157, 159, 160, 167-176, 178, 179, 181-188, 190-200, 202, 203, 205, 206, 211, 225, 228, 230-232, 234, 248, 264, 269, 289, 291, 294, 306, 314, 345

       Violação 25, 30, 59, 60, 135, 138, 159, 178, 190, 191, 198, 201, 210, 228, 229, 231, 234, 341

Cazuza 169

Cidadania 19, 37, 45, 60, 128-130, 132, 133, 140, 147, 149, 152, 155, 156, 158, 162, 163, 208, 210, 223, 224, 226, 227, 236, 237, 253, 261, 275, 276, 279, 281, 312

    Brasil 9, 13, 17-20, 29, 30, 32-34, 36, 38, 39, 41-48, 50-53, 58, 59, 63, 66, 67, 70, 71, 76, 86, 89-93, 97, 111, 112, 115-118, 122, 123, 125, 126, 129, 130, 133, 137, 149, 158-162, 164, 165, 167-170, 173-177, 181, 183, 184, 187, 193, 195, 197, 198, 202-213, 217, 224, 228, 229, 231, 232, 234, 236-241, 248, 257, 273, 275, 278, 280, 282, 285-291, 295, 299, 310, 312, 313, 315, 319-324, 344, 348, 350-353, 355, 356, 365

       Escravidão 10, 33, 45, 48, 126, 127, 145, 151, 175, 229

VIOLAÇÕES BÁRBARAS: OLHARES JOVENS

Comunidade 9, 26, 75, 77-79, 86, 92, 126-128, 130, 132, 134-141, 144-150, 152-159, 161, 165, 176, 247, 251, 270, 308, 324

Constituição de 1988 33-35, 41, 44, 46, 48, 51, 93, 167, 168, 212, 231, 234

Direitos sociais 129, 130, 165

Direitos 13, 18, 25, 45-47, 58, 63, 65, 111, 128-133, 138, 140, 145, 147-149, 152, 153, 155-157, 159-162, 165, 167, 186, 189-193, 200-202, 208-211, 213, 224, 226-228, 234-236, 241, 243, 264, 265, 267, 281, 286, 289, 290, 309, 313

Liberdade 23, 26, 30, 38, 40-42, 44, 46, 52, 75, 78, 79, 83, 125, 126, 128-130, 132-134, 136, 137, 140, 148-150, 153-155, 157, 158, 160, 161, 165, 188, 190, 209, 211, 230, 243, 261, 294

Direito 26, 32, 40, 45, 50, 51, 63, 111, 125-127, 129, 130, 132, 134, 136, 137, 147, 148, 151, 152, 160-162, 164, 187, 192, 194, 202, 208, 209, 211, 213, 224, 228, 229, 231, 234, 236, 238, 247, 277, 307, 341

À saúde 14, 45, 106, 187, 211, 214, 224, 228, 234, 309, 312

À vida 52, 61, 106, 211, 234

Direito à moradia 130, 137, 152

Estado moderno 129, 198, 214

Grécia Antiga 128, 208

Assembleia de cidadãos 208

Cidadãos 17, 25, 35, 38, 60, 114, 129, 132, 148, 155, 156, 208-210, 213, 228, 231, 234, 247, 270, 271, 273, 280, 299

Poetai 129, 208

Polis 129, 208, 252

Igualdade 40, 97, 129, 153, 185, 224, 231, 261, 280, 287

Moradia 15, 19, 23, 26, 45, 60, 75, 78, 79, 83, 86, 125-130, 132, 134, 137-140, 142, 144-148, 151-153, 155-157, 159, 165, 166, 175, 200, 211, 224, 230, 312

Negação 59, 127, 130, 137, 156, 157, 169, 184, 186, 190, 214, 234, 248

Crianças 9, 10, 13, 14, 43, 46, 47, 129, 147, 216, 252, 312

Escravos 17, 52, 198, 209, 252

Estrangeiros 20, 52, 129, 209

Mulheres 43, 47, 100, 129, 138, 174, 175, 183, 209, 211, 254, 306, 324

Negritude 10, 229

Black Lives Matter 159, 214

Ciência 30, 55, 161, 205, 233, 236, 239, 314, 345, 354, 363

Ciências exatas 200

Ciências humanas e sociais 33, 76, 93, 200, 201, 293

Ações políticas 93, 106, 113, 117, 127, 200, 260, 261, 272

Ciências linguageiras 200

Cipião Emiliano 34

Comunicação 11, 13-15, 25, 35, 37, 38, 53, 55, 56, 60, 71, 84, 92, 93, 103, 113, 119, 120, 122, 128, 133, 135, 136, 153, 154, 157, 161, 164, 175, 179, 195, 200, 231, 241, 245, 249, 253, 257, 267, 270, 274, 276, 284, 292, 297, 302, 303, 320, 325, 333, 334, 363-365

Argumentação 74, 119, 232, 255, 324

Fatos 30, 31, 33, 100, 116, 133, 146, 210, 271, 283, 320

Comunicação à distância 92

Crédito 51, 135, 167

Crenças 42, 256, 271, 309, 327

Dimensão simbólica 328

Senso comum 84, 249, 328

Dívida 135

Gratidão 10, 12, 135, 254, 302, 328

Ética 11, 20, 30, 32, 56, 65, 73, 98, 99, 135, 136, 139, 163, 178, 186, 191, 210, 218, 228, 230, 252, 253, 256, 259, 274, 292, 295, 302, 306, 331

Alegria 32, 134, 135, 185, 186, 196, 302

Produção de sentidos 14, 55, 56, 58, 59, 95, 180, 201, 207, 253, 260, 270, 285, 291, 292, 295, 327, 343-345, 349

Tristeza 13, 135, 194, 196

Valores morais 310

Feromônio cultural 95

Linguagem 55, 56, 81, 95, 103, 143, 247

Relações intersubjetivas 31, 327

Adaptação 49, 95, 253, 266, 283, 289, 304, 323, 333

Afetos 95, 96, 105, 128, 135, 137, 141, 144, 156, 157, 179, 207, 212, 213, 215, 219, 221, 227, 228, 232, 233, 273, 275, 307, 309, 342

Coação 41, 56, 137, 261, 269, 273

Cognições 48, 95, 96, 105, 117, 128, 135, 137, 141, 144, 156, 157, 179, 207, 212, 213, 215, 219, 221, 227, 228, 232, 233, 253, 309, 326, 342

Cooperação 29, 30, 32, 34, 35, 56, 135, 261, 272, 273, 328

Juízos 11, 12, 32, 53, 85, 95-98, 103, 105, 117, 123, 128, 134, 135, 137, 141, 143, 144, 156, 157, 181, 212, 213, 219-221, 223, 224, 227, 228, 234, 253, 273, 275, 292, 294, 304, 305, 308, 309, 326, 328, 335, 342, 349

Lentes 96, 291, 327, 328

Mecânicas simbólicas 135, 327

Tecnologias 27, 41, 53, 56, 58, 92, 96, 119, 128, 135, 157, 179, 219, 241, 245, 275, 284, 285, 287, 311, 321, 325, 326, 333, 335, 345, 348, 349

Trocas virtuais 38, 92, 93

Valorização 79, 156, 214, 254, 270, 271, 283, 311, 328

Comunidade 9, 26, 75, 77-79, 86, 92, 126-128, 130, 132, 134-141, 144-150, 152-159, 161, 165, 176, 247, 251, 270, 308, 324

Comunidades em rede 91, 92, 123, 240

Comunidades virtuais 245, 250

Grécia 128, 208

Cidadãos 17, 25, 35, 38, 60, 114, 129, 132, 148, 155, 156, 208-210, 213, 228, 231, 234, 247, 270, 271, 273, 280, 299

Escravos 17, 52, 198, 209, 252

Estrangeiros 20, 52, 129, 209

Mulheres 43, 47, 100, 129, 138, 174, 175, 183, 209, 211, 254, 306, 324

Poetai 129, 208

Polis 129, 208, 252

Histórias 36, 54, 60, 95, 126, 140, 145, 160, 188, 193, 194, 232, 253, 254, 299

Memórias 32, 34, 95, 105, 117, 128, 137, 141, 144, 154, 157, 179, 182, 207, 212, 215, 219, 221, 223, 227, 228, 232, 233, 292, 328

Horto Florestal 9, 10, 26, 75, 77-79, 86, 125-127, 132-140, 142, 146, 150, 151, 153-159, 165, 166

Afro-brasileira 132

Afrodescendentes 134, 157-159, 182

Agenda 68, 132

AMAHORTO 142

Ameaças de remoção 77, 140, 152, 155, 156

Bairro pobre 26, 132

Derrubada de imóveis 128

Direitos 13, 18, 25, 45-47, 58, 63, 65, 111, 128-133, 138, 140, 145, 147-149, 152, 153, 155-157, 159-162, 165, 167, 186, 189-193, 200-202, 208-211, 213, 224, 226-228, 234-236, 241, 243, 264, 265, 267, 281, 286, 289, 290, 309, 313

Escravidão 10, 33, 45, 48, 126, 127, 145, 151, 175, 229

Esperança 18, 34, 58, 59, 61, 144, 147, 149, 153, 154, 158, 176, 197, 232, 244, 272, 280, 307, 308, 355

Futuro 18, 58, 113, 115, 137, 140, 144, 147-149, 151-154, 156, 158, 167, 169, 175, 176, 184, 195, 197, 199, 208, 225, 226, 233, 244, 263, 264, 267, 268, 272, 284, 287-290, 294, 307-309, 311, 312, 321, 343

Guardiã da floresta 132

Guardiões da floresta 132, 146, 155, 159, 166

Identidade histórica 140, 145

Igualdade 40, 97, 129, 153, 185, 224, 231, 261, 280, 287

Injustiça 14, 19, 39, 49, 148, 149, 152, 153, 157, 158, 160, 230, 302, 324

Intervenções policiais 128

Jovens 9, 10, 13-15, 17-20, 25-27, 29-39, 42, 44, 46, 47, 49, 51-54, 57-61, 66, 73-85, 89-101, 103, 105-118, 123-126, 128, 133-140, 142, 145-161, 165, 167-172, 174-188, 192, 193, 195-202, 206-208, 210, 212, 215-217, 219-230, 232-235, 240-252, 255-276, 279-314, 318, 319, 321, 322, 326-328, 330-336, 339-345, 347-349, 363, 365

Jovens em rede 134-136, 242

Luta 15, 17, 52, 61, 79, 86, 127-129, 134, 138, 149, 156, 157, 165, 207, 209, 229, 237, 246, 252, 253, 255, 271, 290, 349

Memória 17, 33, 122, 140, 193, 212, 222, 227, 327

Moradia 15, 19, 23, 26, 45, 60, 75, 78, 79, 83, 86, 125-130, 132, 134, 137-140, 142, 144-148, 151-153, 155-157, 159, 165, 166, 175, 200, 211, 224, 230, 312

Natureza 10, 15, 26, 36, 41, 45, 50, 55, 74, 80, 84, 93, 95, 96, 107-109, 112, 114, 118, 125, 127, 141, 146, 150, 181, 188, 189, 201, 224, 233, 248, 250, 251, 262, 271, 285, 326, 327, 329, 336, 341, 342, 347

Negação de moradia 157

Quilombo 15, 86, 127, 128, 163

Quilombo moderno 128

Remoções 60, 128, 130, 132, 134, 139, 147, 149, 160

Resistência 26, 61, 93, 127, 128, 132-136, 139, 140, 146, 149, 154, 156-160, 229, 232, 244, 320-322, 324-326, 328, 333, 336, 337, 343, 345, 349-351, 357

Território 29, 35, 36, 45, 60, 78, 97, 127, 128, 133, 134, 145, 151, 158, 193, 280, 285

Vivência 271, 299

Liberdade 23, 26, 30, 38, 40-42, 44, 46, 52, 75, 78, 79, 83, 125, 126, 128-130, 132-134, 136, 137, 140, 148-150, 153-155, 157, 158, 160, 161, 165, 188, 190, 209, 211, 230, 243, 261, 294

Risco 48, 127, 130, 148, 155, 165, 176, 187, 211, 251, 341

Moradores 9, 77, 108, 109, 125, 127-129, 132, 138, 139, 142, 145-147, 150, 151, 157, 159, 161, 166, 193, 258, 353

AMAHOR 10, 150

Natureza 10, 15, 26, 36, 41, 45, 50, 55, 74, 80, 84, 93, 95, 96, 107-109, 112, 114, 118, 125, 127, 141, 146, 150, 181, 188, 189, 201, 224, 233, 248, 250, 251, 262, 271, 285, 326, 327, 329, 336, 341, 342, 347

Guardiões da floresta 132, 146, 155, 159, 166

Preservação 105, 111, 126, 132, 136, 137, 149, 151, 325

Remoção 77, 127, 128, 131-134, 136, 137, 140, 145, 147-149, 151, 152, 155, 156

Resistência 26, 61, 93, 127, 128, 132-136, 139, 140, 146, 149, 154, 156-160, 229, 232, 244, 320-322, 324-326, 328, 333, 336, 337, 343, 345, 349-351, 357

Remoções 60, 128, 130, 132, 134, 139, 147, 149, 160

Sentimento de pertencimento 133, 269, 270, 275

Violência 10, 13-15, 17, 19, 20, 23, 25, 26, 29, 32-34, 36, 39, 45-50, 58, 63, 64, 74, 75, 78, 79, 81, 83, 90, 110, 111, 119, 125, 126, 130, 132, 135, 139, 147, 155, 157, 159, 160, 167-176, 178, 179, 181-188, 190-200, 202, 203, 205, 206, 211, 225, 228, 230-232, 234, 248, 264, 269, 289, 291, 294, 306, 314, 345

Empresários 146, 290

Mídias 19, 32, 33, 36-39, 43, 44, 47-49, 52, 60, 89, 93, 105, 106, 113, 132, 133, 139, 140, 146, 147, 169, 183, 209, 217, 230, 233, 245-247, 250, 263, 269, 284, 293, 294, 311, 312

Terror 41, 62, 129, 146, 181, 182, 198, 201

Comunidades 9, 15, 30, 49, 52, 55, 57, 58, 91-94, 109, 110, 112, 119, 123, 126, 132, 137, 150, 156, 158, 160, 165, 167, 175, 194, 211, 232, 240, 244-246, 249, 250, 252, 253, 256, 270, 275, 290, 292, 293, 295, 298, 308, 310, 357, 363-365

Internet 38, 56, 61, 62, 64, 68, 82, 86, 87, 91-93, 101, 118, 122, 124, 128, 133, 137, 142, 147, 148, 150, 151, 153-155, 157, 163, 178, 224, 236, 245, 259, 262, 270, 277, 284, 289, 294, 305, 306, 310, 312, 319-321, 325, 337-340, 342, 344, 349, 353

Conluio 229, 290

Lava Jato 209, 210, 238, 240

Procuradores e juízes 210

The Intercept Brasil 209, 210, 238

Willful blindness 210

Sergio Moro 210

Falta de isenção 209

Ministro da Justiça 209, 210

D. João VI 79, 126, 132

Darcy Ribeiro 52

Democracia 9, 19, 33, 35, 37, 40-42, 44, 50, 51, 59, 61, 129, 133, 149, 157, 192, 199, 208-212, 216, 224, 231, 234, 238, 239, 246, 280, 314

Estado de Direito 131, 160, 213

Capitalismo 40-42, 48, 50, 51, 129, 137, 138, 197, 199, 213, 237, 269, 273, 300

Discurso 56, 103, 143, 180, 229, 246, 271, 328

Argumentação comunicativa

Ética 11, 20, 30, 32, 56, 65, 73, 98, 99, 135, 136, 139, 163, 178, 186, 191, 210, 218, 228, 230, 252, 253, 256, 259, 274, 292, 295, 302, 306, 331

Donald Trump 42, 43, 66, 169

Ecologia dos sentidos 14, 25, 26, 34, 51, 53, 56, 85, 96, 97, 102, 103, 105, 135, 137, 141, 175, 180, 181, 256, 257, 260, 272, 274, 292, 298, 299, 326, 329, 330, 336, 365

Acordo intersubjetivo 31

Comunicação 11, 13-15, 25, 35, 37, 38, 53, 55, 56, 60, 71, 84, 92, 93, 103, 113, 119, 120, 122, 128, 133, 135, 136, 153, 154, 157, 161, 164, 175, 179, 195, 200, 231, 241, 245, 249, 253, 257, 267, 270, 274, 276, 284, 292, 297, 302, 303, 320, 325, 333, 334, 363-365

Processo biossimbólico 14, 55

Processo de equilibração 32, 56, 275

Produção de sentidos 14, 55, 56, 58, 59, 95, 180, 201, 207, 253, 260, 270, 285, 291, 292, 295, 327, 343-345, 349

Condição biológica 95

Configurações de sentidos 36, 57, 92, 95, 103, 329

Corpos 10, 30, 95, 96, 135, 176, 183, 185, 187, 188, 199, 208, 212, 214, 231, 251, 253

Respeito 11, 12, 18, 25, 26, 31-35, 40, 41, 49, 53-56, 60, 73, 74, 76, 79, 81, 83-85, 89-91, 94-96, 98, 102, 104-115, 117, 126, 128, 130, 134-136, 140, 142, 144, 147-149, 155, 156, 158, 167-169, 174, 177-182, 184, 185, 188, 189, 192, 195-199, 207, 208, 210, 213, 215-227, 229, 241-246, 249-251, 255-263, 265, 266, 269-274, 280, 286, 291, 293, 294, 300, 310, 321, 323, 326-328, 330-335, 337, 338, 340, 342, 348

Filosofia 11, 32, 35, 55, 98, 162, 340, 363

Grupos sociais 17, 89, 95, 282, 285

Histórias 36, 54, 60, 95, 126, 140, 145, 160, 188, 193, 194, 232, 253, 254, 299

Interpretação intersubjetiva 30

Veridicidades relativas 30

Juízos 11, 12, 32, 53, 85, 95-98, 103, 105, 117, 123, 128, 134, 135, 137, 141, 143, 144, 156, 157, 181, 212, 213, 219-221, 223, 224, 227, 228, 234, 253, 273, 275, 292, 294, 304, 305, 308, 309, 326, 328, 335, 342, 349

Manifestações cognitivas e afetivas 95, 253

Meio ambiente 26, 55, 60, 89, 90, 93-99, 101, 102, 104-118, 122, 123, 125, 126, 142, 200, 240, 261, 263, 326

Modelos lógico-matemáticos 30

Percursos 10, 95, 212, 253

Política 13, 14, 18, 26, 27, 34, 35, 37-39, 41, 44, 58, 66, 68, 71, 74-76, 81, 86, 93, 94, 97, 110, 113, 116, 124, 137, 144, 156, 159, 161, 164, 165, 168, 176, 184, 187, 189, 196, 201, 207, 208, 210, 212-221, 223-235, 237, 239, 241, 242, 244-255, 257, 258, 260-275, 279, 280, 286, 290, 304, 307, 309, 341, 363

Político 19, 25, 32, 33, 41, 43, 48, 50, 51, 58-60, 65, 75, 81, 103, 113, 115, 129, 149, 163, 210, 217, 220, 222, 232, 242, 244, 246, 248-258, 260-264, 268, 269, 272, 274, 275, 290, 298, 341

Processos cognitivos e afetivos 30

Ação 30, 78, 85, 86, 94, 110, 112, 113, 126, 127, 135, 136, 138, 139, 148, 149, 152, 173, 187, 194, 201, 212-214, 216, 220, 229, 230, 233, 234, 249, 250, 253-257, 264, 269, 273, 274, 290, 327-329, 332, 333, 340, 344

Psicologia social 13, 25, 55, 328, 329, 352

Sociologia 35, 55, 68, 118, 293, 314, 340

Ecologia dos sentidos 14, 25, 26, 34, 51, 53, 56, 85, 96, 97, 102, 103, 105, 135, 137, 141, 175, 180, 181, 256, 257, 260, 272, 274, 292, 298, 299, 326, 329, 330, 336, 365

Economia 35, 49, 63, 64, 68, 86, 111, 119, 164, 202, 203, 212, 221, 225, 235, 236, 239, 261, 266, 269, 272, 314, 326, 350

Linha da Pobreza 131, 167, 168, 266

Capitalismo 40-42, 48, 50, 51, 129, 137, 138, 197, 199, 213, 237, 269, 273, 300

Mão de obra 126, 319

Neoliberalismo 33, 50, 169, 209, 228, 243

Pandemia de COVID-19 9, 25, 33-35, 44, 46, 48, 49, 51, 52, 60, 75, 76, 78-80, 83, 84, 97, 98, 101, 102, 105, 109, 112, 114, 117, 125, 131, 139, 140, 144, 150, 153, 154, 157, 167, 168, 179-181, 196, 197, 199, 207, 210, 213-215, 217, 219-221, 225, 228-230, 234, 245, 257-260, 319, 320, 323, 325, 326, 331-333, 335, 339, 344, 346, 348, 349

Desemprego 49, 165, 282, 288-290, 293, 299, 309, 311, 318

Socialismo 50

Educação 11, 13, 15, 18, 19, 23, 27, 45, 60, 75, 77, 89, 94, 99, 105-107, 109, 110, 113, 118, 119, 122, 124, 129, 165-167, 175, 187, 188, 192, 197, 204, 211, 217, 224, 229, 241, 248, 263, 264, 267, 271, 272, 275, 277, 282, 285, 289, 293, 296, 306, 308, 312, 315, 316, 319-322, 324-328, 330, 332, 333, 335, 339-344, 347-357, 364

À distância 27, 81, 92, 99, 217, 267, 271, 319, 326, 332, 333, 335, 340, 344, 348-351, 357, 364

Comunicação 11, 13-15, 25, 35, 37, 38, 53, 55, 56, 60, 71, 84, 92, 93, 103, 113, 119, 120, 122, 128, 133, 135, 136, 153, 154, 157, 161, 164, 175, 179, 195, 200, 231, 241, 245, 249, 253, 257, 267, 270, 274, 276, 284, 292, 297, 302, 303, 320, 325, 333, 334, 363-365

Ensino superior 14, 89, 319, 321, 323, 353, 356

Tradicional 129, 201, 247, 249, 251, 259, 268-270, 274, 275, 321, 326, 329, 349

Valorização 79, 156, 214, 254, 270, 271, 283, 311, 328

Educação à distância 27, 319, 332, 333, 348, 351, 357

Baixa renda 9, 13-15, 25-27, 30, 31, 34-36, 44, 49, 53, 59, 61, 74, 76-78, 80, 81, 89, 91, 93, 95, 97-99, 106, 109, 112, 114-118, 125, 130, 167, 169, 170, 176, 178, 180-186, 188, 195-199, 201, 210, 213, 215-217, 224, 229, 233, 234, 241, 257, 258, 268, 279, 280, 282, 290, 291, 293-297, 299, 300, 303-312, 321, 322, 326, 327, 330-332, 334, 336, 339-344, 347-349, 365

Desempenho 305, 325, 334, 337, 344

Desvalorização 169, 214, 232, 254, 328

Ensino remoto 319, 325, 342, 348, 356

Evasão 267, 288, 323, 326, 340, 341, 357

Flexibilidade 323, 337, 339, 342-344

Injustiça 14, 19, 39, 49, 148, 149, 152, 153, 157, 158, 160, 230, 302, 324

Medo 13, 15, 18, 20, 23, 26, 41, 52, 77, 81, 99, 127, 128, 134, 146, 148, 152, 154-156, 167-170, 175, 176, 179-192, 195-200, 202, 214, 217, 225, 226, 228, 230, 262, 264, 265, 272, 295, 296, 299, 309, 322, 331, 332, 336, 337, 339

Negatividade 321, 322, 325, 326, 342, 345

Oportunidades 18, 25, 27, 36, 37, 112, 170, 224, 244-247, 266, 267, 274, 279, 280, 282, 285, 287, 291, 300, 302, 303, 307, 309, 311, 312, 324

Pedagogia 122, 240, 323

Preconceito 23, 27, 77, 99, 152, 186, 188, 189, 191, 194, 217, 296, 306, 308, 319, 321, 322, 326, 328, 336, 343-345, 349, 351, 352

de classe 59, 89, 116, 117, 195, 230, 244, 272, 312, 341

de raça 42, 225, 244

Representações 48, 49, 212, 213, 216, 220, 312, 322, 326-334, 336, 337, 339, 342-346, 348, 349, 351, 353-357, 364

Resistência 26, 61, 93, 127, 128, 132-136, 139, 140, 146, 149, 154, 156-160, 229, 232, 244, 320-322, 324-326, 328, 333, 336, 337, 343, 345, 349-351, 357

Representações em ação de preconceito 328

Representações sociais 213, 322, 326-334, 336, 337, 339, 342-346, 348, 349, 351, 353-357, 364

Universidade Aberta do Brasil 319, 350, 353, 355

Elis Regina 46

Elza Soares 45

Espanha 11, 37, 74, 133, 319, 364

Universitat Autònoma de Barcelona   11, 27, 74, 364

Espinosa 32, 65, 113, 120, 135, 163

Estados Unidos 38, 42, 43, 47, 60, 92, 133, 159, 160, 169, 172, 173, 198, 208, 214, 245, 319, 323

Black Lives Matter 159, 214

Derrota 42

Internet 38, 56, 61, 62, 64, 68, 82, 86, 87, 91-93, 101, 118, 122, 124, 128, 133, 137, 142, 147, 148, 150, 151, 153-155, 157, 163, 178, 224, 236, 245, 259, 262, 270, 277, 284, 289, 294, 305, 306, 310, 312, 319-321, 325, 337-340, 342, 344, 349, 353

VIOLAÇÕES BÁRBARAS: OLHARES JOVENS

Jovens 9, 10, 13-15, 17-20, 25-27, 29-39, 42, 44, 46, 47, 49, 51-54, 57-61, 66, 73-85, 89-101, 103, 105-118, 123-126, 128, 133-140, 142, 145-161, 165, 167-172, 174-188, 192, 193, 195-202, 206-208, 210, 212, 215-217, 219-230, 232-235, 240-252, 255-276, 279-314, 318, 319, 321, 322, 326-328, 330-336, 339-345, 347-349, 363, 365

Mídias digitais 245, 246, 250

Racismo 151, 160, 187-191, 225, 261, 305, 306, 308

Violência 10, 13-15, 17, 19, 20, 23, 25, 26, 29, 32-34, 36, 39, 45-50, 58, 63, 64, 74, 75, 78, 79, 81, 83, 90, 110, 111, 119, 125, 126, 130, 132, 135, 139, 147, 155, 157, 159, 160, 167-176, 178, 179, 181-188, 190-200, 202, 203, 205, 206, 211, 225, 228, 230-232, 234, 248, 264, 269, 289, 291, 294, 306, 314, 345

Homicídios 46, 47, 167, 171-175, 193, 206, 291

Ética 11, 20, 30, 32, 56, 65, 73, 98, 99, 135, 136, 139, 163, 178, 186, 191, 210, 218, 228, 230, 252, 253, 256, 259, 274, 292, 295, 302, 306, 331

Autonomia 41, 97, 136, 199, 201, 229, 252, 286, 323, 337, 339, 344

Corrupção 18, 48, 58, 135, 156, 207, 209, 211, 219, 221-224, 226, 229, 248, 249, 272, 290

Lava Jato 209, 210, 238, 240

Corrupção moral

Espetáculo 13, 204, 210

Valores 41, 44, 50, 52, 57, 60, 61, 96, 136, 137, 175, 176, 199, 201, 212, 220, 227, 232, 242, 244, 247, 249, 251, 253, 255, 256, 261, 268-270, 275, 286, 292, 310

Liberdade 23, 26, 30, 38, 40-42, 44, 46, 52, 75, 78, 79, 83, 125, 126, 128-130, 132-134, 136, 137, 140, 148-150, 153-155, 157, 158, 160, 161, 165, 188, 190, 209, 211, 230, 243, 261, 294

Política 13, 14, 18, 26, 27, 34, 35, 37-39, 41, 44, 58, 66, 68, 71, 74-76, 81, 86, 93, 94, 97, 110, 113, 116, 124, 137, 144, 156, 159, 161, 164, 165, 168, 176, 184, 187, 189, 196, 201, 207, 208, 210, 212-221, 223-235, 237, 239, 241, 242, 244-255, 257, 258, 260-275, 279, 280, 286, 290, 304, 307, 309, 341, 363

Segurança 19, 41, 47, 49, 58, 66, 67, 129, 136, 150-152, 155, 161, 171, 173, 175, 176, 187, 189-193, 198, 199, 204, 205, 211, 224, 225, 227, 261, 286, 288, 289, 341

Sociedade 13, 15, 17-19, 32, 33, 35, 41, 46, 52, 76, 93, 110, 118, 120, 129, 136, 137, 140, 151, 161, 167, 176, 182, 185, 193, 197-199, 204, 209, 210, 213, 214, 229, 231, 241-243, 248, 252, 256, 261, 264, 268, 269, 271, 273-275, 277, 280-282, 286, 287, 301, 304, 308, 313, 315, 320, 328, 351, 356

Europa 17, 38, 173

Alemanha 250

Bulgária 42

Eslováquia 250

Eslovênia 250

França 250, 319

Hungria 41, 42, 169

Irlanda 250

Itália 11, 41, 74, 125, 167, 169, 173, 364

Letônia 250

Luxemburgo 250

Polônia 41, 42, 169

República Tcheca 250

Suíça 319, 365

Turquia 41, 42, 133, 169

Favela 34, 39, 51, 86, 110, 132, 151, 156, 159, 294

Favelas de concentração 19, 52, 53, 59, 118, 130, 132, 157, 158, 160, 198

Abandono 39, 52, 89, 108, 114, 125, 151, 159, 160, 215, 228, 231, 271, 272, 304, 309, 312, 313

Estado brasileiro 76, 126, 130, 155, 159, 199, 201, 227, 231, 313

Execuções 159

Genocídio negro 159

Massacres 52, 125, 159, 172

Milicianos 159, 172

Polícia militar 127, 146, 147, 159

Quilombos contemporâneos 160

VIOLAÇÕES BÁRBARAS: OLHARES JOVENS

Traficantes 58, 159, 172, 193, 312

Gabriela Prioli 270

Geração 27, 33, 80, 89, 121, 135, 235, 243, 244, 256, 272, 275, 280-285, 287, 290, 294, 295, 303, 307, 311, 313-315, 339, 342, 345

Baby boomers 275, 281, 283

Geração Y 283, 284, 314

Geração Z 80, 284, 285, 287, 295, 303, 311

Hippie 256, 257

Infantil 189

Terceiro milênio 36

Jovens 9, 10, 13-15, 17-20, 25-27, 29-39, 42, 44, 46, 47, 49, 51-54, 57-61, 66, 73-85, 89-101, 103, 105-118, 123-126, 128, 133-140, 142, 145-161, 165, 167-172, 174-188, 192, 193, 195-202, 206-208, 210, 212, 215-217, 219-230, 232-235, 240-252, 255-276, 279-314, 318, 319, 321, 322, 326-328, 330-336, 339-345, 347-349, 363, 365

Digital 26, 36-38, 42, 52, 55, 58-60, 62, 65, 69, 119, 134, 162, 245, 271, 274, 275, 277, 278, 283, 284, 352, 355, 360, 364

Transformações 13, 15, 27, 36, 37, 76, 83, 85, 105, 117, 202, 210, 232, 234, 241, 245, 256, 274, 292, 299, 308, 324, 326, 333, 349

Violência 10, 13-15, 17, 19, 20, 23, 25, 26, 29, 32-34, 36, 39, 45-50, 58, 63, 64, 74, 75, 78, 79, 81, 83, 90, 110, 111, 119, 125, 126, 130, 132, 135, 139, 147, 155, 157, 159, 160, 167-176, 178, 179, 181-188, 190-200, 202, 203, 205, 206, 211, 225, 228, 230-232, 234, 248, 264, 269, 289, 291, 294, 306, 314, 345

Revolucionária 243

X 34, 62, 63, 120-124, 163, 236, 240, 275, 277, 278, 280, 281, 283, 287, 294, 315, 316, 351, 354, 355, 364

Y 67, 69, 70, 87, 122, 123, 202, 216, 236, 275, 280, 281, 283, 284, 287, 294, 313, 314, 316, 352-354, 356, 357

Z 62, 65, 80, 86, 118, 120, 122, 161, 202, 203, 235, 237, 275, 276, 280, 281, 284, 285, 287, 294, 295, 303, 311, 313-317, 352

Gestão 9, 44, 108, 114, 115, 125, 168, 187, 199, 201, 208, 211, 215, 228, 265, 268, 279, 283-286, 291-293, 295, 296, 299-304, 311, 317, 350, 357, 364

Liderança 39, 183, 301, 302, 304, 365

Pessoas 9, 10, 17-19, 26, 27, 29-39, 42, 44, 46, 47, 49, 51-55, 57-61, 73, 75, 76, 78-85, 89, 91-95, 97-101, 103, 105-108, 110, 112-118, 126, 131-133, 135-140, 142, 144-158, 160, 167, 168, 170, 171, 174-202, 207, 208, 212, 213, 215-221, 223-230, 232-235, 241-252, 254, 257, 258, 260-264, 266-275, 279, 283-297, 299-313, 319-324, 326, 328, 330-336, 338-340, 342-345, 347-349

Gilles Deleuze 55

Gottlob Frege 55

Governo 9, 25, 26, 33-35, 38, 39, 41, 42, 46-48, 50, 51, 66, 75, 111, 112, 115, 116, 125, 131, 146, 158, 159, 167-169, 171, 173, 183, 187, 192, 193, 197, 199, 202, 204, 207-210, 212, 214, 221-223, 225, 227, 228, 231, 239, 252, 261, 263, 264, 267, 268, 290, 306, 310, 319, 320, 341, 345, 348

Corrupção 18, 48, 58, 135, 156, 207, 209, 211, 219, 221-224, 226, 229, 248, 249, 272, 290

COVAXIN 211

Vacinas 156, 158, 210, 228

Governo do Estado do Rio de Janeiro 46, 47, 66, 75, 171, 173, 204, 223

Luiz Fernando Pezão 75, 218, 220, 222, 223

Sérgio Cabral 75, 218, 220, 222, 223

Prisão 46, 75, 290

Gramsci 177, 203

Greta Thunberg 117, 159

Guerra 41, 46, 47, 52, 59, 128, 165, 171, 173, 174, 187, 188, 201, 218, 225, 253, 283, 287, 291, 308, 310

Guerras bárbaras 23, 25, 29, 59, 61, 90, 159, 170, 171, 287

Capitalismo 40-42, 48, 50, 51, 129, 137, 138, 197, 199, 213, 237, 269, 273, 300

Contemporâneo 25, 27, 30, 40, 60, 91, 96, 137, 138, 163, 169, 176, 197, 198, 217, 248, 252, 275, 294, 315

Elites 19, 29, 34, 35, 43, 44, 47-50, 52, 58-61, 130, 158, 167, 199, 209, 210, 214, 215, 230-232, 234, 239, 282, 287, 308, 361

Iliberalismo 9, 19, 33, 40-42, 44, 48, 51, 60, 169, 198, 212, 228

Ideologia 18, 42, 44, 48, 86, 128, 133, 207, 213, 235, 265, 277

Iliberalismo 9, 19, 33, 40-42, 44, 48, 51, 60, 169, 198, 212, 228

Nazifascismo 44, 231

Neocolonialismo 76

Neoliberalismo 33, 50, 169, 209, 228, 243

Iliberalismo

Extrema direita 41, 43, 44, 50, 116, 131, 158, 167, 169, 171, 234, 235, 247, 253, 282

Guerra cultural 253

Inter@ctiva 9, 74

Interações 31, 49, 56, 58, 84, 85, 96, 101, 102, 104, 107, 115, 128, 136, 144, 151, 156, 161, 220, 241, 242, 244, 251, 256, 257, 261, 268, 269, 271, 273-275, 279, 281, 292, 293, 299, 302, 308, 321, 339, 364

Adaptação biossimbólica 49

Acomodação 49, 345

Assimilação 49, 345

Polaridades 49, 50, 210, 212, 231, 251

Ecologias 19, 20, 53-56, 96, 128, 134, 135, 137, 139, 143, 199, 200, 213, 214, 220, 229, 230, 241, 242, 256, 257, 269, 271, 273, 292, 293, 308, 310, 327, 328, 345

Sentidos 13-15, 18-20, 25, 26, 29-32, 34-36, 49, 51, 53-60, 73, 75, 76, 81, 83-85, 92, 95-99, 101-103, 105, 114, 117, 125, 128, 134-137, 139, 141-154, 156, 175, 176, 178-181, 196, 198-201, 207, 208, 212-217, 220, 221, 228-230, 232-234, 241, 242, 251, 253, 255-258, 260, 269-275, 279, 285, 287, 289-293, 295, 298, 299, 302-304, 308-311, 326-331, 333, 335, 336, 342-345, 348, 349, 365

Internet 38, 56, 61, 62, 64, 68, 82, 86, 87, 91-93, 101, 118, 122, 124, 128, 133, 137, 142, 147, 148, 150, 151, 153-155, 157, 163, 178, 224, 236, 245, 259, 262, 270, 277, 284, 289, 294, 305, 306, 310, 312, 319-321, 325, 337-340, 342, 344, 349, 353

Acesso 15, 27, 29, 32, 36, 37, 45, 52-54, 60, 61, 63-66, 68-75, 77, 87, 89, 91, 92, 94, 98, 117-124, 126, 131, 138, 139, 151, 155, 157, 160-167, 170, 178, 187, 189, 192, 198, 200-206, 211, 217, 226, 230, 231, 235-240, 247, 266, 267, 270, 275-278, 280, 287, 289-291, 295, 296, 300, 306, 308-318, 320, 321, 323, 328, 331, 340, 341, 343, 345, 348, 350-357

Afetividade 103, 119, 134, 292, 326

Brasil 9, 13, 17-20, 29, 30, 32-34, 36, 38, 39, 41-48, 50-53, 58, 59, 63, 66, 67, 70, 71, 76, 86, 89-93, 97, 111, 112, 115-118, 122, 123, 125, 126, 129, 130, 133, 137, 149, 158-162, 164, 165, 167-170, 173-177, 181, 183, 184, 187, 193, 195, 197, 198, 202-213, 217, 224, 228, 229, 231, 232, 234, 236-241, 248, 257, 273, 275, 278, 280, 282, 285-291, 295, 299, 310, 312, 313, 315, 319-324, 344, 348, 350-353, 355, 356, 365

Marco civil 38

Campo de batalha 128

Cidadania 19, 37, 45, 60, 128-130, 132, 133, 140, 147, 149, 152, 155, 156, 158, 162, 163, 208, 210, 223, 224, 226, 227, 236, 237, 253, 261, 275, 276, 279, 281, 312

Capital social 92

Manutenção 92, 94, 192, 230, 308, 343

Celulares   36, 52, 92, 224

Ciências da informação e da comunicação 231

Conexão 244-247, 250, 252, 284, 293, 339

Controle 38, 41, 43, 48, 58, 60, 76, 109, 116, 209, 232, 243, 253, 323, 325

Big techs 38

Democracia 9, 19, 33, 35, 37, 40-42, 44, 50, 51, 59, 61, 129, 133, 149, 157, 192, 199, 208-212, 216, 224, 231, 234, 238, 239, 246, 280, 314

Deliberação política 38

Espaço público 37, 208, 213, 252, 257, 262, 273-275

Jornalismo cidadão 38

Desenvolvimento tecnodigital 241

Educação 11, 13, 15, 18, 19, 23, 27, 45, 60, 75, 77, 89, 94, 99, 105-107, 109, 110, 113, 118, 119, 122, 124, 129, 165-167, 175, 187, 188, 192, 197, 204, 211, 217, 224, 229, 241, 248, 263, 264, 267, 271, 272, 275, 277, 282, 285, 289, 293, 296, 306, 308, 312, 315, 316, 319-322, 324-328, 330, 332, 333, 335, 339-344, 347-357, 364

À distância 27, 81, 92, 99, 217, 267, 271, 319, 326, 332, 333, 335, 340, 344, 348-351, 357, 364

Tecnologias de comunicação 92, 179, 333

Entrevistas virtuais 333

Debate 33, 54, 69, 106, 188, 235, 242, 262, 271

Expansão 320, 344

Facebook 45, 67, 86, 89, 91-96, 98, 99, 101-103, 106, 107, 118, 120-124, 157, 163, 238, 258, 259, 262, 277, 284, 353

Linha do tempo 101-103, 154

Identidade 85, 92, 136, 140, 145, 213, 270, 283, 298, 301, 305, 309

Manipulação em rede

Fake news 13, 31, 33, 37, 43, 60, 67, 154, 155, 163, 169, 192, 262, 319, 354

Meta 93

Mídias 19, 32, 33, 36-39, 43, 44, 47-49, 52, 60, 89, 93, 105, 106, 113, 132, 133, 139, 140, 146, 147, 169, 183, 209, 217, 230, 233, 245-247, 250, 263, 269, 284, 293, 294, 311, 312

Defesa da moradia 147

Necropolíticas nazifascistas 133

Capitalismo 40-42, 48, 50, 51, 129, 137, 138, 197, 199, 213, 237, 269, 273, 300

Redes sociais 13, 15, 27, 35-37, 39, 49, 52, 59, 68, 90, 94-96, 107, 112, 113, 115, 117, 122, 123, 128, 133, 139, 140, 142, 148-150, 153-157, 163, 169, 183, 210, 223, 224, 229, 231-234, 241, 242, 246, 247, 250, 251, 256-264, 269, 270, 273, 297, 354

Argumentação 74, 119, 232, 255, 324

Tecnoescravatura 231

Tecnologia 15, 38, 96, 133, 154, 161, 163, 266, 268, 275, 317, 321, 323, 328, 333, 339, 347, 348, 351, 355

Comunicação 11, 13-15, 25, 35, 37, 38, 53, 55, 56, 60, 71, 84, 92, 93, 103, 113, 119, 120, 122, 128, 133, 135, 136, 153, 154, 157, 161, 164, 175, 179, 195, 200, 231, 241, 245, 249, 253, 257, 267, 270, 274, 276, 284, 292, 297, 302, 303, 320, 325, 333, 334, 363-365

Tecnologias 27, 41, 53, 56, 58, 92, 96, 119, 128, 135, 157, 179, 219, 241, 245, 275, 284, 285, 287, 311, 321, 325, 326, 333, 335, 345, 348, 349

Educação 11, 13, 15, 18, 19, 23, 27, 45, 60, 75, 77, 89, 94, 99, 105-107, 109, 110, 113, 118, 119, 122, 124, 129, 165-167, 175, 187, 188, 192, 197, 204, 211, 217, 224, 229, 241, 248, 263, 264, 267, 271, 272, 275, 277, 282, 285, 289, 293, 296, 306, 308, 312, 315, 316, 319-322, 324-328, 330, 332, 333, 335, 339-344, 347-357, 364

Tecnologias de comunicação 92, 179, 333

Twitter 37, 94, 116, 157, 246, 262

Web 2.0 38, 62, 93, 245, 246, 278

Atos políticos 263

Conversas políticas 247, 270

Zoom 84, 102, 179, 219, 297, 333

Jean Piaget 53, 56, 66, 251

Jean-Blaise Grize 56, 103

Lógica natural 103, 105, 142, 143, 180, 220, 363

Jovens 9, 10, 14, 15, 25, 26, 29, 33, 35-37, 39, 47, 54, 60, 61, 75, 77, 79, 80, 93, 96, 97, 99-101, 103, 105, 106, 110, 111, 114, 117, 124, 136, 137, 146, 150, 151, 154, 157, 160, 170, 174, 180, 187, 192, 202, 212, 225, 228, 232, 241, 263, 267, 270-273, 275, 280, 286, 289, 290, 296-298, 300, 310, 313, 326, 328, 333, 343, 347, 348

15 a 29 anos 46, 47, 171, 172, 318

15 a 24 anos 47, 138, 216, 247

Abandonados 60, 147

Abordagem psicossocial 14

Ações políticas 93, 106, 113, 117, 127, 200, 260, 261, 272

Resistência 26, 61, 93, 127, 128, 132-136, 139, 140, 146, 149, 154, 156-160, 229, 232, 244, 320-322, 324-326, 328, 333, 336, 337, 343, 345, 349-351, 357

Adolescência 35, 54, 90, 138, 153, 244, 245

Afro-brasileiros 39

Comunidade do Horto Florestal 9, 26, 78, 79, 126, 127, 132, 134-140, 146, 150, 153, 154, 156-159, 165

Apatia 90, 106, 112, 114, 139, 184, 226, 227, 232, 235, 247, 248, 256, 269

Meio ambiente 26, 55, 60, 89, 90, 93-99, 101, 102, 104-118, 122, 123, 125, 126, 142, 200, 240, 261, 263, 326

até 15 anos 47

Baixa renda 9, 13-15, 25-27, 30, 31, 34-36, 44, 49, 53, 59, 61, 74, 76-78, 80, 81, 89, 91, 93, 95, 97-99, 106, 109, 112, 114-118, 125, 130, 167, 169, 170, 176, 178, 180-186, 188, 195-199, 201, 210, 213, 215-217, 224, 229, 233, 234, 241, 257, 258, 268, 279, 280, 282, 290, 291, 293-297, 299, 300, 303-312, 321, 322, 326, 327, 330-332, 334, 336, 339-344, 347-349, 365

Geração Z 80, 284, 285, 287, 295, 303, 311

Grande Rio 47, 49, 59, 89, 93, 99, 105, 118, 123, 172, 178, 216, 218, 223, 257, 258, 331

Violência 10, 13-15, 17, 19, 20, 23, 25, 26, 29, 32-34, 36, 39, 45-50, 58, 63, 64, 74, 75, 78, 79, 81, 83, 90, 110, 111, 119, 125, 126, 130, 132, 135, 139, 147, 155, 157, 159, 160, 167-176, 178, 179, 181-188, 190-200, 202, 203, 205, 206, 211, 225, 228, 230-232, 234, 248, 264, 269, 289, 291, 294, 306, 314, 345

Vulnerabilidade 27, 97, 125, 159, 174, 176, 188, 190, 191, 243, 281, 282, 305, 306, 312, 314, 340

Biologia humana 54, 91

Classe média alta e rica 117

Comunicação digital 37, 38, 60, 284, 364

Comunidade 9, 26, 75, 77-79, 86, 92, 126-128, 130, 132, 134-141, 144-150, 152-159, 161, 165, 176, 247, 251, 270, 308, 324

AMAHOR 10, 150

Ameaças 13, 15, 41, 51, 77, 132, 134, 140, 149, 151, 152, 155-157, 159, 200, 210, 229

Ameaças à moradia 151, 155

Enchentes 108, 151

Escravidão 10, 33, 45, 48, 126, 127, 145, 151, 175, 229

Falta de segurança 150

Herança negra 151

Horto Florestal 9, 10, 26, 75, 77-79, 86, 125-127, 132-140, 142, 146, 150, 151, 153-159, 165, 166

Internet 38, 56, 61, 62, 64, 68, 82, 86, 87, 91-93, 101, 118, 122, 124, 128, 133, 137, 142, 147, 148, 150, 151, 153-155, 157, 163, 178, 224, 236, 245, 259, 262, 270, 277, 284, 289, 294, 305, 306, 310, 312, 319-321, 325, 337-340, 342, 344, 349, 353

Mobilidade 89, 122, 151, 165, 232

Patrimônio histórico 145, 151

Polarização 51, 68, 151, 207, 210, 234, 244, 273

Senzala 30, 151

Comunidades digitais 245

Engajamento 23, 26, 27, 29, 60, 77, 81, 106, 109, 112-114, 184, 208, 232, 241, 242, 245-247, 249-252, 254, 255, 257, 260, 263, 267-271, 273, 274, 286, 296, 363

Comunidades hippies 93

Configurações de sentidos 36, 57, 92, 95, 103, 329

Contextos biossimbólicos 57

Processos de equilibração 49, 56-58, 135, 327

Desemprego 49, 165, 282, 288-290, 293, 299, 309, 311, 318

Desengajamento 114, 208, 233, 242, 247-249, 251, 252, 254, 255, 257, 266, 269, 273

Desenvolvimento 9, 12, 35, 55, 56, 74, 75, 80, 89, 91-93, 97, 101, 107, 123, 158, 170, 179, 218, 241, 242, 244, 245, 257, 268, 270, 283, 285-287, 289, 292, 297, 300, 302, 303, 305, 309, 311, 312, 324, 333, 365

Desenvolvimento social 244

Desesperança 187, 197, 233, 290, 309

Desfiliação social 289

Discriminação 179, 182, 184, 185, 188, 195, 196, 306

Aparência 185

Cabelo 159, 185, 188, 189

Condição financeira 185

Condição social 146, 185, 187, 197

Cor da pele 159, 185, 188, 198, 230

Corpos 10, 30, 95, 96, 135, 176, 183, 185, 187, 188, 199, 208, 212, 214, 231, 251, 253

Etnia 182, 244, 282

Gênero 42, 85, 133, 170, 173, 175, 185, 198, 225, 228, 271, 277, 282, 288, 308

Orientação sexual 185

Religião 42, 81, 86, 185, 253, 282

Roupa 185, 189, 306

Violência 10, 13-15, 17, 19, 20, 23, 25, 26, 29, 32-34, 36, 39, 45-50, 58, 63, 64, 74, 75, 78, 79, 81, 83, 90, 110, 111, 119, 125, 126, 130, 132, 135, 139, 147, 155, 157, 159, 160, 167-176, 178, 179, 181-188, 190-200, 202, 203, 205, 206, 211, 225, 228, 230-232, 234, 248, 264, 269, 289, 291, 294, 306, 314, 345

Ecologia dos sentidos 14, 25, 26, 34, 51, 53, 56, 85, 96, 97, 102, 103, 105, 135, 137, 141, 175, 180, 181, 256, 257, 260, 272, 274, 292, 298, 299, 326, 329, 330, 336, 365

Dimensão orgânico-simbólica 55

Ecologias dos sentidos 19, 20, 55, 56, 139, 143, 200, 241, 256, 271, 293, 308, 327

Educação à distância 27, 319, 332, 333, 348, 351, 357

Desvalorização 169, 214, 232, 254, 328

Insatisfação 135, 143, 154, 169, 176, 195, 196, 214, 221, 254, 269, 271, 298, 308, 328

Negatividade 321, 322, 325, 326, 342, 345

Satisfação 84, 143, 175, 249, 254, 256, 268, 298, 328, 345

Sucesso 42, 89, 178, 253, 279, 297, 300, 337, 344

Valorização 79, 156, 214, 254, 270, 271, 283, 311, 328

Empoderamento 40, 70, 94, 116, 365

Emprego 52, 184, 195, 211, 248, 266, 282, 288-291, 295, 302, 304, 307, 310

Engajamento 23, 26, 27, 29, 60, 77, 81, 106, 109, 112-114, 184, 208, 232, 241, 242, 245-247, 249-252, 254, 255, 257, 260, 263, 267-271, 273, 274, 286, 296, 363

Esperança 18, 34, 58, 59, 61, 144, 147, 149, 153, 154, 158, 176, 197, 232, 244, 272, 280, 307, 308, 355

Estigma 286, 289

Estudos 9, 10, 25-27, 33, 55, 56, 58, 59, 73-77, 81, 85, 89, 91, 93, 95, 99, 113, 115, 116, 120, 124, 125, 138, 141, 164, 167, 175, 177, 178, 195, 205, 217, 218, 241, 242, 247, 250, 254, 269, 271, 284, 294, 296, 300, 302, 307, 311, 314, 315, 319-324, 326, 329, 332, 334, 336, 342-344, 349, 354, 356, 363

Exclusão digital 245

Exclusão social 126, 161, 281, 287

Faixas etárias 47, 48, 91, 170, 216, 289, 292

Felicidade 13, 15, 17, 185, 186

Alegria 32, 134, 135, 185, 186, 196, 302

De bem com a vida 185, 186

Fim da adolescência 54

Fluminenses 25, 30, 31, 35, 36, 51, 53, 59, 74, 76, 81, 89, 98, 117, 125, 167, 169, 177, 178, 180-185, 195-199, 210, 213, 215, 218, 220, 224, 233, 234, 241, 248, 257, 268, 279, 280, 290, 291, 293, 295, 300, 310, 321, 322, 325, 327, 330, 336, 345, 348, 349

Baixa renda 9, 13-15, 25-27, 30, 31, 34-36, 44, 49, 53, 59, 61, 74, 76-78, 80, 81, 89, 91, 93, 95, 97-99, 106, 109, 112, 114-118, 125, 130, 167, 169, 170, 176, 178, 180-186, 188, 195-199, 201, 210, 213, 215-217, 224, 229, 233, 234, 241, 257, 258, 268, 279, 280, 282, 290, 291, 293-297, 299, 300, 303-312, 321, 322, 326, 327, 330-332, 334, 336, 339-344, 347-349, 365

Comunidade do Horto Florestal 9, 26, 78, 79, 126, 127, 132, 134-140, 146, 150, 153, 154, 156-159, 165

Programa Jovem Aprendiz 77, 80, 264, 285, 286, 303, 317

Vulneráveis 35, 131, 182, 216, 287-289, 305, 306, 348

Formação profissional 291, 319

Geração 27, 33, 80, 89, 121, 135, 235, 243, 244, 256, 272, 275, 280-285, 287, 290, 294, 295, 303, 307, 311, 313-315, 339, 342, 345

Baby Boomers 275, 281, 283

Fatores endógenos 283

Identidade geracional 283

Jovens de baixa renda 15, 26, 27, 34, 44, 59, 61, 77, 78, 80, 89, 95, 98, 99, 106, 109, 112, 114-116, 118, 170, 178, 182, 185, 186,

188, 198, 217, 257, 258, 279, 280, 291, 293, 294, 297, 299, 303-309, 311, 312, 331, 332, 334, 336, 339-343, 347, 348, 365

Nem-Nem 23, 27, 75, 77, 80, 279, 280, 287-289, 291, 297, 310, 312, 313, 316, 318

Sem-Sem 23, 27, 75, 77, 80, 279, 289, 310, 312, 313

X 34, 62, 63, 120-124, 163, 236, 240, 275, 277, 278, 280, 281, 283, 287, 294, 315, 316, 351, 354, 355, 364

Y 67, 69, 70, 87, 122, 123, 202, 216, 236, 275, 280, 281, 283, 284, 287, 294, 313, 314, 316, 352-354, 356, 357

Z 62, 65, 80, 86, 118, 120, 122, 161, 202, 203, 235, 237, 275, 276, 280, 281, 284, 285, 287, 294, 295, 303, 311, 313-317, 352

Geração Y 283, 284, 314

Geração Z 80, 284, 285, 287, 295, 303, 311

Gerações 35, 36, 89, 97, 120, 133, 155, 272, 275, 282-285, 287, 288, 291, 293, 311, 314, 318, 321

Horto Florestal 9, 10, 26, 75, 77-79, 86, 125-127, 132-140, 142, 146, 150, 151, 153-159, 165, 166

Ação Política 94, 113, 214, 233, 249, 250, 274

Moradia 15, 19, 23, 26, 45, 60, 75, 78, 79, 83, 86, 125-130, 132, 134, 137-140, 142, 144-148, 151-153, 155-157, 159, 165, 166, 175, 200, 211, 224, 230, 312

Redes sociais 13, 15, 27, 35-37, 39, 49, 52, 59, 68, 90, 94-96, 107, 112, 113, 115, 117, 122, 123, 128, 133, 139, 140, 142, 148-150, 153-157, 163, 169, 183, 210, 223, 224, 229, 231-234, 241, 242, 246, 247, 250, 251, 256-264, 269, 270, 273, 297, 354

Resistência 26, 61, 93, 127, 128, 132-136, 139, 140, 146, 149, 154, 156-160, 229, 232, 244, 320-322, 324-326, 328, 333, 336, 337, 343, 345, 349-351, 357

Vigílias 128, 148

Idade Moderna 243

Cultura de consumo 243

Ideologia 18, 42, 44, 48, 86, 128, 133, 207, 213, 235, 265, 277

Inclusão social 161, 165, 197, 264

Informação 38, 56, 115, 128, 133, 138, 157, 161, 164, 192, 225, 231, 241, 245, 247, 262, 263, 266, 267, 270, 275, 284, 308, 315, 325, 345, 354, 356

Acesso 15, 27, 29, 32, 36, 37, 45, 52-54, 60, 61, 63-66, 68-75, 77, 87, 89, 91, 92, 94, 98, 117-124, 126, 131, 138, 139, 151, 155, 157, 160-167, 170, 178, 187, 189, 192, 198, 200-206, 211, 217, 226, 230, 231, 235-240, 247, 266, 267, 270, 275-278, 280, 287, 289-291, 295, 296, 300, 306, 308-318, 320, 321, 323, 328, 331, 340, 341, 343, 345, 348, 350-357

Início da fase adulta 54

Insatisfação 135, 143, 154, 169, 176, 195, 196, 214, 221, 254, 269, 271, 298, 308, 328

Desencanto 106, 208, 212, 214, 225-227, 232-234, 249, 311

Não participação política 252, 257, 273

Interações 31, 49, 56, 58, 84, 85, 96, 101, 102, 104, 107, 115, 128, 136, 144, 151, 156, 161, 220, 241, 242, 244, 251, 256, 257, 261, 268, 269, 271, 273-275, 279, 281, 292, 293, 299, 302, 308, 321, 339, 364

Comunidades 9, 15, 30, 49, 52, 55, 57, 58, 91-94, 109, 110, 112, 119, 123, 126, 132, 137, 150, 156, 158, 160, 165, 167, 175, 194, 211, 232, 240, 244-246, 249, 250, 252, 253, 256, 270, 275, 290, 292, 293, 295, 298, 308, 310, 357, 363-365

Galeras 90, 157, 170, 256

Gangues 170, 256

Grupos 9, 17, 18, 33, 42, 43, 45, 52, 55, 57-59, 73, 77, 80, 83, 89, 93-95, 99, 136, 140, 144, 149, 152, 153, 170, 175, 177, 178, 201, 213, 215, 216, 218, 219, 222, 223, 229, 230, 241, 252, 253, 256, 257, 275, 282, 283, 285, 292, 298, 330, 336, 342, 348

Internet 38, 56, 61, 62, 64, 68, 82, 86, 87, 91-93, 101, 118, 122, 124, 128, 133, 137, 142, 147, 148, 150, 151, 153-155, 157, 163, 178, 224, 236, 245, 259, 262, 270, 277, 284, 289, 294, 305, 306, 310, 312, 319-321, 325, 337-340, 342, 344, 349, 353

Jornalismo cidadão 38

Política 13, 14, 18, 26, 27, 34, 35, 37-39, 41, 44, 58, 66, 68, 71, 74-76, 81, 86, 93, 94, 97, 110, 113, 116, 124, 137, 144, 156, 159,

161, 164, 165, 168, 176, 184, 187, 189, 196, 201, 207, 208, 210, 212-221, 223-235, 237, 239, 241, 242, 244-255, 257, 258, 260-275, 279, 280, 286, 290, 304, 307, 309, 341, 363

Comprometimento 201, 283, 343, 344

Dor 30, 45, 59, 61, 155, 186, 201, 226, 234, 287, 312

Sofrimento 15, 186, 201

Juventude 13, 14, 26, 27, 38, 46, 47, 53, 54, 61, 70, 74, 90, 91, 94, 107, 109, 116, 118, 123, 124, 133, 138, 147, 158, 170, 177, 205, 214, 216, 240, 242, 243, 245, 249, 251, 267, 270, 272, 274-276, 278, 280, 281, 286, 304, 311, 313-316, 318, 345, 352, 354, 363

Contestação 242, 244

Noção 19, 20, 79, 80, 83, 90, 91, 129, 173, 212, 214, 216, 224, 243, 245, 246, 251, 269, 270, 281, 282, 287, 294, 321, 327, 333, 344

Transição 54, 90, 94, 153, 216, 242, 252, 340

Medo 13, 15, 18, 20, 23, 26, 41, 52, 77, 81, 99, 127, 128, 134, 146, 148, 152, 154-156, 167-170, 175, 176, 179-192, 195-200, 202, 214, 217, 225, 226, 228, 230, 262, 264, 265, 272, 295, 296, 299, 309, 322, 331, 332, 336, 337, 339

Assalto 44, 157, 191

Bala perdida 195, 197, 199

De ficar sem dinheiro 184

De ficar sem emprego 184, 195

De não conseguir pagar a faculdade 184

De não conseguir pagar as contas 184, 195

De se ferrar na vida 184, 195

Descrença no país 183

Desinformação 43, 192

Discriminação 179, 182, 184, 185, 188, 195, 196, 306

Estupro 183, 195

Facadas 183

Fake news 13, 31, 33, 37, 43, 60, 67, 154, 155, 163, 169, 192, 262, 319, 354

Futuro 18, 58, 113, 115, 137, 140, 144, 147-149, 151-154, 156, 158, 167, 169, 175, 176, 184, 195, 197, 199, 208, 225, 226, 233, 244, 263, 264, 267, 268, 272, 284, 287-290, 294, 307-309, 311, 312, 321, 343

Futuro do Brasil 18

Incerteza 152, 169, 175, 183, 309

Pessimismo 105, 107, 225, 226, 233

Polícia 39, 127, 146-148, 152, 159, 171, 183, 193-195, 206

Terroristas 43, 60, 183, 195

Violação dos direitos humanos 159

Violência 10, 13-15, 17, 19, 20, 23, 25, 26, 29, 32-34, 36, 39, 45-50, 58, 63, 64, 74, 75, 78, 79, 81, 83, 90, 110, 111, 119, 125, 126, 130, 132, 135, 139, 147, 155, 157, 159, 160, 167-176, 178, 179, 181-188, 190-200, 202, 203, 205, 206, 211, 225, 228, 230-232, 234, 248, 264, 269, 289, 291, 294, 306, 314, 345

Violência urbana 15, 198

Meio ambiente 26, 55, 60, 89, 90, 93-99, 101, 102, 104-118, 122, 123, 125, 126, 142, 200, 240, 261, 263, 326

Agendamento das mídias 105, 106, 113

Apatia 90, 106, 112, 114, 139, 184, 226, 227, 232, 235, 247, 248, 256, 269

Áreas verdes 105, 107, 111, 113, 114

Consumo 51, 94, 97, 109-111, 167, 243, 246, 252, 276, 277, 283, 294, 316

Descaso 108, 146, 266

Desengajamento 114, 208, 233, 242, 247-249, 251, 252, 254, 255, 257, 266, 269, 273

Desinteresse 89, 105, 113-115, 123, 232, 240, 275, 307

Devastação 44, 96, 111, 116, 131, 211

Direitos humanos 13, 18, 47, 65, 111, 131, 132, 159-161, 165, 190, 192, 211, 235

Educação 11, 13, 15, 18, 19, 23, 27, 45, 60, 75, 77, 89, 94, 99, 105-107, 109, 110, 113, 118, 119, 122, 124, 129, 165-167, 175, 187, 188, 192, 197, 204, 211, 217, 224, 229, 241, 248, 263, 264, 267, 271, 272, 275, 277, 282, 285,

289, 293, 296, 306, 308, 312, 315, 316, 319-322, 324-328, 330, 332, 333, 335, 339-344, 347-357, 364

Educação formal 107

Faculdade 15, 184, 195, 264, 306, 340, 363, 364

Grupo de pesquisa 9, 109

Hábitos 110, 111, 241, 245, 253, 256, 285

Lixo 23, 26, 77, 89, 108-111, 114, 115, 123, 217, 296, 331, 332, 336

Más condições 105

Qualidade de vida 14, 108

Vegetarianismo e veganismo 105, 106

Violência 10, 13-15, 17, 19, 20, 23, 25, 26, 29, 32-34, 36, 39, 45-50, 58, 63, 64, 74, 75, 78, 79, 81, 83, 90, 110, 111, 119, 125, 126, 130, 132, 135, 139, 147, 155, 157, 159, 160, 167-176, 178, 179, 181-188, 190-200, 202, 203, 205, 206, 211, 225, 228, 230-232, 234, 248, 264, 269, 289, 291, 294, 306, 314, 345

Mercado de trabalho 27, 281, 283-286, 288-291, 293-295, 297, 300, 302, 304, 309, 312, 314, 365

Mídias digitais 245, 246, 250

Engajamento 23, 26, 27, 29, 60, 77, 81, 106, 109, 112-114, 184, 208, 232, 241, 242, 245-247, 249-252, 254, 255, 257, 260, 263, 267-271, 273, 274, 286, 296, 363

Mídias sociais 33, 36-38, 43, 52, 60, 133, 246, 247, 293

Mobilização estudantil 93

Moradia 15, 19, 23, 26, 45, 60, 75, 78, 79, 83, 86, 125-130, 132, 134, 137-140, 142, 144-148, 151-153, 155-157, 159, 165, 166, 175, 200, 211, 224, 230, 312

Futuro 18, 58, 113, 115, 137, 140, 144, 147-149, 151-154, 156, 158, 167, 169, 175, 176, 184, 195, 197, 199, 208, 225, 226, 233, 244, 263, 264, 267, 268, 272, 284, 287-290, 294, 307-309, 311, 312, 321, 343

Herança histórica 59

Liberdade 23, 26, 30, 38, 40-42, 44, 46, 52, 75, 78, 79, 83, 125, 126, 128-130, 132-134, 136, 137, 140, 148-150, 153-155, 157, 158, 160, 161, 165, 188, 190, 209, 211, 230, 243, 261, 294

Redes sociais 13, 15, 27, 35-37, 39, 49, 52, 59, 68, 90, 94-96, 107, 112, 113, 115, 117, 122, 123, 128, 133, 139, 140, 142, 148-150, 153-157, 163, 169, 183, 210, 223, 224, 229, 231-234, 241, 242, 246, 247, 250, 251, 256-264, 269, 270, 273, 297, 354

Movimentos ambientais 93, 95, 116

Narrativas 19, 32, 40, 41, 44, 57, 97, 98, 102, 105, 106, 114, 117, 128, 134, 141-143, 145, 147-149, 154, 177, 180, 181, 193, 196, 197, 207, 216, 220, 229, 232, 246, 260, 263, 268, 330, 331, 333, 334, 336, 342, 348

Nativos digitais 321

NEET 287, 288

Negação 59, 127, 130, 137, 156, 157, 169, 184, 186, 190, 214, 234, 248

Direito à moradia 130, 137, 152

Nem-Nem 23, 27, 75, 77, 80, 279, 280, 287-289, 291, 297, 310, 312, 313, 316, 318

Noção 19, 20, 79, 80, 83, 90, 91, 129, 173, 212, 214, 216, 224, 243, 245, 246, 251, 269, 270, 281, 282, 287, 294, 321, 327, 333, 344

Jovem 26, 39, 40, 47, 54, 77, 80, 85, 90, 91, 94, 108-112, 115, 117, 145, 149, 159, 164, 170, 171, 174, 178, 184, 185, 187, 189-194, 198, 210, 216, 243-245, 260, 264, 266, 267, 278, 280, 282, 285, 286, 288, 297, 301, 303, 304, 306, 308, 317, 318, 340, 342

Juventude 13, 14, 26, 27, 38, 46, 47, 53, 54, 61, 70, 74, 90, 91, 94, 107, 109, 116, 118, 123, 124, 133, 138, 147, 158, 170, 177, 205, 214, 216, 240, 242, 243, 245, 249, 251, 267, 270, 272, 274-276, 278, 280, 281, 286, 304, 311, 313-316, 318, 345, 352, 354, 363

Juventudes 23, 25, 27, 54, 70, 73, 90, 99, 100, 102, 116, 117, 127, 169, 170, 177, 195, 198, 201, 205, 207, 213, 214, 216-218, 224, 226, 229, 230, 234, 240, 241, 245, 248, 256, 258, 269, 278, 280, 285, 287, 288, 296, 310, 311, 321, 331, 332, 365

Participação 23, 27, 29, 38, 39, 43, 60, 66, 77, 80, 82, 94, 109, 113, 116, 118, 124, 138, 140, 150, 155, 207, 208, 214, 224, 227, 229, 231-233, 237, 241, 242, 246-252, 254-257, 260, 261, 263, 264, 266, 268-271, 273, 275, 286, 296, 301, 344

Redes 13, 15, 23, 27, 35-39, 49, 52, 59, 60, 68, 77, 78, 90, 94-96, 99, 100, 107, 112, 113, 115, 117, 122, 123, 128, 133, 134, 137, 139,

140, 142, 148-150, 153-157, 163, 169, 183, 208, 210, 217, 223, 224, 229, 231-234, 241, 242, 245-247, 250, 251, 256-264, 269, 270, 273, 296, 297, 306, 319, 321, 348, 354

Participação política 124, 208, 224, 242, 246, 249-252, 254, 257, 260, 263, 268, 271, 273

Engajamento tradicional 247

Percepções 13, 26, 42, 59, 84, 89, 95, 103, 105, 108, 109, 114-117, 128, 134, 137, 140-142, 144, 153, 156, 157, 167, 169, 179, 183, 184, 188, 190, 196, 197, 207, 210, 212, 215, 218, 219, 221-223, 225-228, 233, 241, 242, 246, 250, 257, 260, 265, 268, 272, 273, 279, 290-292, 309, 320, 322, 325, 327, 330, 332, 333, 339, 342, 347, 349

Pobres 10, 15, 44, 63, 116, 126, 148, 155, 176, 177, 187, 193, 267, 287, 288, 292, 300, 304, 306, 311-313

Política 13, 14, 18, 26, 27, 34, 35, 37-39, 41, 44, 58, 66, 68, 71, 74-76, 81, 86, 93, 94, 97, 110, 113, 116, 124, 137, 144, 156, 159, 161, 164, 165, 168, 176, 184, 187, 189, 196, 201, 207, 208, 210, 212-221, 223-235, 237, 239, 241, 242, 244-255, 257, 258, 260-275, 279, 280, 286, 290, 304, 307, 309, 341, 363

Aborto 261

Ação cidadã 269

Ações 9, 10, 38, 43, 46, 51, 57, 59, 93, 94, 106, 109, 111, 113-118, 127-129, 131-133, 135, 140, 145-150, 155-159, 171, 173, 195, 200,
208, 211, 214, 217, 225, 227-229, 231, 246, 249, 252-254, 256, 260, 261, 263, 268, 269, 272, 281, 283, 289, 292, 320, 326, 357

Acordos 60, 91, 255, 269

Alternativas 15, 74, 106, 182, 224, 321

Ansiedade 127, 148, 152, 156, 176, 186, 198, 270

Apatia 90, 106, 112, 114, 139, 184, 226, 227, 232, 235, 247, 248, 256, 269

Ativismo digital 271

Autoritarismo 18, 33, 234, 269

Cidadania 19, 37, 45, 60, 128-130, 132, 133, 140, 147, 149, 152, 155, 156, 158, 162, 163, 208, 210, 223, 224, 226, 227, 236, 237, 253, 261, 275, 276, 279, 281, 312

Colonização interior 196, 269

Comunidade 9, 26, 75, 77-79, 86, 92, 126-128, 130, 132, 134-141, 144-150, 152-159, 161, 165, 176, 247, 251, 270, 308, 324

Corrompida 261

Debates 60, 61, 70, 87, 95, 96, 107, 109, 230, 247, 248, 250, 262, 264, 273, 317

Demandas 12, 13, 241, 243, 282, 325, 344

Descrença 56, 143, 151, 183, 226, 227, 232, 234, 265, 269, 273

Desencanto 106, 208, 212, 214, 225-227, 232-234, 249, 311

Desengajamento 114, 208, 233, 242, 247-249, 251, 252, 254, 255, 257, 266, 269, 273

Desesperança 187, 197, 233, 290, 309

Desinteresse 89, 105, 113-115, 123, 232, 240, 275, 307

Desmotivação 266, 268, 271

Diálogo 20, 25, 29, 30, 32, 38, 57, 66, 74, 139, 146, 169, 231, 234, 255, 256, 261, 297

Direitos civis 129, 208, 264

Discursos de poder 269

Disputas de poder 256

Distanciamento 207, 265, 267

Economia 35, 49, 63, 64, 68, 86, 111, 119, 164, 202, 203, 212, 221, 225, 235, 236, 239, 261, 266, 269, 272, 314, 326, 350

Educação 11, 13, 15, 18, 19, 23, 27, 45, 60, 75, 77, 89, 94, 99, 105-107, 109, 110, 113, 118, 119, 122, 124, 129, 165-167, 175, 187, 188, 192, 197, 204, 211, 217, 224, 229, 241, 248, 263, 264, 267, 271, 272, 275, 277, 282, 285, 289, 293, 296, 306, 308, 312, 315, 316, 319-322, 324-328, 330, 332, 333, 335, 339-344, 347-357, 364

Educação cidadã 264

Eleições 18, 42, 44, 45, 76, 168, 207, 234, 235, 247, 248, 251, 255, 263, 265, 276, 290

Eleições presidenciais de 2018 265

VIOLAÇÕES BÁRBARAS: OLHARES JOVENS

Engajamento 23, 26, 27, 29, 60, 77, 81, 106, 109, 112-114, 184, 208, 232, 241, 242, 245-247, 249-252, 254, 255, 257, 260, 263, 267-271, 273, 274, 286, 296, 363

Engajamento crítico 274

Espírito de revolução 275

Ética social 256, 302

Etos político 251, 272

Experiências militantes 264

Figuras exemplares 264, 270

Formação crítica 264

Hábitos culturais 241, 285

Hashtags 70, 246, 262

Homofobia 261, 271

Informação 38, 56, 115, 128, 133, 138, 157, 161, 164, 192, 225, 231, 241, 245, 247, 262, 263, 266, 267, 270, 275, 284, 308, 315, 325, 345, 354, 356

Implicação 245

Insatisfação 135, 143, 154, 169, 176, 195, 196, 214, 221, 254, 269, 271, 298, 308, 328

Internet 38, 56, 61, 62, 64, 68, 82, 86, 87, 91-93, 101, 118, 122, 124, 128, 133, 137, 142, 147, 148, 150, 151, 153-155, 157, 163, 178, 224, 236, 245, 259, 262, 270, 277, 284, 289, 294, 305, 306, 310, 312, 319-321, 325, 337-340, 342, 344, 349, 353

Juízos 11, 12, 32, 53, 85, 95-98, 103, 105, 117, 123, 128, 134, 135, 137, 141, 143, 144, 156, 157, 181, 212, 213, 219-221, 223, 224, 227, 228, 234, 253, 273, 275, 292, 294, 304, 305, 308, 309, 326, 328, 335, 342, 349

Machismo 261

Manifestações 26, 27, 36, 37, 39, 42, 59, 66, 94, 95, 97, 98, 110, 112, 116, 133, 134, 145, 148, 196, 208, 212, 245, 253, 255, 261, 264, 269, 274, 328, 345

Mecanismos de acordo 269

Meio ambiente 26, 55, 60, 89, 90, 93-99, 101, 102, 104-118, 122, 123, 125, 126, 142, 200, 240, 261, 263, 326

Mobilização 39, 42, 69, 93, 116, 122, 134, 140, 163, 250, 264

Movimento estudantil 264

Mundos digitais 273, 274

Não participação 214, 232, 250-252, 254-257, 264, 273

Novas percepções 268

Novos olhares 268, 292

Paradigma da não participação 254

Paradigma do desengajamento 251

Paradigma do engajamento 251

Participação 23, 27, 29, 38, 39, 43, 60, 66, 77, 80, 82, 94, 109, 113, 116, 118, 124, 138, 140, 150, 155, 207, 208, 214, 224, 227, 229, 231-233, 237, 241, 242, 246-252, 254-257, 260, 261, 263, 264, 266, 268-271, 273, 275, 286, 296, 301, 344

Partido 50, 73, 93, 250, 254, 264, 265, 271, 276, 277

Poder 36, 37, 42, 44, 48, 49, 56, 59, 60, 97, 108, 109, 111, 126, 130, 134, 137, 140, 149, 151, 164, 169, 177, 189, 190, 193, 195, 207, 213, 214, 220, 231-234, 242, 252-257, 261, 265, 269, 272, 286, 308, 310, 319, 320, 328, 341

Poder político 242, 252, 254, 256, 257, 269

Polarização 51, 68, 151, 207, 210, 234, 244, 273

Políticas econômicas 266

Potencial cívico 270

Práticas comunicativas 213, 241

Produção de sentidos 14, 55, 56, 58, 59, 95, 180, 201, 207, 253, 260, 270, 285, 291, 292, 295, 327, 343-345, 349

Promoção da igualdade 261

Racismo 151, 160, 187-191, 225, 261, 305, 306, 308

Redes sociais 13, 15, 27, 35-37, 39, 49, 52, 59, 68, 90, 94-96, 107, 112, 113, 115, 117, 122, 123, 128, 133, 139, 140, 142, 148-150, 153-157, 163, 169, 183, 210, 223, 224, 229, 231-234, 241, 242, 246, 247, 250, 251, 256-264, 269, 270, 273, 297, 354

Refúgio 261

VIOLAÇÕES BÁRBARAS: OLHARES JOVENS

Segurança pública 47, 66, 171, 173, 204, 205, 225, 227, 261

Sentimento de culpa 264

Socialização 165, 243, 244

Sujeito 30, 103, 124, 134, 213, 256, 263, 270, 281

Tecnologias digitais 285, 287, 321, 326, 349

Trabalho 12, 14, 15, 19, 27, 31, 32, 45, 60, 75, 80, 81, 90-92, 102, 105, 109, 120, 121, 123, 126, 127, 129, 134, 142, 144, 175, 182, 188-190, 197, 198, 200, 201, 215, 221, 222, 224, 230, 250, 257, 263, 264, 266, 279-297, 299-316, 318, 323, 324, 329, 332, 347, 357, 365

Transformação social 29, 247, 270

Valores comunitários 270

Política tradicional 251, 270

Falta de sintonia 249

Recusa 32, 34, 35, 42, 97, 132, 135, 137, 148, 214, 227, 233, 243, 295

Políticas de gestão 283, 285, 291, 303

Políticos 17, 20, 26, 27, 37, 40, 43, 51, 58, 81, 93, 117, 129, 136, 146, 152, 169, 207, 208, 210, 215, 217-220, 222-235, 241, 244, 246-253, 255, 260-264, 270, 274, 283, 290, 294, 348

Pragmatismo 249

Práticas políticas 93, 228, 234, 248, 253

Preconceito 23, 27, 77, 99, 152, 186, 188, 189, 191, 194, 217, 296, 306, 308, 319, 321, 322, 326, 328, 336, 343-345, 349, 351, 352

Primavera Árabe 36, 117, 133

Processo de equilibração 32, 56, 275

Novas formas argumentativas 60

Protagonismo 94, 116, 118, 124

Protestos 36, 37, 39, 70, 71, 94, 116, 214, 234, 250, 283

Puberdade 54, 244

Questões socioculturais 91

Racionalizações 134

Juízos 11, 12, 32, 53, 85, 95-98, 103, 105, 117, 123, 128, 134, 135, 137, 141, 143, 144, 156, 157, 181, 212, 213, 219-221, 223, 224, 227, 228, 234, 253, 273, 275, 292, 294, 304, 305, 308, 309, 326, 328, 335, 342, 349

Rarefação

Debates argumentativos 60

Redes 13, 15, 23, 27, 35-39, 49, 52, 59, 60, 68, 77, 78, 90, 94-96, 99, 100, 107, 112, 113, 115, 117, 122, 123, 128, 133, 134, 137, 139, 140, 142, 148-150, 153-157, 163, 169, 183, 208, 210, 217, 223, 224, 229, 231-234, 241, 242, 245-247, 250, 251, 256-264, 269, 270, 273, 296, 297, 306, 319, 321, 348, 354

Liquidez 58, 60, 136-138, 141, 175, 176, 180, 181, 198, 199, 214

Pertencimento 91, 92, 133, 244, 269, 270, 274, 275, 313

Sociabilidade 14, 15, 90, 133, 137

Redes digitais 60, 242, 245, 246, 261

Resistência 26, 61, 93, 127, 128, 132-136, 139, 140, 146, 149, 154, 156-160, 229, 232, 244, 320-322, 324-326, 328, 333, 336, 337, 343, 345, 349-351, 357

Redes presenciais 137

Redes sociais 13, 15, 27, 35-37, 39, 49, 52, 59, 68, 90, 94-96, 107, 112, 113, 115, 117, 122, 123, 128, 133, 139, 140, 142, 148-150, 153-157, 163, 169, 183, 210, 223, 224, 229, 231-234, 241, 242, 246, 247, 250, 251, 256-264, 269, 270, 273, 297, 354

Desengajamento político 255

Engajamento político 81, 113, 242, 249, 274

Etos democrático 247

Manifestações políticas 94, 116, 133

Redes virtuais 122

Representações sociais 213, 322, 326-334, 336, 337, 339, 342-346, 348, 349, 351, 353-357, 364

Educação à distância 27, 319, 332, 333, 348, 351, 357

Preconceito 23, 27, 77, 99, 152, 186, 188, 189, 191, 194, 217, 296, 306, 308, 319, 321, 322, 326, 328, 336, 343-345, 349, 351, 352

Representações sociais em ação 328, 332, 333, 344

Respeito 11, 12, 18, 25, 26, 31-35, 40, 41, 49, 53-56, 60, 73, 74, 76, 79, 81, 83-85, 89-91, 94-96, 98, 102, 104-115, 117, 126, 128, 130, 134-136, 140, 142, 144, 147-149, 155, 156, 158, 167-169, 174, 177-182, 184, 185, 188, 189, 192, 195-199, 207, 208, 210, 213, 215-227, 229, 241-246, 249-251, 255-263, 265, 266, 269-274, 280, 286, 291, 293, 294, 300, 310, 321, 323, 326-328, 330-335, 337, 338, 340, 342, 348

Ações afirmativas 158

Cidadania 19, 37, 45, 60, 128-130, 132, 133, 140, 147, 149, 152, 155, 156, 158, 162, 163, 208, 210, 223, 224, 226, 227, 236, 237, 253, 261, 275, 276, 279, 281, 312

Justiça 17, 20, 40, 48, 50, 127, 140, 147-149, 152, 153, 156, 158, 165, 169, 191, 209, 210, 221, 231, 234

Liberdade 23, 26, 30, 38, 40-42, 44, 46, 52, 75, 78, 79, 83, 125, 126, 128-130, 132-134, 136, 137, 140, 148-150, 153-155, 157, 158, 160, 161, 165, 188, 190, 209, 211, 230, 243, 261, 294

Rótulos 280, 283, 285, 287, 312

Satisfação 84, 143, 175, 249, 254, 256, 268, 298, 328, 345

Sensibilidade 107, 259

Violência 10, 13-15, 17, 19, 20, 23, 25, 26, 29, 32-34, 36, 39, 45-50, 58, 63, 64, 74, 75, 78, 79, 81, 83, 90, 110, 111, 119, 125, 126, 130, 132, 135, 139, 147, 155, 157, 159, 160, 167-176, 178, 179, 181-188, 190-200, 202, 203, 205, 206, 211, 225, 228, 230-232, 234, 248, 264, 269, 289, 291, 294, 306, 314, 345

Sentidos 13-15, 18-20, 25, 26, 29-32, 34-36, 49, 51, 53-60, 73, 75, 76, 81, 83-85, 92, 95-99, 101-103, 105, 114, 117, 125, 128, 134-137, 139, 141-154, 156, 175, 176, 178-181, 196, 198-201, 207, 208, 212-217, 220, 221, 228-230, 232-234, 241, 242, 251, 253, 255-258, 260, 269-275, 279, 285, 287, 289-293, 295, 298, 299, 302-304, 308-311, 326-331, 333, 335, 336, 342-345, 348, 349, 365

Acomodação 49, 345

Ancoragem 345

Ansiedade 127, 148, 152, 156, 176, 186, 198, 270

Assimilação 49, 345

Colaboração 9, 27, 31, 59, 74, 143, 145, 146, 150, 154, 178, 282, 297, 329

Corrupção 18, 48, 58, 135, 156, 207, 209, 211, 219, 221-224, 226, 229, 248, 249, 272, 290

Desilusão 143, 146-149, 151-156

Economia 35, 49, 63, 64, 68, 86, 111, 119, 164, 202, 203, 212, 221, 225, 235, 236, 239, 261, 266, 269, 272, 314, 326, 350

Estigmas 152, 291

Expectativa 143, 149, 151, 153

Fake news 13, 31, 33, 37, 43, 60, 67, 154, 155, 163, 169, 192, 262, 319, 354

Futuro 18, 58, 113, 115, 137, 140, 144, 147-149, 151-154, 156, 158, 167, 169, 175, 176, 184, 195, 197, 199, 208, 225, 226, 233, 244, 263, 264, 267, 268, 272, 284, 287-290, 294, 307-309, 311, 312, 321, 343

Injustiça 14, 19, 39, 49, 148, 149, 152, 153, 157, 158, 160, 230, 302, 324

Insatisfação 135, 143, 154, 169, 176, 195, 196, 214, 221, 254, 269, 271, 298, 308, 328

Lado bom 146, 150

Medo 13, 15, 18, 20, 23, 26, 41, 52, 77, 81, 99, 127, 128, 134, 146, 148, 152, 154-156, 167-170, 175, 176, 179-192, 195-200, 202, 214, 217, 225, 226, 228, 230, 262, 264, 265, 272, 295, 296, 299, 309, 322, 331, 332, 336, 337, 339

Moradia 15, 19, 23, 26, 45, 60, 75, 78, 79, 83, 86, 125-130, 132, 134, 137-140, 142, 144-148, 151-153, 155-157, 159, 165, 166, 175, 200, 211, 224, 230, 312

Narrativas 19, 32, 40, 41, 44, 57, 97, 98, 102, 105, 106, 114, 117, 128, 134, 141-143, 145, 147-149, 154, 177, 180, 181, 193, 196, 197, 207, 216, 220, 229, 232, 246, 260, 263, 268, 330, 331, 333, 334, 336, 342, 348

Níveis de governo 39, 208

Objetivação 345

Particularidades 54, 243

Percepções negativas 184, 207, 225, 325, 347

Poder político 242, 252, 254, 256, 257, 269

Política 13, 14, 18, 26, 27, 34, 35, 37-39, 41, 44, 58, 66, 68, 71, 74-76, 81, 86, 93, 94, 97, 110, 113, 116, 124, 137, 144, 156, 159, 161, 164, 165, 168, 176, 184, 187, 189, 196, 201, 207, 208, 210, 212-221, 223-235, 237, 239, 241, 242, 244-255, 257, 258, 260-275, 279, 280, 286, 290, 304, 307, 309, 341, 363

Político 19, 25, 32, 33, 41, 43, 48, 50, 51, 58-60, 65, 75, 81, 103, 113, 115, 129, 149, 163, 210, 217, 220, 222, 232, 242, 244, 246, 248-258, 260-264, 268, 269, 272, 274, 275, 290, 298, 341

Políticos 17, 20, 26, 27, 37, 40, 43, 51, 58, 81, 93, 117, 129, 136, 146, 152, 169, 207, 208, 210, 215, 217-220, 222-235, 241, 244, 246-253, 255, 260-264, 270, 274, 283, 290, 294, 348

Pós-verdade 31, 262

Preconceito 23, 27, 77, 99, 152, 186, 188, 189, 191, 194, 217, 296, 306, 308, 319, 321, 322, 326, 328, 336, 343-345, 349, 351, 352

Redes sociais 13, 15, 27, 35-37, 39, 49, 52, 59, 68, 90, 94-96, 107, 112, 113, 115, 117, 122, 123, 128, 133, 139, 140, 142, 148-150, 153-157, 163, 169, 183, 210, 223, 224, 229, 231-234, 241, 242, 246, 247, 250, 251, 256-264, 269, 270, 273, 297, 354

Remoção 77, 127, 128, 131-134, 136, 137, 140, 145, 147-149, 151, 152, 155, 156

Resistência 26, 61, 93, 127, 128, 132-136, 139, 140, 146, 149, 154, 156-160, 229, 232, 244, 320-322, 324-326, 328, 333, 336, 337, 343, 345, 349-351, 357

Sentimentos 13, 14, 18, 19, 26, 29, 30, 81, 92, 103, 117, 123, 127, 128, 134, 137, 140, 150-154, 157, 165, 169, 170, 176, 177, 180, 184-188, 195, 200, 213, 231, 232, 253, 254, 269, 271, 272, 294, 299, 302, 322, 325, 327, 328, 335, 341-343, 345, 349

Raiva 20, 234

Sociabilidade 14, 15, 90, 133, 137

Internet 38, 56, 61, 62, 64, 68, 82, 86, 87, 91-93, 101, 118, 122, 124, 128, 133, 137, 142, 147, 148, 150, 151, 153-155, 157, 163, 178, 224, 236, 245, 259, 262, 270, 277, 284, 289, 294, 305, 306, 310, 312, 319-321, 325, 337-340, 342, 344, 349, 353

Socialização 165, 243, 244

Classe 29, 49, 51, 59, 63, 68, 89, 116, 117, 176, 195, 197, 230, 244, 272, 286, 312, 316, 341

Raça 42, 81, 173, 175, 179, 184-186, 195, 204, 225, 244, 282

Sofrimento 15, 186, 201

Ansiedade 127, 148, 152, 156, 176, 186, 198, 270

Desânimo 186, 291

Estar mal 185

Frustração 186

Preocupação 40, 146, 148, 149, 186, 248, 263, 322

Sentimentos negativos 184, 186, 231, 325

Tristeza 13, 135, 194, 196

Sonhos 27, 272, 279, 280, 300-302, 306-312

Subjetividades 241, 248, 256, 318

Tecnologias 27, 41, 53, 56, 58, 92, 96, 119, 128, 135, 157, 179, 219, 241, 245, 275, 284, 285, 287, 311, 321, 325, 326, 333, 335, 345, 348, 349

Territórios 32, 37, 43, 45, 48, 55, 56, 59, 60, 131-133, 135, 159, 201, 213, 225, 232, 255, 280, 281, 285, 328

Dor 30, 45, 59, 61, 155, 186, 201, 226, 234, 287, 312

Esperança 18, 34, 58, 59, 61, 144, 147, 149, 153, 154, 158, 176, 197, 232, 244, 272, 280, 307, 308, 355

Periféricos 59, 114, 159, 183, 198, 212

Trabalho 12, 14, 15, 19, 27, 31, 32, 45, 60, 75, 80, 81, 90-92, 102, 105, 109, 120, 121, 123, 126, 127, 129, 134, 142, 144, 175, 182, 188-190, 197, 198, 200, 201, 215, 221, 222, 224, 230, 250, 257, 263, 264, 266, 279-297, 299-316, 318, 323, 324, 329, 332, 347, 357, 365

Comunidades de prática 290, 292, 295, 298, 308

Desemprego 49, 165, 282, 288-290, 293, 299, 309, 311, 318

Discriminação 179, 182, 184, 185, 188, 195, 196, 306

Emprego 52, 184, 195, 211, 248, 266, 282, 288-291, 295, 302, 304, 307, 310

Gestão 9, 44, 108, 114, 115, 125, 168, 187, 199, 201, 208, 211, 215, 228, 265, 268, 279, 283-286, 291-293, 295, 296, 299-304, 311, 317, 350, 357, 364

Mercado 27, 40, 45, 63, 90, 91, 121, 126, 235, 281-291, 293-297, 300, 302, 304, 309, 312, 314, 324, 343, 345, 365

Oportunidades 18, 25, 27, 36, 37, 112, 170, 224, 244-247, 266, 267, 274, 279, 280, 282, 285, 287, 291, 300, 302, 303, 307, 309, 311, 312, 324

Programa Jovem Aprendiz 77, 80, 264, 285, 286, 303, 317

Transformações cognitivas 245

Valores 41, 44, 50, 52, 57, 60, 61, 96, 136, 137, 175, 176, 199, 201, 212, 220, 227, 232, 242, 244, 247, 249, 251, 253, 255, 256, 261, 268-270, 275, 286, 292, 310

Lugar político 269

Política 13, 14, 18, 26, 27, 34, 35, 37-39, 41, 44, 58, 66, 68, 71, 74-76, 81, 86, 93, 94, 97, 110, 113, 116, 124, 137, 144, 156, 159, 161, 164, 165, 168, 176, 184, 187, 189, 196, 201, 207, 208, 210, 212-221, 223-235, 237, 239, 241, 242, 244-255, 257, 258, 260-275, 279, 280, 286, 290, 304, 307, 309, 341, 363

Violação 25, 30, 59, 60, 135, 138, 159, 178, 190, 191, 198, 201, 210, 228, 229, 231, 234, 341

Direitos 13, 18, 25, 45-47, 58, 63, 65, 111, 128-133, 138, 140, 145, 147-149, 152, 153, 155-157, 159-162, 165, 167, 186, 189-193, 200-202, 208-211, 213, 224, 226-228, 234-236, 241, 243, 264, 265, 267, 281, 286, 289, 290, 309, 313

Violação de direitos 25, 138, 159, 191, 210

Violações 10, 25, 63, 162, 175, 186, 202, 211, 212, 231, 236, 289, 309

Desencanto 106, 208, 212, 214, 225-227, 232-234, 249, 311

Violência 10, 13-15, 17, 19, 20, 23, 25, 26, 29, 32-34, 36, 39, 45-50, 58, 63, 64, 74, 75, 78, 79, 81, 83, 90, 110, 111, 119, 125, 126, 130, 132, 135, 139, 147, 155, 157, 159, 160, 167-176, 178, 179, 181-188, 190-200, 202, 203, 205, 206, 211, 225, 228, 230-232, 234, 248, 264, 269, 289, 291, 294, 306, 314, 345

Favelas de concentração 19, 52, 53, 59, 118, 130, 132, 157, 158, 160, 198

Homicídios 46, 47, 167, 171-175, 193, 206, 291

Medo 13, 15, 18, 20, 23, 26, 41, 52, 77, 81, 99, 127, 128, 134, 146, 148, 152, 154-156, 167-170, 175, 176, 179-192, 195-200, 202, 214, 217, 225, 226, 228, 230, 262, 264, 265, 272, 295, 296, 299, 309, 322, 331, 332, 336, 337, 339

Palácios do asfalto 52, 53, 59, 157, 158

Tecnoescravidão 52, 59

Vozes 18, 36, 133, 157, 212, 279, 286, 295, 353, 356

Povo brasileiro 9, 33, 36, 45, 51, 130, 158, 168, 215, 234, 257

Vulnerabilidade 27, 97, 125, 159, 174, 176, 188, 190, 191, 243, 281, 282, 305, 306, 312, 314, 340

Vulnerabilidade social 97, 281

Jovens fluminenses 25, 30, 31, 35, 36, 51, 53, 59, 74, 76, 81, 89, 98, 117, 125, 167, 169, 178, 180-185, 195-197, 199, 210, 215, 233, 241, 257, 268, 279, 280, 290, 291, 293, 295, 300, 310, 321, 322, 327, 330, 336, 345, 349

Pretos e pardos 127, 183, 184

Jürgen Habermas 52

Karl Marx 232, 253, 300

Kurt Gödel 31

Teorema da incompletude 31

Lava-jato 43, 290

Criminalidade judiciária 43

Desinformação 43, 192

The movement 43, 44

Lógica natural 103, 105, 142, 143, 180, 220, 363

Comunicação 11, 13-15, 25, 35, 37, 38, 53, 55, 56, 60, 71, 84, 92, 93, 103, 113, 119, 120, 122, 128, 133, 135, 136, 153, 154, 157, 161, 164, 175, 179, 195, 200, 231, 241, 245, 249, 253, 257, 267, 270, 274, 276, 284, 292, 297, 302, 303, 320, 325, 333, 334, 363-365

Objetos 56, 96, 103, 141, 143, 180, 326

VIOLAÇÕES BÁRBARAS: OLHARES JOVENS

Operações da linguagem 143

Sentidos 13-15, 18-20, 25, 26, 29-32, 34-36, 49, 51, 53-60, 73, 75, 76, 81, 83-85, 92, 95-99, 101-103, 105, 114, 117, 125, 128, 134-137, 139, 141-154, 156, 175, 176, 178-181, 196, 198-201, 207, 208, 212-217, 220, 221, 228-230, 232-234, 241, 242, 251, 253, 255-258, 260, 269-275, 279, 285, 287, 289-293, 295, 298, 299, 302-304, 308-311, 326-331, 333, 335, 336, 342-345, 348, 349, 365

Sujeitos 55, 56, 66, 102, 103, 122, 135, 136, 138, 143, 169, 180, 196, 199, 213, 229, 242, 244, 253, 269, 292, 296, 297, 308, 326-328, 330, 331

Luan Santana 254

Marilena Chaui 68, 286, 316

Marília Mendonça 254, 274

Novo feminismo 254

Mark Elliot Zuckerberg 92

Metaverso 93

Martin Luther King 149, 160, 165

Martinho da Vila 196

Max Weber 300

Meio ambiente 26, 55, 60, 89, 90, 93-99, 101, 102, 104-118, 122, 123, 125, 126, 142, 200, 240, 261, 263, 326

Agendamento das mídias 105, 106, 113

Amazônia 106, 111

Exploração mineral 106

Áreas verdes e naturais 107, 113

Avanços 38, 129, 167, 231, 234, 245, 324

Baixo engajamento 113

Conscientização 107, 111, 112

Critérios de sustentabilidade 102, 103, 105

Desinteresse 89, 105, 113-115, 123, 232, 240, 275, 307

Devastação 44, 96, 111, 116, 131, 211

Dietas orgânicas 113

Ecovila 107

Educação 11, 13, 15, 18, 19, 23, 27, 45, 60, 75, 77, 89, 94, 99, 105-107, 109, 110, 113, 118, 119, 122, 124, 129, 165-167, 175, 187, 188, 192, 197, 204, 211, 217, 224, 229, 241, 248, 263, 264, 267, 271, 272, 275, 277, 282, 285, 289, 293, 296, 306, 308, 312, 315, 316, 319-322, 324-328, 330, 332, 333, 335, 339-344, 347-357, 364

História 11, 18, 20, 29, 31, 33, 35, 36, 42, 45, 49, 51, 55, 76, 86, 95, 109, 112, 132, 134, 155, 159, 160, 163, 165, 175, 177, 190, 191, 198, 212, 227, 229, 231, 233, 258, 259, 299, 322, 324, 340, 363

Mariana 106

Desastre 106

Mata Atlântica 126

Mudanças climáticas 115, 117

Relações intersubjetivas 31, 327

Economia 35, 49, 63, 64, 68, 86, 111, 119, 164, 202, 203, 212, 221, 225, 235, 236, 239, 261, 266, 269, 272, 314, 326, 350

Sustentabilidade 94, 97, 102, 103, 105, 114, 117

Tragédia sanitária 33, 115, 117

Veganismo 105, 106

Vegetarianismo 105, 106

Metodologia 26, 73, 76, 77, 85, 329, 334, 356

Abordagem 14, 35, 56, 74, 84, 137, 177, 178, 215, 218, 219, 242, 245, 257, 258, 293, 326, 329, 330, 333, 344, 354, 365

Amostragem 73, 77-82, 99-101, 115, 138, 139, 164, 177, 178, 217, 246, 296, 297, 331, 332

Aleatória 138

Aleatoriedade 82

Bola de neve 79, 80, 99, 100, 138, 192, 296

Conveniente 50, 77, 78, 81, 217, 296, 297

Critério 77, 90, 99-101, 178, 217, 259, 296, 332

Documentos 101, 120, 124, 139, 145, 147, 148, 154, 166, 237

Margem de erro 82

Saturação 100, 142, 164, 259

VIOLAÇÕES BÁRBARAS: OLHARES JOVENS

Análise 63, 73, 98, 100, 102, 103, 105, 114, 141-147, 149, 154, 162, 166, 180, 181, 202, 209, 219-221, 231, 232, 236, 257, 259, 260, 271, 293, 297-300, 315, 318, 329-331, 333-338, 342, 344, 346, 354, 356, 357, 363

Correlações 179, 186

Ecologia dos sentidos 14, 25, 26, 34, 51, 53, 56, 85, 96, 97, 102, 103, 105, 135, 137, 141, 175, 180, 181, 256, 257, 260, 272, 274, 292, 298, 299, 326, 329, 330, 336, 365

Entrevistas semiestruturadas em profundidade 80, 84, 102, 177, 179, 180, 215, 219, 220, 258, 259, 297, 299, 331, 333-335, 339

Grupo focal 140, 215, 217, 218, 220, 222-224, 233

Interpretação 30, 73, 98, 100, 102, 103, 105, 141, 180, 181, 219, 221, 251, 260, 298, 299, 330, 331, 333, 336

IRaMuTeQ 334, 336, 338, 355

Lógica natural 103, 105, 142, 143, 180, 220, 363

Questionários 80, 181, 217

Saturação 100, 142, 164, 259

TALP 330, 332, 333

Teoria dos gráficos 334

Teoria fundamentada 335

Teórica 141, 215, 257, 300, 321, 326, 356

Triangulação 102, 181, 220, 221, 299, 300, 336

Unidade 134, 142

UTAUT 324, 333, 334, 336

Análise de dados 102

Comparação 46, 48, 173, 196

Correlações 179, 186

Análise dos dados 259, 298, 334, 338

Comunidades de prática 290, 292, 295, 298, 308

Ecologia dos sentidos 14, 25, 26, 34, 51, 53, 56, 85, 96, 97, 102, 103, 105, 135, 137, 141, 175, 180, 181, 256, 257, 260, 272, 274, 292, 298, 299, 326, 329, 330, 336, 365

Coleta de dados 73, 76, 87, 171, 172, 177, 180, 317, 330

Narrativas 19, 32, 40, 41, 44, 57, 97, 98, 102, 105, 106, 114, 117, 128, 134, 141-143, 145, 147-149, 154, 177, 180, 181, 193, 196, 197, 207, 216, 220, 229, 232, 246, 260, 263, 268, 330, 331, 333, 334, 336, 342, 348

Entrevista semiestruturada 181, 258, 259, 333

Entrevistas virtuais 333

Estratégia de amostragem 80, 99-101, 139, 177, 217, 296, 331, 332

Critério 77, 90, 99-101, 178, 217, 259, 296, 332

Híbrida 84, 99, 137, 177, 178, 215, 217, 324, 332

Instrumento 81-83, 102, 107, 139, 140, 153, 178, 210, 218, 331, 332

Entrevista 79, 80, 83, 102, 122, 178, 181, 204, 257-259, 277, 297, 299, 305, 306, 316, 333, 354

Entrevista em profundidade 83, 259

Entrevista semiestruturada em profundidade 181, 259

Entrevistas semiestruturadas em profundidade 80, 84, 102, 177, 179, 180, 215, 219, 220, 258, 259, 297, 299, 331, 333-335, 339

Escala de Likert 83, 178, 183, 218

Grupo focal 140, 215, 217, 218, 220, 222-224, 233

Internet 38, 56, 61, 62, 64, 68, 82, 86, 87, 91-93, 101, 118, 122, 124, 128, 133, 137, 142, 147, 148, 150, 151, 153-155, 157, 163, 178, 224, 236, 245, 259, 262, 270, 277, 284, 289, 294, 305, 306, 310, 312, 319-321, 325, 337-340, 342, 344, 349, 353

Observação de interações 102

Questionário 76, 78, 81, 82, 99, 101, 115, 177-179, 182, 184, 196, 215, 217, 218, 220, 223, 224, 258, 296, 331, 332, 335

Questionário quantitativo 76, 224, 332

Registros de convivência 142

Instrumento de pesquisa 102, 178, 218

Entrevista semiestruturada em profundidade 181, 259

TALP 330, 332, 333

Instrumentos 36, 48, 76, 84, 101, 139, 144, 172, 178, 215, 218-220, 259, 294, 297, 330, 332, 336, 342

VIOLAÇÕES BÁRBARAS: OLHARES JOVENS

Associação Livre 330

Qualitativos 138, 181, 218, 259, 330, 331, 335, 342

Quantitativos 74, 104, 114, 180-182, 215, 222, 233, 329-331, 334, 336, 342

Interpretação 30, 73, 98, 100, 102, 103, 105, 141, 180, 181, 219, 221, 251, 260, 298, 299, 330, 331, 333, 336

Ecologia dos sentidos 14, 25, 26, 34, 51, 53, 56, 85, 96, 97, 102, 103, 105, 135, 137, 141, 175, 180, 181, 256, 257, 260, 272, 274, 292, 298, 299, 326, 329, 330, 336, 365

Método 85, 86, 98, 120, 127, 137, 177, 203, 215, 218, 237, 257, 259, 293, 294, 330, 335, 352

Abordagem qualitativa 177, 218, 219, 293, 330, 344

Estudo de caso coletivo longitudinal 330

Estudo de caso longitudinal 215, 293

Pesquisa-ação 85, 138, 201

Pesquisa-convivência 15, 78, 79, 85, 86, 127, 138, 139, 142, 144, 157, 158

Survey 78, 81, 82, 86, 87, 120, 166, 177, 178, 203, 215, 217, 218, 237, 239, 258, 296, 297, 331, 352

Narrativas 19, 32, 40, 41, 44, 57, 97, 98, 102, 105, 106, 114, 117, 128, 134, 141-143, 145, 147-149, 154, 177, 180, 181, 193, 196, 197, 207, 216, 220, 229, 232, 246, 260, 263, 268, 330, 331, 333, 334, 336, 342, 348

Entrevistas semiestruturadas em profundidade 80, 84, 102, 177, 179, 180, 215, 219, 220, 258, 259, 297, 299, 331, 333-335, 339

Grupo focal 140, 215, 217, 218, 220, 222-224, 233

Pesquisa qualitativa 164, 166, 240, 293, 294, 298, 315, 335

Transcrição, leitura e releitura 105

População 14, 15, 17, 26, 27, 45-48, 77, 79, 81, 82, 89, 90, 97-99, 108, 115, 120, 125, 126, 130-132, 138, 147, 156, 162, 164, 165, 168, 170-173, 177, 193, 197, 204, 205, 209-211, 217, 218, 226, 227, 229-231, 245, 258, 272, 281, 282, 288, 290, 295, 299, 300, 304, 306, 307, 309, 315, 320-322, 341, 344

Amostragem 73, 77-82, 99-101, 115, 138, 139, 164, 177, 178, 217, 246, 296, 297, 331, 332

Qualitativa 74, 80, 82, 83, 115, 137, 164, 166, 177, 180, 196, 207, 215, 218, 219, 240, 293, 294, 298, 315, 330, 335, 336, 344, 347, 349

Quantitativa 74, 177, 178, 215, 226, 331, 348

Teoria fundamentada 335

Categorização 102, 103, 105, 142, 220, 243, 293, 298, 335, 336

Codificação aberta 335

Leitura e releitura 105, 180, 335

Transcrição 85, 105, 180, 299, 335

Mídia 19, 106, 113, 115, 122, 123, 128, 146, 147, 161, 240, 276, 297, 351, 363

Impressa 128

Interesses imobiliários 132

Manipulação 14, 19, 48, 51, 58, 60, 135, 169, 192, 341

Televisiva 128

Mídias 19, 32, 33, 36-39, 43, 44, 47-49, 52, 60, 89, 93, 105, 106, 113, 132, 133, 139, 140, 146, 147, 169, 183, 209, 217, 230, 233, 245-247, 250, 263, 269, 284, 293, 294, 311, 312

Fake news 13, 31, 33, 37, 43, 60, 67, 154, 155, 163, 169, 192, 262, 319, 354

Nova classe média 49

Rede Globo 49

Milton Santos 52

Moradia 15, 19, 23, 26, 45, 60, 75, 78, 79, 83, 86, 125-130, 132, 134, 137-140, 142, 144-148, 151-153, 155-157, 159, 165, 166, 175, 200, 211, 224, 230, 312

Ameaça de remoção 132, 134, 136, 137, 151

Conflitos 15, 20, 132, 283

Reintegração de posse 128, 132

Direito 26, 32, 40, 45, 50, 51, 63, 111, 125-127, 129, 130, 132, 134, 136, 137, 147, 148, 151, 152, 160-162, 164, 187, 192, 194, 202, 208, 209, 211, 213, 224, 228, 229, 231, 234, 236, 238, 247, 277, 307, 341

Violação 25, 30, 59, 60, 135, 138, 159, 178, 190, 191, 198, 201, 210, 228, 229, 231, 234, 341

Escravidão 10, 33, 45, 48, 126, 127, 145, 151, 175, 229

Favelas 18-20, 46, 49, 52, 53, 59, 60, 68, 89, 114, 118, 126, 130-132, 157-160, 166, 172, 183, 193, 198, 230, 235, 280, 285, 306, 360, 361

Quilombos 127, 130, 155, 160

Brutalidade do Estado 130

Campos de concentração 130, 132, 159

Incertezas 58, 127, 136, 147, 148, 198, 257, 290, 298

Miséria 20, 51, 131, 224

Negação de direitos 186, 190

Produto de mercado 126

Remoção 77, 127, 128, 131-134, 136, 137, 140, 145, 147-149, 151, 152, 155, 156

Guardiões da floresta 132, 146, 155, 159, 166

Rio de Janeiro 9-11, 18, 19, 26, 27, 29-32, 35, 36, 38, 39, 46, 47, 52, 59, 61, 66, 68, 75-79, 86, 89, 90, 93, 94, 108, 112, 118, 120, 122, 123, 125-127, 130-132, 160-166, 170-176, 184, 190, 193, 194, 196, 198, 201-207, 218, 222, 223, 235, 240, 241, 275-280, 285, 288, 291, 292, 295, 298, 307, 310, 311, 315, 316, 318, 325, 348, 353, 355-357, 360, 361, 363, 364

População de rua 131, 165

Remoções 60, 128, 130, 132, 134, 139, 147, 149, 160

Subúrbios 132

Segregação 132, 282

Nações Unidas 47, 65, 89, 90, 93, 97, 120, 216

ECO-92 93

Relatório Brundtland 97

Rio+20 95, 116

RIO-92 89

UNESCO 90, 165

Necropolítica 137, 138, 200, 214

Extermínio 32, 52, 97, 127, 159, 160, 169, 176, 180, 181, 186, 187, 196, 198-200, 204, 211, 214, 225, 228, 229

Nero 34

Noção 19, 20, 79, 80, 83, 90, 91, 129, 173, 212, 214, 216, 224, 243, 245, 246, 251, 269, 270, 281, 282, 287, 294, 321, 327, 333, 344

Juventude 13, 14, 26, 27, 38, 46, 47, 53, 54, 61, 70, 74, 90, 91, 94, 107, 109, 116, 118, 123, 124, 133, 138, 147, 158, 170, 177, 205, 214, 216, 240, 242, 243, 245, 249, 251, 267, 270, 272, 274-276, 278, 280, 281, 286, 304, 311, 313-316, 318, 345, 352, 354, 363

Construção social 91, 168

Juventudes 23, 25, 27, 54, 70, 73, 90, 99, 100, 102, 116, 117, 127, 169, 170, 177, 195, 198, 201, 205, 207, 213, 214, 216-218, 224, 226, 229, 230, 234, 240, 241, 245, 248, 256, 258, 269, 278, 280, 285, 287, 288, 296, 310, 311, 321, 331, 332, 365

ONG 113

Aideia 107, 113

Pandemia de COVID-19 9, 25, 33-35, 44, 46, 48, 49, 51, 52, 60, 75, 76, 78-80, 83, 84, 97, 98, 101, 102, 105, 109, 112, 114, 117, 125, 131, 139, 140, 144, 150, 153, 154, 157, 167, 168, 179-181, 196, 197, 199, 207, 210, 213-215, 217, 219-221, 225, 228-230, 234, 245, 257-260, 319, 320, 323, 325, 326, 331-333, 335, 339, 344, 346, 348, 349

Distanciamento social 207

Máscaras 156, 207

Percepções 13, 26, 42, 59, 84, 89, 95, 103, 105, 108, 109, 114-117, 128, 134, 137, 140-142, 144, 153, 156, 157, 167, 169, 179, 183, 184, 188, 190, 196, 197, 207, 210, 212, 215, 218, 219, 221-223, 225-228, 233, 241, 242, 246, 250, 257, 260, 265, 268, 272, 273, 279, 290-292, 309, 320, 322, 325, 327, 330, 332, 333, 339, 342, 347, 349

Comunicação 11, 13-15, 25, 35, 37, 38, 53, 55, 56, 60, 71, 84, 92, 93, 103, 113, 119, 120, 122, 128, 133, 135, 136, 153, 154, 157, 161, 164, 175, 179, 195, 200, 231, 241, 245, 249, 253, 257, 267, 270, 274, 276, 284, 292, 297, 302, 303, 320, 325, 333, 334, 363-365

Pobreza 19, 39, 51, 60, 122, 131, 161, 162, 165, 167, 168, 173, 175, 183, 191, 203, 205, 211, 266, 279-282, 289, 291, 300, 306, 309, 310, 312

Desfiliação 281, 289, 314

Estar à margem 281

Indigência desfiliada 281

Indigência integrada 281

Pobreza integrada 281

Política 13, 14, 18, 26, 27, 34, 35, 37-39, 41, 44, 58, 66, 68, 71, 74-76, 81, 86, 93, 94, 97, 110, 113, 116, 124, 137, 144, 156, 159, 161, 164, 165, 168, 176, 184, 187, 189, 196, 201, 207, 208, 210, 212-221, 223-235, 237, 239, 241, 242, 244-255, 257, 258, 260-275, 279, 280, 286, 290, 304, 307, 309, 341, 363

Argumentação 74, 119, 232, 255, 324

Controvérsia 244

Discussão 25, 26, 31, 33, 34, 38, 84, 140, 158, 225, 244, 251, 284, 290, 321

Canadá 11, 20, 173, 247, 249, 323, 362, 365

Eleições 18, 42, 44, 45, 76, 168, 207, 234, 235, 247, 248, 251, 255, 263, 265, 276, 290

Capitalismo 40-42, 48, 50, 51, 129, 137, 138, 197, 199, 213, 237, 269, 273, 300

Guerra 41, 46, 47, 52, 59, 128, 165, 171, 173, 174, 187, 188, 201, 218, 225, 253, 283, 287, 291, 308, 310

Guerra da Ucrânia 47

Terrorismo 42

Nazifascismo 44, 231

Desconforto 41, 156, 169, 195, 264, 284, 324, 340

Desigualdade 13, 15, 30, 33, 42, 45, 52, 125, 126, 158, 165, 167, 169, 191, 196, 198, 203, 205, 211, 266, 267, 285, 289, 300, 304, 306, 308

Apartheid étnico-racial 52

Donald Trump 42, 43, 66, 169

Contestação 242, 244

Iliberalismo 9, 19, 33, 40-42, 44, 48, 51, 60, 169, 198, 212, 228

Extrema direita 41, 43, 44, 50, 116, 131, 158, 167, 169, 171, 234, 235, 247, 253, 282

Internet 38, 56, 61, 62, 64, 68, 82, 86, 87, 91-93, 101, 118, 122, 124, 128, 133, 137, 142, 147, 148, 150, 151, 153-155, 157, 163, 178, 224, 236, 245, 259, 262, 270, 277, 284, 289, 294, 305, 306, 310, 312, 319-321, 325, 337-340, 342, 344, 349, 353

Direita em rede 42

Jovens 9, 10, 13-15, 17-20, 25-27, 29-39, 42, 44, 46, 47, 49, 51-54, 57-61, 66, 73-85, 89-101, 103, 105-118, 123-126, 128, 133-140, 142, 145-161, 165, 167-172, 174-188, 192, 193, 195-202, 206-208, 210, 212, 215-217, 219-230, 232-235, 240-252, 255-276, 279-314, 318, 319, 321, 322, 326-328, 330-336, 339-345, 347-349, 363, 365

Eventos de 2013 27, 42

Liberalismo 33, 34, 40-42, 44, 46, 50, 51, 128-130, 209

Fraturas 41, 275

Liberalismo social 34, 46, 51, 129

Medo 13, 15, 18, 20, 23, 26, 41, 52, 77, 81, 99, 127, 128, 134, 146, 148, 152, 154-156, 167-170, 175, 176, 179-192, 195-200, 202, 214, 217, 225, 226, 228, 230, 262, 264, 265, 272, 295, 296, 299, 309, 322, 331, 332, 336, 337, 339

Mídias digitais 245, 246, 250

Luta pela democracia 246

Necropolítica 137, 138, 200, 214

Polarização 51, 68, 151, 207, 210, 234, 244, 273

Ativismo judiciário 35, 209

Cruzadas morais 43

Favela de concentração 34, 51, 159

Lava-jato 43, 290

Milícias digitais 43

Neocorte imperial 34, 52, 157, 158

Neoescravidão 33, 34, 45, 52, 308

Palácio do asfalto 34, 51

Tecnoescravidão 52, 59

Tecnoescravos 34, 52, 53

Tecnosenhores 34, 52, 53, 157

Polarizações 34, 43, 49, 212

Ecologias 19, 20, 53-56, 96, 128, 134, 135, 137, 139, 143, 199, 200, 213, 214, 220, 229, 230, 241, 242, 256, 257, 269, 271, 273, 292, 293, 308, 310, 327, 328, 345

Redes sociais 13, 15, 27, 35-37, 39, 49, 52, 59, 68, 90, 94-96, 107, 112, 113, 115, 117, 122, 123, 128, 133, 139, 140, 142, 148-150, 153-157, 163, 169, 183, 210, 223, 224, 229, 231-234, 241, 242, 246, 247, 250, 251, 256-264, 269, 270, 273, 297, 354

Debates 60, 61, 70, 87, 95, 96, 107, 109, 230, 247, 248, 250, 262, 264, 273, 317

Engajamento 23, 26, 27, 29, 60, 77, 81, 106, 109, 112-114, 184, 208, 232, 241, 242, 245-247, 249-252, 254, 255, 257, 260, 263, 267-271, 273, 274, 286, 296, 363

Extrema direita 41, 43, 44, 50, 116, 131, 158, 167, 169, 171, 234, 235, 247, 253, 282

Violência 10, 13-15, 17, 19, 20, 23, 25, 26, 29, 32-34, 36, 39, 45-50, 58, 63, 64, 74, 75, 78, 79, 81, 83, 90, 110, 111, 119, 125, 126, 130, 132, 135, 139, 147, 155, 157, 159, 160, 167-176, 178, 179, 181-188, 190-200, 202, 203, 205, 206, 211, 225, 228, 230-232, 234, 248, 264, 269, 289, 291, 294, 306, 314, 345

Steve Bannon 43

Cambridge Analytica 43

Fake news 13, 31, 33, 37, 43, 60, 67, 154, 155, 163, 169, 192, 262, 319, 354

Invasão do Capitólio 43

Escravos digitais 52

Tecnologias 27, 41, 53, 56, 58, 92, 96, 119, 128, 135, 157, 179, 219, 241, 245, 275, 284, 285, 287, 311, 321, 325, 326, 333, 335, 345, 348, 349

Iliberalismo 9, 19, 33, 40-42, 44, 48, 51, 60, 169, 198, 212, 228

Terror 41, 62, 129, 146, 181, 182, 198, 201

The movement 43, 44

Aliança de extrema direita 43

Família presidencial 43

The Washington Post 43, 65

Princesa Isabel 151

Produção 11, 13, 14, 25, 32, 33, 43, 51, 52, 55, 56, 58-60, 95, 97, 124, 128, 135, 136, 156, 169, 170, 180, 183, 185, 198, 199, 201, 207, 213, 220, 227, 233, 245-248, 253, 260, 270, 274, 282, 285, 291, 292, 295, 300, 319, 320, 325, 327-329, 335, 343-345, 349, 363

Sentidos 13-15, 18-20, 25, 26, 29-32, 34-36, 49, 51, 53-60, 73, 75, 76, 81, 83-85, 92, 95-99, 101-103, 105, 114, 117, 125, 128, 134-137, 139, 141-154, 156, 175, 176, 178-181, 196, 198-201, 207, 208, 212-217, 220, 221, 228-230, 232-234, 241, 242, 251, 253, 255-258, 260, 269-275, 279, 285, 287, 289-293, 295, 298, 299, 302-304, 308-311, 326-331, 333, 335, 336, 342-345, 348, 349, 365

Jovens 9, 10, 13-15, 17-20, 25-27, 29-39, 42, 44, 46, 47, 49, 51-54, 57-61, 66, 73-85, 89-101, 103, 105-118, 123-126, 128, 133-140, 142, 145-161, 165, 167-172, 174-188, 192, 193, 195-202, 206-208, 210, 212, 215-217, 219-230, 232-235, 240-252, 255-276, 279-314, 318, 319, 321, 322, 326-328, 330-336, 339-345, 347-349, 363, 365

Profissionais 31, 200, 211, 279, 286, 291-293, 295, 296, 299, 302, 303, 308, 310, 312, 324, 365

Gestão 9, 44, 108, 114, 115, 125, 168, 187, 199, 201, 208, 211, 215, 228, 265, 268, 279, 283-286, 291-293, 295, 296, 299-304, 311, 317, 350, 357, 364

Pessoas 9, 10, 17-19, 26, 27, 29-39, 42, 44, 46, 47, 49, 51-55, 57-61, 73, 75, 76, 78-85, 89, 91-95, 97-101, 103, 105-108, 110, 112-118, 126, 131-133, 135-140, 142, 144-158, 160, 167, 168, 170, 171, 174-202, 207, 208, 212, 213, 215-221, 223-230, 232-235, 241-252, 254, 257, 258, 260-264, 266-275, 279, 283-297, 299-313, 319-324, 326, 328, 330-336, 338-340, 342-345, 347-349

Protestos 36, 37, 39, 70, 71, 94, 116, 214, 234, 250, 283

Jovens 9, 10, 13-15, 17-20, 25-27, 29-39, 42, 44, 46, 47, 49, 51-54, 57-61, 66, 73-85, 89-101, 103, 105-118, 123-126, 128, 133-140, 142, 145-161, 165, 167-172, 174-188, 192, 193, 195-202, 206-208, 210, 212, 215-217, 219-230, 232-235, 240-252, 255-276, 279-314, 318, 319, 321, 322, 326-328, 330-336, 339-345, 347-349, 363, 365

Brasil 9, 13, 17-20, 29, 30, 32-34, 36, 38, 39, 41-48, 50-53, 58, 59, 63, 66, 67, 70, 71, 76, 86, 89-93, 97, 111, 112, 115-118, 122, 123, 125, 126, 129, 130, 133, 137, 149, 158-162, 164, 165, 167-170, 173-177, 181, 183, 184, 187, 193, 195, 197, 198, 202-213, 217, 224, 228, 229, 231, 232, 234, 236-241, 248, 257, 273, 275, 278, 280, 282, 285-291, 295, 299, 310, 312, 313, 315, 319-324, 344, 348, 350-353, 355, 356, 365

Crise de representação 39, 71

Empoderamento 40, 70, 94, 116, 365

Indignados 37, 133

Megaeventos 38, 39, 94

Novidade 14, 37, 42, 56, 167, 252

Primavera Árabe 36, 117, 133

Primavera brasileira 39

Redes sociais 13, 15, 27, 35-37, 39, 49, 52, 59, 68, 90, 94-96, 107, 112, 113, 115, 117, 122, 123, 128, 133, 139, 140, 142, 148-150, 153-157, 163, 169, 183, 210, 223, 224, 229, 231-234, 241, 242, 246, 247, 250, 251, 256-264, 269, 270, 273, 297, 354

Rio de Janeiro 9-11, 18, 19, 26, 27, 29-32, 35, 36, 38, 39, 46, 47, 52, 59, 61, 66, 68, 75-79, 86, 89, 90, 93, 94, 108, 112, 118, 120, 122, 123, 125-127, 130-132, 160-166, 170-176, 184, 190, 193, 194, 196, 198, 201-207, 218, 222, 223, 235, 240, 241, 275-280, 285, 288, 291, 292, 295, 298, 307, 310, 311, 315, 316, 318, 325, 348, 353, 355-357, 360, 361, 363, 364

Vivências 13-15, 37, 59, 76, 124, 148, 153, 184, 197, 212, 228, 229, 257, 273, 275, 292, 331

Pessoas jovens negras 39

Rolezinhos 39, 71

Psicologia 9, 10, 12, 13, 25, 35, 55, 123, 124, 165, 236, 282, 293, 313, 314, 328, 329, 352, 354-357, 363-365

Psicologia social 13, 25, 55, 328, 329, 352

Escola de Genebra 328

Quilombo, 181

Quilombos modernos 155, 160

Raul Seixas 305

Rede social 89, 92, 98, 113

Ação política 94, 113, 214, 233, 249, 250, 274

Entrevistas virtuais 333

WhatsApp 92, 93, 96, 99, 101, 140, 150, 153, 157, 217, 219, 258, 262, 297, 333

Zoom 84, 102, 179, 219, 297, 333

Facebook 45, 67, 86, 89, 91-96, 98, 99, 101-103, 106, 107, 118, 120-124, 157, 163, 238, 258, 259, 262, 277, 284, 353

Amigos 92, 100, 104, 106, 107, 142, 147, 190, 234

Discussões 14, 31, 37, 42, 49, 50, 102, 107, 113-115, 140, 217, 219, 223, 224, 248, 263, 295

Linha do tempo 101-103, 154

Petição pública 106

Fake news 13, 31, 33, 37, 43, 60, 67, 154, 155, 163, 169, 192, 262, 319, 354

Instagram 93, 96, 99, 262

Participação política 124, 208, 224, 242, 246, 249-252, 254, 257, 260, 263, 268, 271, 273

Skype 119, 121, 237, 297, 315, 352, 353

Twitter 37, 94, 116, 157, 246, 262

Hashtags 70, 246, 262

Violência 10, 13-15, 17, 19, 20, 23, 25, 26, 29, 32-34, 36, 39, 45-50, 58, 63, 64, 74, 75, 78, 79, 81, 83, 90, 110, 111, 119, 125, 126, 130, 132, 135, 139, 147, 155, 157, 159, 160, 167-176, 178, 179, 181-188, 190-200, 202, 203, 205, 206, 211, 225, 228, 230-232, 234, 248, 264, 269, 289, 291, 294, 306, 314, 345

Youtube 61, 67-69, 101, 120, 237, 270, 316

Estúdio de criação 101

Falta de credibilidade 262

Intolerância 234, 262, 264

Mobilização 39, 42, 69, 93, 116, 122, 134, 140, 163, 250, 264

Pós-verdade 31, 262

VIOLAÇÕES BÁRBARAS: OLHARES JOVENS

Rio de Janeiro 9-11, 18, 19, 26, 27, 29-32, 35, 36, 38, 39, 46, 47, 52, 59, 61, 66, 68, 75-79, 86, 89, 90, 93, 94, 108, 112, 118, 120, 122, 123, 125-127, 130-132, 160-166, 170-176, 184, 190, 193, 194, 196, 198, 201-207, 218, 222, 223, 235, 240, 241, 275-280, 285, 288, 291, 292, 295, 298, 307, 310, 311, 315, 316, 318, 325, 348, 353, 355-357, 360, 361, 363, 364

    Avenida Brasil 29

    Cidade Maravilhosa 117

    Desinteresse 89, 105, 113-115, 123, 232, 240, 275, 307

        Assassinatos 46, 89, 171-173, 211

        Desequilíbrio ambiental 114

        Mobilidade urbana 89, 122

        Saúde 13, 14, 45, 49, 75, 81, 89, 106, 115, 122, 129, 157, 175, 184-187, 198, 205, 208, 210, 211, 214, 215, 224, 225, 228, 234, 248, 266, 272, 282, 285, 306, 309, 312, 315

    FAPERJ 11, 29, 74, 89, 125, 167, 207, 241, 279, 319, 364

    Floresta da Tijuca 78, 127, 132, 149, 155, 166

    Jardim Botânico 26, 78, 79, 125-127, 145-147, 150, 164, 165

        Horto Florestal 9, 10, 26, 75, 77-79, 86, 125-127, 132-140, 142, 146, 150, 151, 153-159, 165, 166

    Linha Vermelha 29, 39

        Minhocão Carioca 29

    Periferias 93, 108, 114, 126, 131, 132, 216, 285

    Ponte Rio-Niterói 29

    Rodoviária Novo Rio 29

    Violência 4, 10, 13-15, 17, 19, 20, 23, 25, 26, 29, 32-34, 36, 39, 45-50, 58, 63, 64, 74, 75, 78, 79, 81, 83, 90, 110, 111, 119, 125, 126, 130, 132, 135, 139, 147, 155, 157, 159, 160, 167-176, 178, 179, 181-188, 190-200, 202, 203, 205, 206, 211, 225, 228, 230-232, 234, 248, 264, 269, 289, 291, 294, 306, 314, 345

        Pessoas jovens negras 39

Rita Lee 46

São Paulo 11, 44, 63, 65-67, 80, 86, 87, 119-121, 125, 126, 161-166, 172, 202, 206, 208, 212, 235-238, 276, 278, 314, 315, 345, 351-354, 364

Sentidos 13-15, 18-20, 25, 26, 29-32, 34-36, 49, 51, 53-60, 73, 75, 76, 81, 83-85, 92, 95-99, 101-103, 105, 114, 117, 125, 128, 134-137, 139, 141-154, 156, 175, 176, 178-181, 196, 198-201, 207, 208, 212-217, 220, 221, 228-230, 232-234, 241, 242, 251, 253, 255-258, 260, 269-275, 279, 285, 287, 289-293, 295, 298, 299, 302-304, 308-311, 326-331, 333, 335, 336, 342-345, 348, 349, 365

Afetividade 103, 119, 134, 292, 326

Afetos 95, 96, 105, 128, 135, 137, 141, 144, 156, 157, 179, 207, 212, 213, 215, 219, 221, 227, 228, 232, 233, 273, 275, 307, 309, 342

Alegria 32, 134, 135, 185, 186, 196, 302

Angústia 134

Apreensão 134, 281

Liberdade 23, 26, 30, 38, 40-42, 44, 46, 52, 75, 78, 79, 83, 125, 126, 128-130, 132-134, 136, 137, 140, 148-150, 153-155, 157, 158, 160, 161, 165, 188, 190, 209, 211, 230, 243, 261, 294

Medo 4, 13, 15, 18, 20, 23, 26, 41, 52, 77, 81, 99, 127, 128, 134, 146, 148, 152, 154-156, 167-170, 175, 176, 179-192, 195-200, 202, 214, 217, 225, 226, 228, 230, 262, 264, 265, 272, 295, 296, 299, 309, 322, 331, 332, 336, 337, 339

Apatia 90, 106, 112, 114, 139, 184, 226, 227, 232, 235, 247, 248, 256, 269

Aprender 16, 36, 122, 311, 319, 326, 329, 330, 333, 335, 348, 349

Brutalidade 17, 19, 36, 51, 130, 131, 169, 183-185, 193, 194, 199, 200, 211, 235

Povo brasileiro 9, 33, 36, 45, 51, 130, 158, 168, 215, 234, 257

Cidadania 19, 37, 45, 60, 128-130, 132, 133, 140, 147, 149, 152, 155, 156, 158, 162, 163, 208, 210, 223, 224, 226, 227, 236, 237, 253, 261, 275, 276, 279, 281, 312

Direitos e deveres 224, 227, 228

Cognição 119, 292

Configurações de sentidos 36, 57, 92, 95, 103, 329

Desconfiança 145, 212, 233, 234, 321

Descrédito 197, 232, 290

Descrença 56, 143, 151, 183, 226, 227, 232, 234, 265, 269, 273

Desencanto 106, 208, 212, 214, 225-227, 232-234, 249, 311

Desengajamento 114, 208, 233, 242, 247-249, 251, 252, 254, 255, 257, 266, 269, 273

Desequilíbrios psicossociais 233

Desvalorização 169, 214, 232, 254, 328

Domínio 252-254, 257, 323

Ecologia dos sentidos 14, 25, 26, 34, 51, 53, 56, 85, 96, 97, 102, 103, 105, 135, 137, 141, 175, 180, 181, 256, 257, 260, 272, 274, 292, 298, 299, 326, 329, 330, 336, 365

Educação 11, 13, 15, 18, 19, 23, 27, 45, 60, 75, 77, 89, 94, 99, 105-107, 109, 110, 113, 118, 119, 122, 124, 129, 165-167, 175, 187, 188, 192, 197, 204, 211, 217, 224, 229, 241, 248, 263, 264, 267, 271, 272, 275, 277, 282, 285, 289, 293, 296, 306, 308, 312, 315, 316, 319-322, 324-328, 330, 332, 333, 335, 339-344, 347-357, 364

Educação à distância 27, 319, 332, 333, 348, 351, 357

Absurda 322

Antissocial 322

Aprendizado 268, 305, 309, 310, 312, 322, 331, 333, 335, 340

Demérito 322

Depreciação 322

Desprezo 60, 224, 272, 322

Enganosa 322

Incompleta 322

Isolamento 217, 256, 265-267, 299

Motivação 242, 256, 272, 274, 323

Narrativas 19, 32, 40, 41, 44, 57, 97, 98, 102, 105, 106, 114, 117, 128, 134, 141-143, 145, 147-149, 154, 177, 180, 181, 193, 196, 197, 207, 216, 220, 229, 232, 246, 260, 263, 268, 330, 331, 333, 334, 336, 342, 348

Negatividade 321, 322, 325, 326, 342, 345

Preconceito 23, 27, 77, 99, 152, 186, 188, 189, 191, 194, 217, 296, 306, 308, 319, 321, 322, 326, 328, 336, 343-345, 349, 351, 352

Superficial 322

Enação 212

Enações 212, 327

Engajamento 23, 26, 27, 29, 60, 77, 81, 106, 109, 112-114, 184, 208, 232, 241, 242, 245-247, 249-252, 254, 255, 257, 260, 263, 267-271, 273, 274, 286, 296, 363

Escravidão 10, 33, 45, 48, 126, 127, 145, 151, 175, 229

Injúria 229

Opressão 14, 15, 37, 127, 157, 189, 229

Violação 25, 30, 59, 60, 135, 138, 159, 178, 190, 191, 198, 201, 210, 228, 229, 231, 234, 341

Esperança 18, 34, 58, 59, 61, 144, 147, 149, 153, 154, 158, 176, 197, 232, 244, 272, 280, 307, 308, 355

Futuro 18, 58, 113, 115, 137, 140, 144, 147-149, 151-154, 156, 158, 167, 169, 175, 176, 184, 195, 197, 199, 208, 225, 226, 233, 244, 263, 264, 267, 268, 272, 284, 287-290, 294, 307-309, 311, 312, 321, 343

Ceticismo 144, 227, 232

Gratidão 10, 12, 135, 254, 302, 328

Insatisfação 135, 143, 154, 169, 176, 195, 196, 214, 221, 254, 269, 271, 298, 308, 328

Medo de extermínio 127, 196, 199, 200, 214

Insultos 44, 234

Intolerância 234, 262, 264

Jovens 9, 10, 13-15, 17-20, 25-27, 29-39, 42, 44, 46, 47, 49, 51-54, 57-61, 66, 73-85, 89-101, 103, 105-118, 123-126, 128, 133-140, 142, 145-161, 165, 167-172, 174-188, 192, 193, 195-202, 206-208, 210, 212, 215-217, 219-230, 232-235, 240-252, 255-276, 279-314, 318, 319, 321, 322, 326-328, 330-336, 339-345, 347-349, 363, 365

Medo do extermínio 169, 176, 180, 181, 186, 187

Medo líquido 169, 176, 181, 199, 202, 214

Jovens fluminenses 25, 30, 31, 35, 36, 51, 53, 59, 74, 76, 81, 89, 98, 117, 125, 167, 169, 178, 180-185, 195-197, 199, 210, 215, 233, 241, 257, 268, 279, 280, 290, 291, 293, 295, 300, 310, 321, 322, 327, 330, 336, 345, 349

Baixa renda 9, 13-15, 25-27, 30, 31, 34-36, 44, 49, 53, 59, 61, 74, 76-78, 80, 81, 89, 91, 93, 95, 97-99, 106, 109, 112, 114-118, 125, 130, 167, 169, 170, 176, 178, 180-186, 188, 195-199, 201, 210, 213, 215-217, 224, 229, 233, 234, 241, 257, 258, 268, 279, 280, 282, 290, 291, 293-297, 299, 300, 303-312, 321, 322, 326, 327, 330-332, 334, 336, 339-344, 347-349, 365

Liberdade 23, 26, 30, 38, 40-42, 44, 46, 52, 75, 78, 79, 83, 125, 126, 128-130, 132-134, 136, 137, 140, 148-150, 153-155, 157, 158, 160, 161, 165, 188, 190, 209, 211, 230, 243, 261, 294

Linguagem 55, 56, 81, 95, 103, 143, 247

Liquidez da modernidade 175, 181, 198, 199

Mal-estar social 233

Manifestações afetivas 134

Medo 13, 15, 18, 20, 23, 26, 41, 52, 77, 81, 99, 127, 128, 134, 146, 148, 152, 154-156, 167-170, 175, 176, 179-192, 195-200, 202, 214, 217, 225, 226, 228, 230, 262, 264, 265, 272, 295, 296, 299, 309, 322, 331, 332, 336, 337, 339

21 tons 23, 26, 52, 77, 99, 167, 195, 197, 217, 230, 296, 331, 332, 336

Campo negativo 184

Colonização interior 196, 269

Desequilíbrio 89, 114, 117, 175, 176, 195, 198, 199, 207, 214, 230-232, 310, 345

Discriminação 179, 182, 184, 185, 188, 195, 196, 306

Extermínio 32, 52, 97, 127, 159, 160, 169, 176, 180, 181, 186, 187, 196, 198-200, 204, 211, 214, 225, 228, 229

Insatisfação 135, 143, 154, 169, 176, 195, 196, 214, 221, 254, 269, 271, 298, 308, 328

Insegurança 15, 26, 41, 48, 132, 146, 152, 167-169, 176, 183, 190, 191, 194, 200, 213, 220, 268, 294, 307, 337, 339, 342

Narrativas 19, 32, 40, 41, 44, 57, 97, 98, 102, 105, 106, 114, 117, 128, 134, 141-143, 145, 147-149, 154, 177, 180, 181, 193, 196, 197, 207, 216, 220, 229, 232, 246, 260, 263, 268, 330, 331, 333, 334, 336, 342, 348

Origem étnica 185

Processo de produção 33, 260, 345

Produção do medo 183

Relações socioeconômicas 195

Situação politicoeconômica 179, 183

Terror 41, 62, 129, 146, 181, 182, 198, 201

Tons de medo 23, 26, 52, 77, 99, 167, 195, 217, 230, 296, 331, 332, 336

Violência 10, 13-15, 17, 19, 20, 23, 25, 26, 29, 32-34, 36, 39, 45-50, 58, 63, 64, 74, 75, 78, 79, 81, 83, 90, 110, 111, 119, 125, 126, 130, 132, 135, 139, 147, 155, 157, 159, 160, 167-176, 178, 179, 181-188, 190-200, 202, 203, 205, 206, 211, 225, 228, 230-232, 234, 248, 264, 269, 289, 291, 294, 306, 314, 345

Medo do extermínio 169, 176, 180, 181, 186, 187

Meio ambiente 26, 55, 60, 89, 90, 93-99, 101, 102, 104-118, 122, 123, 125, 126, 142, 200, 240, 261, 263, 326

Não participação 214, 232, 250-252, 254-257, 264, 273

Naturezultura 55

Negritude 10, 229

Maioria 29-31, 36, 39, 44, 45, 47, 52, 57, 59, 73, 76, 79, 81, 82, 89, 90, 107, 109, 116, 117, 127, 128, 130, 131, 134, 145-147, 149-151, 154, 159, 175, 178, 182-188, 192, 193, 211, 215, 222-227, 229, 230, 234, 263, 270, 273, 275, 284, 293, 300-302, 306, 312, 320, 322, 324, 329, 339, 342-344, 348

Ódio 17, 18, 32, 35, 42, 60, 169, 193, 210, 234, 271

Participação 23, 27, 29, 38, 39, 43, 60, 66, 77, 80, 82, 94, 109, 113, 116, 118, 124, 138, 140, 150, 155, 207, 208, 214, 224, 227, 229, 231-233, 237, 241, 242, 246-252, 254-257, 260, 261, 263, 264, 266, 268-271, 273, 275, 286, 296, 301, 344

Poder político 242, 252, 254, 256, 257, 269

Política 13, 14, 18, 26, 27, 34, 35, 37-39, 41, 44, 58, 66, 68, 71, 74-76, 81, 86, 93, 94, 97, 110, 113, 116, 124, 137, 144, 156, 159, 161, 164, 165, 168, 176, 184, 187, 189, 196, 201, 207, 208, 210, 212-221, 223-235, 237, 239, 241, 242, 244-255, 257, 258, 260-275, 279, 280, 286, 290, 304, 307, 309, 341, 363

Cidadania 19, 37, 45, 60, 128-130, 132, 133, 140, 147, 149, 152, 155, 156, 158, 162, 163, 208, 210, 223, 224, 226, 227, 236, 237, 253, 261, 275, 276, 279, 281, 312

Decepção 13, 208, 339

Desencanto 106, 208, 212, 214, 225-227, 232-234, 249, 311

Desengajamento 114, 208, 233, 242, 247-249, 251, 252, 254, 255, 257, 266, 269, 273

Engajamento 23, 26, 27, 29, 60, 77, 81, 106, 109, 112-114, 184, 208, 232, 241, 242, 245-247, 249-252, 254, 255, 257, 260, 263, 267-271, 273, 274, 286, 296, 363

Imagens de mundo 95, 105, 117, 128, 137, 141, 144, 179, 207, 212, 215, 219, 221, 224, 227, 228, 232, 242, 253, 257, 270, 272, 292, 327, 329, 330

Lobos 211, 228, 233, 234

Omissão 125

Prática dialógica 229, 230

Político 19, 25, 32, 33, 41, 43, 48, 50, 51, 58-60, 65, 75, 81, 103, 113, 115, 129, 149, 163, 210, 217, 220, 222, 232, 242, 244, 246, 248-258, 260-264, 268, 269, 272, 274, 275, 290, 298, 341

Dimensão objetiva 260

Dimensão subjetiva 260

Ética 11, 20, 30, 32, 56, 65, 73, 98, 99, 135, 136, 139, 163, 178, 186, 191, 210, 218, 228, 230, 252, 253, 256, 259, 274, 292, 295, 302, 306, 331

Valores 41, 44, 50, 52, 57, 60, 61, 96, 136, 137, 175, 176, 199, 201, 212, 220, 227, 232, 242, 244, 247, 249, 251, 253, 255, 256, 261, 268-270, 275, 286, 292, 310

Políticos 17, 20, 26, 27, 37, 40, 43, 51, 58, 81, 93, 117, 129, 136, 146, 152, 169, 207, 208, 210, 215, 217-220, 222-235, 241, 244, 246-253, 255, 260-264, 270, 274, 283, 290, 294, 348

Preconceito racial 186, 191

Produção 11, 13, 14, 25, 32, 33, 43, 51, 52, 55, 56, 58-60, 95, 97, 124, 128, 135, 136, 156, 169, 170, 180, 183, 185, 198, 199, 201,

207, 213, 220, 227, 233, 245-248, 253, 260, 270, 274, 282, 285, 291, 292, 295, 300, 319, 320, 325, 327-329, 335, 343-345, 349, 363

Proposição 85, 328

Redes sociais 13, 15, 27, 35-37, 39, 49, 52, 59, 68, 90, 94-96, 107, 112, 113, 115, 117, 122, 123, 128, 133, 139, 140, 142, 148-150, 153-157, 163, 169, 183, 210, 223, 224, 229, 231-234, 241, 242, 246, 247, 250, 251, 256-264, 269, 270, 273, 297, 354

Representações 48, 49, 212, 213, 216, 220, 312, 322, 326-334, 336, 337, 339, 342-346, 348, 349, 351, 353-357, 364

Representações em ação 212, 213, 216, 220, 327-329

Representações individuais 327

Representações sociais 213, 322, 326-334, 336, 337, 339, 342-346, 348, 349, 351, 353-357, 364

Representações socializadas 327

Satisfação 84, 143, 175, 249, 254, 256, 268, 298, 328, 345

Sentidos do viver 213, 328

Sórdido 185, 230

Submissão 36, 253, 310

Povo brasileiro 9, 33, 36, 45, 51, 130, 158, 168, 215, 234, 257

Valores 41, 44, 50, 52, 57, 60, 61, 96, 136, 137, 175, 176, 199, 201, 212, 220, 227, 232, 242, 244, 247, 249, 251, 253, 255, 256, 261, 268-270, 275, 286, 292, 310

Posicionamentos 49, 133, 201, 243, 295

Valores ambientais 96

Violação 25, 30, 59, 60, 135, 138, 159, 178, 190, 191, 198, 201, 210, 228, 229, 231, 234, 341

Jovens 9, 10, 13-15, 17-20, 25-27, 29-39, 42, 44, 46, 47, 49, 51-54, 57-61, 66, 73-85, 89-101, 103, 105-118, 123-126, 128, 133-140, 142, 145-161, 165, 167-172, 174-188, 192, 193, 195-202, 206-208, 210, 212, 215-217, 219-230, 232-235, 240-252, 255-276, 279-314, 318, 319, 321, 322, 326-328, 330-336, 339-345, 347-349, 363, 365

Violência 10, 13-15, 17, 19, 20, 23, 25, 26, 29, 32-34, 36, 39, 45-50, 58, 63, 64, 74, 75, 78, 79, 81, 83, 90, 110, 111, 119, 125, 126, 130,

132, 135, 139, 147, 155, 157, 159, 160, 167-176, 178, 179, 181-188, 190-200, 202, 203, 205, 206, 211, 225, 228, 230-232, 234, 248, 264, 269, 289, 291, 294, 306, 314, 345

Ameaça 37, 132, 134-137, 139, 148, 151, 154, 155, 165, 187

Ameaçado 135, 152, 153, 175

Ameaçador 135, 140

Jovens pobres 176, 177, 288, 291, 304, 312, 313

Violado 35, 135, 136, 175, 185

Violador 135, 136

Vulnerabilidade 27, 97, 125, 159, 174, 176, 188, 190, 191, 243, 281, 282, 305, 306, 312, 314, 340

Violência política 232

Serge Moscovici 328

Steve Bannon 43

Tecnocolonização 52, 60, 125

Teoria 25, 56, 73, 119, 159, 161, 235, 240, 259, 272, 292, 298, 308, 326, 328-330, 333-336, 352, 355, 357

Ética discursiva 274

Agir comunicativo 56, 273

Construções socioargumentativas 256

Esfera privada 252, 257, 273-275

Espaço público 37, 208, 213, 252, 257, 262, 273-275

Comunidades de prática 290, 292, 295, 298, 308

Aprendizado 268, 305, 309, 310, 312, 322, 331, 333, 335, 340

Identidade 85, 92, 136, 140, 145, 213, 270, 283, 298, 301, 305, 309

Critérios de sustentabilidade 102, 103, 105

Liquidez 58, 60, 136-138, 141, 175, 176, 180, 181, 198, 199, 214

Ecologia dos sentidos 14, 25, 26, 34, 51, 53, 56, 85, 96, 97, 102, 103, 105, 135, 137, 141, 175, 180, 181, 256, 257, 260, 272, 274, 292, 298, 299, 326, 329, 330, 336, 365

Cognição 119, 292

Comunicação 11, 13-15, 25, 35, 37, 38, 53, 55, 56, 60, 71, 84, 92, 93, 103, 113, 119, 120, 122, 128, 133, 135, 136, 153, 154, 157, 161, 164, 175, 179, 195, 200, 231, 241, 245, 249, 253, 257, 267, 270, 274, 276, 284, 292, 297, 302, 303, 320, 325, 333, 334, 363-365

Comunidades 9, 15, 30, 49, 52, 55, 57, 58, 91-94, 109, 110, 112, 119, 123, 126, 132, 137, 150, 156, 158, 160, 165, 167, 175, 194, 211, 232, 240, 244-246, 249, 250, 252, 253, 256, 270, 275, 290, 292, 293, 295, 298, 308, 310, 357, 363-365

Condições materiais de existência 95, 103, 242, 253, 272, 326

Construções socioargumentativas 256

Desengajamento 114, 208, 233, 242, 247-249, 251, 252, 254, 255, 257, 266, 269, 273

Desequilíbrio 89, 114, 117, 175, 176, 195, 198, 199, 207, 214, 230-232, 310, 345

Desvalorização 169, 214, 232, 254, 328

Engajamento 23, 26, 27, 29, 60, 77, 81, 106, 109, 112-114, 184, 208, 232, 241, 242, 245-247, 249-252, 254, 255, 257, 260, 263, 267-271, 273, 274, 286, 296, 363

Estruturas cognitivas 103, 242

Ética 11, 20, 30, 32, 56, 65, 73, 98, 99, 135, 136, 139, 163, 178, 186, 191, 210, 218, 228, 230, 252, 253, 256, 259, 274, 292, 295, 302, 306, 331

Extermínio 32, 52, 97, 127, 159, 160, 169, 176, 180, 181, 186, 187, 196, 198-200, 204, 211, 214, 225, 228, 229

Favelas de concentração 19, 52, 53, 59, 118, 130, 132, 157, 158, 160, 198

Ferramenta de análise 141, 143

Grupos sociais 17, 89, 95, 282, 285

Histórias coletivas 95, 253

VIOLAÇÕES BÁRBARAS: OLHARES JOVENS

Imagens de mundo 95, 105, 117, 128, 137, 141, 144, 179, 207, 212, 215, 219, 221, 224, 227, 228, 232, 242, 253, 257, 270, 272, 292, 327, 329, 330

Imagens do mundo 103, 242, 327

Interações sociais 242, 268, 274, 308

Intercompreensão 138, 229, 231

Medo de extermínio 127, 196, 199, 200, 214

Medo do extermínio 169, 176, 180, 181, 186, 187

Meio ambiente 26, 55, 60, 89, 90, 93-99, 101, 102, 104-118, 122, 123, 125, 126, 142, 200, 240, 261, 263, 326

Meio ambiente natural 125

Modernidade de extermínio 198-200

Não Participação 214, 232, 250-252, 254-257, 264, 273

Participação 23, 27, 29, 38, 39, 43, 60, 66, 77, 80, 82, 94, 109, 113, 116, 118, 124, 138, 140, 150, 155, 207, 208, 214, 224, 227, 229, 231-233, 237, 241, 242, 246-252, 254-257, 260, 261, 263, 264, 266, 268-271, 273, 275, 286, 296, 301, 344

Percursos subjetivos 95, 253

Poder 36, 37, 42, 44, 48, 49, 56, 59, 60, 97, 108, 109, 111, 126, 130, 134, 137, 140, 149, 151, 164, 169, 177, 189, 190, 193, 195, 207, 213, 214, 220, 231-234, 242, 252-257, 261, 265, 269, 272, 286, 308, 310, 319, 320, 328, 341

Poder Político 242, 252, 254, 256, 257, 269

Político 19, 25, 32, 33, 41, 43, 48, 50, 51, 58-60, 65, 75, 81, 103, 113, 115, 129, 149, 163, 210, 217, 220, 222, 232, 242, 244, 246, 248-258, 260-264, 268, 269, 272, 274, 275, 290, 298, 341

Produção 11, 13, 14, 25, 32, 33, 43, 51, 52, 55, 56, 58-60, 95, 97, 124, 128, 135, 136, 156, 169, 170, 180, 183, 185, 198, 199, 201, 207, 213, 220, 227, 233, 245-248, 253, 260, 270, 274, 282, 285, 291, 292, 295, 300, 319, 320, 325, 327-329, 335, 343-345, 349, 363

Produção de sentidos 14, 55, 56, 58, 59, 95, 180, 201, 207, 253, 260, 270, 285, 291, 292, 295, 327, 343-345, 349

Razões, afetos e juízos 275

Sociedade de extermínio 214

Sociedades 55, 129, 167, 209, 233, 241, 252, 253, 275, 292

Liquidez 58, 60, 136-138, 141, 175, 176, 180, 181, 198, 199, 214

Capitalismo 40-42, 48, 50, 51, 129, 137, 138, 197, 199, 213, 237, 269, 273, 300

Colapso da modernidade 248

Globalização 282

Identidade 85, 92, 136, 140, 145, 213, 270, 283, 298, 301, 305, 309

Medo 13, 15, 18, 20, 23, 26, 41, 52, 77, 81, 99, 127, 128, 134, 146, 148, 152, 154-156, 167-170, 175, 176, 179-192, 195-200, 202, 214, 217, 225, 226, 228, 230, 262, 264, 265, 272, 295, 296, 299, 309, 322, 331, 332, 336, 337, 339

Necropolítica 137, 138, 200, 214

Tempos líquidos 161, 233, 235

Liquidez necropolítica 138

Capitalismo 40-42, 48, 50, 51, 129, 137, 138, 197, 199, 213, 237, 269, 273, 300

Modernidade líquida 155, 161, 199

Ansiedade 127, 148, 152, 156, 176, 186, 198, 270

Incertezas 58, 127, 136, 147, 148, 198, 257, 290, 298

Liquidez 58, 60, 136-138, 141, 175, 176, 180, 181, 198, 199, 214

Medo líquido 169, 176, 181, 199, 202, 214

Psicanálise 16, 328

Representações sociais 213, 322, 326-334, 336, 337, 339, 342-346, 348, 349, 351, 353-357, 364

Abordagem estrutural 329, 354

Núcleo central 328-330, 339, 355, 356

Sistema periférico 329

Sistemas sociocognitivos 329

Representações sociais em ação 328, 332, 333, 344

Troca de valores 251

Teoria da Liquidez

    Insegurança 15, 26, 41, 48, 132, 146, 152, 167-169, 176, 183, 190, 191, 194, 200, 213, 220, 268, 294, 307, 337, 339, 342

        Golpe 93, 137, 192, 213, 217, 221

    Sociedade líquida 214

Terrorismo 42

    Atentados de 11 de setembro de 2001 60

    Estados Unidos 38, 42, 43, 47, 60, 92, 133, 159, 160, 169, 172, 173, 198, 208, 214, 245, 319, 323

        Afeganistão 47, 60

        Taleban 60

    Fake news 13, 31, 33, 37, 43, 60, 67, 154, 155, 163, 169, 192, 262, 319, 354

    Favelas 18-20, 46, 49, 52, 53, 59, 60, 68, 89, 114, 118, 126, 130-132, 157-160, 166, 172, 183, 193, 198, 230, 235, 280, 285, 306, 360, 361

        Polícia militar 127, 146, 147, 159

Ucrânia 41, 46, 47, 60, 61, 310

UFRJ 10, 11, 13, 32, 73, 99, 123, 163, 166, 178, 218, 259, 295, 331, 357, 363-365

        EICOS 9, 10, 12, 13, 15, 74, 86, 123, 165, 357, 363, 365

Universidade 9, 11, 14, 15, 32, 44, 61, 74, 77, 109, 120, 123, 125, 160, 161, 164, 165, 208, 319, 323, 325, 350, 351, 353, 355-357, 363-365

    Harvard University 92, 165

Violência

    Afro-brasileiros 39

        Favelas de concentração 19, 52, 53, 59, 118, 130, 132, 157, 158, 160, 198

    Ameaças de remoção 77, 140, 152, 155, 156

    Argentina 173

        Homicídios 46, 47, 167, 171-175, 193, 206, 291

    Armas 48, 58, 129, 159, 172, 186, 200, 256, 310

    Assassinatos 46, 89, 171-173, 211

        Homens jovens 168, 174

Jovens 9, 10, 13-15, 17-20, 25-27, 29-39, 42, 44, 46, 47, 49, 51-54, 57-61, 66, 73-85, 89-101, 103, 105-118, 123-126, 128, 133-140, 142, 145-161, 165, 167-172, 174-188, 192, 193, 195-202, 206-208, 210, 212, 215-217, 219-230, 232-235, 240-252, 255-276, 279-314, 318, 319, 321, 322, 326-328, 330-336, 339-345, 347-349, 363, 365

Baixa escolaridade 175

Brasil 9, 13, 17-20, 29, 30, 32-34, 36, 38, 39, 41-48, 50-53, 58, 59, 63, 66, 67, 70, 71, 76, 86, 89-93, 97, 111, 112, 115-118, 122, 123, 125, 126, 129, 130, 133, 137, 149, 158-162, 164, 165, 167-170, 173-177, 181, 183, 184, 187, 193, 195, 197, 198, 202-213, 217, 224, 228, 229, 231, 232, 234, 236-241, 248, 257, 273, 275, 278, 280, 282, 285-291, 295, 299, 310, 312, 313, 315, 319-324, 344, 348, 350-353, 355, 356, 365

Homicídios 46, 47, 167, 171-175, 193, 206, 291

China 38, 50, 67, 173

Desigualdade social 13, 191, 266, 267, 304

Asfalto 20, 34, 49, 52, 53, 59, 157-159

Favela 34, 39, 51, 86, 110, 132, 151, 156, 159, 294

Desmantelamento 49, 58, 59, 129, 136, 155, 168, 210, 211, 214, 228, 243, 265, 282, 349

Segurança 19, 41, 47, 49, 58, 66, 67, 129, 136, 150-152, 155, 161, 171, 173, 175, 176, 187, 189-193, 198, 199, 204, 205, 211, 224, 225, 227, 261, 286, 288, 289, 341

Elites 19, 29, 34, 35, 43, 44, 47-50, 52, 58-61, 130, 158, 167, 199, 209, 210, 214, 215, 230-232, 234, 239, 282, 287, 308, 361

Cinismo 49

Escravidão 10, 33, 45, 48, 126, 127, 145, 151, 175, 229

Abolição formal 45, 79

Apartheid sociorracial 45

Negação de direitos 186, 190

Fator socioeconômico 173

Favelas de concentração 19, 52, 53, 59, 118, 130, 132, 157, 158, 160, 198

Genocídio negro 159

História 11, 18, 20, 29, 31, 33, 35, 36, 42, 45, 49, 51, 55, 76, 86, 95, 109, 112, 132, 134, 155, 159, 160, 163, 165, 175, 177, 190, 191, 198, 212, 227, 229, 231, 233, 258, 259, 299, 322, 324, 340, 363

Espécie 29, 32, 35, 43, 57, 110, 135, 175, 188, 226, 268, 347

Holocausto 159

Ideologia 18, 42, 44, 48, 86, 128, 133, 207, 213, 235, 265, 277

Discursos 42, 48, 57, 59, 60, 97, 103, 118, 143, 159, 169, 231, 243, 246, 247, 249, 269, 273, 277, 316

Insegurança alimentar 48

Fome 48, 49, 211, 266, 307, 309

Piora 108, 221

Japão 173

Assassinatos 46, 89, 171-173, 211

Ucrânia 41, 46, 47, 60, 61, 310

LGBTQIA+ 175

Marcas da escravidão 145

Grilhões 145, 231

Correntes 83, 145, 189, 243, 328, 349

Tortura 44, 45, 48, 59, 127, 145

Medo 13, 15, 18, 20, 23, 26, 41, 52, 77, 81, 99, 127, 128, 134, 146, 148, 152, 154-156, 167-170, 175, 176, 179-192, 195-200, 202, 214, 217, 225, 226, 228, 230, 262, 264, 265, 272, 295, 296, 299, 309, 322, 331, 332, 336, 337, 339

Construção psicossocial 167

Desigualdade brasileira 169, 205

Extermínio 32, 52, 97, 127, 159, 160, 169, 176, 180, 181, 186, 187, 196, 198-200, 204, 211, 214, 225, 228, 229

Incerteza 152, 169, 175, 183, 309

Insegurança 15, 26, 41, 48, 132, 146, 152, 167-169, 176, 183, 190, 191, 194, 200, 213, 220, 268, 294, 307, 337, 339, 342

Instabilidade 155, 169, 290

Medo líquido 169, 176, 181, 199, 202, 214

Polícia 39, 127, 146-148, 152, 159, 171, 183, 193-195, 206

Milícias 43, 48, 58, 126, 129, 186, 193, 199, 225

Mobilidade urbana 89, 122

Trens da Central 130, 132

Mortes violentas 171, 174, 205

Homens jovens 168, 174

Homens jovens negros 174

Jovens 9, 10, 13-15, 17-20, 25-27, 29-39, 42, 44, 46, 47, 49, 51-54, 57-61, 66, 73-85, 89-101, 103, 105-118, 123-126, 128, 133-140, 142, 145-161, 165, 167-172, 174-188, 192, 193, 195-202, 206-208, 210, 212, 215-217, 219-230, 232-235, 240-252, 255-276, 279-314, 318, 319, 321, 322, 326-328, 330-336, 339-345, 347-349, 363, 365

Mulheres 43, 47, 100, 129, 138, 174, 175, 183, 209, 211, 254, 306, 324

Mulheres negras 174

Negros 29, 46, 49, 79, 159, 160, 174, 193, 287, 306

Neoescravidão 33, 34, 45, 52, 308

Normalização 49

Desemprego 49, 165, 282, 288-290, 293, 299, 309, 311, 318

Fome 48, 49, 211, 266, 307, 309

Injustiça 14, 19, 39, 49, 148, 149, 152, 153, 157, 158, 160, 230, 302, 324

Pobreza 19, 39, 51, 60, 122, 131, 161, 162, 165, 167, 168, 173, 175, 183, 191, 203, 205, 211, 266, 279-282, 289, 291, 300, 306, 309, 310, 312

Maquiagem 39

Polícia Militar 127, 146, 147, 159

Portugal 29, 67, 133, 159, 173, 351

Homicídios 46, 47, 167, 171-175, 193, 206, 291

Racial 71, 173, 185-187, 191, 197, 244

VIOLAÇÕES BÁRBARAS: OLHARES JOVENS

Favelas 18-20, 46, 49, 52, 53, 59, 60, 68, 89, 114, 118, 126, 130-132, 157-160, 166, 172, 183, 193, 198, 230, 235, 280, 285, 306, 360, 361

Prisão 46, 75, 290

Rio de Janeiro 9-11, 18, 19, 26, 27, 29-32, 35, 36, 38, 39, 46, 47, 52, 59, 61, 66, 68, 75-79, 86, 89, 90, 93, 94, 108, 112, 118, 120, 122, 123, 125-127, 130-132, 160-166, 170-176, 184, 190, 193, 194, 196, 198, 201-207, 218, 222, 223, 235, 240, 241, 275-280, 285, 288, 291, 292, 295, 298, 307, 310, 311, 315, 316, 318, 325, 348, 353, 355-357, 360, 361, 363, 364

Balas perdidas 172, 183

Furtos 172, 173

Massacres em favelas 172

Milícia 193, 194

Milicianos 159, 172

Militares 35, 48, 60, 147, 167, 171, 172, 199, 234

Mortes de policiais militares 171

Polícia militar 127, 146, 147, 159

Roubos 172, 173

Traficantes 58, 159, 172, 193, 312

Tráfico 48, 186, 193, 194

Temor 128, 169, 184, 187, 311

Polícia Militar 127, 146, 147, 159

Tensão 127, 137, 196, 295

Terror 41, 62, 129, 146, 181, 182, 198, 201

Tortura 44, 45, 48, 59, 127, 145

Totalitarismo 41, 58, 129, 162, 201, 231, 236

Fake news 13, 31, 33, 37, 43, 60, 67, 154, 155, 163, 169, 192, 262, 319, 354